五禮通考

〔清〕秦蕙田 撰
方向東 王鍔 點校

八

吉禮〔八〕

中華書局

目録

五禮通考卷一百六　吉禮一百六

五禮通考卷九十八

吉禮九十八

禘祫

漢禘祫

漢書元帝本紀：永光四年，詔罷祖宗廟在郡國者。

韋玄成傳：罷郡國廟月餘，復下詔：「將軍、列侯、中二千石、諸大夫、博士議。」玄成等四十四人奏議曰：「禮，王者始受命，諸侯始封之君，皆爲太祖。以下五廟而迭毁，迭，互也。親盡則毁。毁廟之主藏乎太祖，五年而再殷祭，言一禘一祫也。師古曰：殷，大也。禘，諦也。一，一祭之。祫，合也。祫祭者，毁廟與未毁廟之主皆合食於太祖，父爲昭，子爲穆，孫復爲昭，古之正禮也。祭義曰：『王者禘其祖之所自出，以其祖配之，而立四廟。』言始受命而王〔一〕，祭天以其祖配，而不爲立廟，親盡也。立親廟四，親親也。親盡而迭毁，親疏之殺，示有終也。」後歲餘，上寢疾，夢祖宗譴罷郡國廟。匡衡告謝毁廟曰：「在昔帝王承祖宗之休典，取象於天地，天序五行，人親五屬，師古曰：五屬，謂同族之五服，斬衰、齊衰、大功、小功、緦麻也。天子奉天，故率其意而尊其制。是以禘嘗之序，靡有過五。受命之君，躬接於天，萬世不墮。繼烈以下，五廟而遷，上陳太祖，間歲而祫，師古曰：間歲，隔一歲也。其道應天，故福禄永終。」哀帝時，議毁廟，劉歆以爲：「禮，去事有殺，去，除也。殺，漸也。故春秋外傳曰：『日祭，月祀，時享，歲貢，終王。』祖禰則日祭，曾、高則月祀，二祧則時享，壇墠則歲貢，大禘則終王。服虔曰：蠻夷，終王乃入助祭，各以其珍貢，以共大禘之祭也。師古曰：每一王終，新王即位，乃來助祭。德盛而游廣，親親之殺也。彌遠則彌尊，故禘爲重矣。」

〔一〕「始」，原作「如」，據光緒本、漢書韋玄成傳改。

漢舊儀：宗廟三年大祫祭，子孫諸帝以昭穆坐於高廟，諸隳廟神皆合食，設左右坐。高祖南面，幄繡帳，堂上西北隅，帳中坐長一丈，廣六尺，繡裀厚一尺，著之以絮，四百斤，曲几，黄金釦器。高后右坐，亦幄帳，却六寸，白銀釦器。每大牢中分之，左辨上帝，右辨上后，俎餘委肉積于前數千斤，名曰維俎。子爲昭，孫爲穆。昭西向，曲屏風。穆東向，皆曲几，如高祖。饌陳其右，各配其左坐，如祖妣之法。太常導皇帝入北門，群臣陪位者皆舉手班辟抑首伏，大鴻臚大行令九儐傳曰起復位，而皇帝上堂盥，侍中奉觶酒從。帝進拜謁，贊享曰嗣曾孫皇帝敬再拜，前上酒，却行至昭穆之坐，次上酒。子爲昭，孫爲穆，各父子相對也。畢，却西面坐，坐如乘輿坐。贊享曰奉高祖賜壽，皇帝起再拜，即席，以太牢之左辨賜皇帝，如祠。其夜半入行禮，平明上九巵，畢，群臣皆拜，因賜胙。皇帝出，即更衣中，詔罷當從者。

文獻通考：馬氏曰：案西漢書未嘗言禘祫之祀，惟漢舊儀載其制頗詳，又韋玄成傳載諸儒因議毀廟而及禘祫，其説并著于此。然則以禘爲五年之殷祭，以禘爲祀天，以禘爲並祭群廟，韋、劉諸人所言已如此，鄭康成特襲其訛耳。劉歆大禘則終王之説，是每王一世方一舉禘禮，又與五年之説不合云。

蕙田案：祫祭，太祖東向，穆北向，昭南向，此室中之位也。高祖南面，穆東向，昭西向，此堂上之位也。古禮之變始此，至高祖幄帳在堂上西北隅，太牢中分左帝右后，則又非禮之禮矣。而受胙賜胙及九卮爲九獻，則猶近古意云。

漢書平帝本紀：元始五年春正月，禘祭明堂。諸侯王二十八人、列侯百二十人、宗室子九百餘人徵助祭。禮畢，益户，賜爵及金帛，增秩補吏，各有差。

蕙田案：西漢禘祫之制，不見正史。韋玄成傳稱五年殷祭，間歲而祫，其所稱引，皆出春秋傳，非禘祫正義。據漢舊儀，但言祫祭，未及禘祭，至後漢張純言漢舊制三年一祫，毁廟主合食高廟，存廟主未嘗合祭，是當時祫祭并與公羊傳大祫之旨不同矣。又稱元始五年始爲禘祭，是前此但有祫也。禘祫之禮，終西漢未有定制。

後漢書祭祀志：建武二年，立高廟於洛陽。四時祫祀。高帝爲太祖，文帝爲太宗，武帝爲世宗，如舊。

文獻通考：建武十八年，幸長安，詔太常行禘禮於高廟，序昭穆：父爲昭，南向；子爲穆，北向。

後漢書祭祀志：建武二十六年，有詔問張純，禘祫之禮不施行幾年。純奏：「禮，三年一祫，五年一禘。毁廟之主，陳於太祖；未毁廟之主皆升，合食太祖；五年再殷祭。舊制，三年一祫，毁廟主合食高廟，存廟主未嘗合祭。元始五年，始行禘禮。父爲昭，南嚮；子爲穆，北嚮。父子不並坐，而孫從王父。禘之爲言諦，諦諟昭穆，尊卑之義。以夏四月陽氣在上，陰氣在下，故正尊卑之義。祫以冬十月，五穀成熟，故骨肉合飲食。祖宗廟未定，且合祭。今宜以時定。」語在純傳。上難復立廟，遂以合祭高廟爲常。後以三年冬祫五年夏禘之時，但就陳祭毁廟主而已，謂之殷。太祖東面，惠、文、武、元帝爲昭，景、宣帝爲穆，惠、景、昭三帝非殷祭時不祭。

張純傳：建武二十六年，詔純曰：「禘、祫之祭，不行已久矣。『三年不爲禮，禮必壞；三年不爲樂，樂必崩。』宜據經典，詳爲其制。」純奏曰：「禮，三年一祫，五年一禘。春秋傳曰：『大祫者何？合祭也。』毁廟與未毁廟之主，皆登合食乎太祖，五年而再殷。漢舊制，三年一祫，毁廟主合食高廟，存廟主未嘗合祭。元始五年，諸王公列侯廟會，始爲禘祭。又前十八年親幸長安，亦行此禮。禮説三年一閏，天氣小備；五年再閏，天氣大備。故三年一祫，五年一禘。禘之爲言諦，諦定昭穆，尊卑之義也。禘祭以夏四月，夏者陽氣在上，陰氣在下，故正尊卑之義也。祫祭以冬十月，冬者五穀成熟，物備禮成，故合聚飲食也。斯典之廢，於兹八年，謂可如禮施行，以時定議。」帝從之，自是禘、祫遂定。

蕙田案：祭祀志稱三年冬祫，五年夏禘，但陳毀廟主，是張純奏定，後雖三年、五年之期，冬祫夏禘之時，較前稍異，而未毀廟之主，仍未合食也。

章帝本紀：建初七年八月，飲酎高廟，禘祭光武皇帝、孝明皇帝。甲辰詔：「書云『祖考來假』，明哲之祀。予末小子，質又菲薄，仰惟先帝烝烝之情，前修禘祭，以盡孝敬。朕得識昭穆之序，寄遠祖之思。今年大禮復舉，加以先帝之坐，悲傷感懷。樂以迎來，哀以送往，雖祭亡如在，而空虚不知所裁，庶或享之。豈亡克慎肅雍之臣，辟公之相，皆助朕之依依。今賜公錢四十萬，卿半之，及百官執事各有差。」

蕙田案：公羊傳「毀廟之主陳於太祖，未毀廟之主皆升合食太祖」，謂之大祫。漢制，但以毀廟主合食，未毀廟之主不合食，義無所裁，後漢張純亦不能是正。又禘祫雖有冬夏之分，祭之時俱但陳毀廟主，仍以禘祫相混，名雖分而實未異也。

右漢禘祫

三國禘祫

三國蜀志先主傳：章武元年夏四月，大赦，改元。祫祭高皇帝以下。

魏志齊王本紀：正始六年冬十一月，祫祭太祖廟。

通典：魏明帝太和六年，尚書難王肅以「曾子問唯祫於太祖，群主皆從，而不言禘，知禘不合食」。肅答曰，以爲：「禘祫殷祭，群主皆合，舉祫則禘可知也。」袁準正論曰：「先儒或以爲同，或以爲異，然祫及壇墠，禘及郊宗石室，此所及遠近之殺也。大傳曰：『禮，不王不禘。』諸侯不禘，降於天子也。若禘祫同貫，此諸侯亦不得祫，非徒不禘也。」武宣皇后太和四年六月崩，至六年三月，有司以今年四月禘告。王肅議曰：「今宜以崩年數。案春秋魯閔公二年夏，禘於莊公，是時縗經之中，至二十五月大祥便禘，不復禫，故譏其速也。去四年六月，武宣皇后崩，二十六日晚葬，除服即吉，四時之祭，皆親行事，今當計始除服日數，如此禮，須到禫月乃禘。」趙怡等以爲：皇帝崩二十七月之後，乃得禘祫。王肅又奏：「如鄭玄言各於其廟，則無以異四時常祀，不得謂之殷祭。以粢盛百物豐衍備具爲殷祭者〔一〕，夫孝子盡心於事親，致敬於四時，比時具物，不可以不備，無緣儉齊其親〔二〕，累年而後一豐其饌。夫謂殷者，因以祖宗並陳，昭穆皆列故也。設以爲毁廟之主皆祭謂殷者，夫毁廟祭於太祖，而六廟獨在其前，所不合宜，非事之理。近尚書難臣以『曾子問惟祫于太祖，群主皆從，而不言禘，知禘不合食』。臣答以爲『禘祫殷祭，群主皆合，舉祫則禘可知也』。論語孔子曰：『禘自既灌而往者，吾不欲觀之矣。』所以特禘者，以禘大祭，故欲觀其盛禮也〔三〕。禘祫大祭，獨舉禘，則祫亦可知也。於禮記則以祫爲大，於論語則以禘爲盛，進退未知其可也。漢光武時下祭禮〔四〕，以禘者毁廟之主皆合於太祖，祫者惟未毁廟之主合而已矣。鄭玄以爲禘者各於其廟。原其所以，夏、商夏祭曰禘，然其殷祭亦名大禘。商頌長發，是大禘之歌也。至周改夏祭曰礿，以禘惟爲殷祭之名。周公以聖德用殷之禮，故魯人亦遂

〔一〕「衍」，原作「衎」，據光緒本、通典卷四九改。
〔二〕「齊」，原作「祭」，據通典卷四九改。
〔三〕「禮」，原作「觀」，據光緒本、通典卷四九改。
〔四〕「下」，諸本作「言」，據通典卷四九改。

以禘爲夏祭之名。是以左傳所謂『禘於武宮』，又曰『烝、嘗、禘於廟』，是四時祀，非祭之禘也。鄭斯失矣。至於經所謂禘者，則殷祭之謂。鄭據春秋，與大義乖。」案太和八年用王肅議。袁準曰：「祫及壇墠，禘及郊宗石室，此所及遠近之殺也。大傳曰：『禮，不王不禘。』諸侯不禘，降殺於天子也。若禘祫同貫，此諸侯亦不得祫也。然則禘大而祫小，謂祫爲殷祭者，大於四時，皆大祭也。國語曰：『禘郊不過繭栗，烝不過把握。』明禘最大，與郊同也。公羊傳曰：『大事者何？祫也〔一〕。毁廟之主陳於太祖，未毁廟之主皆升合食乎太祖〔二〕。』何謂也？曰：夫禘及壇墠，則毁廟也，俱祭毁廟，但所及異耳。所及則異，毁與未毁則同。此論者所惑。鄭謂不同，是也。謂禘不及毁廟，則非也。劉歆、賈逵同毁與未毁是也，不別禘祫遠近則非也。」

蕙田案：王肅所謂禘者，毁廟之主皆合食於太祖，是以祫爲禘也。祫者，惟

〔一〕「也」，原脱，據光緒本、通典卷四九補。
〔二〕「太祖」，諸本作「太廟」，據通典卷四九改。

未毁之主合而已矣，是以時祫爲大祫也，其説皆非。其破鄭各於其廟之説則是。

右三國禘祫

南北朝禘祫

晉書武帝本紀：太康十年，太廟成，遂祫祭，大赦。

禮志：升平五年十月己卯，殷祀，以帝崩後不作樂。

通典：東晉升平五年五月，穆帝崩，十月殷。興寧三年二月，哀皇帝崩。廢帝太和元年五月〔一〕，皇后庾氏崩，廢帝海西公后也。十月殷。此哀皇帝再周之内〔二〕，庾氏既葬之後殷也。太元二十一年十月應殷，其年九月孝武崩，至隆安三年，國家大吉，乃循殷事。元興三年夏，應殷，太常博士徐乾等議，應用孟秋，進用孟冬時。

宋書禮志：晉安帝義熙二年六月，白衣領尚書左僕射孔安國啓云：「元興三年

〔一〕「廢帝」，諸本作「明帝」，據通典卷四九改。
〔二〕「再」，原作「在」，據光緒本、通典卷四九改。

夏，應殷祠。昔年三月，皇輿旋軫。其年四月，便應殷〔一〕，而太常博士徐乾等議云：『應用孟秋。』臺尋校自泰和四年相承皆用冬夏。乾等既伏應孟冬，回復追明孟秋非失。御史中丞范泰議：『今雖既祔之後，得以烝嘗，而無殷薦之比。太元二十一年十月應殷，烈宗以其年九月崩。至隆安三年，國家大吉，乃修殷事。又禮有喪則廢吉祭，祭新主於寢。今不設別寢，既祔，祭於廟。故四時烝嘗，以寄追遠之思，三年一禘，以習昭穆之序，義本各異。三年喪畢，則合食太祖，遇時則殷，無取於限三十月也。當是内臺常以限月成舊。』就如所言，有喪可殷。隆安之初，果以喪而廢矣。月數少多，復遲速失中。至於應寢而修，意所未譬。」安國又啓：「范泰云：『今既祔，遂祭於廟，故四時烝嘗。』如泰此言，殷與烝嘗，其本不同。既祔之後，可親烝嘗而不得親殷也。太常劉瑾云：『章后喪未一周，不應祭。』臣尋升平五年五月，穆皇帝崩，其年七月山陵，十月殷。興寧三年二月，哀皇帝崩，泰和元年五月，海西夫人庾氏薨，時爲皇后，七月葬，十月殷。此在哀皇再周之内，庾夫人既葬之後，二殷策文見在廟。

〔一〕「便」，諸本作「夏」，據宋書禮志三改。

又文皇太后以隆安四年七月崩，陛下追述先旨，躬服重制，五年十月殷。再周之内，不以廢事。今以小君之哀，而泰更謂不得行大禮。臣尋永和十年至今五十餘載，用三十月輒殷，皆見於注記，是依禮，五年再殷。而泰所言，非真難臣，乃以聖朝所用，遲速失中。泰爲憲司，自應明審是非，若臣所啓不允〔一〕，即當責失奏彈，而稽停〔二〕，遂非忘舊。請免泰、瑾官。」丁巳，詔皆白衣領職。

初元興三年四月，不得殷祠進用十月，若計常限〔三〕，則義熙三年冬又當殷，若更起端，則應用來年四月。領司徒王謐議曰：「有非常之慶，必有非常之禮〔四〕。殷祭舊准不差，蓋施於經常爾〔五〕。至於義熙之慶，經古莫二，雖曰旋幸〔六〕，理同受命。愚謂

〔一〕「若」，諸本作「群」，據宋書禮志三改。
〔二〕「墮」，諸本作「慢」，據宋書禮志三改。
〔三〕「若」，諸本脱，據宋書禮志三補。
〔四〕「必」，諸本脱，據宋書禮志三補。
〔五〕「蓋施於經常爾」六字，諸本脱，據宋書禮志三補。
〔六〕「旋幸」，諸本作「反正」，據宋書禮志三改。

履運惟新，於是乎始。宜用四月。」太常劉瑾議：「殷無定日〔一〕，考時致敬，且禮意尚簡。去年十月祠，雖于日有差，而情典允備，宜仍以爲正。」徐乾議：「三年一祫，五年一禘，經傳記籍，不見補殷之文。」著作郎徐廣議：「尋先事，海西公泰和六年十月殷祠，孝武皇帝寧康二年十月殷祠。若依常去前三十月，則應用四月也。于時蓋有故，而遷在冬。從太元元年十月殷祠，依常三十月，則應用二年四月也。是追計辛未歲十月，未合六十月而再殷〔二〕。何劭甫注公羊傳云，祫從先君來，積數爲限。『自僖八年至文二年，知爲祫祭』。如此，履端居始，承源成流〔三〕，領會之節，遠因宗本也。昔年有故推遷，非其常度。寧康、太元前事可依。雖年有曠近之異，然追計之理同矣。愚謂從復常次者，以推歸正之道也。」左丞劉潤之等議：「太元元年四月應殷，而禮官墮失，建用十月〔四〕。本非正期不應〔五〕，即以失爲始也。宜以反初四月爲始。當用三

〔一〕「日」，諸本作「月」，據宋書禮志三改。
〔二〕「未」，諸本作「來」，據宋書禮志三改。
〔三〕「成」，諸本作「承」，據宋書禮志三改。
〔四〕「建」，諸本作「遂」，據宋書禮志三改。
〔五〕「不應」，諸本脱，據宋書禮志三補。

年十月。」尚書奏從謐議。

通志：博士陳舒表：「三歲一閏，五年祭，八年又殷，兩頭如四，實不盈三；又十一年殷，十四年殷，凡間含二，則十年四殷，與禮五年再殷，其義合矣。」博士徐禪議：「春秋左氏傳曰：『歲祫及壇墠，終禘及郊宗石室。』許慎稱舊説曰，終者謂孝子三年喪終，則禘于太廟，以致新死者也。」徐邈議：「禮，五年再殷，凡六十月分中，每三十月殷也。」太學博士曹述初難云：「三年之喪，其實二十有五月，則五年何必六十月。禮，天子特礿，三時皆祫。禘祫雖有定年，而文無定月。」案明堂「夏六月以禘禮祀周公」，則今之四月。「七月日至，孟獻子禘其祖」，則今之五月。春秋文公二年「大事于太廟」，則今之六月。邈答曰：「五年再殷，象再閏，無取三年喪也。祫三時皆可者，蓋喪終則吉而祫，服終無常，故祫隨所遇，惟春不祫，故曰特礿，非殷祀常也。禮，大事有時日，故烝嘗以時，況祫之重無定月乎？」今據徐邈議，每三十月當殷祀。賀循祫祭圖：太祖東向，昭北行南向，穆南行北向。

蕙田案：以上晉。

通典：宋制，殷祭皆即吉乃行。武帝永初三年九月十日，奏傅亮議，權制即吉，聖代宜耳。

宋書禮志：文帝元嘉六年九月，太學博士徐道娱上議曰：「祠部下十月三日殷祠，十二日烝祀。謹案禘祫之禮，三年一，五年再。公羊所謂五年再殷祭也。在四時之間，周禮所謂凡四時之間祀也〔一〕。蓋歷歲節月無定，天子諸侯，先後弗同。禮稱『天子祫嘗，諸侯烝祫。有田則祭，無田則薦』。鄭注：『天子先祫然後時祭，諸侯先時祭然後祫。有田者既祭又薦新。祭以首時，薦以仲月。』然則大祭四祀，其月各異。天子以孟月殷，仲月烝，諸侯孟月嘗，仲月祫也。春秋僖公八年秋七月，禘。文公二年八月，大事於太廟。穀梁傳曰：『著祫嘗也。』昭公十五年二月，『有事於武宮』。左傳曰：『禮也。』又周禮『仲冬享烝』。月令『季秋嘗稻』。晉春烝曲沃，齊十月嘗太公，此並孟仲區别不共之明文矣。凡祭必先卜，日用丁巳，如不從，進卜遠日。卜未吉，豈容二事，推期而往，理尤可知。尋殷烝祀重，祭薦禮輕。輕尚異月，重寧反同。且『祭不欲數，數則瀆』。今隔旬頻享，恐於禮爲煩。自經緯墳誥，都無一月兩獻，先儒

〔一〕「祀」，諸本作「禮」，據宋書禮志三改。

舊説，皆云殊朔。晉代相承，未審其原。國事之重，莫大乎祀。愚管膚淺，竊以惟疑。請詳告下議。」寢不報。

蕙田案：此言不宜一月兩祭，是。

孝武孝建元年十二月戊子，有司奏：「依舊今元年十月是殷祠之月。領曹郎范泰參議，依永初三年例，須再周之外殷祭。尋祭再周來二年三月，若以四月殷，則猶在禫內。」下禮官議正。國子助教蘇瑋生議：「案禮，三年喪畢，然後祫於太祖。又云『三年不祭，唯天地社稷，越紼行事』。且不禫即祭，見譏春秋。求之古禮，喪服未終，固無祼享之義。自漢文以來，一從權制，宗廟朝聘，莫不皆吉。雖祥禫空存，無綅縞之變，烝嘗薦祀，不異平日。殷祀禮既弗殊，豈獨以心憂爲礙。」太學博士徐宏議：「三年之喪，雖從權制，再周祥變〔一〕，猶服縞素，未爲純吉，無容以祭。謂來四月，未宜便殷，十月則允。」太常丞臣朱膺之議：「虞禮云：『中月而禫，是月也吉祭，猶未配。』謂二十七月既禫祭，當四時之祭日，則未以其妃配，哀未忘也。推此而言，未禫不得祭也。

〔一〕「周祥」，諸本誤倒，據宋書禮志三乙正。

又春秋閔公二年，吉禘於莊公。鄭玄云：『閔公心懼於難，務自尊成〔一〕，以厭其禍，凡二十二月而除喪，又不禫。』云又不禫，明禫内不得禘也。案王肅等言於魏朝云，今權宜存古禮，俟畢三年。舊説三年喪畢，遇禘則禘，遇祫則祫。鄭玄云：『禘以孟夏，祫以孟秋。』今相承用十月。如宏所上公羊之文，如爲有疑，亦以魯閔設服，因言喪之紀制爾。何必全許素冠可吉禘。縱公羊異説，官以禮爲正，亦求量宜。」郎中周景遠參議：「永初三年九月十日奏傅亮議：『權制即吉，御世宜爾。宗廟大禮，宜依古典。』則是皇宋開代成準。謂博士徐宏、太常丞朱膺之議用來年十月殷祠爲允。」詔可。

蕙田案：此謂禫内不宜殷祭，是。

孝武大明七年二月辛亥，有司奏：「四月應殷祠，若事中未得爲，得用孟秋與不？」領軍長史周景遠議：「案禮記云：『天子祫禘，祫嘗，祫烝。』依如禮文，則夏秋冬三時皆殷，不唯用冬夏也。晉義熙初，僕射孔安國啓議，自泰和四年相承殷祭，皆用冬夏。安國又啓，永和十年至今五十餘年，用三十月輒殷祠。博士徐乾據禮難安

〔一〕「成」，諸本作「大」，據宋書禮志三改。

國。乾又引晉咸康六年七月殷祠，是不專用冬夏。於時晉朝雖不從乾議，然乾據禮及咸康故事〔一〕，安國無以奪之。今若來四月未得殷祠，還用孟秋，於禮無違。」參議據禮有證，謂用孟秋爲允。詔可。

蕙田案：以上宋。

南齊書高帝本紀：建元元年十月己卯，車駕殷祀太廟。

武帝本紀：永明五年夏四月庚午〔二〕，車駕殷祀太廟。十年十月甲午，車駕殷祀太廟。

蕙田案：以上齊。

通典：梁武帝初，用謝廣議，三年一禘，五年一祫，謂之殷祭。

文獻通考：梁制，三年一禘，五年一祫。禘以夏，祫以冬，皆以功臣配，其儀頗同南郊。

〔一〕「咸康」，原作「咸熙」，據光緒本、宋書禮志三改。
〔二〕「庚午」，諸本脱，據南齊書武帝本紀補。

尚書左丞何佟之議曰：「禘於首夏，物皆未成，故爲小。祫於秋冬，萬物皆成，其禮尤大。司勳列功臣有六，皆祭於大烝，知祫尤大，乃及之也。近代禘祫並不及功臣，有乖典制，宜改。」詔從之。

蕙田案：以上梁。

陳制，五年再殷。殷，大祫而合祭也。

蕙田案：以上陳。

北魏書高祖本紀：太和十五年八月乙巳，親定禘祫之禮。

禮志：太和十三年正月壬戌，高祖詔曰：「禮記祭法稱『有虞氏禘黄帝』，大傳曰『禘其祖之所自出』，又稱『不王不禘』。論曰：『禘自既灌。』詩頌：『長發，大禘。』爾雅曰：『禘，大祭也。』『夏、殷四時祭：礿、禘、烝、嘗，周改禘爲礿〔一〕。祭義稱『春禘秋嘗』，亦夏、殷祭也。王制稱：『犆礿，祫禘，祫嘗，祫烝。』其禮傳之文如此。鄭玄解禘，天子祭圜丘曰禘，祭宗廟大祭亦曰禘。三年一祫，五年一禘。祫則合群毁廟之主

〔一〕「礿」，諸本作「祠」，據魏書禮志一改。

於太廟，合而祭之。禘則增及百官配食者，審諦而祭之。天子先禘祫而後時祭，諸侯先時祭而後禘祫。魯禮，三年喪畢而祫，明年而禘。圜丘、宗廟大祭俱稱禘，祭有兩禘明也。王肅解禘祫，稱天子諸侯皆禘於宗廟，非祭天之祭。郊祀后稷，不稱禘，宗廟稱禘。禘祫一名也，合而祭之故稱祫，審諦之故稱禘，非兩祭之名。三年一祫，五年一禘，總而互舉之，故稱五年再殷祭，不言一禘一祫，斷可知矣。禮文大略，諸儒之説，盡具於此。卿等便可議其是非。」尚書游明根、左丞郭祚、中書侍郎封琳、著作郎崔光等對曰：「鄭氏之義，禘者大祭之名。大祭圜丘謂之禘者，審諦五精星辰也；大祭宗廟謂之禘者，審諦其昭穆。圜丘常合不言祫，宗廟時合故言祫。斯則宗廟祫禘並行，圜丘一禘而已。宜於宗廟俱行禘祫之禮。二禮異，故名殊。依禮，春廢犆礿〔一〕，於嘗於烝則祫，不於三時皆行禘祫之禮。」中書監高閭、儀曹令李韶、中書侍郎高遵等十三人對稱：「禘祭圜丘之禘與鄭義同，其宗廟禘祫之祭與王義同。與鄭義同者，以爲有虞禘黄帝，黄帝非虞在廟之帝，不在廟，非圜丘而何？又大傳稱祖其所自

〔一〕「廢」，諸本作「祭」，據魏書禮志一改。

出之祖[一]，又非在廟之文。論稱『禘自既灌』，事似據爾雅稱『禘，大祭也』。頌『長發，大禘也』，殷王之祭。斯皆非諸侯之禮，諸侯無禘禮，唯夏、殷夏祭稱禘，又非宗廟之禘。魯行天子之儀，不敢專行圜丘之禘，改殷之禘，取其禘名於宗廟，因先有祫，遂生兩名。據王氏之義，祫而禘祭之，故言禘祫，總謂再殷祭[二]，明不異也。禘祫一名也，其禘祫止於一時。止於一時者，祭不欲數，數則黷。一歲而三禘，愚以爲過數。」帝曰：「尚書、中書等據二家之義，論禘祫詳矣。然於行事取衷，猶有未允。閭等以禘祫爲名，義同王氏，禘祭圜丘，事與鄭同，無所間然。尚書等與鄭氏同，兩名兩祭，並存並用，理有未稱。俱據二議，一時禘祫，而闕二時之禘，事有難從。夫先王制禮，內緣人子之情，外協尊卑之序。故天子七廟，諸侯五廟，大夫三廟，數盡則毁，藏主於太祖之廟，三年而祫祭之。世盡則毁，以示有終之義；三年而祫，以申追遠之情。禘祫既是一祭，分而兩之，事無所據。毁廟三年一祫，又有不盡四時，於禮爲闕。七廟四時

[一]「祖其」，諸本作「禘其」，據魏書禮志一改。
[二]「謂」，諸本作「爲」，據魏書禮志一改。

常祭，祫則三年一祭，而又不究四時，於情爲簡。王以禘祫爲一祭，王義爲長。鄭以圜丘爲禘，與宗廟大祭同名，義亦爲當。今互取鄭、王二義，禘祫并爲一名，從王；禘是祭圜丘大祭之名，上下同用，從鄭。若以數則黷，五年一禘，改祫從禘。五年一禘，則四時盡禘，以稱今情。禘則依禮文，先禘而後時祭。便即施行，著之於令，永爲世法。」

蕙田案：以圜丘爲禘，鄭氏之臆説也。明根等以「審諦五精星辰」釋之，誣矣。始祖所自出，並不立廟，禘之於始祖廟而已。高閭乃云不在廟，非圜丘而何，益又誣矣。從鄭固非，從王亦未爲是。詔言禘祫既是一祭，分而兩之，事無所據。夫禘祫之爲兩祭，有經傳明文可據，指爲一祭，皆諸妄議溷之耳。

世宗景明二年夏六月，秘書丞孫惠蔚上言：「臣聞國之大禮，莫崇明祀，祀之大者，莫過禘祫，所以嚴祖敬宗，追養繼孝，合享聖靈，審諦昭穆，遷毁有恒，制尊卑，有定體。是以惟王創制，爲建邦之典；仲尼述定，爲不刊之式。暨秦燔詩書，鴻籍泯滅。漢氏興求，拾掇遺篆，淹中之經，孔安所得，唯有卿大夫士饋食之篇。而天子諸侯享廟之祭、禘祫之禮盡亡。曲臺之記，戴氏所述，然多載尸灌之義，牲獻之數，而行事之法，備物之體，蔑有具焉。今之取證，唯有王制一簡，公羊一册。考此二書，以求厥旨。自餘經傳，雖時有片記，至於取正，無可依攬。是以兩漢淵儒、魏、晉碩學，咸據斯文，以爲朝典。然持論有深淺，析義有精浮〔一〕，故令傳記雖一，而探意乖舛。謹案王制曰：『天子犆礿，祫禘，祫嘗，祫烝。』鄭玄曰：『天子諸侯之喪畢，合先君之主於祖廟而祭之，謂之祫。後因以爲常』，『魯禮，三年喪畢而祫於太祖，明年春禘於群廟，自爾之後，五年而再殷祭，一祫一禘』。春秋公羊魯文二年：『八月丁卯，大事於太廟。』傳曰：『大事者何？大祫也。大祫者何？合祭也。毁廟之主，陳於太祖。未毁廟之主，皆升，合食於太祖。五年而再殷祭。』何休曰：『陳者，就陳列太祖前。太祖東鄉，昭南鄉，穆北鄉，其餘孫從王父。父曰昭，子曰穆。』又曰：『殷，盛也，謂三年祫，五年禘。禘所以異於祫者，功臣皆祭也。祫猶合也，禘猶諦也，審諦無所遺失。』察記傳之文，何、鄭禘祫之義，略可得聞。然則三年喪畢，祫祭太祖，明年春祀，遍禘群廟，此禮之正也，古之道也。又案魏氏故事，魏明帝以景初三年正月崩，至五年正

〔一〕「析」，諸本作「及」，據魏書禮志二改。

月，積二十五晦爲大祥。太常孔美、博士趙怡等以爲禫在二十七月，到其年四月，依禮應祫。散騎常侍王肅、博士樂祥等以爲禫在祥月，至其年二月，宜應祫祭。雖孔、王異議，六人殊制，至於喪畢之祫，明年之禘，其議一焉。陛下永惟孝思，因心即禮，取鄭捨王，禫終此晦，來月中旬，禮應大祫。六室神祏，升食太祖。明年春享，咸禘群廟。自兹以後，五年爲常。又古之祭法，時祫並行，天子先祫後時，諸侯先時後祫。此於古爲當，在今則煩。且禮有升降，事有文節，適時之制，聖人弗違。當祫之月，宜減時祭，以從要省。然大禮久廢，群議或殊，以臣觀之，理在無怪。何者？心制既終，二殷惟始，禘祫之正，實在於斯。若停而闕之，唯行時祭，七聖不聞合享，百辟不覩盛事，何以宣昭令問，垂式後昆乎？皇朝同等三代，治邁終古，而令徽典闕於昔人，鴻美漸於往志，此禮所不行，情所未許。請付禮官，集定儀注。」詔曰：「禮貴循古，何必改作。且先聖久遵〔一〕，緜代恒典，豈朕沖闇，所宜革之。且禮祭之議，國之至重，先代碩儒，論或不一。可付八座、五省、太常、國子參定以聞。」七月，侍中、録尚書事、北海王

〔一〕「久」，諸本作「人」，據魏書禮志二改。

詳等言[一]：「奉旨集議，僉以爲禘祫之設，前代彝典，惠蔚所陳，有允舊議。請依前剋敬享清宫，其求省時祭，理實宜爾。但求之解注，下逼列國，兼時奠之敬，事難輒省。請移仲月，擇吉重聞。」制可。

延昌四年正月，世宗崩，肅宗即位。三月甲子，尚書令、任城王澄奏，太常卿崔亮上言：「秋七月應祫祭於太祖，今世宗宣武皇帝主雖入廟，然烝嘗時祭，猶别寢室，至於殷祫，宜存古典。案禮，三年喪畢，祫於太祖，明年春禘於群廟。又案杜預亦云，卒哭而除，三年喪畢而禘。魏武宣后以太和四年六月崩，其月既葬，除服即吉。四時行事，而猶未禘。王肅、韋誕並以爲今除即吉，故特時祭。至於祫禘，宜存古禮。高堂隆亦如肅議，於是停不殷祭。仰尋太和二十三年四月一日，高祖孝文皇帝崩，其年十月祭廟，景明二年秋七月祫於太祖，三年春禘於群廟，亦三年乃祫。謹準古禮及晉、魏之議并景明故事，愚謂來秋七月，祫祭應停，宜待三年終然後祫禘[二]。」詔曰：「太常

[一]「詳」，諸本作「祥」，據魏書禮志二改。
[二]「三」，諸本脱，據魏書禮志二補。

援引古今，並有證據，可依請。」　冬十二月丁未，任城王澄、尚書崔亮奏：「謹案禮記：曾子問曰：諸侯旅見天子，不得成禮者幾？孔子曰：四，太廟火、日蝕、后之喪、雨沾服失容則廢。臣等謂元日萬國賀，應是諸侯旅見之義。若禘廢朝會，孔子應云五而獨言四，明不廢朝賀也。鄭玄禮注云：『魯禮，三年喪畢，祫於太祖。明年春，禘群廟。』又鄭志檢魯禮，春秋昭公十一年夏五月，夫人歸氏薨。十三年五月大祥，七月釋禫，公會劉子及諸侯於平丘，八月歸，不及於祫；冬，公如晉，明十四年春，歸祫，明十五年春乃禘。經曰：『二月癸酉，有事於武宮。』傳曰：『禘於武公。』謹案明堂位曰：『魯，王禮也。』喪畢祫禘，似有退理。詳考古禮，未有以祭祀廢元會者。禮云『吉事先近日』，脫不吉，容改筮三旬。尋攝太史令趙翼等列稱，正月二十六日祭亦吉。請移禘祀在中旬十四日，時祭移二十六日，猶曰春禘，又非退義。祭則無疏怠之譏，三元有順軌之美。既被成旨，宜即宣行。臣等伏度國之大事，在祀與戎。君舉必書，恐貽後誚。輒訪引古籍，竊有未安。臣等學闕通經，識不稽古，備位樞納，可否必陳。冒陳所見，伏聽裁衷。」靈太后令曰：「可如所執。」

胡氏寅曰[一]：宗廟之祭，莫重於禘祫。而自漢以來，諸儒之論紛紜交錯，誠如聚訟，莫得其要，則混然行之。不有達理真儒，擇乎經訓，而折其衷，何以破古昔之昏昏，示後來之昭昭耶？諸儒之言曰，天子禘，諸侯祫，大夫享，庶人薦，此尊卑之等也。所以知天子禘者，以禮云「禮，不王不禘」知之也。所以知諸侯祫者，魯侯國當用祫，而以賜天子禮樂，故春秋中有禘無祫，而孔子曰「魯之郊禘，非禮也」，言諸侯不當用禘也。禘祫者，合祭之名耳。天子有所自出之帝，爲東向之尊，餘廟以昭穆合食于前，是之謂禘。諸侯無所自出之帝，則合群廟之主而食於太廟，是之謂祫。若其時其物，則視其所得用而隆殺之矣。以此斷禘祫，豈不明哉？

通考：馬氏曰：案以禘祫爲共一祭而異名，以禘爲合祭祖宗審諦昭穆之議，漢儒之說也。近代諸儒多不以爲然，獨致堂從之。然大傳「禮，不王不禘。王者禘其祖之所自出，以其祖配之」，而即斷之曰：「諸侯及其太祖，大夫士有大事省于其君，干祫及其高祖。」其文意亦似共說一祭。天子則謂之禘，所謂不王不禘而祭則及其祖之所自出。諸侯則不可以言禘，而所祭止太祖。大夫士又不可以言祫，必有功勞見知於君，許之祫，則干祫可及高祖[二]。蓋共是合祭祖宗，而以君臣之故，所及有遠近，故異其名。所以魯之禘祭者，即祫也。若大傳文「諸侯」之下，更有一「祫」字，則其義尤明。

[一]「胡氏」上，光緒本有「通考」二字。
[二]「干」，原作「於」，據光緒本、文獻通考卷一〇一改。

蕙田案：諸儒以禘祫皆合祭，此聚訟所由起也。但胡氏仍主禘祫皆合祭，而馬氏又於大傳文「諸侯」下添「祫」字，强經從我，難協人心。

又案：以上北魏。

隋書禮儀志：後齊禘祫，如梁之制。每祭一太牢，皇后預。

蕙田案：以上北齊。

後周禘祫則於太祖廟，亦以皇后預，其儀與後齊同。

蕙田案：以上北周。

右南北朝禘祫

隋唐禘祫

隋三年一祫，以孟冬，遷主未遷主合食於太祖之廟。五年一禘，以孟夏，其遷主各食其所遷之廟，未遷之主各於其廟。禘祫之月〔一〕，則停時享，而陳諸瑞物及伐國所

〔一〕「月」，原作「日」，據光緒本、隋書禮儀志二改。

獲珍奇於廟廷，及以功臣配享。

蕙田案：以上隋禘祭各於其廟，仍鄭謬也。

舊唐書禮儀志：三年一祫以孟冬，五年一禘以孟夏。

唐書禮樂志：祫禘，大祭也。祫以昭穆合食於太祖，而禘以審諦其尊卑，此祫、禘之義，而爲禮者失之，至於年數不同，祖、宗失位，而議者莫知所從。禮曰：「三年一祫，五年一禘。」傳曰：「五年再殷祭。」高宗上元三年十月當祫，而有司疑其年數。太學博士史玄璨等議，以爲：「新君喪畢而祫，明年而禘。自是之後，五年而再祭。蓋後禘去前禘五年，而祫常在禘後三年，禘常在祫後二年。魯宣公八年禘僖公，蓋二年喪畢而祫，明年而禘，至八年而再禘。昭公二十年禘，至二十五年又禘，此可知也。」議者以玄璨等言有經據，遂從之。

睿宗崩，開元六年喪畢而祫，明年而禘。自是之後，禘祫各自以年，不相通數。凡七祫五禘，至二十七年，禘、祫並在一歲，有司覺其非，乃議以爲一禘一祫，五年再殷，宜通數。而禘後置祫，歲數遠近，二説不同。鄭玄用高堂隆先三而後二，徐邈先二後三。而邈以謂二禘相去爲月六十，中分三十，置一祫焉。此最爲得，遂用其説。

由是一禘一祫，在五年之間，合於再殷之義，而置祫先後，則不同焉。

韋韜傳：開元時遷太常。高宗上元三年，將祫享。議者以禮緯三年祫，五年禘；公羊家五年再殷祭。二家舛互，諸儒莫能決。太學博士史玄璨議曰：「春秋：僖公三十三年十二月薨。文公之二年八月丁卯，大享。公羊曰：『祫也。』則三年喪畢，新君之二年當祫，明年當禘群廟。又宣公八年，禘僖公。宣公八年皆有禘，則後禘距前禘五年。此則新君之二年祫、三年禘爾。後五年再殷祭，則六年當祫，八年禘。昭公十年，齊歸薨。十三年，喪畢當祫，爲平丘之會。冬，公如晉，至十四年祫，十五年禘。傳曰『有事於武宫』是也。至十八年祫，二十年禘；二十三年祫，二十五年禘。昭公二十五年『有事於襄宫』是也。則禘後三年而祫，又二年而禘，合於禮。」議遂定。後睿宗喪畢，祫於廟。至開元二十七年，禘祭五，祫祭七。是歲，韜奏：「四月嘗已禘，孟冬又祫，祀禮叢數，請以夏禘爲大祭之源。」自是相循，五年再祭矣。

通典：開元六年秋，睿宗皇帝喪畢，祫享於太廟。自後相承，三年一祫，五年一禘，各自計年，不相通數。至二十七年，凡經五禘七祫。其年夏禘訖，冬又當祫。太常議曰：「禘祫二禮，俱爲殷祭，祫謂合食祖廟，禘謂諦序尊卑。申先君逮下之慈，成群嗣奉親之孝，事異常享，有時行之。而祭不欲數，數則黷；亦不欲疏，疏則怠。故王者法諸天道，制祀典焉。烝嘗象時，禘祫如閏。五歲再閏〔一〕，天道大成，宗廟法之，再爲殷祭者也。謹案禮記王制、鄭玄注周官宗伯，並云：『國君嗣位，三年喪畢，祫於太祖。明年禘於群廟。自爾以後，五年再殷，一祫一禘。』漢、魏故事〔二〕，貞觀以後，並用此禮，以爲三年一閏，天道小備，五年再閏〔三〕，天道大備故也。此則五年再殷，通計其數，一禘一祫，迭相乘矣。今太廟禘祫，各自數年，兩岐俱下〔四〕，不相通計〔五〕。或比年頻合，或同歲再序，或一禘之後，併爲再祫，或五年之内，驟有三殷。法天象閏之期，既違其度；五歲再殷之制〔六〕，數又不同。求之禮文，頗爲乖失。夫以法天之度，既有指歸，稽古之禮，若兹昭著。禘祫二祭，通計明矣。今請以開元二十七年己卯四月

〔一〕「五歲再閏」四字，諸本脱，據通典卷五〇補。
〔二〕「魏故」，諸本作「帝古」，據通典卷五〇改。
〔三〕「天道小備五年再閏」八字，諸本脱，據通典卷五〇補。
〔四〕「下」，諸本脱，據通典卷五〇補。
〔五〕「相」，諸本脱，據通典卷五〇補。
〔六〕「制」，諸本作「祭」，據通典卷五〇改。

禘，至辛巳年十月祫，至甲申年四月又禘，至丙戌年十月又祫，至己丑年四月又禘，至辛卯年十月又祫。自此五年再殷，周而復始。又禘祫之説，非唯一家，五歲再殷之文，既相師矣，法天象閏之理，大抵亦同。而禘後置祫，或近或遠，盈縮之數，有二法焉：鄭玄、高堂生則先三而後二，徐邈之議則先二而後三。謹案鄭氏所序先三之法，約三祫五禘之文，以爲甲年既禘，丁年當祫，己年又禘，壬年又祫，甲年又禘，丁年又祫，周而復始，以此相承。祫後去禘，十有八月而近，禘後去祫，四十二月而遥，分析不均，粗於算矣。竊假如攻乎異端，置祫於秋，則三十九月爲前，二十一月爲後，雖小有愈，其間尚偏〔一〕。據本文，皆云象閏，二閏相去，則平分矣，兩殷之序，何不等耶？且又三年之言〔二〕，本舉全數，二周有半〔三〕，實整三年，於此置祫，不違文矣，何必拘滯隔三正乎〔四〕？蓋千慮

〔一〕「其」上，諸本衍「於」字，據通典卷五〇删。
〔二〕「三年」，諸本作「分三等」，據通典卷五〇改。
〔三〕「二周」，原作「三周」，據光緒本、通典卷五〇改。
〔四〕「隔」，諸本脱，據通典卷五〇補。

一失，通儒之蔽也。徐氏之議，有異於是，研覈周審〔二〕，最爲憑準。以二禘相去，爲月六十，中分三十，置一祫焉。若甲年夏禘〔三〕，丙年冬祫，己年夏禘，辛年冬祫，有象閏法，毫釐不偏。三年一祫之禮，既無乖越；五歲再殷之制，疏數又均。校之諸儒，義實長矣。今請依據以定二殷，先推祭月，周而復始。」時皆以其議爲允。

開元禮：

蕙田案：開元禮禘祫儀同時享儀，其注中儀節不同之處，録如左，餘詳「時享」門。

陳設　祫享，設尊彝於廟堂上下，每座斝彝一，黄彝一，犧罇二，象罇二，著罇二，山罍二，在堂上，皆於神座之左。獻祖、太祖、高祖、高宗罇彝在前楹間，北向；懿祖、代祖、太宗、中宗、睿宗罇彝在户外，南向。其壺罇二，太罇二，山罍四，在堂下階間，北向，西上。禘享則雞彝、鳥彝，餘同祫享。　享攝事。簠簋甑鉶，與正數半之。

〔二〕「覈」，諸本作「覆」，據通典卷五〇改。
〔三〕「夏」，諸本作「既」，據通典卷五〇改。

日未明五刻，太廟令服其服，布昭穆之座于户外。自西序以東，皇八代祖獻祖宣皇帝、皇六代祖太祖景皇帝、皇高祖神堯皇帝、皇祖高宗天皇大帝座，皆北厢，南面；皇七代祖懿祖光皇帝、皇五代祖代祖元皇帝、皇曾祖太宗文武聖皇帝、皇伯考中宗孝和皇帝、皇考睿宗大聖真皇帝座於南厢，北向；每座皆設黼扆，莞席紛純，藻席畫純，次席黼純，左右几。

省牲器　膟膋腸間脂。祫禘，祝史洗肝於鬱鬯，餘同圜丘儀。

晨祼　太廟令帥其屬陳瑞物於廟廷大階之西，上瑞爲前，中下相次，及伐國所得寶器。上次先後亦然，俱藉以席，攝事不陳瑞物寶器。未明二刻，陳腰輿于東陛之東，每室各二，皆西面北上。立定，贊引引太廟令、太祝、宫闈令帥内外執事者，以腰輿自東陛升，詣獻祖室，入，開埳室。太祝、宫闈令奉出神主各置於輿，出，詣座前。奉神主置於座訖，以次奉出。懿祖以下如獻祖儀。少退，攝事同。

饋食　祫享，樂終八節止，諸座皆然。祫享〔一〕，祝云「晷度環周，歲序云及，永

〔一〕「享」，原作「禘」，據光緒本、通典卷一一四改。

懷追慕，伏增遠感。謹以一元大武、柔毛、剛鬣、明粢、薌合、薌萁、嘉蔬、嘉薦、汎齊，肅雍明獻，恭備祫享」，餘字並同。禘享，祝云「祇薦禘事」。太祖以下稱臣。

祫禘以功臣配享。

享日，未明一刻，太廟令布功臣神座於太廟之庭。吏部尚書贈司空鄖國公殷開山，光禄卿渝國公劉政會，開府儀同三司淮安靖王神通，禮部尚書贈司空河間元王孝恭。

右配享高祖廟庭，太階之東，少南，西向，以北爲上。下並放此〔一〕。

司空贈太尉梁國文昭公房玄齡，特進贈司空鄭國文貞公魏徵，洛州都督贈尚書左僕射蔣國忠公屈突通，開府儀同三司贈司徒申國文獻公高士廉。

右配享太宗廟庭，少南，西向，以北爲上。

司空太子太師贈太尉英國貞武公李勣，中書令贈尚書右僕射高唐縣公馬周，尚書左僕射兼太子少傅北平縣公張行成。

〔一〕「放」，原作「于」，據光緒本改。

右配享高宗廟庭，少南，西向，以北爲上。

侍中譙國公桓彦範，侍中平陽郡公敬暉，中書令兼吏部尚書濮陽郡公張柬之，特進博陵郡公崔玄暐，中書令南陽郡公袁恕己。

右配享中宗廟庭，少南，西向，以北爲上。

尚書左僕射太子少傅贈司空許國文貞公蘇瓌，尚書左丞相太子少保徐國公劉幽求。

右配享睿宗廟庭，少南，西向，以北爲上。

諸座各設版於座首，其版文各具題官爵姓名。每座各設壺罇二於左，北向。玄酒在西，加勺冪，置爵於罇下。設洗於終獻罍洗東南，北向。太廟令與良醖令以齊實罇如常。堂上設饌訖，太官令帥進饌者出，奉饌入，祝迎引於座左，各設於座前。太官令以下出，祝還罇所。亞獻將畢，贊引引獻官詣罍洗，盥手，洗爵，詣酒罇所。執罇者舉冪，獻官酌酒，諸助奠者皆酌酒。訖，贊引引獻官進詣首座前，東面，奠爵。贊引引還本位，于獻官進奠，諸助奠者各進奠于座，還罇所。于堂上徹豆，祝進首座前，徹豆，還罇所。

通典：天寶八載閏六月五日，赦文〔一〕：「禘祫之禮，以存序位，質文之變，蓋取隨時。國家系本仙宗，業承聖祖。重熙累盛，既錫無疆之休；合享登神，思弘不易之典〔二〕。自今以後，每禘祫並於太清宮聖祖前設位序正，上以明陟配之禮，欽若玄宗〔三〕，下以盡虔恭之誠，無違至道。比來每緣禘祫，則時享暫停，事雖適於從宜，禮或虧於必備。以後每緣禘祫，其常享無廢，享以素饌，三焚香以代三獻。」

胡氏寅曰：唐非李聃之裔，而以聃爲祖。孝子慈孫，豈忍爲也！使聃而果祖也，猶非所自出之帝，不得與合食之享，況非其祖，而加之祖考之上，是有兩姓之廟也。此李唐典禮之大失，而當時無一人言者，君好諛而臣獻諂，故雖以他人爲祖，而終不得知，又況其餘乎！

册府元龜：建中二年二月，復肅宗神座於寢宫。先是，寶應二年西戎犯京師，焚建陵之寢室，至是始創復焉。十月癸卯，祫享太廟，始奉獻祖神主出，行祫禮。初，寶

〔一〕「赦」，諸本作「敕」，據通典卷五〇改。
〔二〕「易」，原作「合」，據光緒本、通典卷五〇改。
〔三〕「玄宗」，原作「元象」，據光緒本、通典卷五〇改。

應二年，玄宗、肅宗神主祔廟，始遷獻祖、懿祖神主於西夾室。是時，禮儀使于休烈以國喪畢，將行祫享，以太祖既位，當東向，獻祖、懿祖屬尊於太祖，若同祫享，即太祖不得居正位，於是永閟二神主於西夾室。至是有司亦以國喪既畢，當行祫禮。於是太常博士陳京建議，請準魏、晉以來祫禮，奉二主出同祫享，與太祖並列昭穆，而虛東向之位。又云，若以二祖同享，謂太祖失尊位，即請奉二祖神主於德明皇帝廟祫享。詔下尚書省雜議，禮儀使顏真卿請依蔡謨等議，至祫享之日，奉獻祖神主居東面之位，自懿祖、太祖洎諸祖宗遵左昭右穆之列。時宰臣百寮並同真卿之議。奏留中不出。將及祫享，真卿又奏請從蔡謨議爲定，從之。

通典：建中二年九月，太常博士陳京上疏言：「今年十月，祫享太廟，并合享遷廟獻祖、懿祖二神主。春秋之義，毁廟之主陳於太祖，未毁廟之主皆升合食於太祖。則太祖之位，在西而東向，其下子孫，昭穆相對，南北爲别，無毁廟遷主不享之文。徵是禮也，自於周室，而國朝祀典，當與周異。周以后稷配天，爲始封之祖[二]，

[二]「爲」上，原衍「太廟」二字，據通典卷五〇删。

而下乃立六廟〔一〕。廟毀主遷〔二〕，皆在太祖之後。禘祫之時，無先於太祖者〔三〕，故太祖東向之位，全其尊而不疑。然今年十月祫享太廟，伏請據魏、晉舊制爲比〔四〕，則構築別廟。東晉以征西等四府君爲別廟，至禘祫之時，則於太廟正太祖之位以申其尊，別廟登高皇、太皇、征西等四府君以序其親。伏以國家若用此義，則宜別爲獻祖、懿祖立廟，禘祫祭之以重其親，則太祖於太廟遂居東向以全尊。伏以德明、興聖二皇帝，曩既立廟，至禘祫之時，常用享禮，今別廟之制，便就興聖廟藏祔爲宜。」敕下尚書省集百僚議。禮儀使太子少師顏真卿議曰：「伏以太祖景皇帝以受命始封之功，處百代不遷之廟，配天崇享，是極尊嚴。且至禘祫之時，暫居昭穆之位，屈己申孝，敬奉祖宗，緣齒族之禮，廣尊先之道，此實太祖明神烝烝之本意，亦所以化被天下，率循孝悌。請依晉蔡謨等議，奉獻祖神主居東面之位，自懿祖、太祖洎諸祖宗，遵左昭右穆

〔一〕「六」，原脱，據光緒本、通典卷五〇補。
〔二〕「遷」上，諸本衍「當」字，據通典卷五〇删。
〔三〕「皆在太祖之後禘祫之時無先於太祖」十五字，原脱，據光緒本、通典卷五〇補。
〔四〕「制」，諸本作「事」，據通典卷五〇改。

之列。」

舊唐書禮儀志：貞元七年十一月二十八日，太常卿裴郁奏曰：「禘、祫之禮，殷、周以遷廟皆出太祖之後，故得合食有序，尊卑不差。及漢高受命，無始封祖〔一〕，以高皇帝爲太祖。太上皇，高帝之父，立廟享祀〔二〕，不在昭穆合食之列，爲尊於太祖故也。魏武創業，文帝受命，亦即以武帝爲太祖。其高皇、太皇〔三〕、處士君等，並爲屬尊，不在昭穆合食之列。晉宣創業，武帝受命，亦即以宣帝爲太祖。其征西、潁川等四府君，亦爲屬尊，不在昭穆合食之列。國家誕受天命，累聖重光。景皇帝始封唐公，實爲太祖。中間世數既近，於三昭三穆之内，故皇家太廟唯有六室。其弘農府君、宣、光二祖，尊於太祖，親盡即遷，不在昭穆之數。著在禮志，可舉而行。開元中，加置九廟，獻、懿二祖皆在昭穆，是以太祖景皇帝未得居東向之尊。今二祖已祧，九室惟序，則太祖之位又安可不正？伏以太祖上配天地，百代不遷，而居昭穆，獻、懿二祖，親盡

〔一〕「封」，諸本脱，據舊唐書禮儀志六補。
〔二〕「立」，諸本作「位」，據舊唐書禮儀志六改。
〔三〕「太皇」，諸本作「太祖」，據舊唐書禮儀志六改。

廟遷，而居東向，徵諸故實，實所未安。請下百寮僉議。」敕旨依。

陳京傳：貞元七年，太常卿裴郁上言：「獻、懿親盡廟遷，猶居東向，非禮之祀，神所不享。願下群臣議。」於是太子左庶子李嶸等上言：「謹案晉孫欽議：『太祖以前，雖有主，禘祫所不及；其所及者，太祖後未毀已升藏於二祧者，故雖百代及之。』獻、懿在始封前，親盡主遷，上擬三代，則禘祫所不及。太祖而下，若世祖，則春秋所謂『陳於太祖』者。漢議罷郡國廟，丞相韋玄成議：『太上皇、孝惠親盡宜毀。太上主宜瘞於園，惠主遷高廟。』太上皇在太祖前，主瘞於園，不及禘祫，獻、懿比也。惠遷高廟，在太祖後，而及禘祫，世祖比也。魏明帝遷處士主，置園邑，歲時以令丞奉薦；東晉以征西等祖遷入西除，同謂之祧，皆不及祀。故唐初下訖開元，禘祫猶虛東向位。洎立九廟，追祖獻、懿，然祝於三祖不稱臣。至德時，復作九廟，遂不爲弘農府君主，以祀不及也。廣德中，始以景皇帝當東向位，以獻、懿兩主親盡，罷祫而藏。顔真卿引蔡謨議，復奉獻主東向，懿昭景穆。不記謨議晉未嘗用，而唐一王法容可準乎？臣等謂嘗、禘、郊、社，神無二尊，瘞、毀、遷、藏，各以義斷。景皇帝已東向，一日改易，不可謂禮，宜復藏獻、懿二主於西室，以本祭法『遠廟爲祧，去祧而壇，去壇而墠，壇、墠有禱祭，無禱止』之義。太祖得正，無所屈。」吏部郎中柳冕等十二人議曰：「天子以受命之君爲太祖，諸侯以始封之主爲祖，故自太祖、祖以下〔一〕，親盡迭毁。洎秦滅學，漢不暇禮，晉失宋因，故有連五廟之制，有虛太祖之位。且不列昭穆，非所謂有序；不建迭毁，非所謂有殺；連五廟，非所謂有别；虛太祖位，非所謂一尊。此禮所由廢也。傳曰：『父爲士，子爲天子，祭以天子，葬以士。』今獻、懿二祖在唐未受命時，猶士也。故高祖、太宗以天子之禮祭之，而不敢奉以東向位。今而易之，無乃亂先帝序乎！周有天下，追王太王、王季以天子禮；及其祭，則親盡而毁。漢有天下，尊太上皇以天子之禮；及祭也，親盡而毁。唐家追王獻、懿二祖以天子禮，及其祭也，親盡而毁，復何所疑？周官有先公之祧、先王之祧。先公遷主，藏后稷之廟，其周未受命之祧乎？先王遷主，藏文、武之廟，其周已受命之祧乎？故有二祧，所以異廟也。今自獻而下，猶先公也。自景而下，猶先王也。請别廟以居二祖，則行周道，復古制，便。」工部郎中張薦等請自獻而降，悉入昭穆，虛東向位。司勳員外郎裴樞曰：「禮：『親親故尊祖，

〔一〕「祖」，諸本不重，據新唐書陳京傳補。

尊祖故敬宗，敬宗故收族，收族故宗廟嚴，宗廟嚴故社稷重。』太祖之上，復追尊焉，則尊祖之義乖。太廟之外，別祭廟焉，則社稷不重。漢韋玄成請瘞主於園，晉虞喜請瘞廟兩階間。喜據左氏自證曰：『先王日祭祖、考，月祀曾、高，時享及二祧，歲祫及壇墠，終禘及郊宗石室，是爲郊宗之祖。』喜請夾室中爲石室以處之，是不然。何者？夾室所以居太祖下，非太祖上藏主所居。未有卑處正、尊居旁也。若建石室於園寢，安遷主，采漢、晉舊章，祫禘率一祭，庶乎春秋得變之正。」是時，京以考功員外郎又言：「興聖皇帝則獻之曾祖，懿之高祖。以曾孫祔曾、高之廟，人情大順也。」京兆少尹韋武曰：「祫則大合，禘則序祧。當祫之歲，常以獻東向，率懿而後以昭穆極親親。及禘，則太祖筵於西，列衆主左右，是於太祖不爲降，獻無所厭。」時諸儒以左氏「子齊聖，不先父食」，請迎獻主權東向，太祖暫還穆位。同官尉仲子陵曰：「所謂不先食者，丘明正文公逆祀。儒者安知夏后世數未足時，言禹不先鯀乎？魏、晉始祖率近，始祖上皆有遷主。引閟宮詩，則永閟可也。因虞主，則瘞園可也。緣遠祧，則築宮可也。以太祖實卑，則虛位可也。然永閟與瘞園，臣子所不安。若虛正位，則太祖之尊無時而申。請奉獻、懿二祖遷於德明、興聖廟爲順。或曰二祖別廟，非合食。且德明、興聖二廟禘祫之年，皆有薦享，是已分食，奚獨疑二祖乎？」國子四門博士韓愈質衆議，自申其説曰：「一謂獻、懿二主宜永藏夾室，臣不謂可。且禮，祫祭，毁主皆合食。今藏夾室，至祫得不食太廟乎？若二祖不豫〔一〕，不謂之合矣。二謂兩主宜毁而瘞之，臣不謂可。天子七廟，一壇一墠，遷主皆藏於祧，雖百代不毁。祫則太廟享焉。魏、晉以來，始有毁瘞之議，不見於經。唐家立九廟，以周制推之，獻、懿猶在壇墠，可毁瘞而不禘祫乎？三謂二祖之主宜各遷諸陵，臣不謂可。二祖享太廟二百年，一日遷之，恐眷顧依違，不即享於下國。四謂宜奉主祔興聖廟而不禘祫，臣不謂可。禮，『祭如在』。景皇帝雖太祖，於獻、懿，子孫也。今引子東向，廢父之祭，不可爲典。五謂獻、懿宜别立廟京師，臣不謂可。凡禮有降有殺，故去廟爲祧，去祧爲壇，去壇爲墠，去墠爲鬼，漸而遠者，祭益希。昔魯立煬宫，春秋非之，謂不當取已毁之廟、既藏之主，復築宫以祭。今議正同，故臣皆不謂可。古者殷祖玄王，周祖后稷，太祖之上，皆自爲帝。又世數已遠，不復祭之，故始祖得東向也。景皇帝雖太祖，於獻、懿，子孫也。當

〔一〕「豫」，諸本作「與」，據新唐書陳京傳改。

禘祫，獻祖居東向位，景從昭若穆，是祖以孫尊，孫以祖屈，神道人情，其不相遠。又常祭衆，合祭寡，則太祖所屈少而所伸多。與其伸孫尊，廢祖祭，不以順乎？」晁又上禘祫議證十四篇，帝詔尚書省會百官、國子儒官，明定可否。左司郎中陸淳奏：「案禮及諸儒議復太祖之位，正也。太祖位正，則獻、懿二主宜有所安。今議者有四：曰藏夾室，曰置别廟，曰各遷於園，曰祔興聖廟。臣謂藏夾室則享獻無期，非周人藏二祧之義；置别廟，論始曹魏，禮無傳焉，司馬晉議而不用；遷諸園，亂宗廟之制。唯祔興聖廟，禘若祫一祭，庶乎得禮。」帝依違未決也。

權德輿遷廟議：禮有五經，莫重于祭，祭稱百順，實受其福，故曰：萬物本乎天，人本乎祖。以太祖始封之重，當殷祭東嚮之尊，百代不遷，下統昭穆，此孝享嚴禋之極制也。周自后稷十六代，至武王毁廟遷主，皆太祖之後，故序列昭穆，合食無嫌。漢之太上皇主，瘞于園寢，尋置别廟，是爲屬尊，故周、漢皆太祖之位正。自魏至隋，則虚其位。魏明帝初，以太皇别廟未成，故權設對祫，後有司定七廟之制，太祖以下爲昭穆二祧，旋至三少帝，運移于晉，不以兄弟爲代數，故元帝上繼武帝，簡文上繼元帝。至安帝時，後征西至京兆四府君遷盡，未及殷祭，運移於宋。初永和中，疑四府君所藏之禮，詔公卿博議。范宣請特築一室，韋泓請屋朽乃止，蔡謨亦請改築別室。未展者，當入就太廟，以征西府君東向。議竟不行。宋、齊、梁、陳、北齊、周、隋悉虚其位，以待太祖，皆以短祚，其禮不申。則自魏以降，太祖列昭穆之位，非通例也。武德中，立親廟四，自宣簡公而下。貞觀中，立七廟六室，自弘農府君而下。開元中，始制九廟，追尊獻祖、懿祖。故自武德至於開元，太祖在四廟七廟九廟之數，則東向之虚，又非例也。廣德二年，將及殷祭，有司以二祖親盡當遷，太祖九室既備，其年冬祫，於是正太祖於東向，藏二主於夾室，凡十八年。建中二年冬祫，有司誤引蔡謨征西之議，以獻祖居東向，懿祖爲昭，太祖爲穆，此誠乖疑倒置之大者也。議者或引春秋禹不先鯀、湯不先契、文武不先不窋以爲證。且湯與文、武，皆太祖之後，理無所疑；至於禹不先鯀，安知説者非啓與太康之代，而左丘明因而記之邪？向者有司以二主藏夾室非宜，則可；闕殷祭非敬，則可；處東向之位，則不可。是以貞元七年冬，太常上奏請下百寮僉議，詔可。其奏八年春有于頎等一十六狀，至十一年又詔尚書省集議，有陸淳、宇文炫二狀，前後異同，有七家之説。至於藏夾室，虚東向，遠遷園寢，分享禘祫，如幣玉虞主而枚卜瘞埋，膚引滋多，皆失禮意。臣等審細討論，唯寘別廟及祔於德明、興聖二説最爲可據。德明、興聖之廟猶別廟也，等於創立，此又易行。伏以德明皇帝于舜、禹之際〔一〕，與稷、契同功，契後爲殷，向五百年，稷後爲周，逾八百年。德明流光無窮，啓皇運於後，景福靈長，與天地準。又獻、懿二祖於興聖皇帝爲曾爲玄，猶周人祔於先公之祧也。此亦亡於禮者也。明尊祖之道，正大祭之義，禮文祀典，莫重於是。凡議同者七狀，百有餘人，其中名儒禮官，講貫詳熟。臣今獲貳宗伯，職業所守，典禮是司，研考古今，罄竭愚管，豈敢以疑文虚説，黷陛下嚴敬重難之心。其夾室等五家不安之説，謹具條上，伏唯聖慮裁擇。

藏夾室

右太祖已下，毁廟主之所藏也。今若以二祖之主同在夾室，當禘祫之際，代祖元皇帝以遷主合食，而二主留在夾室，神靈何所依邪？或主有禱則祭，無禱則止，如殷祭何？如或云每禘祫時就享於夾室，如合食何？此其不可也。

〔一〕「舜禹」，諸本作「舞羽」，據全唐文卷四八八改。

虛東向

右自魏、晉方有太祖已上府君，以備親廟，自太祖已下，昭穆既列，太祖之上親盡皆遷，然後正東向之位，明不遷之重。自魏至隋，皆以短歷或遷離多故，其禮未行，故虛東向。自武德後，貞觀、開元加廟數，太祖尊位厭而未申，故虛東向。今九廟已備，代祖已遷，而議虛東向，則無其例。此其不可也。

園寢

右漢、魏太上皇處士居園寢之制，近在京師，故於遷主無有異議。今二祖園寢皆在趙州，法駕撰儀，經途遐遠。此其不可也。

分享

右尊祖敬宗，至當無二。審禘合享，王者所先。議者請常以獻祖受祫，太祖受禘，五年之間，迭居東向，就如其説，則當祫之時，太祖固序昭穆矣。當禘之禮，獻祖何所依也？從古以來，無此義例。此其不可也。

瘞埋

右議者引古者貴祖命，斂幣玉藏諸兩階之間，又埋虞主於廟門外之道左，以爲比類[一]。彼主命幣玉者，既反告，則無所用矣。彼虞主用桑者，既練祭，則無所用矣。不忍褻瀆，故斂而藏之，徹而埋之，豈如栗主依神，雖廟毁而常存之制哉！此其不可也。況兩階之間，與門外道左，皆祖廟也。今則下瘞於子孫之廟，于理安乎？此其又不可也。以前謹具周、漢太祖居東向，魏、晉已下虚東向，并貞元八年十一月兩度會議一十八狀内，夾室等五家不安之説如前，謹録奏聞，謹奏。

昌黎集：四門博士韓愈獻議：今輒先舉衆議之非，然後申明其説。一曰獻、懿廟主宜永藏之夾室，臣以爲不可。夫祫者，合也。毁廟之主，皆當合食於太祖。獻、懿二祖即毁廟主也，今雖藏於夾室，至禘祫之時，豈得不合食于太廟乎？名曰合祭，而二祖不得祭焉，不可謂之合矣。二曰獻、懿廟主宜毁之瘞之，臣又以爲不可。謹案禮記，天子立七廟，一壇一墠，其毁廟之主皆藏於祧廟，雖百代不毁，祫則陳於太廟而享焉。自魏、晉以降，始有毁瘞之議，事非經據，竟不可施行。今國家德厚流光，創立九廟，以周制推之，獻、懿二祖猶在壇墠之位，況于毁瘞而不禘祫乎！三曰獻、懿廟主宜各遷于其陵所，臣又以爲不可。二祖之祭于京師，列于太廟也，二百年矣。今一朝遷之，豈惟人聽疑，抑恐二祖之靈，眷顧依違，不即享于下國也。四曰獻、懿廟主宜祔于興聖廟而不禘祫，又以爲不可。傳曰：「祭如在。」景皇

[一]「比」，諸本作「此」，據全唐文卷四八八改。

帝雖太祖，其於屬乃獻、懿之子孫也。今欲正其子東向之位，廢其父之大祭，固不可爲典矣。五曰獻、懿二祖宜别立廟于京師，臣又以爲不可。夫禮有所降，情有所殺，是故去廟爲祧，去祧爲壇，去壇爲墠，去墠爲鬼，漸而愈遠，其祭益稀。昔者魯立煬宫，春秋非之，以爲不當取已毁之廟、既藏之主，而復築宫以祭。今之所議，與此正同。又雖違禮立廟，至于禘祫也，合食則禘無其所，廢祭則于義不通。此五説者，皆所不可。故臣博采前聞，求其折中，以爲殷祖玄王、周祖后稷，太祖之上皆自爲帝，又其代數已遠，不復祭之，故太祖得正東向之位，子孫從昭穆之列。禮所稱者，蓋以紀一時之宜，非傳於後代之法也。傳曰：「子雖齊聖，不先父食。」蓋言子爲父屈也。景皇帝雖太祖也，其於獻、懿則子孫也。當禘祫之時，獻祖宜居東向之位，景皇帝宜從昭穆之列。祖以孫尊，孫以祖屈，求之神道，豈遠人情？又常祭甚衆，合祭甚寡，則是太祖所屈之祭至少，所伸之祭至多，此于伸孫之尊、廢祖之祭，不亦順乎！

朱子韓文考異：韓公本意，獻祖爲始祖，其主當居初室，百世不遷；懿祖之主，則當遷於太祖之西夾室；而太祖以下，以次列于諸室。四時之享，則惟懿祖不與，而獻祖、太祖以下，各祭于其室，室自爲尊，不相降厭，所謂所伸之祭常多者也。禘祫則惟獻祖居東向之位，而懿祖、太祖以下皆序昭穆，南北相向，于前所謂祖以孫尊，孫以祖屈，而所屈之祭常少者也。韓公禮學精深，蓋諸儒所不及，故其所議，獨深得夫孝子慈孫、報本反始、不忘其所由生之本意，真可爲萬世之通法，不但可施于一時也。程子以爲不可漫觀者，其謂此類也歟？但其文字簡嚴，讀者或未遽曉，故竊推之，以盡其意云。

觀承案：韓議最精，朱子所以極推尊之。然謂韓意以獻祖爲始祖，其主當居初室，百世不遷，則未見其然。觀韓子請遷玄宗廟議，專以景皇爲太祖，比周之后稷，則獻、懿俱在祧遷之列可知。但其以禘祫俱爲合祭，而禘祫之分，則未有其義。此直沿唐之制，而未及考古以正之，亦所謂事異殷、周，禮從而變也夫！

蕙田案：韓議已見陳京傳，因其過略，故復附其全篇。

唐書禮樂志：禮，禘、祫，太祖位於西而東向，其子孫列爲昭穆，昭南向而穆北向。雖已毁廟之主，皆出而序於昭穆。殷、周之興，太祖世遠，而群廟之主皆出其後，故其禮易明。漢、魏以來，其興也暴〔一〕，又其上世微，故創國之君爲太祖而世近，毁廟之主皆在太祖之上，於是禘、祫不得如古。而漢、魏之制，太祖而上，毁廟之主皆不合食。唐興，以景皇帝爲太祖而世近，在三昭三穆之内，至禘、祫，乃虚東向之位，而太祖與群廟列於昭穆。代宗即位，祔玄宗、肅宗而遷獻祖、懿祖於夾室。於是太祖居第一室，禘、祫得正其位而東向，而獻、懿不合食。建中二年，太學博士陳京請爲獻祖、懿祖立别廟，至禘、祫則享。禮儀使顏真卿議曰：「太祖景皇帝居百代不遷之尊，而禘、

〔一〕「暴」，諸本作「勃」，據新唐書禮樂志三改。

祫之時，暫居昭穆，屈己以奉祖宗可也。」乃引晉蔡謨議，以獻祖居東向，而懿祖、太祖以下左右爲昭穆，由是議者紛然。貞元十七年，太常卿裴郁議，以太祖百代不遷，獻、懿二祖親盡廟遷而居東向，非是。請下百僚議。工部郎中張薦等議與真卿同。太子左庶子李嶸等七人曰：「真卿所用，晉蔡謨之議也，謨爲『禹不先鯀』之説，雖有其言，當時不用。獻、懿二祖宜藏夾室，以合祭法『遠廟爲祧，而壇、墠有禱則祭，無禱則止』之義。」吏部郎中柳冕等十二人曰：「周禮有先公之祧，遷主藏於后稷之廟，其周未受命之祧乎？又有先王之祧，其遷主藏於文、武之廟，其周已受命之祧乎？今獻祖、懿祖，猶周先公也，請築别廟以居之。」司勳員外郎裴樞曰：「建石室於寢園以藏神主，至禘、祫之歲則祭之。」考功員外郎陳京、同官縣尉仲子陵皆曰：「遷神主於德明、興聖廟。」京兆少尹韋武曰：「祫則獻祖東向，禘則太祖東向。」十一年，左司郎中陸淳曰：「議者多矣，不過三而已。一曰復太祖之正位，二曰並列昭穆而虚東向，三曰祫則獻祖，禘則太祖，迭居東向。而復正太祖之位爲是。然太祖復位，則獻、懿之主宜有所歸。一曰藏諸夾室，二曰置之别廟，三曰遷於園寢，四曰祔於興聖。然而藏諸夾室，則無享獻之期；置之别廟，則非禮經之文；遷於寢園，則亂宗廟之儀。惟祔於興聖爲是。」至十九年，左僕射姚南仲等獻議五十七封，付都省集議。户部尚書王紹等五十五人請遷懿祖祔興聖廟〔一〕，議遂定，由是太祖始復東向之位。

唐書陳京傳〔二〕：貞元十九年，將禘祭，京奏禘祭大合祖宗，必尊太祖位，正昭穆。請詔百官議。尚書左僕射姚南仲等請奉獻、懿主祔德明、興聖廟。鴻臚卿王權申衍之曰：「周人祖文王，宗武王，故詩清廟章曰：『祀文王也。』胡不言太王〔三〕、王季？則太王、王季而上，皆祔后稷，故清廟得祀文王也。太王、王季之尊，私禮也；祔后稷廟，不敢以私奪公也。古者先王遷廟主，以昭穆合藏於祖廟。獻、懿主宜祔興聖廟，則太祖東向得其尊，獻、懿主歸得其所。」是時，言祔興聖廟什七八，天子尚猶豫未剛定。至是，群臣稍顯言：二祖本追崇，非有受命開國之鴻構；又權根援詩、禮明白。帝泮然於是定。遷二祖於興聖廟，凡禘祫一享。詔增廣興聖二室。會祀日薄，廟未成，張

〔一〕「王紹」，原作「王詔」，據光緒本、新唐書禮樂志三改。
〔二〕「唐書」上，原衍「舊」字，據光緒本删。
〔三〕「胡」，諸本作「故」，據新唐書陳京傳改。

繒爲室[一]，内神主廟垣間，奉興聖、德明主居之。廟成而祔。自是景皇帝遂東向。自博士獻議，彌二十年乃決，諸儒無後言。帝賜京緋衣、銀魚。

文獻通考：貞元十二年，祫祭太廟。近例，祫祭及親拜郊，令中使引傳國寶至壇所，昭示武功。至是上以傳國大事，中使引之非宜，乃令禮官一人就内庫監引領至太廟焉。

册府元龜：開成四年三月己卯，帝御紫宸殿。宰臣楊嗣復奏曰：「太廟准禮，三年一祫，五年一禘。今是禘祭時，讓皇帝廟亦合禘祭。臣案：讓皇帝本封寧王，玄宗親兄。玄宗既定内難，寧王能讓帝位，玄宗感之，贈以鴻名，其復置廟，享獻禘祫，與九廟同。至上元二年，杜鴻漸奏停時享，而禘祫存，今玄宗、肅宗神主已歸夾室，讓皇帝猶禘祫不闕，於禮未安。」李珏曰：「宗廟事重，比者臣不敢輕議。讓皇至今禘祫，實不當禮。嗣復所論至當。今請下禮官議。」帝曰：「俞。」四月，王起奏：「讓皇帝廟，去月二十四日，詔下太常寺委三卿及博士同詳議聞奏者。臣等復以讓皇帝追尊位號，

[一]「繒」，原作「繪」，據光緒本、新唐書陳京傳改。

恩出一時，別立廟祠，不涉正統，既非昭穆禘祫所及，無子孫獻享之儀，親盡則疏，歲久當革。杜鴻漸所議禘祫之月時一祭者，蓋以時近恩深，未可頓忘故也。今睿宗、玄宗既已祧去，又文敬等七太子中亦有追贈奉天承天皇帝之號，當以停廢，則讓帝之廟不宜獨存。臣等參詳，伏請准中書門下狀，便從廢罷。」

文獻通考：昭宗大順元年，將行禘祭，有司請以三太后神主祔享於太廟。三后者，孝明太皇太后鄭氏、宣宗母。恭僖皇太后王氏、敬宗母。正獻皇太后韋氏。文宗母。三后之崩，皆作神主，有故不當入太廟。當時禮官建議，並置別廟，每年五享，三年一禘，五年一祫，皆于本廟行事，無奉神主入廟之文。至是亂離之後，舊章散失，禮院憑曲臺禮，欲以三太后祔享，太常博士殷盈孫獻議非之。議見「后妃廟」門。

右隋唐禘祫

後唐後周禘祫

文獻通考：後唐長興二年四月，禘享於太廟。

周顯德五年六月，禘于太廟。先是，言事者以皇家宗廟無祧遷之主，不當行禘祫之禮。國子司業聶崇義以爲，前代宗廟，追尊未毀，皆有禘祫，别援故事九條以爲其證，曰：「魏明帝以景初三年正月崩，至五年二月祫祭，明年又禘。自兹以後，五年爲常。且魏以武帝爲太祖，至明帝始三帝而已，未有毁主而行禘祫，其證一也。宋文帝元嘉六年，祠部定十月三日殷祠，其太學博士議禘云：案禘祫之禮，三年一，五年再。宋自高祖至文帝，纔及三帝，未有毁主而行禘祫，其證二也。梁武帝用謝廣議，三年一禘，五年一祫，謂之殷祭。禘祭以夏，祫祭以冬。且梁武乃受命之君，僅追尊四廟而行禘祫，則知祭者是追養之道，以時移節變，孝子感而思親，故薦以首時，祭以仲月，間以禘祫，序以昭穆，乃理之經也，非關宗廟備與不備，其證三也。唐禮，貞觀九年，將祔高祖于太廟，國子司業朱子奢請準禮立七廟。是時乃立六廟而行禘祫。今檢會要及通典并禮閣新儀，皆載此禮，並與實録符同，此乃廟亦未備而行禘祫，其證四也。貞觀十六年四月己酉，光禄大夫宗正卿紀國公段綸卒，太宗甚傷悼，爲不視朝，將出臨之，太常奏禘祫祭致齋不得哭，乃止。此明太宗之時，宗廟未備實行禘祫，其證五也。貞觀二十三年，自九嵕葬回迎神主於太極殿之西階，日中行虞祭之禮，有司請依典禮以神主祔廟高宗，欲留神主于内寢，旦夕供養，申在生之敬。詔停祔禮。

英國公李勣等抗表固請曰：『竊以祖功宗德，飾終之明典；文昭武穆，嚴配之明訓。今停祔廟，奉狥哀情，直據典章，乖替爲甚。又國哀已後，而廟停時祭，逾月之後，須申大祫。』以唐禮九廟觀之，自太宗已上，纔足七廟，未有毀主，將伸大祫，其證六也。貞觀十六年四月癸丑，有司言將行禘祭，依今禮，祫享功臣並得配享于廟廷，禘享則不配，請集禮官學士等議。太常卿韋挺議曰：『其禘及時享，功臣皆應不預，故周禮六功之官皆大烝而已。』大烝即祫祭也。梁初誤禘功臣，左丞駁議，武帝允而依行。降及周、隋，俱遵此禮。竊以五年再禘，合諸天道，一大一小，通人雅論，小則人臣不預，大則兼及有功。今禮禘無功臣，誠謂禮不可易。太宗改令從禮，載詳此論，該曉歷代，援據甚明。又貞觀年中，累陳禘祫，其證七也。高宗上元三年，有司祫享於太廟，止有七室，未有遷主。通典、會要及禮閣新儀具明此禮，其證八也。中宗景龍三年八月，帝將祠南郊，欲以韋皇后助行郊禮，國子司業郭山等議云：『皇朝舊禮，圜丘分祭天地，惟有皇帝親拜，更無皇后助祭之文，及時享并禘祫，亦無助祭之事。』今據中宗之代，國子祭酒等舉禘祫之文稱是皇朝舊禮，又明太宗、高宗之朝皆行禘祫〔一〕，其證九也。」疏奏，從之。

宋史聶崇義傳：顯德五年，將禘於太廟。言事者以宗廟無祧室，不當行禘祫之禮，崇義援引故事上言，終從崇義之議。

右後唐後周禘祫

〔一〕「朝」，原作「廟」，據光緒本、文獻通考卷一〇二改。

五禮通考卷九十九

吉禮九十九

禘祫

宋禘祫

宋史禮志：宗廟，三年一祫以孟冬，五年一禘以孟夏。

真宗咸平元年，判太常禮院李宗訥等言：「僖祖稱曾高祖，太祖稱伯；文懿、惠明、簡穆、昭憲皇后並稱祖妣，孝明、孝惠〔一〕、孝章皇后並稱伯妣。案爾雅有考妣、王

〔一〕「孝惠」，諸本作「孝憲」，據宋史禮志九改。

父母、曾祖王父母、高祖王父母及世祖之别。以此觀之，唯父母得稱考妣。今請僖祖止稱廟號，順祖而下，即依爾雅之文。」事下尚書省議，户部尚書張齊賢等言：「王制『天子七廟』，謂三昭三穆與太祖之廟而七。前代或有兄弟繼及，亦移昭穆之列，是以漢書『爲人後者爲之子』，所以尊本祖而重正統也。又禮云〔一〕：『天子絶朞喪。』安得宗廟中有伯氏之稱乎？其唐及五代有所稱者，蓋禮官之失，非正典也。請自今有事於太廟，則太祖并諸祖室，稱孝孫、孝曾孫嗣皇帝。其爾雅『考妣』『王父』之文，本不爲宗廟言也。歷代既無所取，於今亦不可行。」詔下禮官議。議曰：「案春秋正義『躋魯僖公』云：『禮，父子異昭穆，兄弟昭穆同。』此明兄弟繼統，同爲一代。又魯隱、桓繼及，皆當穆位。又尚書盤庚有商及王，史記云陽甲至小乙兄弟四人相承，故不稱嗣子，而曰及王，明不繼兄之統也。又唐中、睿皆處昭位，敬、文、武昭穆同爲一世。伏請僖祖室止稱廟號，后曰祖妣，順祖室曰高祖，后曰高祖妣，翼祖室曰曾祖，后曰曾祖妣，祝文皆稱孝曾孫。宣祖室曰皇祖考，后曰皇祖妣，祝文稱孝孫。太祖室曰皇伯考

〔一〕「禮」，諸本脱，據宋史禮志九補。

妣，太宗室曰皇考妣。每大祭，太祖、太宗昭穆同位，祝文並稱孝子。其别廟稱謂，亦請依此。」詔都省復集議，曰：「古者，祖有功宗有德，皆先有其實，而後正其名。今太祖受命開基，太宗纘承大寶，則百世不祧之廟矣。豈有祖宗之廟已分二世，昭穆之位翻爲一代？如臣等議，禮『爲人後者爲之子』，以正父子之道，以定昭穆之義，則無疑也。必若同爲一代，則太宗不得自爲世數，而何以得爲宗乎？不得爲宗，又何以得爲百世不祧之主乎？春秋正義亦不言昭穆不可異，此又不可以爲證也。今若序爲六世，以一昭一穆言之，則上無毁廟之嫌，下有善繼之美，於禮爲大順，於時爲合宜，何嫌而謂不可乎？」翰林學士宋湜言：「三代而下，兄弟相繼則多，昭穆異位未之見也。今詳都省所議，皇帝於太祖室稱孫，竊有疑焉。」詔令禮官再議。禮官言：「案祭統曰：『祭有昭穆者，所以别父子遠近長幼親疏之序而無亂也。』公羊傳公孫嬰齊爲兄歸父之後，春秋謂之仲嬰齊。何休云：『弟無後兄之義，爲亂昭穆之序，失父子之親，故不言仲孫，明不以子爲父孫。』晉賀循議兄弟不合繼位昭穆云：『商人六廟，親廟四并契、湯而六，比有兄弟四人相襲爲君者，便當上毁四廟乎？如此，四世之親盡，無復祖禰之神矣。』温嶠議兄弟相繼、藏主夾室之事云：『若以一帝爲一世，則當不得祭於禰，乃不及庶人之祭也。』夫兄弟同世，於恩既順，於義無否。玄宗朝禘祫，皇伯考中宗，皇考睿宗，同列於穆位。德宗亦以中宗爲高伯祖。晉王導、荀崧議『大宗無子，則立支子』，又曰『爲人後者爲之子』，無兄弟相爲後之文。所以舍至親取遠屬者，蓋以兄弟一體，無父子之道故也。竊以七廟之制，百王是尊〔一〕。至於祖有功，宗有德，則百世不遷之廟也；父爲昭，子爲穆，則千古不刊之典也。今議者引漢書曰『爲人後者爲之子』，殊不知弟不爲兄後，子不爲父孫，春秋之深旨。父謂之昭，子謂之穆，禮記之明文也。又案太宗享祀太祖二十有二載，稱曰『孝弟』，此不易之制，又安可追改乎？唐玄宗謂中宗爲皇伯考，德宗謂中宗爲高伯祖，則伯氏之稱復何不可？臣等參議：自今合祭日，太祖、太宗依典禮同位異坐，皇帝於太祖仍稱孝子，餘並遵舊制。」

蕙田案：兄弟同昭穆，所議是。

咸平二年八月，太常禮院言：「今年冬祭畫日，以十月六日薦享太廟。案禮，三年一祫以孟冬。又疑義云：三年喪畢，遭禘則禘，遭祫則祫。宜改孟冬薦享爲祫享。」

〔一〕「尊」，原作「遵」，據味經窩本、宋史禮志九改。

仁宗天聖元年，禮官言：「真宗神主祔廟，已行吉祭，三年之制，又從易月之文，自天禧二年四月禘享〔一〕。」

玉海：天聖元年四月乙卯，遣官禘享太廟，遂以薦享爲禘享。

天聖八年九月，太常禮院言：「自天聖六年夏行禘享之禮，至此年十月，請以孟冬薦享爲祫享。」詔恭依。

嘉祐四年十月，仁宗親詣太廟行祫享禮，以宰臣富弼爲祫享大禮使，韓琦爲禮儀使，樞密使宋庠爲儀仗使，參知政事曾公亮爲橋道頓遞使，樞密副使程戡爲鹵簿使。同判宗正寺趙良規請正太祖東向位，禮官不敢決。觀文殿學士王舉正等議曰：「大祫之禮所以合昭穆，辨尊卑，必以受命之祖居東向之位。本朝以太祖爲受命之君，然僖祖以降，四廟在上，故每遇大祫，止列昭穆而虚東向。魏、晉以來，亦用此禮。今親享之盛，宜如舊便。」禮官張洞、韓維言：「國朝每遇禘祫，奉別廟四后之主合食太廟，唐郊祀志載禘祫祝文，自獻祖至肅宗所配皆一后，惟睿宗二后，蓋昭成，明皇母也。續

〔一〕「禘」，諸本作「祫」，據宋史禮志十改。

曲臺禮有别廟皇后合食之文，蓋未有本室，遇祫享即祔祖姑下。所以大順中，三太后配列禘祭，議者議其非禮。臣謂每室既有定配，則餘后不當參列，義當革正。」學士孫抃等議：「春秋傳曰：『大祫者何？合祭也。未毁廟之主皆升合食於太祖。』是以國朝事宗廟百有餘年，至祫之日，别廟后主皆升合食，非無典據。大中祥符中已曾議定，禮官著酌中之論，先帝有『恭依』之詔。他年有司攝事，四后皆預。今甫欲親祫而四后見黜，不亦疑於以禮之煩故耶？宗廟之禮，至尊至重，苟未能盡祖宗之意，則莫若守舊禮。臣等愚以爲如故便。學士歐陽修等曰：「古者宗廟之制，皆一帝一后，後世有以子貴者，始著並祔之文，其不當祔者，則有别廟之祭。本朝禘祫，乃以别廟之后列於配后之下，非惟於古無文，於今又四不可。淑德，太宗之元配，列於元德之下，章懷，真宗之元配，列於章懿之下，一也。升祔之后，統以帝樂；别廟之后，則以本室樂章自隨，二也。升祔之后，同牢而祭，牲器祝册亦統於帝；别廟諸后，乃從專享，三也。升祔之后，聯席而坐；别廟之后，位乃相絶，四也。章獻、章懿在奉慈廟，每遇禘祫，本廟致享，最爲得禮。若四后各祭於廟，則其尊自申，而於禮無失。以爲行之已久，重於改作，則是失禮之舉，無復是正也。請從禮官。」詔：「四后祫享依舊，須大禮畢，別加討論。」仍詔：「祫享前一日，帝詣景靈宫，如南郊禮，衛士毋得迎駕呼萬歲。」

有司言：「諸司奉禮，攝廩犧令省牲，依通禮改正祀儀。散齋四日於别殿，致齋二日於大慶殿，一日於太廟。尚舍直殿下，設小次，御坐不設黄道褥位。七廟各用一太牢，每座簠簋二，甄鉶三，籩豆爲後，無黼扆、席几。出三閣瑞石、篆書玉璽印、青玉環、金山陳於庭。别廟四后合食，牲樂奠拜無異儀。故事，七祀、功臣無牲，止於廟牲肉分割，知廟卿行事。請依續曲臺禮，共料一羊，而獻官三員，功臣單席，如大中祥符加褥。」十月二日〔二〕，命樞密副使張昇望告昊天上帝、皇地祇。帝齋大慶殿。十一日，服通天冠、絳紗袍，執圭，乘輿，至大慶殿門外降輿，乘大輦至天興殿，薦享畢，齋於太廟。明日，帝常服至大次，改衮冕，行禮畢，質明乘大輦還宫，更服鞾袍，御紫宸殿，宰臣百官賀，升宣德門肆赦。二十一日，詣諸觀寺行恭謝禮。二十六日，御集英殿爲飲福宴。

會要：嘉祐四年孟冬，詣太廟祫享。御批云：「惟祫享之儀，著禮經之文，大祭先

〔二〕「十月二日」，諸本作「十月三日」，據宋史禮志十改。

王，合食祖廟。感烝嘗之薦，深肅僾之懷，追孝奉先，莫斯爲重。有司所存，出於假攝，卜以孟冬，備兹法駕，款於太室，親薦嘉籩。朕取今年十一月，擇日親詣太廟，行祫享之禮，所有合行，諸般恩賞，並特就祫享禮畢，依南郊例施行。」

楊氏復曰：伏讀國朝會要，仁宗皇帝嘉祐四年三月内出御札曰：「惟祫享之義，著經禮之文，大祭先王，合食祖廟。感烝嘗之薦，深肅僾之懷，追孝奉先，莫斯爲重。慈享之廢，歷年居多。有司所行，出於假攝，禮之將墜，朕深惜之。」大哉王言！此仁聖之君至孝至敬之心之所形而不能自已也。當時建明此議，出於富公弼。弼之言曰：「國朝三歲必親行南郊之祀，其於事天之道，可謂得禮。獨於宗廟，祇遣大臣攝行時享而已。親祀未講，誠爲闕典。檢會今年冬至，當有事於南郊。又孟冬亦當合享於太廟。欲望詔有司講求祫祭大禮，所有降赦推恩，則並用南郊故事。」富公弼之言，可謂一言以爲知，一言以爲不知者也。夫聖王事親如事天，事天如事親。以祫享之禮，比於南郊，誠哉是言也！然南郊推恩肆赦，本非古典，乃人主一時之優恩，其後遂以爲故事。今孟冬祫享，冬至南郊，二大禮相繼而並行。祫享推恩，南郊可復行乎？祫享肆赦，南郊可復行乎？南郊而不推恩肆赦，又非祖宗之故事。於是祫享之禮行，而南郊因而權罷。是雖有以盡宗廟親祫之誠，而又失南郊祀天之禮，夫豈聖主之本心然哉？蓋欲矯其輕，則事從其重，而遂至於過重，過重則不可繼也。夫因有原廟，則宗廟之禮必至於輕，欲矯其輕，則宗廟之禮必至於過重。不惟過重而已，自是親祫，止行於一時，而其後遂輟而不舉，此則矯輕過重，而終於不可繼也。夫三年一祫，此宗廟祀典之大者，其實亦宗廟之常禮也。常禮則非異事也，何欲矯其輕，而遂至於過重，而終至於不可繼哉？

蕙田案：楊氏之說切中時弊。

樂志：至和祫享三首：

迎神，興安　濡露降霜，永懷孝思。祫食諦叙〔一〕，再閏之期〔二〕。歌德詠功，八音播之。歆神惟始，靈其格兹。

奠瓚，嘉安　昭穆親祖，自室徂堂。禮備樂成，肅然祼將。瑟瓚黄流，條鬯芬

〔一〕「諦」，諸本作「禘」，據宋史樂志九改。
〔二〕「閏」，諸本作「問」，據宋史樂志九改。

芳。氣達淵泉，神乎來享。
送神，興安　四祖基慶，三后在天。薦侑備成，靈娭其旋。孝孫應嘏，受福永年。送之懷之，明發惻然。
嘉祐祫享二首：
迎神，懷安：躬茲孝享〔一〕，禮備樂成。神登于俎，祝導于祊。展牲肥腯，奏格和平。靈其昭格，肅僾凝情。
送神，懷安　靈神歸止，光景肅然。福祥裕世，明威在天。孝孫有慶，駿烈推先。佑茲基緒，彌萬斯年。
英宗本紀：治平二年十一月辛未，享太廟。
禮志：治平元年，有司「準晝日，孟冬薦享改爲祫祭。案春秋，閔公喪未除而行吉禘，三傳譏之。真宗以咸平二年六月喪除，至十月乃祫祭。天聖元年在諒陰，有司誤通天禧舊禘之數，在再期内案行禘祭。以理推之，是二年冬應祫，而誤禘於元年夏，

〔一〕「躬」，諸本作「來」，據宋史樂志九改。

故四十九年間九禘八祫，例皆太速。事失於始，則歲月相乘，不得而正。今在大祥內，禮未應祫，明年未禫，亦未應禘，至六月即吉，十月合行祫祭，乞依舊時享，庶合典禮。」二年二月，翰林學士王珪等上議曰：「同知太常禮院官呂夏卿狀：古者新君踐祚之三年，先君之喪二十七月爲禫祭，然後新主祔廟，特行禘祭，自此五年，再爲禘祫。喪除必有禘祫者，爲再大祭之本也。今當祫祭，緣陛下未終三年之制，納有司之說，十月依舊時享。然享廟、祫祭，其禮不同。故事，郊享之年遇祫未嘗權罷，唯罷臘祭。是則孟享與享廟嘗併行於季冬矣。其禘祫年數，乞一依太常禮院請，今年十月行祫祭，明年四月行禘祭。仍如夏卿議，權罷今年臘享。」

蕙田案：禘祫爲四時之間祀，與時享兩不相妨。自惑於三年五年之期，而疏數致咎；又惑於喪畢吉祭之文，而禘祫之本義全失，無一而可。

神宗熙寧八年，有司言：「已尊僖祖爲太廟始祖，孟夏禘祭，當正東向之位。」又言：「太廟禘祭神位，已尊始祖居東向之位，自順祖而下，昭穆各以南北爲序。自今禘祫，著爲定禮。」

老學庵筆記：太祖開國，雖追尊僖祖以下四廟，然惟宣廟昭憲皇后爲大忌，忌前一日不坐，則太祖初不以僖祖爲始祖可知。真宗初罷宣祖大忌，祥符中，下詔復之。然未嘗議及僖祖，則真宗亦不以僖祖爲始祖可知。今乃獨尊僖祖，使宋有天下二百四十餘年，太祖尚不正東向之位，恐禮官不當久置不議也。

元豐四年〔一〕，詳定郊廟禮文所言：「禘祫之義，存於周禮、春秋，而不著其名。行禮之年，經皆無文，惟公羊傳曰：『五年而再盛祭。』禮緯曰：『三年一祫，五年一禘。』而又分爲二説：鄭氏則曰『前三後二』，謂禘後四十二月而祫，祫後十八月而禘。徐邈則曰『前二後三』，謂二祭相去各三十月。以二説考之，惟鄭氏曰：『魯禮，三年喪畢，祫於太廟，明年禘於群廟，自後五年而再盛祭，一祫一禘。』本朝自慶曆以來皆三十月而一祭，至熙寧五年後，始不通計，遂至八年禘祫併在一歲。昨元豐三年四月已行禘禮，今年若依舊例，十月行祫享，即比年行祫，復踵前失。請依慶曆以來之制，通計年數，皆三十月而祭。」詔如見行典禮。詳定所又言：「古者祼獻、饋食，禴、祠、烝、嘗，並爲先王之享，未嘗廢一時之祭。故孔穎達正義以爲：『天子夏爲大祭之禘，不廢

〔一〕「四年」，諸本作「元年」，據宋史禮志十改。

時祭之礿；秋爲大祭之祫，不廢時祭之嘗。』則王禮三年一祫與禘享，更爲時祭。本朝沿襲故常，久未釐正，請每禘祫之月雖已大祭，仍行時享，以嚴天子備禮，所以丕崇祖宗之義。其郊禮、親祠準此。」從之。

蕙田案：自公羊有「五年再殷祭」之文，鄭氏據之，又附會緯書「三年一祫，五年一禘」之説。蔓衍經傳，分離乖隔，後世不察，遵而行之，疏速不均，遠近無準。朝廷之上，每譁然集議，訖鮮折衷，皆由不考周禮四時間祀之義耳。至是詳定禮文所始有禘祫之義存於周禮之説，而以祼獻、饋食、禴、祠、烝、嘗並爲先王之享，未嘗廢一時之祭。信經捨傳，直透本原，一切葛藤，不削自絶，乃千古之確論，説經之正説，聖人復起，不可易矣。惜當代及後世，仍不能尊信，而相沿往説不改。緯書之流毒，其深矣夫！

文獻通考：元豐五年，帝謂宰臣曰：「禘者，所以審諦祖之所自出，故『禮，不王不禘』。秦、漢以來，譜諜不明，莫知祖之所自出，則禘禮可廢也。」宰臣蔡確等以爲聖訓得禘之本意，非諸儒所及。乃詔罷禘享。於是詳定禮文所言：「案記曰：『禮，不王不禘，王者禘其祖之所自出，以其祖配之。』若舜、禹祖高陽，世系出自黄帝，則虞、夏禘黄帝，以高陽氏配；商祖契出自帝嚳，則商人禘嚳，以契配；周祖文王亦出自嚳，故周人禘嚳，以文王配。虞、夏、商、周四代所禘，皆以帝有天下，其世系所出者明，故追祭所及者遠也。藝祖受命祭四廟，推僖祖而上所自出者，譜失其傳，有司因仍舊說，三年一祫，五年一禘，禘與祫皆合群廟之主，綴食於始祖，失禮莫甚。臣等竊謂國家世系所傳，與虞、夏、商、周不同。既求其祖之所自出而不得，則禘禮當闕，必推見祖系所出，乃可以行。」從之。

蕙田案：神宗此舉，直是千古卓識。有此卓識，方知三年一祫，五年一禘，真是失禮莫甚也。

宋史禮志：詳定所言：「古者天子祭宗廟，有堂事焉，有室事焉。案禮，祝延尸入奥，灌後乃出迎牲，延尸主出於室，坐於堂上，始祖南面，昭在東，穆在西，乃行朝踐之禮，是堂事也。設饌於堂，復延主入室，始祖東面，昭南穆北，徙堂上之饌於室中，乃行饋食之禮，是室事也。請每行大祫，堂上設南面之位，室中設東面之位。」禮部言：「合食之禮，始祖東面、昭南穆北者，本室中之位也。今設位户外，祖宗昭穆別爲幄次，殆非合食之義。請自今祫享，即前楹通設帳幕，以應室中之位。」

文獻通考：徽宗大觀四年，議禮局言：「周官天府：『掌祖廟之守藏，凡國之玉鎮大寶器藏焉。若有大祭，則出而陳之，既事藏之。』說者以謂大祭，禘祫也。國朝嘉祐四年，將行祫享，議者請陳瑞物及陳國之寶。元豐中〔一〕，有司請親祠太廟，令户部陳歲之所貢，以充庭實，世祖、神宗皆可其奏。今請祫享陳設應瑞寶貢物可出而陳者，並令有司依嘉祐、元豐詔旨，凡親祠太廟準此。」從之。

宋史禮志：大觀四年，議禮局請：「每大祫，堂上設南面之位，室中設東面之位，始祖南面則昭穆東西相向，始祖東面則昭穆南北相向，以應古義。」

文獻通考：議禮局言：「古者祫祭，朝踐之時，設始祖之位於户西，南面，昭在東，穆在西，相向而坐。薦豆籩脯醢，王北面而事之。此堂上之位也。徙饌之後，設席於室，在户内西方，東面，爲始祖之位；次北方，南面，布昭席；次南方，北面，布穆席；其餘昭穆各以序。此室中之位也。設始祖南方之位而朝踐焉，在禮謂之堂事；設始祖東面之位而饋食焉，在禮謂之室事。考漢舊儀，宗廟三年大祫祭，子孫諸帝以昭穆坐

〔一〕「元豐」，原作「令曹」，據光緒本、文獻通考卷一〇二改。

於高廟，毁廟神皆合食，設左右坐，高祖南面。則自漢以前堂上之位未嘗廢也。元始以後，初去此禮，專設室中東向之位。晉、宋、隋、唐所謂始祖位者，不過論室中之位耳。且少牢饋食，大夫禮也。特牲饋食，士禮也。以儀禮考之，大夫士祭禮無薦牲朝踐之事，故惟饋食於室。至於天子祭宗廟，則堂事室事皆舉。堂上位廢，而天子北面事神之禮缺矣。伏請每行大祫，堂上設南面之位，室中設東面之位，始祖南面，昭穆東西相向；始祖東面，則昭穆南北相向，以應古義。」詔依所議。

楊氏復曰：大祫則如朱子周大祫圖，時祫則如朱子周時祫圖。堂上之所以異於室中也，太祖南向，昭西向、穆東向而已。

蕙田案：以上三條所論，祭禮漸與經義相近，皆儒者考經之效也。

宋史禮志：南渡之後，有祫而無禘。

高宗建炎二年，祫享於洪州。

紹興二年，祫享於温州。時儀文草創，奉遷祖宗及祧廟神主、别廟神主，各設幄合食於太廟。始祖東面，昭穆以次南北相向。紹興五年，奉安太廟神主，復議太祖東向禮，親行款謁。

文獻通考：五年，吏部員外郎董弅言：「臣聞戎祀，國之大事，而宗廟之祭，又祀之大者也。大祀，禘祫爲重。今戎事方飭，祭祀之禮，未暇徧舉，然事有違經戾古，上不當天地神祇之意，下未合億兆黎庶之心，特出於一時大臣好勝之臆說，而行之六十年未有知其非者。顧雖治兵禦戎之際，正厥違誤，宜不可緩。仰惟太祖皇帝受天明命，混一區宇，即其功德所起，則有同乎周之后稷，若乃因時特起之蹟，無異乎漢之高帝，魏、晉而下，莫可擬倫。是宜郊祀以配天，宗祀以配上帝，祫享以居東向之尊，傳千萬世而不易者也。國初稽前代追崇之典，止及四世，故於祫享用魏、晉故事，虛東向之位。逮至仁宗嘉祐四年，親行祫享之禮，嘗詔有司詳議，太祖東向，用昭正統之緒。當時在廷多洪儒碩學，僉謂自古必以受命之祖乃居東向之位，本朝太祖乃受命之君，若論七廟之次，有僖祖以降四廟在上，當時大祫，止列昭穆而虛東向。蓋終不敢以非受命之祖而居之，允協禮經。曁熙寧之初，僖祖以世次當祧，禮官韓維等據經有請，援證明白，適王安石用事，奮其臆說，務以勢勝，乃俾章衡建議，尊僖祖爲始祖，肇居東向。神宗皇帝初未爲然，委曲訪問，安石乃謂推太祖之孝心，固欲尊宣祖，而上孝心宜無以異，則尊僖祖必當祖宗神靈之意。神宗意猶未決，博詢大臣，故馮京奏謂士大夫以太祖不得東向爲恨。安石肆言以折之。已而又欲罷太祖郊配，神宗以太祖開基受命，不許。安石終不然之，乃曰本朝配天之禮，不合禮經。一時有識之士，莫敢與辨。元祐之初，翼祖既祧，正合典禮。至於崇寧，宣祖當祧，適蔡京用事，一遵安石之術，乃建言請立九廟，自我作古，其已祧翼祖及當祧宣祖，並即依舊。循沿至今，太祖皇帝尚居第四室，遇大祫處昭穆之列，識者恨焉。臣竊謂王者奉先與臣庶異，必合天下之公願，垂萬世之宏規，非容私意於其間。祖功宗德之外，親盡迭毁，禮之必然。自古未有功隆創業爲一代之太祖，而列於昭穆之次者也；亦未有非受命而追崇之祖居東向之尊，歷百世而不遷者也。」又言：「漢、魏之制，太祖而上毁廟之主，皆不合食。唐以景帝始制，故規規然援后稷爲比，而獻、懿乃在其先，是以前後議論紛然，乍遷乍祔，使當時遂尊神堯爲太祖，豈得更有議論？其後廟制既定，始以獻、懿而上毁廟之主藏於興聖、德明之廟，遇祫即廟而享焉。是爲別廟之祭，以全太祖之尊。蓋合於漢不以太公居合食之列，魏、晉、武、宣而上廟堂皆不合食之義。當時剛勁如顔真卿、儒宗如韓愈所議，雖各有依據，皆不能易陳京之説，以其當理故也。」太常丞王普奏曰：「僖祖非始封之君而尊爲始祖，太祖寔創業之主而列於昭穆，其失自熙寧始。宣祖當遷而不遷，翼祖既遷而復祔，其失自崇寧始。爲熙寧之説則曰，僖祖而上，世次不可知，宜與稷、契無異。然商、周之祖稷、契，謂其始封而王業之所由起也。稷、契之先，自帝嚳至於黄帝，譜系甚明，豈以其上世不傳而遂尊爲始祖耶？爲崇寧之説則曰，自我作古而已。夫事不師古，尚復何言？宜其變亂舊章，而無所稽考也。臣謹案春秋書『桓宫、僖宫災』，譏其當毁而不毁也。書『立武宫、煬宫』，譏其不當立而立也。然則宗廟不合於禮，聖人皆貶之矣。又况出於一時用事之臣私意臆説，非天下之公論者，豈可因循而不革哉？臣竊惟太祖皇帝始受天命，追崇四廟，以致孝享，行之當時可也。至於今日，世遠親盡，迭毁之禮，古今所同，所當推尊者，太祖而已。董弅奏請，深得禮意，而其言尚有未盡。蓋前日之失，其甚大者有二：曰太祖之名不正，大禘之禮不行是也。今日之議，其可疑者有四：曰奉安之所、祭享之期、七世之數、感生之配是也。古者廟制異宫，則太祖居中，而群廟列其左右；後世廟制同堂，則太祖居右，而諸室皆列其左。古者祫享，朝踐於堂，則太祖南向而昭穆位於東西；饋食於室，則太祖東向而昭穆位於南北。後世祫享一於堂上，而用室中之位，故惟以東向爲太祖之尊焉。若夫群廟迭毁，而太祖不遷，則其禮尚矣。臣故知太祖即廟之始祖，是爲廟號，非謚號也。惟我太宗嗣服之初，太祖皇帝廟號已定，雖更累朝，世次猶近，每於祫享，必虚東向之位，以其非太祖不可居也。迨至熙寧，又尊僖祖爲廟之始祖，百世不遷，祫享東向，而太祖常居穆位，則名寔舛矣。倘以熙寧之禮爲是，則僖祖當稱太祖，而太祖當改廟號，此雖三尺之童，知其不可。至於太祖不得東向，而廟號徒爲虚稱，則行之六十餘年，抑何理哉？然則太祖之名不正，前日之失大矣。大傳曰：『禮，不王不禘。王者禘其祖之所自出，以其祖配之。』祭法所謂『商人、周人禘嚳』是也。商以契爲太祖，嚳爲契所自出，故禘嚳而以契配焉。周以稷爲太祖，嚳爲稷所自出，故禘嚳而以稷配焉。儀禮曰：『大夫及學士則知尊祖矣。諸侯及其太祖，天子及其始祖之所自出。』蓋士大夫尊祖，則有時祭而無祫；諸侯及其太祖，則有祫而無禘；禘其祖之所自出，惟天子得行之。春秋書禘，魯用王禮故也。鄭氏以禘其祖之所自出爲祭天，又謂宗廟之禘，毁廟之主合食於太祖，而親廟之主各祭於其廟。考之於經，皆無所據。惟王肅之説得之。前代禘禮多從鄭氏，國朝熙寧以前，但以親廟合食，爲其無毁廟之主故也。惟我太祖之所自出，是爲宣祖，當時猶在七廟之數，雖禘未能如古，然亦不敢廢也。其後尊僖祖爲廟之始祖，而僖祖所出，系序不著，故禘禮廢。自元豐宗廟之祭，止於三年一祫，則是以天子之尊而俯同於三代之諸侯，瀆亂等威，莫此爲甚。然則大禘之禮不行，前日之失大矣。臣愚欲乞考古驗今，斷自聖學，定七廟之禮，成一王之制。自僖祖至於宣祖，親盡之廟當遷。自太宗至於哲宗，昭穆之數已備。是宜奉太祖神主第一室，永爲廟之始祖，每歲告朔、薦新〔一〕，止於七廟。三年一祫，則太祖正東向之位，太宗、仁宗、神宗南向爲昭，真宗、英宗、哲宗北向爲穆。五年一禘，則迎宣祖神主享於太廟，而以太祖配焉。如是，則宗廟之事，盡合禮經，無復前日之失矣。乃若可疑者，臣請辨之。昔唐以景帝始封，尊爲太祖，而獻、懿二祖又在其先，當時欲正景帝東向之位，而議遷獻、懿之主，則或謂藏之夾室，或謂毀瘞之，或謂遷於陵所，或謂當立別廟，卒從陳京之説，祔於德明、興聖之廟，蓋皋陶、涼武昭王皆唐之遠祖也，故以獻、懿祔焉。惟我宣祖而上，正如唐之獻、懿，而景靈崇奉聖祖之宮，亦德明、興聖之比也。臣竊謂四祖神主，宜倣唐禮，祔於景靈宮天興殿。方今巡幸，或寓於天慶觀聖祖殿焉，則奉安之所無可疑者。昔唐祔獻、懿於

〔一〕「新」，原作「親」，據光緒本、文獻通考卷一〇二改。

興聖，遇祫即廟而享之。臣竊謂四祖神主祔於天興，大祫之歲，亦當就行享禮，既足以全太祖之尊，又足以極追遠之孝。考之前代，實有據依，則祭享之期，無可疑者。禮曰：『天子七廟，三昭三穆，與太祖之廟而七。』則是四親二祧，止於六世，而太祖之廟，不以世數爲限也。書曰：『七世之廟，可以觀德。』蓋舉其總數而言，非謂七世之祖廟猶未毁也。是以周制考之，在成王時，以亞圉、太王、文王爲穆，以公叔祖類〔二〕、王季、武王爲昭，并太祖后稷爲七廟焉。高圉於成王爲七世祖，已在三昭三穆之外，則其廟毁矣。惟我宣祖雖於陛下爲七世祖，亦在三昭三穆之外，則其禮當遷，無可疑者。」又言：「宗廟之禮，有天下者事七世，百王之所同也。而崇寧以來增爲九世，三年一祫，則叙昭穆而合食於祖，百王之所同也。而去冬祫享，祖宗並爲一列，謂之隨宜設位。夫增七廟而爲九，踵唐開元之失，其非禮固已明甚。至於不序昭穆，而强名爲祫，則歷代未嘗聞。究其所因，直以廟之前楹迫狹，憚於增廣而已。夫重葺數檐之屋，輕變千古之禮，臣所未諭。且君子將營宫室，宗廟爲先。今行朝官府，下逮諸臣

〔二〕「公叔祖類」，諸本作「公叔祖紺」，據文獻通考卷一〇二改。

之居，每加營繕，顧於宗廟，獨有所靳，節用之術，豈在是乎？大抵前日之肆爲紛更，則曰自我作古；今日之務爲苟簡，則曰理合隨宜，要皆無所據依，不可爲法。臣今所陳定七廟之禮，正太祖之位，如或上合聖意，願詔有司，他年祫享，必叙昭穆，以别東向之尊，勿以去冬所行爲例，庶幾先王舊典，不廢墜於我朝，使天下後世無得而議。」詔侍從、臺諫、禮官赴尚書省集議聞奏。時侍從、臺諫、禮官等皆謂太祖開基創業，爲本朝太祖，正東向之位，爲萬世不祧之祖，理無可疑。廖剛謂，四祖神主當遷之别宫，祫祭則即而享之。五年一禘，則當禘僖祖。任申先謂祫祭既正太祖東向之位〔一〕，則大禘之禮，僖祖實統系之所自出。太祖暫詘東向，而以世次叙位，在理爲當。晏原復謂正太祖東向之位，以遵祫享之正禮。僖祖而下四祖，則參酌漢制〔二〕，别爲祠所，而異其祭享，無亂祫享之制。議上，不果行。自是遇祫享設幄，僖祖仍舊東向，順祖而下以昭穆爲序。

〔一〕「任申先」，諸本作「任中先」，據文獻通考卷一〇二改，下文同。
〔二〕「酌」，原作「約」，據光緒本、文獻通考卷一〇二改。

蕙田案：太祖正東向之位，禮之經也。四祖祀於别殿，禮之權也。董弅、王普所奏，爲得經權之宜，然遷延日久，至寧宗而後斷然行之，豈不難哉！

文獻通考：孝宗乾道三年，禮部太常寺言：「孟冬祫享，其别廟懿節皇后神主依禮例，合祔於神宗室祖姑之下，安穆皇后神主、安恭皇后神主合祔於徽宗室祖姑之下。」詔禮部、秘書省、國史院官參明典故，擬定申尚書省。李燾等擬：「乞以懿節皇后神座設於神宗幄内欽慈皇后之右，少却；安穆皇后、安恭皇后神座設於徽宗幄内顯仁皇后之左，皆少却。其籩豆鼎俎并祝詞等别設，並如舊制，仍候酌獻祖宗位畢，方詣三后位。」詔從之。

吏部尚書汪應辰等言〔一〕：「準尚書省送到太常少卿林栗劄子，祫享之禮，古人不以别廟祔姑而祔於祖姑者，以别嫌也。案曲臺禮，别廟神主祔於祖姑之下有三人，則祔於親者，既祔於祖姑，又各祔於親者之下，明共一幄，同享一位之薦，不得别設幄次矣。從來有司失於檢照，將别廟神主祔享之位别設幄次。若别設幄次，

〔一〕「汪應辰」，原作「江應辰」，據光緒本、文獻通考卷一〇二改。

當在舅姑之下，豈得上祔於祖姑乎？今來太廟祫享，懿節皇后祔於神宗幄祖姑之下，别設幄次在哲宗、徽宗之上，此其不可者一也。神宗與三后共享一位犧牲粢盛之薦，而懿節來祔，獨享其一。今來安穆皇后、安恭皇后各設幄次祔於徽宗幄祖姑之下，徽宗與三后共享一位之薦，而安穆、安恭共享其二。揆之人情，夫豈相遠，此其不可者二也。且祔之言附也，孫婦之於祖姑，其尊卑絶矣。禮無不順，祔豐而尊殺，祔伸而尊屈，將得爲順乎？粟竊謂别廟神主祔於祖姑之下，宜執婦禮，不當别設幄次；陳其籩豆，列其鼎俎，亦不當别致祝詞，但於本幄祖姑之下添入别廟祔享某皇后某氏，於禮爲稱。」

蕙田案：祔於祖姑者，昭穆同也。若另設幄，便失祔義。林議是。

淳熙元年，詔議祫享東向之位。

吏部侍郎趙粹中言：「謹考前代，七廟異宫。合享則太祖東向，始得一正太祖之尊。倘祫享，又不得東向，則開基之祖，無時而尊矣。乃者，紹興五年董弅建議，乞正藝祖東向之尊，謂太廟世數已備，而藝祖猶居第四室，乞遵典禮，正廟制，遇祫享則東向。得旨，下侍從臺諫集議。既而王普復有請，當時集議如孫近、李光折、彦質、劉大中、廖剛、晏原復、王俁、劉寧正、胡文修、梁汝嘉、張致遠、朱震、任申先、何慤、楊晨、莊必强、李弼直以其議悉合於禮，藝祖東向無疑，乞行釐正。時臣叔父涣任將作監丞，因陛對奏陳甚力，據引詩、禮正文，乞酌漢太公立廟萬年、南頓君立廟章陵故事，别建一廟安奉僖、順、翼、宣四位，烝、祫、禘、嘗並行别祀，而太祖皇帝神主自宜正位東向，則受命之祖不屈其尊，遠祖神靈永有常奉。光堯皇帝深以爲然，即擢董弅爲侍從，叔父涣爲御史。是時趙霈爲諫議大夫，以議不已出，倡邪説以害正，然亦不敢以太祖東向爲非，不過以徽宗在遠，宗廟之事未嘗專議，以此宣言，脅制議者，而欲祫享虚東向。今若稽以六經典禮、三代之制度，定藝祖爲受命之祖，則三年一祫，當奉藝祖東向，始尊開基創業之主。其太廟常享，則奉藝祖居第一室，永爲不祧之祖，若漢之高祖。其次奉太宗居第二室，永爲不祧之宗，若周之武王。若僖、順、翼、宣追崇之祖，一稽舊禮，親盡而祧，四祖神主，别議遷祔之所，則臣亦嘗考之。祔於德明、興聖之廟，唐制也。立太公、南頓君别廟，漢制也。今若前日王普既用德明、興聖之説，而欲祔於景靈宫天興殿，朱震亦乞藏於夾室。若欲事省而禮簡，酌三代、兩漢别廟之制與唐陳京之説，或别建一廟爲四祖之廟。

或祔天興殿，或祇藏太廟西夾室，每遇祫享，則四祖就夾室之前別設一幄，而太祖東向，皆不相妨。庶得聖朝廟制盡合典禮。」詔禮部太常寺討論，既而衆議不同，乃詔有司止遵見行祫享舊制行禮。

紹熙五年閏十月，時寧宗已即位。詔別建廟遷僖、順、翼、宣四帝神主，太廟以太祖正東向之位。孟冬祫享，先詣四祖廟室行禮，次詣太廟逐幄行禮。

蕙田案：太祖至此始正東向之位，詳見「天子廟制」條下。

孟冬祫享儀注　時日。太廟三年一祫，以孟冬之月。其年，太常寺預於隔季以孟冬時享前擇日祫享太廟，關太史局擇日報太常寺，太常寺參酌訖，具時日，散告。齋戒。前享十日，受誓戒於尚書省。其日五鼓，贊者設位版於都堂下。初獻官在左，刑部尚書在右，並南向。亞、終獻禮官位於其南，稍東，北向，西上。監察御史位於其西，稍北，東向。户部兵部工部尚書、押樂太常卿光禄卿、押樂太常丞光禄丞位於其南，稍西，北向，東上。凡設太常丞、光禄丞位皆稍却。奉禮協律郎、太祝、太官令、内常侍、内謁者、薦香燈官、宮闈令、扶持内侍、捧腰輿内侍位於其東，西向，北上。捧俎官位其後。質明，贊者引行事、執事官就位，立定。禮直官引初獻降階就位，禮直官贊揖，在位者對揖。初獻搢笏，讀誓文云：「十月某日孟冬，祫享太廟，各揚其職，不共其事，國有常刑。」讀訖，執笏，禮直官贊奉禮郎、協律郎、太祝、太官令、内常侍以下先退，餘官對拜乃退。散齋七日，治事如故。宿於正寢，不弔喪、問疾、作樂、判書刑殺文書、決罰罪人及與穢惡。致齋三日，光禄卿丞、太官令齋一日。二日，於本司，宗室於睦親宅都廳，如相妨即於宗學。餘官無本司者並於太廟齋坊，内侍以下亦於太廟齋坊致齋，質明至齋所。惟享事得行，其餘悉禁。前享一日，質明，俱赴祠所。齋坊官給酒饌，享官已齋而闕，通攝行事。陳設。除設權奉安别廟皇后神主幄次於南神門外，東向。及不設皇帝位版，止設三獻禮官位外，並同朝享太廟。别廟神主過太廟。前享一日，捧擎腰輿内侍官、援衛親事官等宿於太廟齋坊。享日丑前五刻，所司陳行障、坐障等於别廟東偏門外，設腰輿於殿之下，南向。少頃，禮直官、贊者分引内常侍以下於殿庭，北向，西上，重行立。别廟，内常侍行事禮直官引，餘官皆贊者引。贊者曰：「再拜。」内常侍以下皆再拜。本廟宫闈令升殿，開室，捧懿節皇后、安穆皇后、安恭皇后神主至室門，次引内常侍北向，俯伏，跪稱：「攝内常侍臣某言：請懿節皇后、安穆皇后、安恭皇后神主祫享於太廟。」降殿，乘輿，奉訖，俯伏興。凡内常侍奏請準此。又宫闈令捧接神主，内常侍前引置於輿内。常侍以下分左右前導，詣太廟南神門外幄次，東向。權奉安。援衛、親從官等至太廟門外止，行障、坐障至太廟南門外止。內常侍以下俟導引請殿上神幄，如儀。省牲器儀同朝享太廟。晨祼。享日丑前五刻，行事用丑時七刻。祠祭官引宮闈令入詣廟庭，北向立。祠祭官曰「再拜」，宮闈令再拜。升殿，開室，整拂神幄，帥其屬掃除，退，就執事位。次引薦香燈官入詣殿庭，北向立。凡宮闈令、薦香燈官行事皆祠祭官引。祠祭官曰「再拜」，薦香燈官再拜。升殿，各就執事位。次樂正帥工人二舞人就位。登歌工人俟監察御史點閱訖，升西階，各就位。次太官令、光禄丞帥其屬實饌具畢，光禄丞還齋所。次引光禄卿入詣殿庭席位，北向立。贊者曰「再拜」，光禄卿再拜。升殿，點視禮饌畢。次引監察御史升殿點閱陳設，糾察不如儀。凡點視及點閱皆先詣僖祖位以至次位。光禄卿還齋所，餘官各服祭服。次引行事執事官詣東神門外，揖立定，禮直官贊揖。次引押樂太常卿太常丞、協律郎，次引監察御史、奉禮郎、太祝、太官令入就殿下席位，北向立。次引初獻、户部兵部工部尚書、終獻禮官入就殿下席位，西向立。祭官於殿上贊奉神主。次引次引薦香燈官入室，搢笏，於祏室内奉帝主出，詣殿上神幄，設於座。奉神主詣神幄同。於几後啓匵設於坐，以白羅巾覆之。執笏退，復執事位。次引宮闈令奉后主，如上儀。以青羅巾覆之。退，復執事位。初，殿上贊奉神主〔一〕，內常侍以下於太廟南門外神幄奉別廟懿節皇后、安穆皇后、安恭皇后神主腰輿，入南神西偏門，至殿下，南向。內常侍以下，北向立。贊者曰「再拜」，內常侍以下再拜。俟殿上奉神主訖，內常侍稍前奏：「懿節皇后、安穆皇后、安恭皇后神主祫享於太廟。」奏訖，退，詣懿節皇后、安穆皇后、安恭皇后神主前，奏請降輿，升殿。奏訖，宮闈令奉神主升自泰階，至殿上，本廟宮闈令捧接懿節皇后神主祔於神宗神幄內欽慈皇后神主之右，安穆皇后、安恭皇后神主祔於徽宗神幄內顯仁皇后神主之右，各設於座。奉神主設於座，並如上儀。內常侍以下退，詣東神門內道南，西向立以俟。祠祭官於殿上贊奉神主訖，禮直官稍前，贊有司謹具，請行事。贊者曰「再拜」，在位者皆再拜。次引監察御史、押樂太常卿太常丞、奉禮協律郎、太祝、太官令各就位，立定。太官令就僖祖位尊彝所。次引初獻詣盥洗位，北向立。搢笏，盥手，帨手，執笏，詣爵洗位，北向立。搢笏，洗瓚，拭瓚，以授執事者。執笏，升殿，詣僖祖位尊彝所，東向立。若南北向神御尊彝所，即皆西向立，酌獻準此。執事者以

〔一〕「奉」，原重，據光緒本、文獻通考卷一〇二刪。

瓚授初獻，初獻搢笏，跪執瓚。執彝者舉冪。太官令酌鬱鬯訖，先詣順祖位尊彝所，北向立。若詣北向神位尊彝所，即南向立，酌獻準此。初獻以瓚授執事者，執笏興，詣僖祖神位前，西向立。若南向神位，即北向立。若北向神位，即南向立。酌獻準此。搢笏跪。次引奉禮郎搢笏，南向跪。執事者以瓚授奉禮郎，奉瓚授初獻，初獻受瓚〔一〕，以鬯祼地，奠訖，以瓚授執事者。次執事者以幣授奉禮郎，奉禮郎奉幣授初獻訖，執笏興，先詣順祖神位前，西向立。若北向神位，即東向立。初獻授幣奠訖，執笏，俯伏興，少退，再拜。次詣順祖位、翼祖位、宣祖位、太祖位、太宗位、真宗位、仁宗位、英宗位、神宗位、哲宗位、徽宗位、欽宗位、懿節皇后位、安穆皇后位、安恭皇后位，祼鬯，奠幣，並如上儀。訖，俱復位。協律郎跪，俯伏舉麾興。工鼓柷，宮架作興安之樂，孝熙昭德之舞，九成，偃麾，戛敔，樂止。凡樂，皆協律郎跪，俯伏舉麾興，工鼓柷而後作，偃麾，戛敔而後止。既晨祼，薦香燈官入取膋燎於神位前。太官令取肝，以鸞刀制之，洗於鬱鬯，貫之以膋，燎於爐炭。薦香燈官以肝膋詔於神位，又以墮祭，三祭於茅苴，退復位。饋食。享日，有司帥

〔一〕「受」，原脱，據光緒本、文獻通考卷一〇二補。

進饌者詣厨，以匕升牛於俎。肩、臂、臑在上端，肫、胳在下端，正脊一，直脊一，横脊一，長脅一，短脅一，代脅一〔一〕，皆二骨以並，在中。次升羊豕，如牛，各實於一俎。每位牛羊豕各一俎。入設於饌幔内。俟初獻既升，祼訖，捧俎官入，執事者捧俎，入詣西階下。次引户部、兵部、工部尚書詣西階下，搢笏，奉俎。户部奉牛，兵部奉羊，工部奉豕。升殿，宫架豐安之樂作，詣僖祖神位前，西向跪奠。若南向神位即北向跪奠，北向神位即南向跪奠。先薦牛，次薦羊，次薦豕，各執笏，俯伏興。有司入，設於豆右腸胃膚之前。牛在左，羊在中，豕在右。次詣每位，奉俎並如上儀。樂止，俱降，復位。初，奠俎訖，次引薦香燈官取蕭合黍稷，擩於脂，燎於爐炭。當饋熟之時，薦香燈官取菹擩於醢，祭於豆間三，又取黍稷肺祭如初，俱藉於茅〔二〕。退，復位。次引太祝詣神位前，北向立。次引初獻再詣盥洗位，宫架正安之樂作，初獻升降行止，皆作正安之樂。至位，北向立，搢笏，盥手，帨手，執笏，詣爵洗位，北向立，搢笏，洗爵，拭爵，以授執事者，執笏，升殿，樂止。登歌樂作，詣僖祖

〔一〕「長脅一短脅一代脅一」，「脅」諸本皆作「脊」，據文獻通考卷一〇二改。
〔二〕「俱」，原作「但」，據光緒本、文獻通考卷一〇二改。

位酌尊所，東向立，樂止。登歌基命之樂作，順祖位大寧之樂，翼祖位大順之樂，宣祖位天元之樂，太祖位皇武之樂，太宗位大定之樂，真宗位熙文之樂，仁宗位美成之樂，英宗位治隆之樂，神宗位大明之樂，哲宗位重光之樂，徽宗位承元之樂，欽宗位端慶之樂，懿節皇后、安穆皇后、安恭皇后歆安之樂。執事者以爵授初獻，初獻搢笏跪，執爵，執尊者舉冪。太官令酌著尊之醴齊訖，先詣順祖位酌尊所，北向立。初獻以爵授執事者，執笏興，詣僖祖神位前，西向立，搢笏跪，執事者以爵授初獻，初獻執爵，祭酒三，祭於茅苴，奠爵，執笏，俯伏興，少立，樂止。次太祝搢笏跪，讀祝文，讀訖，執笏興，先詣順祖神位前，東向立。若北向神位，即西向立。初獻再拜，次詣每位，行禮並如上儀。太官令復詣僖祖，次詣每位，行禮並如上儀。太官令復詣僖祖位酌尊所，太祝復位。初獻將降階，登歌樂作，降階，樂止。宮架樂作，復位，樂止。文舞退，武舞進，宮架正安之樂作，舞者立定，樂止。次引亞獻詣盥洗位，北向立。搢笏，盥手，帨手，執笏，詣爵洗位，北向立。搢笏，洗爵，拭爵，以授執事者，執笏，升殿，詣僖祖位酌尊所，東向立。宮架作武安之樂，禮洽儲祥之舞。執事者以爵授亞獻，亞獻搢笏跪，執爵，執尊者舉冪。太官令酌壺尊之盎齊訖，先詣順祖位酌尊所，北向立。亞獻以爵授執事者，執笏興，詣僖祖神位前，西向立，搢笏跪。執事者以爵授亞獻，亞獻執爵，祭酒三，祭於茅苴，奠爵，執笏，俯伏興，少退，再拜。次詣每位，行禮並如上儀。樂止，降，復位。初，亞獻將詣太室，次引終獻詣洗及升殿，行禮並如亞獻之儀。復位。初，終獻畢，既升，次引七祀及配享功臣禮位，詣盥洗位，搢笏，盥手，帨手，執笏，詣神位前，搢笏跪，執爵，三祭酒，奠爵，執笏，俯伏興，再拜。詣次位，並如上儀。退，復位。惟七祀先詣司命位，奠爵訖，興，少立。次引太祝進詣神位前，北向跪，讀祝文，讀訖，退，復位。禮官再拜。次引太祝徹籩、豆。籩、豆各一位，移故處。登歌恭安之樂作，卒徹，樂止。次引宮闈令束茅訖，俱復位。禮直官曰「賜胙」，贊者承傳曰「賜胙，再拜」，在位者皆再拜。送神，宮架興安之樂作，一成止。祠祭官於殿上贊奉神主入祏室。次引薦香燈官搢笏，奉帝主入祏室。薦香燈官先捧匱，置於神座，納神主於匱訖，捧入祏室。執笏，退，復位。次引宮闈令奉后主入祏室，並如上儀。退，復位。若别廟神主還本廟，則候祠祭官贊納神主，次引内常侍以下先入詣殿庭，北向立，俟納神主訖，次引内常侍升殿，詣神宗神幄内於懿節皇后神主前，奏請懿節皇后神主降殿，乘輿，并詣徽宗神幄内安穆皇后神主、安恭皇后神主前，奏請並如上儀。赴本廟奏訖，宮闈令奉神主降自泰階，内常侍前導，各置於輿，内常侍以下分左右前導，腰輿出太廟南神西偏門，至廟門外，援衛親事官等援衛過別廟〔一〕，如過太廟之儀。腰輿至本廟殿下，北向。内常侍詣腰輿前，奏請懿節皇后、安穆皇后、安恭皇后神主降輿，升殿，奏訖，復位。本廟宫闈令捧接神主升殿，並如太廟之儀。闔户以降，内常侍以下北向西上立。贊者曰拜，内常侍以下再拜。訖，退。次引初獻、户部兵部工部尚書、亞終獻禮官就望瘞位，有司詣神位前，取幣束茅置於坎。次引監察御史、押樂太常卿太常丞、奉禮協律郎、太祝詣望瘞位，立定，禮直官曰可瘞，寘土半坎。本廟宫闈令監視。次引初獻以下詣東神門外揖位立。禮直官贊禮畢，揖訖，退。次引禮官詣西神門外七祀望燎位，西向立。有司置祝版於燎柴，焚訖，退。太官令帥其屬徹禮饌，監察御史詣殿監視。收徹訖，還齋所，宫闈令闔户以降，乃退。太常藏祝版於匱。光禄卿以胙奉進，監察御史就位展視，光禄卿望闕再拜，乃退。

蕙田案：此所定儀注，頗合古禮，皆朱子之論有以啓之也。

宋史樂志：祫享八首：

迎神，興安，黄鍾宫　時維孟冬，霜露既零。合食盛禮，以時以行。孝心翼翼，

〔一〕「過」，原作「還」，據光緒本、文獻通考卷一〇二改。

惟神來寧。肅倡斯舉，神其是聽。

大呂角　於穆孝思，嘉薦維時。誠通兹格，咸來燕娭。神之聽之，申錫蕃釐。於萬斯年，永保丕基。

太簇徵　於昭孝治，通乎神明。寒暑不忒，熙事備成。牲牷孔碩，黍稷惟馨。以享以祀，來燕來寧。

應鐘羽　苾芬孝祀，薦灌肅雍。致力於神，明信咸通。靈之妥留，惠我龐鴻。廣被萬寓，福禄攸同。

初獻順祖，酌獻，大寧　於赫皇祖，濬發其祥。德盛流遠，奕世彌昌。孝孫有慶，嘉薦令芳。神保是享，錫羡無疆。

翼祖酌獻，興安　上天眷命，佑我丕基。翼翼皇祖，不耀其輝。積厚流長，福禄攸宜。祀事孔時，曾孫篤之。

光宗酌獻，大承　於皇光宗，握符御極。昭哉嗣服，惟仁與德！勤施於民，靡有暇逸。萬年之思，永奠宗祏。

送神，興安　合祭大事，因時發天。翼翼孝思，三獻禮虔。神兮樂康，飆馭言旋。永福後人，於千萬年。

右宋禘祫

五禮通考卷一百

吉禮一百

禘祫

金禘祫

金史禮志：汴京之廟，在宮南馳道之東。殿規，一屋四注〔一〕，限其北爲神室，廟端各虛一間爲夾室，中二十三間爲十一室。從西三間爲一室，爲始祖廟，祔德帝、安帝、

〔一〕「注」，諸本作「間」，據金史禮志三改。

獻祖、昭祖、景祖祧主五，餘皆兩間爲一室。世祖室祔肅宗，穆宗室祔康宗，餘皆無祔。每室門一、牖一，門在左，牖在右，皆南向。石室之龕於各室之西壁，東向。其世祖之龕六，南向者五，東向者一，其二其三俱二龕，餘皆一室一龕，總八龕。祭日出主於北牖下，南向。禘祫則並出主，始祖東向，群主依昭穆南北相向，東西序立。

世宗大定三年八月，有司議：「祫享犧牲品物，案唐開元禮、宋開寶禮，每室犢一、羊一、豬一，五禮新儀每室復加魚十有五尾。天德、貞元例，與唐、宋同，有司行事則不用太牢，七祀功臣羊各二，酒共二百一十瓶。正隆減定，通用犢一，兩室共用羊一豕一，酒百瓶，此於禮有缺。今七祀功臣牲酒請依天德制，宗廟每室則用宋制，加魚。然每室一犢，後恐太豐。」世宗乃命每祭共用一犢，羊豕如舊。又以九月五日祫享，當用鹿肉五十觔、獐肉三十五觔、兔十四頭爲鬻醢，以貞元、正隆方禁獵，皆以羊代，此禮殊爲未備，詔從古制。

十年正月，詔宰臣曰：「古禮殺牛以祭，後世有更者否？其檢討典故以聞。」有司謂：「自周以來，下逮唐、宋，祫享無不用牛者。唐開元禮時享每室各用太牢一，至天寶六年始減牛數，太廟每享用一犢。宋政和五禮新儀時享太廟，親祀用牛，有司行事則不用。宋開寶二年詔，昊天上帝、皇地祇用犢，餘大祀皆以羊豕代之。合二羊五豕足代一犢。今三年一祫乃爲親祀，其禮至重，每室一犢，恐難省減。」遂命時享與祭社稷如舊，若親祀宗廟則共用一犢，有司行事則不用。

十一年，尚書省奏禘祫之儀曰：「禮緯『三年一祫，五年一禘』。唐開元中，太常議，禘祫之禮皆爲殷祭，祫爲合食祖廟，禘爲禘序尊卑。申先君逮下之慈，成群嗣奉親之孝。自異常享，有時行之。祭不欲數，數則黷；不欲疏，疏則怠。是以王者法諸天道，以制祀典，烝嘗象時，祫禘象閏。五歲再閏，天道大成，宗廟法之，再爲殷祭。自周以後，並用此禮。自大定九年已行祫禮，若議禘祭，當於祫後十八月孟夏行禮。」詔以「三年冬祫，五年夏禘」爲常禮。享日並出神主前廊，序列昭穆。應圖功臣配享廟庭，各配所事之廟，以位次爲序。以太子爲亞獻，親王爲終獻，或並用親王。或以太尉爲亞獻，光禄卿爲終獻。其月則停時享。

十二年十月，祫享，以攝官行事，詔共用三犢。

十七年十月，祫享太廟，「檢討唐禮，孝敬皇帝廟時享用廟舞、宮縣、登歌，讓皇帝廟至禘祫月一祭，止用登歌，其禮制損益不同。今武靈皇帝廟庭與太廟地步不同，難以容設宮縣樂舞，并樂器亦是闕少，看詳恐合依唐讓皇帝祫享典故，樂用登歌，所有牲牢罇俎同太廟一室行禮。及契勘得自來祫享，遇親祠每室一犢，攝官行禮共用三犢。今添武靈皇帝别廟行禮，合無依已奏定共用三犢，或增添牛數。」奏奉敕旨，「太廟、别廟共用三犢，武靈皇帝廟樂用登歌，差官奏告，並准奏。」

十九年，禘祭昭德皇后廟，不用犢。

世宗本紀：大定二十二年十月庚戌，祫享於太廟。

禮志：詔祫禘共用三犢，有司行事則以鹿代。

二十七年十月，祫享於太廟。

大定二十九年，章宗即位。禮官言：「自大定二十七年十月祫享，至今年正月世宗升遐，故四月不行禘禮。案公羊傳，閔公二年『吉禘於莊公』，言吉者未可以吉，謂未三年也』。注謂：『祫禘從先君數，朝聘從今君數，三年喪畢，遇禘則禘，遇祫則祫。』故事，宜於辛亥歲爲大祥，三月禫祭，踰月則吉，則四月一日爲初吉，適當孟夏禘祭之時，可爲親祠。」詔從之。及期，以孝懿皇后崩而止。五月，禮官言：「世宗陞祔已三年，尚未合食於祖宗，若來冬遂行祫禮，伏爲皇帝見居心喪，喪中之吉春秋議其速，恐冬祫未可行。然周禮王有哀慘則春官攝事，竊以世宗及孝懿皇后陞祔以來，未曾躬謁，豈可令有司先攝事哉？況前代令攝事者止施於常祀，今乞依故事，三年喪畢，祫則祫，禘則禘，於明昌四年四月一日釋心喪，行禘禮。」上從之。

章宗本紀：明昌四年四月戊申，親禘於太廟。

禮志：明昌三年十二月，尚書省奏：「明年親禘，室當用犢一。欽懷皇后祔於明德之廟，案大定三年祫享，明德皇后室未嘗用犢。」敕欽懷皇后亦用之。上因問拜數，右丞瑋具對，上曰：「世宗聖壽高，故殺其數，亦不立於位，今當從禮而已。」大定六年，定晨祼行禮，自大次至版位先見神之禮，兩拜。再至版位，又兩拜。祼鬯畢，還版位，再兩拜。還小次，酌獻時，罍洗位盥訖，至版位，先兩拜。酌獻畢，還版位，再兩拜。止將始祖祝册於版位西南安置，讀册訖又兩拜。還小次，又至飲福位，先兩拜，飲畢兩拜。凡十六拜。

承安元年十月丙辰，祫享於太廟。

泰和元年冬十月乙酉，祫享於太廟。

泰和三年四月乙巳，禘於太廟。

泰和八年四月戊申，禘於太廟。

宣宗本紀：貞祐二年正月癸未，有司奏，請權止今年禘享。從之。

禮志：貞祐四年〔一〕，原本「二年」誤。命參知政事李革爲修奉太廟使〔二〕，七月吉日親行祔享，有司以故事用皇帝時享儀，初至版位兩拜，晨祼及酌獻則每位三拜，飲福五拜，總七十九拜。今升祔則徧及祧廟五室，則爲一百九拜也。明昌間常減每位酌獻奠爵後一拜，則爲九十二拜而已。然大定六年，世宗嘗令禮官通減爲十六拜。又皇帝當散齋四日於別殿，致齋三日於大慶殿，今國事方殷，宜權散齋二日，致齋一日。上曰：「拜數從大定例，餘准奏。」禮部尚書張行信言〔三〕：「近奉詔從世宗十六拜之禮，臣與太常參定儀注，竊有疑焉。謹案唐、宋親祠典禮，皆有通拜及隨位拜禮。世宗大定三年親行奉安之禮，亦通七拜，每室各五拜，合七十二拜。逮六年禘，始敕有司減爲十六拜，仍存七十二拜之儀，其意亦可見矣。蓋初年享禮以備，故後從權，更定通

〔一〕「四年」，原作「二年」，據光緒本、金史禮志四改。
〔二〕「奉」，諸本脱，據金史禮志四補。
〔三〕「張行信」，諸本作「張行簡」，據金史禮志四改。

拜。今陛下初廟見奉安，而遽從此制，是於隨室神位並無拜禮，此臣之所疑一也。大定間十有二室，姑從十六拜，猶可。今十七室，而拜數反不及之，此臣之所疑二也。況六年所定儀注，惟於皇帝版位前讀始祖一室祝册。夫祭有祝辭，本告神明，今諸祝册各書帝后尊謚，及高曾祖考世次不一，皇帝所自稱亦自不同，而乃止讀一册，餘皆虚設，恐於禮未安，此臣之所疑三也。先王之禮順時施宜，不可多寡，惟稱而已。今近年禮官酌古今，别定四十四拜之禮。初見神二拜，晨祼通四拜，隨室酌獻讀祝畢兩拜，飲福四拜，似爲得中。」上從之，乃定祔享如時享十二室之儀。又以祧廟五主始祖室不能容，止於室户外東西一列，以西爲上。神主闕者以升祔前三日廟内敬造，以享日丑前題寫畢，以次奉陞。十月己未，親王百官自明俊殿奉迎祖宗神主於太廟幄次。辛酉行禮，用四十四拜之儀，無宫縣樂，犧牲從儉，十七室用犢三、羊豕九而已。以皇太子爲亞獻，濮王守純爲終獻。皇帝權服靴袍，行禮日服衮冕，皇太子以下公服，無鹵簿儀仗，禮畢乘馬還宫。

宣宗本紀：元光二年十月己卯，祫於太廟。

興定四年四月，禘於太廟。

續文獻通考：哀宗釋服，將禘享太廟，有司奏冕服成，上請仁聖、慈聖兩宮太后御内殿，因試衣之以見，兩宮大悅。上更便服，奉觴爲兩宮壽，仁聖太后諭上曰：「祖宗初取天下甚不易，何時使四方承平，百姓安樂，天子服此法服於中都祖廟行禘享乎？」上曰：「阿婆有此意，臣何嘗忘！」慈聖太后亦曰：「恒有此心，則見此當有期矣。」

金史樂志：

禘祫親饗，皇帝入門，宮縣無射宮昌寧之曲出、入步武同。惟時升平，禮儀肇興。鳴鑾至止，穆穆造庭。百辟卿士，恪謹迎承。恭款祖考〔一〕，神宇攸寧。

皇帝升殿，登歌夾鐘宮昌寧之曲升階及將還版位，皆同登歌。笙鏞既陳，罍樽在户。升降有容，惟規惟矩。恭敬神明，上儀交舉。永言保之，承天之祜。

皇帝盥洗，宮縣無射宮昌寧之曲　惟水之功，潔淨精微。洗爵奠斝，于德有輝。皇皇穆穆，宗廟之威。宜其感格，福祉交歸。

〔一〕「款」，諸本作「隸」，據金史樂志下改。

皇帝降階，宫縣無射宫昌寧之曲　於皇神宫，象天清明。有來肅肅，相維公卿。禮儀卒度，君子攸寧。孔時孔惠，綏我思成。

迎神，宫縣來寧之曲，黄鐘宫三奏，大吕角二奏，太簇徵二奏，應鐘羽二奏，詞同。八音克諧，百禮具舉。明德維清，至誠永慕。神之格思，雲軿風馭。來止來臨，千祀燕處。

蕙田案：此迎神九奏，極得周禮九變之意。

司徒引俎，宫縣無射宫豐寧之曲　維牲維犧，齊明致祠。我將我享，吉蠲奉之。博碩肥腯，神嗜爲宜。千秋歆此，永綏黔黎。

始祖酌獻，宫縣無射宫大元之曲　惟酒既清，惟殽既馨。苾芬孝祀，在廟之庭。羞于皇祖，來燕來寧。象功昭德，先祖是聽。

德皇帝，大熙之曲　萬方欣戴，鴻業創基。瑶源垂裕，綿瓞重熙。式崇毖祀，爰考成規。籩豆有楚，益臻皇儀。

安皇帝，大安之曲　爰圖造邦，載德其昌。皇儀允穆，誕集嘉祥。明誠昭格，積厚流光。祗嚴清廟，鐘石琅琅。

獻祖，大昭之曲　惟聖興邦，經始之初。鳩民化俗，還定攸居。迪德純儉，志規遠圖。時哉顯祀，精誠有孚。

昭祖，大成之曲　天啓璇源，貽慶定基。率義爲勇，施德爲威。耀武拓境，功烈巍巍。永昌皇祚，均福黔黎。

景祖，大昌之曲　丕顯鴻烈，基緒隆昌。聖期誕集，邦宇斯張。尊嚴廟祏，昭格休祥。煌煌縟典，億載彌光。

世祖，大武之曲　桓桓伐功，天鑑其明。惟威震疊，惟德綏寧。神策無遺，鴻圖以興。曾孫孝祀，遹昭厥成。

肅宗，大明之曲　於皇神人，武烈文謨。左右世祖，懷柔掃除。威掃遐邇，化漸蟲魚。垂光綿永，成帝之孚。

穆宗，大章之曲　烝哉文祖，欽聖弘淵。慈愛忠信，典策昭然。歆此明祀，繁祉綿綿。時純熙矣，流慶萬年。

康宗，大康之曲　惟明惟聽，曄曄神功。儀刑世業，昭格上穹。持盈孝孫，薦芳斯豐。錫我祉福，皇化益隆。

太祖，大定之曲　功超殷周，德配唐虞。天人協應，平統寰區。開祥垂裕，肇基永圖。明明天子，敬陳典謨。

太宗，大惠之曲　巍巍德鴻，無爲端扆。祚承神功，究馴俗孍。清宫緝熙，孝思時祀。欽奠著誠，犧樽嘉旨。

熙宗，大同之曲　昭顯令德，神基丕承。對越在天，享用躋升。於穆清廟，來熙來寧。神其醉止，惟欽克誠。

睿宗，大和之曲　皇祖開基，周武殷湯。猗歟聖考，嗣德彌光。啓祐洪緒，長發其祥。嚴恭廟享，萬世烝嘗。

世宗，大鈞之曲　神之來思，甫登於堂。裸圭有瓚，秬鬯芬芳。巍巍先功，啓祐無疆。萬年肆祀，孝心不忘。

顯宗，大寧之曲　於皇神宫，有嚴惟清。吉蠲孝祀，惟神之寧。對越在天，綏我思成。敷佑億年，邦家之慶。

章宗，大隆之曲　兩紀踐祚，萬方寧康。文經天地，武服遐荒。禮備制定，德隆業昌。居歆典祀，億載無疆。

宣宗，大慶之曲　猗歟聖皇，三代之英。功光先后，德被群生。牲粢惟馨，鼓鐘其鏗。神兮來思，歆于克誠。

文舞退，武舞進，宫縣無射宫肅寧之曲　明明先王，神武維揚。開基垂統，萬世無疆。干戚象功，威儀有光。神保是饗，昭哉降康。

亞、終獻，無射宫肅寧之曲　涓辰之休，昭祀惟恭。威儀陟降，惟禮是從。籩豆靜嘉，於論鼓鐘。惟皇受祉，監斯德容。

皇帝飲福，登歌夾鐘宫福寧之曲　犧牲充潔，粢盛馨香。來格來享，精神用彰。飲此純禧，簡簡穰穰。文明天子，萬壽無疆。

徹豆，登歌夾鐘宫豐寧之曲　孝祀肅睦，明德以薦。樂奏九成，禮終三獻。百辟卿士，進徹以時。小大稽首，神保聿歸。

送神，宫縣黄鐘宫來寧之曲　潔兹牛羊，清兹酒醴。三獻攸終，神既燕喜。神之去兮，載錫繁祉。萬壽無疆，永保禋祀。

禘祫，有司攝事：

初獻，盥洗，宫縣無射宫肅寧之曲　祀事之大，齋栗爲先。潔清以獻，沃盥于前。既灌以升，乃薦豆籩。神其感格，歆於吉蠲。

升自西階，登歌奏夾鐘宫嘉寧之曲餘並同親祀。國有太宫，合食以禮。躋階肅肅，降陛濟濟。鏘然純音，節乃容止。神之格思，永綏福履。

蕙田案：金制，三年冬祫，五年夏禘，則猶張純、鄭玄之説也。

右金禘祫

元禘祫

元史禮樂志：親祠禘祫樂章：未詳年月。太常集禮云，别本所録。以時考之，疑至元三年以前擬用，詳見制樂始末。

皇帝入門，宫縣奏順成之曲，無射宫　熙熙雍雍，六合大同。維皇有造，典禮會通。金奏王夏，祇款神宫。感格如響，嘉氣來叢。

皇帝升殿，奏順成之曲，夾鐘宫　皇明燭幽，沿時制作。宗廟之威，降登時若。趨以采茨，聲容有恪。曰藝曰文，監兹衎樂。

皇帝詣罍洗，宫縣奏順成之曲，太常集禮云，至元四年用此曲，名曰肅成。至大以後用此，詞律同。無射宫　酌彼行潦，維挹其清。潔齊以祀，祀事孔明。肅肅辟公，沃盥乃升。神之至止，歆于克誠。

皇帝詣酌尊所，宫縣奏順成之曲，無射宫　靈庭愔愔，乃神攸依。文爲在禮，載斟匪祈。皇皇穆穆，玉佩聲希。列侯百辟，濟濟宣威〔一〕。

迎神，宫縣奏思成之曲至元四年，名來成之曲，詞律同。

司徒捧俎，宫縣奏嘉成之曲至元四年，詞律同。

酌獻始祖，宫縣奏慶成之曲，無射宫　啓運流光，幅員既長。敬共祀事，鬱鬯芬薌。德以舞象，功以歌揚。式歌且舞，神享是皇。

諸廟奏熙成、昌成、鴻成、樂成、康成、明成等曲詞闕。

文舞退，武舞進，宫縣奏肅成之曲至元四年，名和成之曲，詞律同。

亞、終獻，宫懸奏肅成之曲至元四年，名順成之曲，詞律同。

皇帝飲福，登歌奏釐成之曲，夾鐘宫　誠通恩降，靈兹昭宣。左右明命，六合

〔一〕「宣」，諸本小字注「闕」，據元史禮樂志三補。

大全。啐飲椒馨，純嘏如川。皇人壽穀，億萬斯年。

徹豆，登歌奏豐成之曲，夾鐘宮　三獻九成，禮畢樂闋。于豆于登，于焉靖徹。多士密勿，樂且有儀。能事脱穎，孔惠孔時。

送神，奏保成之曲，黄鐘宮　雲車之來，不疾而速。風馭言還，閴其恍惚。神心之欣，孝孫之禄。燕翼無疆，景命有僕。

蕙田案：元禘祫之禮，未詳傳志，惟禮樂志載此數章。注云疑至元三年以前所擬，蓋禮文散佚，姑存之，以見禮意。

右元禘祫

明禘祫

明史禮志：洪武元年，祫饗太廟。德祖皇考妣居中，南向。懿祖皇考妣東第一位，西向。熙祖皇考妣西第一位，東向。仁祖皇考妣東第二位，西向。

大明集禮：國初以歲除日祭太廟，與四時之祭合爲五享。其陳設樂章，並與時享同，累朝因之。

國初歲除祭太廟，祝文：「維洪武年月日孝玄孫皇帝某，敢昭告于高、曾、祖、考四廟太皇太后。時當歲暮，明旦新正，謹率群臣以牲醴庶品恭詣太廟，用申追慕之情，尚享。」

續文獻通考：太祖洪武七年，御史答禄與權請舉禘祭，不報時。答禄與權上言：「古之有天下者，既立始祖之廟，又推始祖所自出之帝，祀之於始祖之廟，而以始祖配之，故曰禘。禘者，大也，王者之大祭也。周祭太王爲始祖，推本后稷以爲自出之帝。今皇上受命已七年，而禘祭未舉，宜令群臣參酌古今而行之，以成一代之典。」下禮部太常寺翰林臣議，以爲：「虞、夏、商、周四代，世系明白，其始祖所自出可得而推，故禘禮可行。自漢、唐以來〔一〕，世系無考，莫能明其始祖所自出，當時所謂禘，不過祫已祧之主，序昭穆而祭之，乃古人之大祫，非禘也。宋神宗嘗曰：『禘者，所以審始祖之所出。』是則莫知始祖之所自出，禮不可行也。今國家既已追尊四廟，而始祖所自出者未有所考，則於禘祭之禮似難遽行。」遂寢。

〔一〕「漢唐」，原誤倒，據味經窩本、乾隆本、光緒本、續文獻通考卷一一三乙正。

明史禮志：弘治元年，定每歲暮奉祧廟懿祖神主於正殿左，居熙祖上，行祫祭之禮。

明會典：弘治元年，建祧廟於寢殿後，其制九間，間各爲室，翼以兩廡，乃奉安神主衣冠於廟正中，南向。國初以歲除日祭太廟，與四時之享合爲五享。弘治初，既祧懿祖，始以其日奉祧主至太廟，行祫祭禮。先期遣官祭告太廟，又遣官祭告懿祖於祧廟，俱用祝文酒果。告畢，太常寺設懿祖神座於正殿，西向。至日祭，如儀。

弘治初祫祭祝文　太廟祭告：「維年月日孝玄孫嗣皇帝某，謹遣某官敢昭告于太廟太皇太后皇考憲純皇帝。茲者歲暮，特修祫祭之禮。恭迎懿祖皇帝同臨享祀。伏惟鑒知，謹告。」

懿祖祭告：「茲者歲暮，恭于太廟，舉行祫祭之禮。祗請聖靈詣廟享祀，特申預告，伏惟鑒知，謹告。」

太廟祫祭同前國初祭文。

明史世宗本紀：嘉靖十年夏四月甲子，禘於太廟。

禮志：嘉靖十年，世宗以禘祫義詢大學士張璁，令與夏言議。言撰禘義一篇獻之，大意謂：「自漢以下，譜牒難考。欲如虞、夏之禘黄帝，商、周之禘帝嚳，不能盡合。謹推明古典，采酌先儒精微之論。宜爲虚位以祀。」帝深然之。會中允廖道南謂朱氏爲顓頊裔，請以太祖實録爲據，禘顓頊。遂詔禮部以言、道南二疏，會官詳議。諸臣咸謂：「稱虚位者，茫昧無據；尊顓頊者，世遠難稽。廟制既定高皇帝始祖之位，當禘德祖爲正。」帝意主虚位，令再議。而言復疏論禘德祖有四可疑，且言今所定太祖爲太廟中之始祖，非王者立始祖廟之始祖。帝併下其章。諸臣乃請設虚位，以禘皇初祖，南向，奉太祖配，西向。禮臣因言，大祫既歲舉，大禘請三歲一行，庶疏數適宜。帝自爲文告皇祖，定丙、辛歲一行，敕禮部具儀擇日。四月，禮部上大禘儀注。前期告廟，致齋三日，備香帛牲醴如時享儀。錦衣衛設儀衛，太常卿奉皇初祖神牌、太祖神位於太廟正殿，安設如圖儀。至日行禮，如大祀圜丘儀。及議祧德祖，罷歲除祭，以冬季中旬行大祫禮。太常寺設德祖神位於太廟正中，南向。懿祖而下，以次東西向。

春明夢餘録：世宗欲復古禘祭禮，敕輔臣及禮官集議。夏言撰禘義以進曰：「禮云『不王不禘』。禘者，本以審諦祖之所自出也。惟王者竭四海之有，以奉神明，力大足以備禮，故祭可以及遠。有虞氏、夏后氏皆禘黄帝，殷人、周人禘帝嚳是也。我祖宗之有天下，固以德祖爲始祖，百六十年來居中，南向。享太廟歲時之祭者，德祖也。今陛下定大祫之祭，而統群廟之主者，又德祖也。然則主禘之祭，又不可尊德祖乎？夫既身爲太祖之始祖矣，而爲始祖之所自出，恐無是理。朱熹亦曰，禘自始祖之廟，推所自出之帝，設虛位以祀之，而以始祖配。夫三代而下，必欲如唐、虞、商、周之祭禘黄帝、帝嚳，則既無所考，若强求其人，如李唐之祖聃，又非孝子慈孫之所忍爲也。臣以爲宜設初祖虛位，而以太祖配享。蓋太祖始有天下，實始祖也。」疏入，上然之。既而諭禮部祀始祖所自出之帝於太廟，奉皇祖配，每丙、辛年舉行。神牌曰皇初祖帝神位。

十年冬，上諭禮官曰：「太祖以恩隆德祖，今日當以義尊太祖。祫祭，奉四祖同太祖，皆南向，庶見太廟爲特尊太祖之意。」禮官夏言言：「禮，合群廟之主而祭於太祖之廟，是爲大祫，亦以尊太祖也。太廟，太祖之廟，不當與昭穆同序。太祖，太廟之祖，不可與子孫並列。自今大祫，宜奉德祖居中，懿、熙、仁、太祖東西序，皆南向。列聖左右序，東西向，如故。不惟我太祖列群廟之上，足以伸皇上之心，而懿、熙、仁三祖得全其尊，尤足以體太祖之心。」上曰：「善。」

明集禮：大禘。嘉靖十年定。前期上告廟，如常儀。太常寺奏致齋三日，備香帛牲醴如時享儀。錦衣衛設儀衛、侍從，太常寺卿奉請皇初祖神牌、太祖神位於太廟正殿安設。是日早，上具翼善冠、黄袍，御奉天門，太常卿跪奏請聖駕詣太廟。上至太廟門外，降轎，導引官導上入御幄，具祭服，出，由殿左門入。典儀唱樂，舞生就位。執事官各司其事，内贊奏就位。典儀唱迎神，樂作。内贊奏四拜，傳贊百官同。奏上香，導上至皇初祖、太祖前，俱三上香。訖，奏復位，樂止。典儀唱奠帛，行初獻禮。樂作，内贊導上至皇初祖前，奠帛，獻爵，復導至太祖前。儀同。典儀唱讀祝畢跪，傳贊衆官皆跪。樂暫止。内贊贊讀祝，讀訖，樂作，内贊奏俯伏興，平身。傳贊百官同。樂止。典儀唱行亞獻禮，樂作。樂止，復唱行終獻禮，樂作。樂止，太常卿進立於皇初祖前，西向，唱賜福胙。上飲福受胙，興，四拜。傳贊百官同。典儀唱徹饌，唱送神。内贊奏四拜，傳贊百官同。典儀唱捧祝捧帛詣燎位，唱望燎，俱如儀。太常卿捧皇初祖神牌詣燎所，内贊奏禮畢，樂止。上由殿左門出，至太廟門外，導引官導上入御幄，易常服，還宫。

祝文　維嘉靖年月日孝玄孫嗣皇帝某，敢昭告于皇初祖神曰：仰惟先祖，肇我厥初。發祥鍾靈，啓我列聖。追慕德源，敬兹報祭。願來格斯，奉皇祖太祖高皇帝配侑，尚享。

明史樂志：大禘樂章：

迎神，元和之曲　於維皇祖，肇創丕基。鍾祥有自，曰本先之。奄有萬方，作之君師。追報宜隆，以申孝思。瞻望稽首，介我休禧。

初獻，壽和之曲　木有本兮水有源，人本祖兮物本天。思報德兮禮莫先〔一〕，仰希鑒兮敢弗虔。

亞獻，仁和之曲　中觴載升，於此瑶觥。小孫奉前，願歆其誠。樂舞在列，庶職在庭。祖鑒孔昭，錫佑攸亨。

終獻，德和之曲　於維兮先祖，延慶兮深高。追報兮曷能，三進兮香醪。

徹饌，太和之曲　芬兮豆籩，潔兮黍粢。祖垂歆享，徹乎敢遲。禮云告備，以

〔一〕「莫」，原作「奠」，據光緒本、明史樂志二改。

訖陳詞。永裕後人，億世丕而。

送神，永和之曲　禘祀兮具張，佳氣兮鬱昂。皇靈錫納兮喜將，一誠通兮萬載昌。祈鑒佑兮天下康，仰源仁浩德兮曷以量。小孫頓首兮以望，遥瞻冉冉兮聖靈皇皇。

明史禮志：十五年，復定廟饗制。立春犆享，各出主於殿。立夏、立秋、立冬出太祖、成祖七宗主，饗太祖殿，爲時祫。季冬中旬，卜日出四祖及太祖、成祖七宗主，饗太祖殿，爲大祫。祭畢，各歸主於其寢。

明會典：九廟特饗。前期，太常寺奉請欽定捧主官，及齋戒省牲，俱如常儀。一前期一日，太常寺官詣各廟，陳設如儀。一正祭日，儀同前。惟祝文總一讀，各廟俱捧主行禮。九廟時祫儀與前時祫儀同。奉懿祖、熙祖、仁祖、太祖神座皆南向。成祖而下，東西向。陳設、樂章、祝文皆更定，而先期遣官祭告如前。

明集禮：嘉靖十五年，定大祫儀。前期一日，太常寺陳設如圖儀。正祭日，上至廟戟門東帷幕，具祭服，出，自戟門左入，率捧主官至祧廟及寢殿出主。捧主官請各廟主至太廟門外，候五祖主至，闢殿門入，上安德祖主。捧主官各安懿祖以下主訖，典儀唱舞，樂生就位。執事官各司其事。上至御拜位，如常儀。懿祖而下，上香、獻帛、獻爵俱捧主官代。

祝文　維嘉靖年月日孝玄孫嗣皇帝某，敢昭告於德祖玄皇帝玄皇后、懿祖恒皇帝恒皇后、熙祖裕皇帝裕皇后、仁祖淳皇帝淳皇后、太祖高皇帝孝慈高皇后、成祖文皇帝仁孝文皇后、仁宗昭皇帝誠孝昭皇后、皇高祖考宣宗章皇帝皇高祖妣孝恭章皇后、皇曾祖考英宗睿皇帝皇曾祖妣孝莊睿皇后、皇祖考憲宗純皇帝皇祖妣孝貞純皇后、皇伯考孝宗敬皇帝皇伯妣孝康敬皇后、皇考睿宗獻皇帝皇妣慈孝獻皇后、皇兄武宗毅皇帝孝靜毅皇后曰：氣序云邁，歲事將終，謹率群臣以牲帛醴齊粢盛庶品，特修大祫禮於太廟，用申追感之情，伏惟尚享。

明史樂志：大祫樂章：

迎神，太和之曲　仰慶源兮大發祥，惟世德兮深長。時維歲殘，大祫洪張。祖宗聖神，明明皇皇。遥瞻兮頓首，世德兮何以忘？

初獻，壽和之曲　神之格兮慰我思，慰我思兮捧玉巵，捧來前兮慄慄，仰歆納兮是幸已而。

亞獻，豫和之曲　再舉瑶漿，樂舞群張。小孫在位，陪助賢良。百工羅從，大禮肅將。惟我祖宗，顯錫恩光。

終獻，寧和之曲　思祖功兮深長，景宗德兮馨香。報歲事之既成兮典則先王，惟功德之莫報兮何以量。

徹饌，雍和之曲　三酌既終，一誠感通。仰聖靈兮居歆，萬禩是舉兮庶乎酬報之衷。

還宫，安和之曲　顯兮幽兮，神運無迹。神運無迹兮化無方，靈返天兮主返室。願神功聖德兮啓佑無終，玄孫拜送兮以謝以祈。

禮志：嘉靖十七年，定大祫祝文，九廟帝后謚號俱全書，時祫止書某祖、某宗皇帝。更定大祫日，奉德、懿、熙、仁及太祖異室皆南向，成祖西向北上，仁宗以下七宗東西相向。禮三獻，樂六奏，舞八佾。皇帝獻德祖帝后，大臣十二人分獻諸帝，内臣十二人分獻諸后。

二十年十一月，禮官議，歲暮大祫，當陳祧主，而景神殿隘，請暫祭四廟於後寢，用連几陳籩豆，以便周旋。詔可。

二十二年，定時享、大祫，罷出主、上香、奠獻等儀，臨期捧衣冠出納，太常及神宮監官奉行。

二十四年，罷季冬中旬大祫，并罷告祭，仍以歲除日行大祫，禮同時享。

二十八年，復告祭儀。穆宗即位，禮部以大行皇帝服未除，請遵弘治十八年例，歲暮大祫、孟春時享兩祭，皆遣官攝事。樂設而不作，帝即喪次致齋，陪祀官亦在二十七日之内，宜令暫免。從之。

續文獻通考：初禮部尚書夏言請行古大禘禮，下廷議，皆請禘德祖、世宗，皆不允。有旨稱，皇初祖帝神勿主名，五年一舉。先是，下令中書官書皇初祖帝神牌位於太廟，至日設太廟殿中，祭畢，燎之。每特享，祖宗以立春于本廟，夏秋冬皆合享於太廟，循時祫之典。季冬仍修大祫禮於太廟，獻廟止修四時之祭，避豐禰也。

穆宗隆慶元年，行大祫禮於太廟，命駙馬都尉謝詔代。

三年十二月戊辰，行大祫禮於太廟。

右明禘祫

五禮通考卷一百一

吉禮一百一

薦新

寢廟薦新

周禮天官䱷人：春獻王鮪。注：王鮪，鮪之大者。月令季春「薦鮪於寢廟」。　疏：謂季春三月，春鮪新來。言「王鮪」，鮪之大者。云「獻」者，獻於廟之寢，故鄭注引月令云「薦鮪於寢廟」。取魚之法，歲有五。案月令孟春云「獺祭魚」，此時得取，一也。季春云「薦鮪於寢廟」，即此所引者，二也。又案鼈人云「秋獻龜魚」，三也。王制云「獺祭魚，然後虞人入澤梁」，與孝經緯援神契云「陰用事，木葉落，獺祭魚」同時，是十月取魚，四也。獺則春冬二時祭魚也。案潛詩云「季冬薦魚」，與月令季冬漁師始漁同，五也。是一歲三時五取魚，唯夏不取。按魯語云「宣公夏濫於泗淵」，以其非時。

祭司寒也。

禮記月令：仲春之月，天子乃鮮羔開冰，先薦寢廟。注：鮮當爲獻，聲之誤也。獻羔，謂祭司寒也。祭司寒而出冰，薦於宗廟，乃後賦之。疏：「鮮當爲獻」者，案詩豳風七月云「四之日其早，獻羔祭韭」，故知鮮爲獻也。云「獻羔謂祭司寒」者，以經云「獻羔啓冰，先薦寢廟」，恐是獻羔寢廟，故云「祭司寒」，左傳直云「獻羔而啓之」。知「祭司寒」者，以傳云「祭寒而藏之」，既祭司寒，明啓時亦祭之。云「薦於宗廟，乃後賦之」者，薦於宗廟，謂仲春也；乃後賦之，謂孟夏也。故凌人云「夏頒冰」，左傳云「火出而畢賦」是也。

季春之月，天子始乘舟，薦鮪於寢廟。注：進時美物。疏：案爾雅釋魚云：「鮥，鮛鮪。」郭景純云：「似鱣而小，建平人呼鮥子。一本云王鮪，似鱣，口在頷下。」音義云：「大者爲王鮪，小者爲鮛鮪，似鱣，長鼻，體無鱗甲。」

方氏慤曰：必乘舟而後薦鮪者，所以示親漁也。蓋先王之饗親，牲必親牽，殺必親射，凡以致其敬而已，則乘舟而後薦鮪，豈爲過哉？魚之品多矣，然薦必以鮪者，爲其特大，謂之「王鮪」者以此。

孟夏之月，天子乃以彘嘗麥，先薦寢廟。注：麥之新氣尤盛，以彘食之，散其熱也。彘，水畜。

方氏慤曰：以彘嘗麥者，以水勝火也。仲夏以雛嘗黍者，以木生火也。仲秋以犬嘗麻者，以金勝木也。季秋以犬嘗稻者，以金合金也。夫勝所以治之，生所以養之，合所以和之，故食齊得其宜焉。

仲夏之月，天子乃以雛嘗黍，羞以含桃，先薦寢廟。注：此嘗雛也。而云以嘗黍，不以牲主穀也。必以黍者，黍，火穀，氣之主也。含桃，櫻桃也。疏：黍是火穀，於夏時與雛同薦之。如鄭此言，則黍非新成，直取舊黍，故下孟秋云「農乃登穀」，注云「黍稷於是始熟」，明仲夏未熟也。蔡氏以爲此時黍新熟，今蟬鳴黍是也，非鄭義也。案月令諸月無薦果之文，此獨羞含桃者，以此果先成，異於餘物，故特記之，其實諸果亦時薦之。

方氏慤曰：雛，蓋雞也。以呂氏春秋見之，必謂之雛者，雞以雛爲美故也。若羊之類，則以大爲美耳。

孟秋之月，農乃登穀，天子嘗新，先薦寢廟。注：黍稷之屬，於是始熟。

方氏慤曰：穀謂稷也，以稷熟於此，故農乃登焉。然孟夏之麥，仲夏之黍，仲秋之麻，季秋之稻，皆穀也。此以穀言稷者，以其爲五穀之長故也。若稼穡之官，謂之后稷；土稷之神，謂之社稷者，以是而已。

仲秋之月，以犬嘗麻，先薦寢廟。注：麻始熟也。

季秋之月，天子乃以犬嘗稻，先薦寢廟。注：稻始熟也。

季冬之月，命漁師始漁。天子親往，乃嘗魚，先薦寢廟。注：天子必親往視漁，明漁非常事，重之也。此時魚潔美。疏：案仲秋「以犬嘗麻」，季秋「以犬嘗稻」，皆不云天子親往。今此「天子親往」，特云「嘗魚」，故云「明漁非常事，重之也」。以四時薦新，是其常事，魚則非常祭之物，故云「重之也」。

馬氏晞孟曰：此潛之詩所謂「季冬薦魚」也。漁者，牲類也。宗廟之祭牲用親獵，則漁必親往，不亦宜乎？

少儀：未嘗不食新。注：嘗，謂薦新物於寢廟。疏：嘗，謂薦新物於寢廟也。未嘗，則人子不忍前食新也。

方氏慤曰：秋祭曰嘗，以物新成而可嘗故也。未嘗，則親未嘗新矣，孝子其忍食之乎？月令每言「先薦寢廟」者以此。然新物不待秋而有，此止以嘗言者，以物成於秋故也。月令特於孟秋言「嘗新」者以此。左傳言「不食新」，乃謂麥爲新，以夏爲秋故也。

中庸：薦其時食。

朱子集注：時食，四時之食，各有其物，如春行羔、豚、膳、膏、香之類是也。

陳氏禮書：古者祭必卜日，而薦新不擇日。祭有尸，而薦無尸，以至不出神主。奠而不祭，有時物而無三牲黍稷，此薦新之大略也。鄭注釋王制謂大夫士「祭以首時」。然祭以致禮而有常月，薦以致孝而無常時。周禮，王者享烝之畋，皆在仲月，是祭有常月也。月令王者薦新，或於孟月，或於仲季，唯其時物而已，是薦無常時也。

詩豳風：四之日其蚤，獻羔祭韭。箋：月令仲春「天子乃獻羔開冰，先薦寢廟」。疏：引之證經獻羔之事在二月也。祭韭者，蓋以時韭新出，故用之。王制云：「庶人春薦韭。」亦以新物，故薦之也。

何氏楷曰：其蚤，孔云：「其蚤，朝也。」愚案：即二月朔也。韭，菜名，禮祭宗廟，韭曰豐本。案夏小正，正月「囿有見韭」，韭乃陽菜，春始發露，故紀之。舊傳以爲即此四之日祭韭，非也。陸佃云：「開冰，春祭也，故獻羔祭韭。禮曰『春行羔豚』，又曰『春薦韭』是也。」曹氏云：「獻羔，祭司寒也；祭韭，薦清廟也。宋淳化中李至上言：案詩『四之日，獻羔祭韭』，即今之二月也。」又月令開冰之祭，當在春分，非四月所當行也。帝覽奏曰：「韭長可以苫屋矣，何謂薦新？」令春分開冰，祭司寒，卜日，薦冰於太廟。

詩序：潛，季冬薦魚，春獻鮪也。箋：冬魚之性定，春鮪新來，薦獻之者，謂於宗廟也。疏：潛詩者，季冬薦魚，春獻鮪之樂歌也。經總言冬春，雜陳魚鮪，皆是薦獻之事也。先言季冬，而後言春者，冬即次春，故依先後爲文。且冬薦魚多，故先言之。冬言季冬，春亦季春也。月令季春「薦鮪於寢廟」。天官漁人：「春獻王鮪。」注引月令季春之事，是薦鮪在季春也。不言季者，以季春鮪魚新來，正月未有鮪，言春則季可知，且文承季冬之下，從而略之也。冬言薦，春云獻者，皆謂子孫獻進於先祖，其義一也。經言「以享」，是冬亦爲獻。月令季春言薦鮪，是春亦有薦〔一〕，因時異而變文耳。冬則衆魚皆可薦，故總稱魚。春惟獻鮪而已，故特言鮪。冬魚之性定者，冬月既寒，魚不行，乃性定而肥充，故冬薦之也。天官𠋫人注云「魚雁水涸而性定」，則十月已定矣。但十月初定，季冬始肥，取其尤美之時薦之也。月令季冬乃「命漁師始漁，天子親往，乃嘗魚，先薦寢廟」，注云：「此時魚潔美，故特薦之。」白虎通云：「王者不親取魚以薦廟。」故親行，非此則不可。故隱五年「公矢魚於棠」，春秋譏之是也。魯語里革云：「古者大寒降，土蟄發，水虞於是乎講罛罶，取名魚，而嘗之寢廟。」言「大寒降」，與此「季冬」同。其言「土蟄發」，則孟春也。以春魚始動，猶乘冬先肥，氣序既移，故又取以薦。然則季冬、孟春，皆可以薦魚也。韋昭以爲薦魚惟在季冬，國語云「孟春」者，誤。案月令孟春「獺祭魚」，則魚肥而可薦，但自禮文不具，無其事耳。里革稱古以言，不當謬也。言「春鮪新來」者，陸璣云：「河南鞏縣東北崖上山腹有穴，舊説云此穴與江湖通，鮪從此穴而來，北入河，西上龍門，入漆、沮。故張衡云『王鮪岫居，山穴爲岫』，謂此穴也。」然則其來有時，以春取而獻之，明新來也。序止言薦獻，不言所在，故言薦獻之者，謂於宗廟也。

猗與漆沮，潛有多魚。有鱣有鮪，鰷鱨鰋鯉。以享以祀，以介景福。傳：漆、沮，岐

〔一〕「春」，諸本作「冬」，據毛詩正義卷一九改。

周之二水也。潛，槮也。　箋：猗與，歎美之言也。鱣，大鯉也。鮪，鮥也。鰷，白鰷也。鰋，鮎也。介，助。景，大也。

徐氏常吉曰：享祀是薦，非祭。所謂備四時之異物，順孝子之誠心也。

方氏慤曰：王者於祖廟，以人道事之，則有寢；以神道事之，則有廟。祭神道，薦人道也。

何氏楷曰：周禮𩾐人：「凡祭祀，共其魚之鱻、薧。」曲禮曰：「薧魚曰商祭，鮮魚曰脡祭。」則王於凡祭祀其登俎者，奚適而不用魚哉？特季冬純用魚，而春薦新則耑用鮪耳？

國語魯語：里革曰：「古者大寒降，土蟄發，水虞于是乎講罛罶，取名魚，登川禽，而嘗之寢廟，行諸國，人助宣氣也。」

陳氏禮書：人子之於親，飲食與藥，必先嘗而後進；四時新物，必先獻而後食。寢廟之薦新，蓋亦推其事先之禮，以盡其誠敬而已。先儒謂廟藏神主而祭以四時，寢藏衣冠几杖之具而祭之以新物。然國語曰大寒「取名魚，登川禽，嘗之寢廟」，月令「四時新物，皆先薦寢廟」者，蓋有寢者薦於寢，無寢者薦於廟，非謂薦止於寢也。月令禩記秦禮〔一〕，秦出寢於陵，則月令所謂「寢廟」，豈皆廟後之寢乎？古者掌外事

〔一〕「禩」，原作「集」，據光緒本、禮書卷六九改。

之兆有典祀，掌廟有守祧，掌寢有隸僕。故典祀若以時祭祀，則帥其屬而修除，徵役於司隸而役之。守祧其廟，則有司修除之；其祧，則守祧黝堊之。隸僕祭祀，修寢。則薦新蓋亦修焉？觀詩序言「薦魚獻鮪」，而詩言「以享以祀」，月令言「以共寢廟之祀」，則薦新亦謂之祀也。祭僕大喪，復於小廟；隸僕大喪，復於小寢、大寢。小寢，高祖以下之寢廟也。大寢，始祖之寢也。復於廟，則小廟而已。于寢，則及大寢者，以廟嚴於寢故也。

方氏慤曰：王者之於祖禰，以人道事之，則有寢；以神道事之，則有廟。王者七廟，而周官隸僕止掌五寢者，以二祧將毀，先除其寢，去事有漸故也。

蕙田案：僕隸掌五寢，謂王之燕寢五也。鄭氏以五寢爲五廟之寢者，非。天子七廟，無五寢之理。方氏二祧先除其寢之說，尤附會。

右寢廟薦新

喪奠薦新

儀禮士喪禮：朔月，奠用特豚、魚、腊，陳三鼎。注：朔月，月朔日也。有薦新，如朔奠。徹朔奠，先取醴酒，其餘取先設者。注：薦五穀若時果物新出者。疏：薦新如朔奠者，牲牢籩豆，一如上朔奠也。

既夕禮：朔月，若薦新，則不饋于下室[一]。注：以其殷奠有黍稷也。

禮記檀弓：有薦新，如朔奠。注：重新物，爲之殷奠。疏：「薦新」，謂未葬中間得新味而薦亡者。「如朔奠」者，謂未葬前，月朔大奠于殯宫。大奠則牲饌豐也，朔禮視大斂，士則特豚三鼎。今若有新物，及五穀始熟，薦於亡者，則其禮牲物如朔之奠也。大夫以上則朔望大奠，士但朔而不望。

應氏鏞曰：薦新，重時物也。薦新于廟，死者已遠，則感傷或淺。薦新於殯，其痛尚新，則感傷必重。朔祭，謂之大奠，其視禮大斂，故薦新亦如之。謂男女各即位，内外各從事，而其哭之義如一也。是禮之同，非其物之同。注謂殷奠，恐未然，蓋經曰「如朔奠」，非爲之也。

蕙田案：以上喪奠薦新，乃士禮也。然推之天子諸侯，其禮當亦有之矣。

右喪奠薦新

[一]「則」，原脱，據光緒本、儀禮注疏卷四一補。

月祭薦新

禮記祭法：王立七廟，曰考廟，曰王考廟，曰皇考廟，曰顯考廟，曰祖考廟，皆月祭之。諸侯立五廟，曰考廟，曰王考廟，曰皇考廟，皆月祭之。疏：五廟皆月月祭之。享嘗，四時祭祀，文、武特留，故不月祭，但四時祭而已。

陳氏禮書：月祭者，薦新之祭也。月令獻羔開冰、薦鮪、羞含桃，與夫嘗麥、嘗穀、嘗麻、嘗魚，皆先薦寢廟是也。

國語楚語：觀射父曰：「古者先王日祭、月享、時類、歲祀。」注：日祭於祖、考，月祭於高、曾，時類及二祧，歲祀於壇墠也。

周語：祭公謀父曰：「日祭、月祀、時享、歲貢、終王。」注：祭於祖、考，謂上食也。月祀於高、曾。時享於二祧。歲貢於壇墠。終，謂世終也。推嗣王及即位而來見。

朱子曰：左氏云「特祀於寢」，而國語有「日祭」之文，韋昭曰：謂日上食於祖禰，漢事亦然。是主復寢，猶日上食矣。

又曰：國語「日祭、月祀、時享」，既與周禮祀天神、祭地祇、享人鬼之名不合。韋昭又謂：「日上食於祖禰」，「月祀於高、曾」，「時享於二祧」，亦但於祭法略相表裏，而不見於他經。又主既復寢，則其几筵未知，當俟臨祭而後設耶，或常設而不除也。

陳氏禮書：周禮大宗伯以肆獻祼、饋食享先王，以春祠、夏禴、秋嘗、冬烝享先王。祭法「王立七廟，一壇一墠，曰考廟，曰王考廟，曰皇考廟，曰顯考廟，曰祖考廟，皆月祭之。遠廟爲祧，有二祧，享嘗乃止」，「諸侯五廟，一壇一墠，曰考廟，曰王考廟，曰皇考廟，皆月祭之。顯考廟、祖考廟享嘗乃止」。然則周禮有時祭，無月祭，祭法有月祭，無時祭。周語：「祭公謀父曰：『甸服者祭，侯服者祀，賓服者享，要服者貢。日祭、月祀、時享、歲貢。』」楚語：「觀射父曰：『先王日祭、月享、時類、歲祀。諸侯舍日，卿、大夫舍月，士、庶人舍時。』」韋玄成、韋昭之徒則曰：「天子日祭於祖考，月祭於高、曾，時享於二祧，歲貢於壇墠。」此與漢法日祭於寢，月祭於廟，時祭於便殿，其事相類。而甸、侯、賓、要、荒五服之制，與禹貢相合，蓋夏、商之禮如此，故左丘明、荀卿、司馬遷皆得以傳之也。周禮小宗伯「凡天地之大災，類社稷宗廟爲位」，則類於宗廟者無常時，與所謂「王時類」者異矣。王制「庶人春薦韭，夏薦麥，秋薦黍，冬薦稻。韭以卵，麥以魚，黍以豚，稻以雁」，則薦於四時者有常物，與所謂「庶人舍時」者異矣。然則玉藻言天子聽朔於南門之外，諸侯聽朔於太廟。春秋：「文公六年，書閏月，不告朔，猶朝於廟。」論語曰：「子貢欲去告朔之餼羊。」鄭氏釋玉藻謂天子聽朔於明堂，「以特牲告其帝及神，配以文王、武王」，釋論語謂人君每月告朔，「有祭謂之朝享」。然周禮「朝享」非謂「告朔」，而聽朔於明堂，「以特牲告其帝及神，配以文王、武王」，無所經見。要之，告朔於廟，餼以特牲，謂之月祭，此先王之禮也。魯文公不行告朔之禮，但身至廟拜謁而已，故春秋譏之。穀梁言「天子告朔於諸侯，諸侯受於禰廟，禮也」，又曰：「閏月不以告朔。」然受朔於禰，則異於玉藻；閏月不告朔，則異於左氏。左氏曰：閏以正時，時以作事，事以厚生。生民之道，于是乎在。不告朔，棄時政也。祭法「諸侯月祭不及祖考」，其説與穀梁同，不知何據然也。

蕙田案：祭法有享嘗，有月祭。享嘗則四時之祭是已，月祭則注疏無明文。又考之玉藻「聽朔」孔疏、春秋「告月」孔疏、公羊徐疏、穀梁楊疏、論語邢疏，並以祭法「月祭」釋之。案告朔，天子以特牛，諸侯以特羊，此是告廟之禮，並非祭禮，告廟亦止在所藏之祖廟，未必徧告五廟。且據玉藻「聽朔於南門之外」，南門之外則明堂是已，王立七廟，安得俱在南門之外乎？長樂陳氏以「月祭」爲「薦新」之祭，其説爲是，今從之。其周語祭公謀父所云「月祀」，楚語觀射父所云「月享」之文，並當訓爲「薦新」之祭。禮記亦以「告朔」牽合「月祭」，恐未爲的。

右月祭薦新

漢至明薦新

漢書叔孫通傳：惠帝常出游離宫〔一〕，叔孫通曰：「古者有春嘗果，方今櫻桃熟，可獻，願陛下出，因取櫻桃獻宗廟。」上許之。諸果之獻由此興。

後漢書鄧太后紀：安帝七年正月庚戌，謁宗廟，率命婦群妾相禮儀〔二〕，與皇帝交獻，成禮而還。因下詔曰：「凡供薦新味，多非其節，或鬱養强孰，或穿掘萌芽，味無所至而夭折生長，豈所以順時育物乎？傳曰：『非其時不食。』自今奉祠陵廟，須時乃

〔一〕「常」，諸本作「嘗」，據漢書叔孫通傳改。
〔二〕「率」，諸本脱，據後漢書鄧太后紀補。

上。」凡省二十三種。

三國魏志明帝本紀：太和六年四月甲子，初進新果於廟。

高堂隆云：案舊典，天子諸侯月有祭事，其孟，則四時之祭也。三牲、黍稷，時物咸備。其仲月、季月，皆薦新之祭也。大夫以上將之以羔，或加以犬而已，不備三牲也。士以豚。庶人則唯其時宜，魚雁可也。皆有黍稷。禮器曰：「羔豚而祭，百官皆足；太牢而祭，不必有餘。」羔豚則薦新之禮也，太牢則時祭之禮也。詩云「四之日其蚤〔一〕，獻羔祭韭」。周之四月則夏之二月也。月令：仲春，天子乃獻羔開冰。季春之月，天子始乘舟薦鮪。仲夏之月，天子乃嘗魚。咸薦之寢廟。此則仲月季月薦新之禮也。

蜀譙周禮祭集志：天子之廟，始祖及高、曾、祖、考，皆月朔加薦，以像平生朔食也〔二〕，謂之月祭。二祧之廟，無月祭也。凡五穀新熟，珍物新成，天子以薦宗廟。

〔一〕「四之日」，原作「四月」，據光緒本、通典卷四九改。
〔二〕「食」，諸本作「日」，據通典卷四九改。

禮，未薦不敢食新，孝敬之道也。其月朔薦及臘薦、薦新，皆奠，無尸。故群廟皆一朝之間盡畢〔一〕。

晉書武帝本紀：咸寧二年六月癸丑，薦荔枝於太廟。

册府元龜：太康元年五月丁卯，薦淥酒於太廟。

北魏書高祖本紀：太和十五年八月壬辰，詔郡國有時物可以薦宗廟者，貢之。

通典：唐四時各以孟月享太廟，室各用一太牢。若品物時新堪進御者，有司先送太常，令尚食相知，簡擇務令潔淨，仍以滋味與新物相宜者配之。太常卿及少卿一人奉薦太廟。卿及少卿有故，即差五品以上攝。有司行事，不出神主。仲春薦冰，亦如之。

開元禮薦新於太廟儀：

薦新之日，太廟令帥齋郎灑掃廟之内外，太官先饌所薦之物於神厨。若有酒者，廟司設樽坫罍洗如式。謁者引太常卿入，立于門東之内道北〔二〕，面南。謁者贊引稱「再拜」，

〔一〕「朝」，原作「日」，據光緒本、通典卷四九改。
〔二〕「門東」，通典卷一一六、開元禮卷五一作「東門」。

太常卿再拜。進饌者奉饌入自正門，升自太階，各設於神座前〔一〕。籩豆蓋冪，徹之如式。訖，降自東階以出。謁者引太常卿升自東階，詣獻祖室前，盥洗酌獻，訖，再拜，又再拜。若無酒，即俱再拜。訖，謁者引太常卿復位，謁者贊拜，訖，謁者引出。

薦新物

冬魚，蕨，筍，蒲白，韭，堇，小豆，䅟豆，襄荷，菱仁，子薑〔二〕，菱索，春酒，桑落酒，竹根，黃米，粳米，糯米，粱米，稷米，茄子，甘蔗，芋子，雞頭仁，苜蓿，蔓菁，胡瓜，冬瓜，瓠子，春魚，水蘇，枸杞，芙，茨子，藕，大麥麪，瓜，油蘇，麥子，椿頭，蓮子，栗，冰，甘子，李，櫻桃，杏，林檎，橘，椹，菴，蘿果，棗，兔脾，麞，鹿，野雞。凡薦新，皆所司白時新堪供進者先送太常〔三〕，令尚食相與簡擇，仍以滋味與新物相宜者配之以薦，皆如上儀。

〔一〕「設」，諸本作「詣」，據通典卷一一六、開元禮卷五一改。
〔二〕「子」，原脱，據光緒本、通典卷一一六補。
〔三〕「所司白」，通典卷一一六、開元禮卷五一作「以品物」。

舊唐書禮儀志：天寶十一載閏三月，制：「自今已後，每月朔望日〔一〕，宜令上食造食，薦太廟，每室一牙盤，内官享薦。仍五日一開室門灑掃。」

宋史禮志：開寶通禮薦新之儀，詣僖祖室户前，盥洗酌獻訖，再拜，次獻諸室如上禮。遂詔曰：「夫順時蒐狩，禮有舊章，非樂畋遊，將薦宗廟，久墮前制，闕孰甚焉。爰遵時令，暫狩近郊，既躬獲禽，用以薦俎。其今月十一日畋獵，親射所獲田禽，並付所司，以備太廟四時薦享，著爲令。」

玉海：太宗淳化三年正月二十六日，詔仲春開冰獻羔，祭韭。

宋史禮志：仁宗景祐二年宗正丞趙良規言〔二〕：「通禮著薦新凡五十餘物，今太廟祭享之外唯薦冰，其餘薦新之禮，皆寢不行。宜以品物時新，所司送宗正，令尚食簡擇滋味與新物相宜者，配以薦之。」於是禮官、宗正條定：「逐室時薦，以京都新物，略依時訓，協用典章。請每歲春孟月薦蔬，以韭以菘，配以卵，仲月薦冰，季月薦蔬以

〔一〕「月」，原作「有」，據光緒本、舊唐書禮儀志六改。
〔二〕「二年」，諸本作「三年」，據宋史禮志十一改。

筍，果以含桃；夏孟月嘗麥，配以彘，仲月薦果，以瓜以來禽，季月薦果，以芡以菱；秋孟月嘗粟嘗穄，配以雞，果以棗以梨，仲月嘗酒嘗稻，蔬以茭筍，季月嘗豆嘗蕎麥；冬孟月羞以兔，果以栗，蔬以藷萸，仲月羞以雁以麞，季月羞以魚。凡二十八種，所司烹治。自彘以下，令御厨於四時牙盤食烹饌，卜日薦獻，一如開寶通禮。」又太常禮院言：「自來薦冰，惟薦太廟逐室帝主，后主皆闕。謹案朔望每室牙盤食，帝后同薦。又案禮，『有薦新如朔奠』。詳此獻祀，帝后主别無異等之義。今後前廟逐室后主，欲乞四時薦新，並如朔望牙盤例，后廟、奉慈廟如太廟之禮。」

皇祐三年，太常寺王洙言：「每内降新物，有司皆擇吉日，至涉三四日，而物已損敗。自今令禮部預爲關報，於次日薦之，更不擇日。」

吕公綽傳：故事，薦新諸物，禮官議定迺薦〔一〕，或後時陳敗。公綽採月令諸書，以四時新物及所當薦者，配合爲圖。

神宗元豐元年，宗正寺奏：「據太常寺報，選日薦新兔、藷萸、栗黄。今三物久粥

〔一〕「定」，原脱，據光緒本、宋史吕公綽傳補。

於市，而廟猶未薦，頗違禮意。蓋節序有蚤晏，物品有先後，自當變通，安能齊一？又唐開元禮，薦新不出神主。今兩廟薦新〔一〕，及朔、望上食，並出神主。請下禮官參定所宜。」詳定所言：「古者薦新於廟之寢，無尸，不卜日，不出神主，奠而不祭。近時擇日而祭，非也。天子諸侯，物熟則薦，不以孟仲季爲限。呂氏月令，一歲之間八薦新物，開元禮加以五十餘品。景祐中，禮官議以呂紀簡而近薄，唐令雜而不經，於是更定四時所薦，凡二十八物，除依詩、禮月令外〔二〕，又增多十有七品。雖出一時之議，然歲時登薦，行之已久。依於古則大略，違於經則無法。今欲稍加刊定，取其間先王所嘗享用膳羞之物，見於經者存之，不經者去之。請自今孟春薦韭以卵，羞以葑，仲春薦冰，季春薦筍，羞以含桃；孟夏嘗麥以彘，仲夏嘗雛以黍，羞以瓜，季夏羞以芡以菱；孟秋嘗粟與稷，羞以棗以梨，仲秋嘗麻嘗稻，羞以蒲，季秋嘗菽，羞以兔以栗；孟冬羞以雁，仲冬羞以麕，季冬羞以魚。今春不薦鮪，誠爲闕典。請季春薦鮪，無則闕

〔一〕「廟」，諸本作「朝」，據宋史禮志十一改。
〔二〕「詩」，諸本作「時」，據宋史禮志十一改。

之。舊有林檎、蕎麥、藷萸之類，及季秋嘗酒，並合删去。凡新物及時出者，即日登獻，既非正祭，則不當卜日。漢儀嘗韭之屬，皆於廟而不在寢，故韋玄成傳以爲廟歲二十五祠，而薦新在焉。自漢至於隋、唐，因仍其失，薦新雖在廟，然皆不出神主。今出神主，失禮尤甚。請依五禮精義，但設神座〔一〕，仍候廟成，薦新於寢。」詔依所定，如鮪闕，即以魴鯉代之。既而知宗正丞趙彦若言：「禮院以仲秋芰萌不經，易以蒲白。今仲秋蒲無白，改從春獻。」大觀禮局亦言：「薦新雖繫以月，如櫻、筍三月當進，或萌實未成，轉至孟夏之類，自當隨時之宜，取新以薦。」

文獻通考：元豐七年，詔：「舊制，薦新米麥之屬皆取於市，今後宜令玉津、瓊林、宜春、瑞聖諸園及金明池後苑供具，其所無者，乃索之雜買務。」

宋史禮志：政和四年，比部員外郎何天衢言：「先王建祭祀之禮，必得疏數之中，未聞一日並行兩祭者也。今太廟薦新，有與朔祭同日者。夫朔祭之禮，行於一月之首，不可易也。若夫薦新，則未嘗卜日，一月内，皆可薦也。新物未備，猶許次月薦

〔一〕「座」，諸本作「主」，據宋史禮志十一改。

之，亦何必同朔日哉〔一〕！」自是薦新偶與朔祭同日，詔用次日焉。

文獻通考：宋禮部修立太廟薦新儀注。

陳設　前一日，有司設新物於太常卿齋所。至日以行事，設籩豆於每室户外，以新物實之。每室：孟春，豆三實以韭、葑、卵；仲春，豆一實以冰；季春，豆三實以筍、蒲、鮪魚，籩一實以含桃。孟夏，豆三實以彘肉、大小麥；仲夏，豆二實以雛雞、黍，籩一實以瓜；季夏，籩二實以菱、棗。孟秋，豆二實以粟、稷，籩二實以棗、梨；仲秋，豆二實以麻、稻；季秋，豆二實以菽、兔，籩一實以栗。孟冬，豆一實以雁；仲冬，豆一實以麕；季冬，豆一實之以魚。又設盥洗於阼階下，直東霤，北向。罍在洗東，加勺。篚在洗西，南肆，實以巾。設太常卿席位於殿下東南，西向。省饌　前一日，祠祭官引宮闈令詣太常卿齋所，同眡新物應饌者。有司詣厨，省鑊以時，率其屬臨造。行事　薦新日，祠祭官引宮闈令先入〔二〕，詣殿庭，北向立〔三〕。祠祭官曰「再拜」，宮闈令再拜，升自西階，凡行事執事官升降皆自西階。開室，不出神主。帥其

〔一〕「日」上，原衍「祭之」二字，據光緒本、宋史禮志十一删。
〔二〕「引」，原作「行」，據光緒本、文獻通考卷九九改。
〔三〕「北」，原作「内」，據光緒本、文獻通考卷九九改。

屬掃除，退就執事位。次有司實新畢，禮直官引太常卿常服入就殿下席位，西向立〔一〕，贊再拜，太常卿再拜。次引詣盥洗位，北向立，搢笏，盥手，帨手，執笏。升殿，詣僖祖室户外，搢笏，執事者以新物授太常卿，太常卿受新物，奉入詣神位前，北向跪奠，執笏，俛伏，興。出户外，北向再拜。次詣宣祖室、太祖室、太宗室、真宗室、仁宗室、英宗室、神宗室、哲宗室、徽宗室、欽宗室、别廟懿節皇后室、安穆皇后室、安恭皇后室，行禮並如上儀。降，復位，少立，退。宫闈令闔户降退。

遼史太宗本紀：天顯五年七月戊子，薦時果於太祖廟。六年七月壬子，薦時果於太祖廟。

穆宗本紀：應曆十三年七月乙丑，薦時羞於太廟。

金史禮志：海陵天德二年，命有司議薦新禮〔二〕，依典禮合用時物，令太常卿行禮。正月，鮪，明昌間用牛魚，無則鯉代。二月，雁。三月，韭，以卵、以葑。四月，薦冰。

〔一〕「西」，原作「北」，據光緒本、文獻通考卷九九改。
〔二〕「禮」，諸本脱，據金史禮志四補。

五月，筍、蒲，羞以含桃。六月，彘肉，小麥仁。七月，嘗雛雞以黍，羞以瓜。八月，羞以芡〔一〕、以菱、以栗。九月，嘗粟與稷，羞以棗、以梨。十月，嘗麻與稻，羞以兔。十一月，羞以麕。十二月，羞以魚。從之。

世宗大定三年，有司言：「每歲太廟五享，若復薦新，似涉繁數〔二〕。擬遇時享之月，以所薦物附於籩豆薦之，以合古者『祭不欲數』之義。」制可。

元史祭祀志：至元四年二月，初定一歲十二月薦新時物。薦新儀：至日質明，太常禮儀院官屬赴廟所，皆公服俟於次。太廟令率其屬升殿，開室户，不出神主，設籩豆俎、酒醴、馬湩及室户内外褥位。又設盥洗位於階下，少東，西向。奉禮郎率儀鸞局設席褥版位於横街南，又設盥盆巾帨二所於齊班幕前。凡與祭執事官皆盥手訖，太常官詣神厨點視神饌。執事者奉所薦饌物，各陳饌幕内。太常官以下入就位，東西重行，北向立定。禮直官贊「皆再拜」，「鞠躬」，「拜」，「興」，「拜」，「興」，「平立」，「各

〔一〕「芡」，諸本作「茨」，據金史禮志四改。
〔二〕「繁」，原作「於」，據光緒本、金史禮志四改。

就位」。禮直官引太常次官一員，率執事者出詣饌所，奉饌入自正門，升自太階，奠各室神位前。執事者進時食，院官搢笏受而奠之。禮直官引太常禮儀使詣盥洗位，盥手帨手。升殿詣第一室神位前，搢笏，執事者注酒於杯，三祭酒，又注馬湩於杯，亦三祭之，奠杯於案。出笏，就拜興，出室户外，北向立，再拜。每室俱畢，降復位，執事者皆降。禮直官贊「再拜」，「鞠躬」，「拜」，「興」，「拜」，「興」，「平立」。餘官率執事者升徹饌，出殿闔户。禮直官引太常官以下俱出東神門外，圓揖。

王圻續通考：元制，世祖至元二十九年始命每月薦新。孟春，鮪、野彘；仲春，雁、天鵝；季春，葑、韭、鴨雞卵。孟夏，冰、羔羊；仲夏，櫻桃、竹筍、蒲筍、羊；季夏，瓜、豚、大麥飯、小麥麪。孟秋，雛雞；仲秋，菱、芡、栗、黄鼠；季秋，梨、棗、黍、粱、鶩老。孟冬，芝蔴、兔、鹿、稻米飯；仲冬，麕、埜馬；季冬，鯉、黄羊、塔喇布哈。其每月配薦羊羔、炙魚、饅頭、餅子、西域湯餅、圓米粥、砂糖飯羹、乳酪、馬湩及春秋圍獵始獲之物。

元史祭祀志：至大元年春正月，皇太子言薦新增用影堂品物，羊羔、炙魚、饅頭、餅子、西域湯餅、圓米粥、砂糖飯羹，每月用以配薦。

明會典：薦新，凡時物。洪武二年，令太常先薦宗廟，然後進御。每月朔望薦新品物，皆太常卿供事。其在月薦之外者，太常卿奉旨與內使〔一〕、監官各服常服捧獻，不行禮。薦新品物：正月，韭菜四斤，生菜四斤，薺菜四斤，雞子二百六十箇，鴨子二百四十箇〔二〕。二月，芹菜三斤，薹菜五斤，冰，蔞蒿五斤，子鵝二十二隻。三月，茶、筍一十五斤，鯉魚二十五斤。四月，櫻桃十斤，杏子二十斤，青梅二十斤，王瓜五十箇，雉雞十五隻，猪二口〔三〕。五月，桃子十五斤，李子二十斤；夏至，李子二十斤，紅豆一斗，沙糖一斤八兩，來禽十五斤，茄子一百五十箇，大麥仁三斗，小麥麪三十斤，嫩雞三十五隻。六月，蓮蓬二百五十箇，甜瓜三十箇，西瓜三十箇，冬瓜三十箇。七月，棗子二十斤，葡萄二十斤，梨二十斤，鮮菱十五斤，芡實十斤，雪梨二十斤。八月，藕四十枝，芋苗二十斤，茭白二十斤，嫩薑二十五斤，粳米三斗，粟米三斗，稷米三斗，鱖魚十五斤。九月，橙子二十斤，栗子二十斤，小紅豆三斗，沙糖一斤八兩，鯿魚十五斤。

〔一〕「太」，原作「奉」，據光緒本、明會典卷八九改；「使」，諸本作「史」，據明會典卷八九改。
〔二〕「二百」，原作「三百」，據光緒本、明會典卷八九改。
〔三〕「二口」，諸本作「一口」，據明會典卷八九改。

十月，柑子二十五斤，橘子二十五斤，山藥二十斤，兔十五隻，蜜一斤八兩。十一月，甘蔗一百三十根，鹿一隻，雁十五隻，蕎麥麪三十斤，紅豆一斗，沙糖一斤八兩。十二月，菠菜十斤，芥菜五斤，鯽魚十五斤，白魚十五斤。

明集禮薦新儀：前期，署官灑掃廟室内外，設太常卿拜位於丹墀中道之西南，北向；内使、監官及預祭官位於其後，北向。至日，鐘鳴後，直廟官闢廟門，太常、司官一同内使、監官陳設時新之物，并酒果、常饌、鵝湯、飯於各廟神位前。直廟内使啓櫝訖，引禮官引太常卿、内使、監官及預祭官各服常服入。就位，贊禮唱「鞠躬」，「拜」，「興」，「拜」，「興」，「平身」。太常卿以下鞠躬，拜，興，拜，興，平身。贊禮唱「請行禮」，引禮官引太常卿至神位前。唱「跪」，太常卿少前跪。司香者取香跪進於太常卿之左，引禮唱「上香」，「上香」，「三上香」，太常卿上香，上香，三上香。訖，唱「祭酒」，「祭酒」，「三祭酒」，「奠爵」，司酒以爵授太常卿，斟酒，太常卿祭酒，祭酒，三祭酒，奠爵。引禮唱「俯伏」，「興」，「平身」，「少後鞠躬」，「拜」，「興」，「拜」，「興」，「平身」。太常卿俯伏，興，平身，少後鞠躬，拜，興，拜，興，平身。贊禮唱「復位」，引禮官引太常卿由西門出，復位。少立，贊禮唱「徹豆」，執事者于神位前徹豆。訖，贊禮唱「鞠躬」，「拜」，

「興」，「拜」，「興」，「平身」。太常卿以下俱鞠躬，拜，興，拜，興，平身。引禮引太常卿以下詣焚楮帛所。焚訖，贊禮唱「禮畢」，直廟内使斂櫝，引禮引太常卿以下出，闔廟門。各廟儀同。

獻新儀：凡遇四方别進新物在月薦之外者，太常卿奉旨與内使、監官各常服捧獻於太廟。是日，先報直廟内使，闢廟門，燃香燭，啓神櫝，太常卿捧獻於德祖玄皇帝神位前，内使、監官捧獻於德祖玄皇后神位前，不行禮。獻畢，内使斂櫝。各廟儀同。

薦新今在奉先殿，每月案定到品物，或初二、初三、初四，用鵝湯、粳米飯、時果五般、案酒五般以品物赴光禄寺。果薦生，物薦熟。

右漢至明薦新

五禮通考卷一百二

吉禮一百二

后妃廟

周先妣廟

周禮春官大司樂：乃奏夷則，歌小呂，舞大濩，以享先妣。注：先妣，姜嫄也。姜嫄履大人迹，感神靈而生后稷，是周之先母也。周立廟自后稷爲始祖，姜嫄無所妃，是以特立廟而祭之，謂之閟宫。閟，神之。疏：案祭法「王立七廟」，不見先妣者，以其七廟外非常，故不言。云「先妣，姜嫄也」。姜嫄履大人迹，感神靈而生后稷」者，詩云「履帝武敏歆」，毛君以爲姜嫄，帝嚳妃。履帝武敏歆，謂履帝嚳車轍馬迹，生后稷，后稷爲帝嚳親子。鄭君義依命歷序，帝嚳傳十世乃至堯，后稷爲堯官，則姜嫄爲帝嚳後世妃，而言「履帝武敏歆」者，帝謂天帝也。是以周本紀云：「姜嫄出野，見巨人迹，心悅，忻然踐之，始如有身動而孕，居期生子。」是鄭解巨人迹與毛異也。生民詩序云：「生民，尊祖也。」后稷生于姜嫄，文、武之功起于后稷，是周之子孫功業由后稷，欲尊其祖，當先尊其母。周立七廟，自后稷已下不得更立后稷父廟，故姜嫄無所妃也。以其尊敬先母，故特立婦人之廟而祭之。婦人稱宮，處在幽静，故名廟爲閟宮。

歐陽氏修曰：升祔之后，統以帝樂，别廟之樂，則以本室，今云奏夷則，歌小吕，舞大濩，不統以享先祖之樂，則非配食之后明矣。

蔡氏德晉曰：先妣，先世祖妣姜嫄也。周特立廟祀之。記曰：「鋪筵，設同几。」若姜嫄而外，不宜有獨祀之先妣也。

詩大雅生民：厥初生民，時維姜嫄。生民如何？克禋克祀，以弗無子。履帝武敏歆，攸介攸止。載震載夙，載生載育，時惟后稷。傳：生民，本后稷也。姜，姓也。后稷之母配高辛氏帝焉。箋：言周之始祖，其生之者是姜嫄也。姜姓者，炎帝之後，有女名嫄。當堯之時，爲高辛氏世妃，本后稷之初生，故謂之生民。疏：晉語云：「黄帝以姬水成，炎帝以姜水成，成而異德，故黄帝爲姬，炎帝爲姜。」是姜者，炎帝之姓，故云「姜，姓也」。言后稷之母配高辛氏帝，謂爲帝嚳之妃，與嚳相配而生此后稷，以后稷爲嚳之子也。張晏曰：「高辛所興地名嚳，以字爲號，上古質故也。」大戴禮帝系篇：「帝嚳卜其四妃之子，皆有天下。上妃，有邰氏之女，曰姜嫄，而生后稷；次妃，有娀氏之女，曰簡狄，而生契；次妃，陳鋒氏之女，曰慶都，生帝堯；下妃，娵訾之女，曰常儀，生摯。」以堯與契俱爲嚳子。家語、世本，其文亦然。故毛爲此傳及玄鳥之傳，司馬遷爲五帝本紀，皆遵用焉。其後劉歆、班固、賈逵、馬融、服虔、王肅、皇甫謐等，皆以爲然。然則堯爲聖君，契爲賢弟，在位七十載而不能用，必待衆乃舉之者，聖人顯仁藏用，匿迹隱端，雖則自知，故不委任，待衆舉而後用，見取人之大法耳。若稷、契，堯之親弟，當生在堯立之前，比至堯崩，百餘歲矣。堯崩之後，仍爲舜所敕用者，以其並是上智，壽或過人，不可以凡人促齡而怪彼永命也。若稷、契即是嚳子，則未嘗隔世。左傳之說八元，云「世濟其美」者，正以能承父業即稱爲世，不要歷數世也。其緯候之書及春秋命歷序言五帝傳世之事，爲毛說者，皆所不信。鄭以命歷序云「少昊傳八世，顓頊傳九世，帝嚳傳十世」，則堯非嚳子，稷年又少于堯，則姜嫄不得爲帝嚳之妃，故云「當堯之時，爲高辛氏之世妃」，謂爲其後世子孫之妃也。人世短長無定，於是時書又散亡，未知其爲幾世，故直以世言之。其大戴禮、史記諸書，皆鄭所不信。張融云：「稷、契年稚於堯，堯不與嚳並處帝位，則稷、契焉得爲嚳子乎？若使稷、契爲嚳子，如史記是堯之兄弟也。堯有賢弟七十不用，須舜舉之，此不然明矣。詩之雅頌，姜嫄履迹而生，爲周始祖；有娀以玄鳥生商，而契爲玄王。即如毛傳、史記之說，嚳爲稷、契之父，帝嚳聖夫，姜嫄正妃，配合生子，人之常道，則詩何故但歎其母，不美其父，而云『赫赫姜嫄，其德不回。上帝是依。是生后稷』？周、魯何殊，特立姜嫄之廟乎？」融之此言，蓋得鄭旨，但以姜嫄爲世妃，則於左傳「世濟」之文復協，故易傳不以爲高辛之妃也。箋：正義曰：文十八年左傳曰：「高辛氏有才子八人，堯不能舉，舜臣堯而舉之，使布五教於四方。」堯典注云：「舉八元，使布五教。」契在八元中，稷亦高辛氏之後，自然在八元中矣，故知舜臣堯而舉之。鄭志趙商問：「此箋云『姜嫄爲高辛氏世妃』，意以爲非帝嚳之妃。史記嚳以姜嫄爲妃，是生后稷，明文皎然。又毛亦云『高辛氏帝』，苟信先籍，未覺其偏隱，是以敢問易毛之義。」答曰：「即姜嫄誠帝嚳之妃，履大人之迹而歆歆然，是非真意矣。乃有神氣，故意歆歆然。天下之事，以前驗後，其不合者，何可悉信？是故悉信亦非，不信亦非。稷稚於堯，堯見爲天子，高辛與堯並在天子位乎？是箋易傳之意也。」異義：「詩齊魯韓、春秋公羊説聖人皆無父，感天而生，左傳聖人皆有父。」謹案：堯典『以親九族』，即堯母慶都感赤龍而生堯，堯安得九族而親之？禮讖云『唐五廟』，知不感天而生。」玄之聞也，諸言感生得無父，有父則不感生，此皆偏見之説也。商頌曰：「天命玄鳥，降而生商。」謂娀簡吞鳦子生契，是聖人感見於經之明文。劉媪是漢太上皇之妻，感赤龍而生高祖，是非有父感神而生者也？且夫蒲盧之氣嫗煦桑蟲，成爲己子，況乎天氣因人之精，就而神之，反不使子賢聖乎？是則然矣，又何多怪？如鄭此言，天氣因人之精使之賢聖，則天氣不獨生人。此姜嫄得無人道而生子者，言非一端也。彼以古今異説，言感生則不得有父，有父則不得感生，偏執一見，理未弘通，故鄭引蒲盧爲喻，以證有父得感生耳，必由父也。所引吞鳦生契，即是不由父矣，又何怪於后稷也？稷、契等雖感天氣，母實有夫，則亦爲有父。繼父爲親，故稱嚳之胄，唐堯之親九族，立五廟，亦猶此也。稷、契俱是感生，棄稷不棄契者，人之意異耳。或者簡狄雖有吞鳦，仍御於夫，其心自安，故不棄之耳。馬融之説此詩，則異於是矣。王肅引馬融曰：「帝嚳有四妃，上妃姜嫄生后稷，次妃簡狄生契，次妃陳鋒生帝堯，次妃娵訾生帝摯。摯最長，次堯，次契。下妃三人，皆已生子，上妃姜嫄未有子，故禋祀求子，上帝大安其祭祀而與之子。任身之月，帝嚳崩。摯即位而崩，帝堯即位。帝嚳崩後十月而后稷生，蓋遺腹子也。雖爲天所受，然寡居而生子，爲衆所疑，不可申說。姜嫄知后稷之神奇，必不可害，故欲棄之，以著其神，因以自明。堯亦知其然，故聽姜嫄棄之。」肅以融言爲然，又其奏云：「稷、契之興，自以積德累功於民事，不以大迹與燕卵也。且不夫而育，乃載籍之所以爲妖，宗周之所喪滅。」其意不信履大迹之事，而又不能申棄之意，故以爲遺腹子，姜嫄避嫌而棄之。王基駁之曰：「凡人有遺體，猶不以爲嫌，況於帝嚳聖主，姜嫄賢妃，反當嫌於遭喪之月，便犯禮哉！人情不然，一也。就如融言，審是帝嚳之子，凡聖主賢妃生子，未必皆賢聖，能爲神明所祐。堯有丹朱，舜有商均，文王有管、蔡，姜嫄御於帝嚳而有身，何以知其特有神奇而置之於寒冰乎？假令鳥不覆翼，終疑逾甚，則后稷爲無父之子，嚳有淫昏之妃，姜嫄有污辱之毁，當何以自明哉？本欲避嫌，嫌又甚焉，不然二也。又世本云：『帝嚳卜其四妃之子，皆有天下。』若如融言，任身之月而帝嚳崩，姜嫄尚未知有身，帝嚳焉得知而卜之？苟非其理，前却繫礙，義不得通，不然三也。『不夫而育，載籍之所以爲妖，宗周之所以喪滅。』誠如肅言，神靈尚能令二龍生妖女，以滅幽王，天帝反當不能以精氣育聖子以興帝王也？此適所以明有感生之事，非所以爲難。肅信二龍實生褒姒，不信天帝能生后稷，是謂上帝但能作妖，不能爲嘉祥。長於爲惡，短於爲善，肅之乖戾，此尤甚焉。」馬昭曰：「稷奇見於既棄之後，未棄之前，用何知焉？」孫毓曰：「天道徵祥，古今有之，皆依人道而有靈助。劉媪之任高祖，著有雲龍之怪；褒姒之生，由於玄黿之妖。巨迹之感，何獨不然？而謂自履其夫帝嚳之迹，何足異而神之，乃敢棄隘巷寒冰，有覆翼之應乎？而王傳之『知其神奇，不可得害』，以何爲徵也？且匹夫凡民，遺腹生子，古今有之。嚳崩之月，而當疑爲姦，非夫有識者之所能言也。鄭説爲長〔一〕，群賢以鄭爲長，長則信矣。所言王短，短猶未悉，何則？馬、王立説，自云述毛。其言遺腹寡居，必謂得毛深旨。案下傳曰『天生后稷，異之於人，欲以顯其靈。帝不順天，是不明也，故承天意而異之於天下。』是言天異后稷於人，帝又承天之意，所以棄而異之，明示天下，安有遺腹寡居之事乎？即由天異而棄之，何須要在寡居？若以寡居爲嫌，何以必知其異？若使無異可棄，竟當何以自明？又上傳云『帝高辛氏』，下傳云『帝不順天』，則帝亦高辛之帝，安得謂之堯也？五帝傳云『堯見天因邰而生后稷』，因之曰堯，不名高辛。益知此帝不爲堯也。何以堯知其然，聽姜嫄棄之？且馬、王之説，姜嫄爲高辛之正妃，其於帝堯則君母也，比之後世，則太后也。以太后之尊，欲棄己子，足以自專，不假堯命，云何聽棄之也。又堯爲人兄，聽母棄弟，縱其安忍之心，殘其聖父之胤，不慈不孝，亦不是過。豈有欽明之后，用心若此哉？若以堯知其神，故爲顯異，則堯之知稷之甚矣。初生以知其神，纔長應授之以位，何當七十餘載，莫之收采？且有聖弟，不欲明揚，虞舜登庸，方始舉任，雖帝難之，豈其若此！故知王氏之説，進退多尤。所言遺腹，非毛旨矣。」「即有邰家室」，堯見天因邰而生后稷，故國后稷於邰，命使事天，以顯神順天命耳。堯改封於邰，就其成國，家室無變更也。

朱子詩傳：姜嫄出祀郊禖，見大人迹而履其拇，遂歆歆然有人道之感，於是即

〔一〕「爲長」，原作「能言」，據光緒本、毛詩正義卷一七改。

其所大所止之處而震動有娠，乃周人所由以生之始。明其受命於天，固有以異於常人也。然巨迹之説，先儒頗或疑之，而張子曰：「天地之始，固未嘗先有人也，則人固有化而生者矣，蓋天地之氣生之也。」蘇氏亦曰：「凡物之異於常物者，其取天地之氣常多，故其生也或異。麒麟之生異於犬羊，蛟龍之生異於魚鼈，物固有然者矣。神人之生，而有以異於人，何足怪哉？」斯言得之矣。

又曰：毛公説姜嫄出祀郊禖，履帝嚳之迹而行，將事齊敏。鄭氏説姜嫄見大人迹而履其拇。二家之説不同，諸儒多是毛而非鄭，然史記亦云姜嫄見大人迹，心忻然欲踐之，踐之而身動如孕，則非鄭之臆説矣。後世所謂祥瑞，固多僞妄，然豈可因後世之僞妄，而并真實者皆以爲無乎？鳳鳥不至，河不出圖，孔子之言不成，亦以爲非。履巨迹之事有此理，且如契之生，詩中亦云玄鳥降而生商，蓋以爲稷、契皆天生之耳，非有人道之感，非可以常理論也。漢高祖之生亦類此。此等不可以言盡，當意會之可也。

觀承案：姜嫄事，馬融以爲遺腹生子者，最無稽而不足辨。毛、鄭二説，似俱可通，而毛説爲長。蓋履帝武敏歆，謂隨帝嚳以行而禖神速享之敏，「歆」與下文

「上帝居歆」之「歆」同，極文從字順。帝即帝嚳，未見帝武之爲大人跡也，惟棄之之故，則不可解。老泉以莊公寤生驚姜氏例之，然姜氏亦第惡之而已，未嘗棄之也。母子天性，即謂首生太易，何至棄之平林寒冰而必欲殺之乎？則張子氣化而生之説，頗爲穩當。下章「居然生子」一語，經文已明明注出，蓋郊禖禮畢於所介所止之處，非有人道之感而震動有身之甚早，故曰徒然生子。此之謂氣化而生，生民之初，固有如是者。姜嫄不知，故疑而棄之耳。史記正坐讀經不詳之故，因習見武帝時緱氏仙人跡、東萊大人跡，因而謬解此詩，彼康成又過信史記而衍之耳。玄鳥詩亦然。郊禖之時，玄鳥適至，因禱之而生契。詩人神其事，以爲天命之而生商，此如嶽降生申，豈真有嶽神下降而生申伯哉？且墮卵事，經中本無其文，語常不語怪，固孔子之家法也。

即有邰家室。傳：邰，姜嫄之國也。堯見天因邰而生后稷，故國后稷於邰，命使祀天，以顯神順天命耳。箋：后稷教民使種黍稷，熟則大成，以此成功。堯改封于邰，就其成國之家室，無變更也。

朱子詩傳：邰，后稷之母家也。堯以其有功於民，封於邰，使即其母家而居之，以主姜嫄之祀，故周人亦世祀姜嫄焉。

劉氏瑾曰：曹氏曰：「生民之功，本於姜嫄，不可弗祀，故周官大司樂奏夷則，歌小吕，舞大濩，以享先妣而序於先祖之上，尊之也。」

魯頌閟宫：閟宫有侐，實實枚枚。赫赫姜嫄，其德不回。傳：閟，閉也。先妣姜嫄之廟，在周常閉而無事。孟仲子曰：是禖宫也。箋：閟，神也。姜嫄神所依，故廟曰神宫。疏：周人立姜嫄之廟，常閉而無事。既言其廟，遂説其身。赫赫顯著者，其姜姓之女名嫄也。禮「生曰母，死曰妣」。姜嫄是周之先母，故謂之先妣。春官大司樂「以享先妣」，則先妣之廟，有祭事矣。周禮定其用樂，明其有祭之時，或因大祭而祭之也。傳亦以此司樂之文，故知其廟在周耳。言其在周，則謂魯無其廟，以周立是非常，故魯不得有也。箋：以詩人之作，覩事興辭，若魯無姜嫄之廟，不當先述閟宫，又卒章云「新廟奕奕，奚斯所作」，則所新之廟，新此閟宫，自然在魯，不在周也。以其爲姜嫄神之所依，故廟曰神宫。

新廟奕奕，奚斯所作。箋：修舊曰新。新者，姜嫄廟也。僖公承衰亂之政，上新姜嫄之廟。姜嫄之廟，廟之先也。

方氏苞曰：魯特立廟祀姜嫄，謂之閟宫，蓋諸侯不敢祖天子也。商頌推契之自出而舉有娀，義亦如此。

蕙田案：大司樂之「奏夷則，歌小吕，舞大濩，以享先妣」也，此後世后妃立廟之權輿也。注曰：「先妣，姜嫄也。」夫姜嫄生后稷事，見大雅生民；立廟見魯頌閟宮。先儒疑者半，信者半，今集群説而詳考之，知其事雖近誕而實有其理，祭雖近黷而禮有其義。揆其原，當在后稷有邰肇祀之年，生民即其樂章，大司樂詳其聲律，而其制度可通於大祭之禘嚳而郊稷也。姜嫄，毛傳謂配高辛氏帝，鄭箋謂高辛氏世妃，二説不同，鄭箋爲長。蓋嚳與稷之爲父子，記傳無可徵信，而以祭法、國語禘嚳之文推之，則以爲帝嚳之後者，可從也。履帝武敏歆，毛傳謂履帝嚳之迹，鄭謂見大人迹而履其拇，二説亦不同。朱子獨是鄭氏，謂鄭據史記非臆説。今案周人祭姜嫄而不祭嚳者，據鄭推之，其義亦有二：一曰諸侯不敢祖天子，而庶子得祭其母；一曰神靈誕降自天，而其母之祭不可廢。何也？稷，帝者後也，帝既自有後，則稷非嫡子，而以功封邰，自爲有國之祖。有國者，其敢祖天子而祭嚳乎？至姜嫄，其生母也，庶子不爲父後，得祭其生母，禮也。記曰：「妾母不世祭。」姜嫄非妾母也。生民之始也，履帝武敏歆，弗禋弗祀，居然生子。棄之隘巷，棄之平林，棄之寒冰，是何等神異？而天命所在，神靈昭赫，姜嫄之母道，其可一日不祀乎？朱子曰：「巨迹之説，先儒頗或疑之。而張子曰：『天地之始，固未嘗先有人也，則人固有化而生者矣，蓋天地之氣生之也。』」今考生民八章，首三章推其誕生之祥，輔氏謂后稷教民播種，利及萬世，非天所命而何？宜其始生之靈異。四章五章六章，推其教稼之功，即有郃家室，以歸肇祀。注謂堯以其有功于民，封於郃，以主姜嫄之祀。七章八章專言祭祀之事，而實指之曰「后稷肇祀，庶無罪悔，以迄于今」。是生民之詩，專爲祀姜嫄而作。姜嫄之祭，始於后稷，及周公定禮，罔敢或渝，乃叙先妣于先祖之上，以爲宗祀之最先，遂作生民之詩，溯其本始，述其祀典，以爲廟之樂章。大司樂遂文之以五聲，播之以八音，和之以律吕，節之以容舞，而夷則、小吕、大濩之樂作焉。此先妣之爲姜嫄，斷斷無疑，而禮之以義起者，莫大乎是，非聖人莫能爲也。然則其義可通於禘者奈何？曰禘者，祭帝之禮也，是周有天下之事也。其始也，后稷封郃，諸侯耳，不敢祖天子，而但祭姜嫄；其後也，既有天下，則可祭其祖所自出之帝，姜嫄爲高辛氏世妃，則帝嚳其所自出之祖也，故禘帝嚳于太祖之廟，而姜嫄自爲别廟，仁之至，義之盡也，此聖人之權也。曰其廟見於魯頌，何也？曰魯之僭禮也。魯自僖公以後，僭郊僭禘，不一而足，彼見周之有姜嫄廟也，故作閟宫以擬之，然由是而益可徵先妣之爲姜嫄也，益可徵周之享先妣，姜嫄亦有廟也。

右周先妣廟

魯仲子宫附

春秋隱公五年：九月，考仲子之宫。　公羊傳：考宫者何？考猶入室也。始祭仲子也。桓未君則曷爲祭仲子？隱爲桓立，故爲桓祭其母也。　穀梁傳：考者何也？考者成之也，成之爲夫人也。　禮，庶子爲君，爲其母築宫，使公子主其祭也，於子祭，於孫止。

胡氏傳曰：考者，始成而祀也。其稱仲子者，惠公欲以愛妾爲夫人，隱公欲以庶弟爲嫡子，聖人以爲諸侯不再娶，於禮無二嫡。孟子入惠公之廟，仲子無祭享之所，爲别立宫以祀之，非禮也。

陳氏傅良曰：仲子之宫，别廟也。古者妾祔于妾祖，姑無妾祖，姑則易牲而祔於女君，别廟非禮也。

汪氏克寬曰：穀梁云：「庶母築宫，而君終則廢。」禮曰：「妾母不世祭。」乃庶子爲君之禮也。若庶子未爲君而祭其妾母，則固無其禮也。禮稱女君死，則妾爲女君之黨服，攝女君則不爲先女君之黨服，所以防嫡妾之亂也。孟子卒，則聲子攝小君矣。仲子，先君之妾耳，安可爲之立宮乎？隱公立宮，以祭庶母，遂啓後世追尊皆援春秋考宮之義，聖人特書，以著失禮之始。

右魯仲子宮附

漢后妃陵廟

漢書高帝本紀：五年，即皇帝位，追尊先媪曰昭靈夫人。漢儀注：昭靈夫人陵廟在陳留小黄。

外戚傳：代王爲皇帝，尊太后爲皇太后。孝景前二年崩，葬南陵。師古曰：薄太后陵在霸陵之南，故稱南陵，即今所謂薄陵。用吕后不合葬長陵，師古曰：以吕后是正嫡，故薄不得合葬也。故特自起陵，近文帝。

孝武鉤弋趙倢伃，昭帝母也，從幸甘泉，有過見譴，以憂死，因葬雲陽。師古曰：在甘泉宮南，今土人呼爲女陵。昭帝即位，追尊鉤弋倢伃爲皇太后，起雲陵。

昭帝本紀：始元元年夏，爲皇太后，起園廟雲陵。

韋玄成傳：元帝永光五年，韋玄成言：「古者制禮，別尊卑貴賤，國君之母，非適不得配食，則薦於寢，身没而已。陛下躬至孝承天心，建祖宗，定迭毁，序昭穆，大禮既定。孝文太后、孝昭太后寢祠園宜如禮，勿復修。」奏可。孝文太后薄氏葬南陵，孝昭太后趙氏葬雲陵，各有園廟。

帝寢疾，匡衡告謝毁廟曰：孝莫大於嚴父，故父之所尊，子不可以不承；父之所異，子不敢同禮。公子不得爲母信，爲後則於子祭，於孫止。李奇曰：不得信尊其父也。公子去其所而爲大宗後，尚得私祭其母，爲孫則止，不得祭公子母也，明繼祖不復顧其私祖母也。尊祖嚴父之義也。

右漢后妃陵廟

後漢后妃廟

後漢書光武帝本紀：中元元年冬十月甲申，使司空告祠高廟曰：高皇帝與群臣約，非劉氏不王。吕太后賊害三趙，謂高帝子趙幽王友、趙恭王恢、趙隱王如意。專王吕氏。賴社稷之靈，禄、産伏誅，天命幾墜，危朝更安。吕太后不宜配食高廟，同祧至尊。薄太后母德慈仁，孝文皇帝賢明臨國，子孫賴福，延祚至今。其上薄太后尊號曰高皇后，配食地祇，遷吕太后廟主於園，四時上祭。園謂塋域也，於中置寢。

和帝本紀：永元九年九月甲子，追尊皇妣梁貴人爲皇太后。冬十月乙酉，改葬恭懷梁皇后於西陵。

竇皇后紀〔一〕：梁貴人者，梁竦之女。建初二年，選入掖庭爲貴人，生和帝，后養爲己子。忌梁氏，作飛書以陷竦〔二〕，竦誅，貴人以憂卒。和帝即位，以貴人酷没，斂葬禮闕，乃改殯於承光宮，上尊謚曰恭懷皇后。

東觀記曰：改殯承光宮，儀比敬園。初，后葬有闕，竇后崩，後乃議改葬。

蕙田案：敬陵，章帝陵也。

祭祀志：和帝追尊其母梁貴人曰恭懷皇后，陵以竇后配食章帝，恭懷皇后别就陵寢祭之。

〔一〕「竇皇后紀」，原作「竇皇后傳」，據光緒本、後漢書竇皇后紀改。
〔二〕「書」，諸本作「章」，據後漢書竇皇后紀改。

寶皇后紀：和帝永元九年，太后崩。未及葬，而梁貴人姊嫕上書陳貴人枉殁之狀〔一〕。太尉張酺、司徒劉方、司空張奮上奏，依光武黜吕太后故事，中元元年，黜吕后不宜配食高廟。貶太后尊號，不宜合葬先帝。百官亦多上言者。帝手詔曰：「寶氏雖不遵法度，而太后常自減損。朕奉祀十年，深惟大義，禮，臣子無貶尊上之文。恩不忍離，義不忍虧。案前世上官太后亦無降黜，上官太后，昭帝后也。父安與燕王謀反誅。太后以年少，又霍光外孫，故不廢也。其勿復議。」于是合葬敬陵。

蕙田案：和帝尊崇所生，而仍不徇群臣之請上黜太后，大分既昭，私恩亦盡，可謂斟情酌理者矣。

安帝本紀：建光元年三月戊申，追尊皇考清河孝王曰孝德皇，皇妣左氏曰孝德皇后，祖妣宋貴人曰敬隱皇后。四月丁巳〔二〕，尊孝德皇元妃耿氏爲甘陵大貴人。甘陵，孝德皇后之陵，因以爲縣。

〔一〕「嫕」，原作「嬺」，據光緒本、後漢書寶皇后紀改。
〔二〕「四月」，原脱，據光緒本補。

祭祀志：安帝以清河孝王子即位，建光元年，追尊其祖母宋貴人曰敬隱后，陵曰敬北陵。亦就陵寢祭，太常領如西陵。追尊父清河孝王曰孝德皇，母曰孝德后，清河嗣王奉祭而已。

清河孝王傳：清河孝王慶，母宋貴人，生慶，立爲皇太子。竇皇后心内惡之，日夜毁譖，遂廢太子，貴人飲藥自殺。安帝即位，即清河王長子。有司上言：「清河孝王至德淳懿，載育明聖，承天奉祚，爲郊廟主。漢興，高皇帝尊父爲太上皇，宣帝號父爲皇考，序昭穆，置園邑。大宗之義，舊章不忘。大宗謂繼嗣也。宜上尊號曰孝德皇，皇妣左氏曰孝德后，孝德皇母宋貴人追謚曰敬隱后。」乃告祠高廟，使司徒持節與大鴻臚奉策書璽綬清河，追上尊號；又遣中常侍奉太牢祠典，護禮儀侍中劉珍等及宗室列侯皆往會事。尊陵曰甘陵，廟曰昭廟，置令、丞，設兵車周衛，比章陵。皇考南頓君陵。復以廣川益清河國，尊耿姬爲甘陵大貴人。

順帝本紀：永建二年六月乙酉，追尊謚皇妣李氏爲恭愍皇后，葬於恭北陵。

閻皇后紀：帝順帝母李氏瘞在洛陽城北，帝初不知，莫敢以聞。及太后崩，左右白之。帝感悟，發哀，親到瘞所，更以禮殯，上尊謚曰恭愍皇后，葬恭北陵。爲策書金匱，藏於世祖廟。在恭陵之北，因以爲名。漢官儀曰：「置陵園令、食監各一人，秩皆六百石。」金匱，緘之以金。

祭祀志：順帝即位，追尊其母曰恭愍后，陵曰恭北陵。就陵寢祭，如敬北陵。

河間孝王傳：蠡吾侯翼卒，孝王子。子志嗣立，是爲桓帝。梁太后詔，追尊河間孝王爲孝穆皇，夫人曰孝穆后，廟曰清廟，陵曰樂成陵。蠡吾先侯曰孝崇皇，廟曰烈廟，陵曰博陵。皆置令、丞，使司徒持節奉策書璽綬，祠以太牢。

匽皇后紀：孝崇匽皇后，諱明，爲蠡吾侯翼媵妾，蠡吾侯翼，河間王開子，和帝孫。生桓帝。桓帝即位，明年追尊翼爲孝崇皇，陵曰博陵，以后爲博園貴人。和平元年，梁太后崩，乃就博陵尊后爲孝崇皇后，遣司徒持節奉策授璽綬，齎乘輿器服備法物，宫曰永樂。元嘉二年崩，以帝弟平原王石爲喪主，石，蠡吾侯翼子，桓帝弟。斂以東園畫梓壽器玉匣飯含之具，禮儀制度比恭懷皇后。東園，署名，屬少府，掌爲棺器，梓木爲棺，以漆畫之。稱壽器者，欲其久長也，猶如壽堂、壽宫、壽陵之類也。漢舊儀曰：「梓棺長二丈，廣四尺。」玉匣者，腰以下爲匣，至足亦縫，以黄金爲縷。飯含者，以珠玉實口。將作大匠復土繕廟，合葬博陵。

獻帝本紀：初平元年，有司奏恭懷、敬隱、恭愍三皇后並非正嫡，不合稱后，請除尊號。制曰「可」。

蕙田案：祭祀志，乃董卓所奏也。

興平元年二月壬午，追尊謚皇妣王氏爲靈懷皇后。甲申，改葬於文昭陵。

王美人紀：興平元年，帝加元服，有司奏立長秋宮。詔曰：「朕稟受不弘，遭值禍亂，未能紹先，以光故典。皇母前薨，未卜宅兆，禮章有闕，中心如結，三歲之慼，蓋不言吉，且須其後。」於是有司乃奏追王美人爲靈懷皇后，改葬文昭陵，儀比敬、恭二陵。

蕙田案：兩漢升祔一帝，一后廢黜，則以繼后配食，生母別立寢園以祀。

右後漢后妃廟

三國魏后妃廟

三國魏志明帝紀：黄初七年夏五月丁巳，即皇帝位。癸未，追謚母甄夫人曰文昭皇后。太和元年二月辛巳，立文昭皇后寢廟於鄴。

晉書禮志：文帝甄后賜死，故不立廟。明帝即位，有司奏請追謚曰文昭皇后，使司空王朗持節奉策告祠于陵。三公又奏曰：「自古周人歸祖后稷，又特立廟以祀姜嫄。今文昭皇后于後嗣，聖德至化，豈有量哉？夫以皇家世妃之尊，神靈遷化，而無寢廟以承享祀，非以報顯德昭孝敬也。稽之古制，宜依周禮別立寢廟。」奏可。太和元年二月，立廟於鄴。四月，洛邑初營宗廟，掘地得玉璽，方一寸九分，其文曰：「天子羨思慈親。」明帝爲之改容，以太牢告廟。景初元年十二月己未，有司又奏文昭皇后立廟京師，永傳享祀，樂舞與祖廟同，廢在鄴廟。

文昭甄皇后傳：后中山無極人，明帝母。延康二年六月賜死，葬於鄴。明帝即位，有司奏請追謚，上尊謚曰文昭皇后。景初元年夏，有司議定七廟，冬又奏曰：「蓋帝王之興，既有受命之君，又有聖妃協于神靈，然後克昌厥世，以成王業焉。昔高辛氏卜其四妃之子皆有天下，而帝摯、陶唐、商、周代興，周人上推后稷，以配皇天，追述王初，本之姜嫄，特立宮廟，世世享嘗。周禮所謂『奏夷則，歌中吕，舞大濩，以享先妣』者也。詩人頌之曰：『厥初生民，時維姜嫄。』言王化之本，生民所由。又曰：『閟宮有侐，實實枚枚。赫赫姜嫄，其德不回。』詩禮所稱，姬宗之盛，其美如此。大魏期運，繼於有虞，然崇弘帝道，三世彌隆，廟祧之數〔一〕，實與周同。今武宣皇后、文德皇后各配無窮之祚，至於文昭皇后，膺天靈符，誕育明聖，功濟生民，德盈宇宙，開諸後嗣，乃道化之所興也。寢廟特祀，亦姜嫄之閟宫也。而未著不毁之制，懼論功報德之義，萬世或闕焉，非所以昭孝示後世也。文昭廟宜世世享祀，奏樂與祖廟同，永著不毁之典，以播聖善之風。」于是與七廟議，並勒金策，藏之金匱。

右三國魏后妃廟

蜀漢后妃廟

三國蜀志先主甘后傳：先主甘皇后，沛人也。先主住小沛，納以爲妾。先主數喪嫡室，常攝内事。後卒，葬於南郡。章武二年，追謚皇思夫人，遷葬於蜀，未至，而先主殂殞。丞相亮上言：「皇思夫人履行修仁，淑慎其身，大行皇帝昔在上將，嬪配作合，載育聖躬，大命不融。大行皇帝存時，篤義垂恩，念皇思夫人神柩在遠飄飄，特遣

〔一〕「廟祧之數」，原作「廟數之祧」，據光緒本、三國志魏書文昭甄皇后傳乙正。

使者奉迎。會大行皇帝崩，今皇思夫人神柩以到，又梓宮在道，園陵將成，安厝有期，臣輒與太常臣賴恭等議，禮記曰：『立愛自親始，教民孝也。立敬自長始，教民順也。』不忘其親，所由生也。春秋之義，母以子貴。昔高皇帝追尊太上昭靈夫人爲昭靈皇后，孝和皇帝改葬其母梁貴人，尊號曰恭懷皇后，孝愍皇帝亦改葬其母王夫人，尊號曰靈懷皇后。今皇思夫人宜有尊號，以慰寒泉之思，輒與恭等案謚法宜曰昭烈皇后。詩曰『穀則異室，死則同穴』，故昭烈皇后宜與大行皇帝合葬。臣請太尉告宗廟，布露天下，具禮儀别奏。」制曰「可」。

蕙田案：晉代徐邈、臧燾之議，謂母以子貴，宜崇尊號，合葬祔食，理所不可。然則昭烈既立穆后，而甘后仍與合葬，禮歟？曰：甘后之合葬，則非凡爲妾媵之比。史稱先主數喪嫡室，常攝内事，則隱然有繼室之義。其薨也，在先主未即帝位之先，因而未及追尊。至即位後，甘氏已薨，孫夫人又歸吴，緣是立穆后耳。况所生子禪，早已建爲太子，又與以藩邸入繼大統者不同。據此數端，雖謂甘后之合葬，禮以義起可也。

右蜀漢后妃廟

晉后妃廟

晉書禮志：武帝既改創宗廟，追尊景帝夫人夏侯氏爲景懷皇后，任茂議以爲，夏侯初嬪之時未有王業，帝不從。

文獻通考：馬氏端臨曰：時已尊景王夫人羊氏爲景后矣，懷帝策武帝後，楊后曰武悼皇后，改葬峻陽，陵側別祠宏訓宮，不列於廟。成帝咸康五年始作武悼后神主祔于廟，配享世祖。

武悼楊皇后傳：后以咸寧二年立爲皇后，帝崩，尊爲皇太后。賈后凶悖，廢太后爲庶人，絶膳而崩。永嘉元年，追復尊號，别立廟神主，不配武帝。至成帝咸康七年，下詔使内外詳議。衛將軍虞潭議曰：「世祖武皇帝光有四海，元皇后應乾作配，元后既崩，悼后繼作，至楊駿肆逆，禍延天母。孝懷皇帝追復號謚，豈不以鯀殛禹興，義在不替者乎？又太寧二年，臣忝宗正，帝譜泯棄，罔所循案。時博諮舊齒，以定昭穆，與故驃騎將軍華恒〔二〕、尚書荀崧、侍中荀邃因舊譜參論撰次，尊號之重，

〔二〕「華恒」，原作「華嶠」，據光緒本、晉書武悼楊皇后傳改。

一無改替，今聖上孝思祇肅禋祀，詢及群司，將以恢定大禮。臣輒思議，伏見惠皇帝起居注，群臣議奏，列駿作逆謀，危社稷，列魯之文姜、漢之吕后。臣竊以文姜雖莊公之母，實爲父讎；吕后寵樹私戚，幾危劉氏；案此二事，異於今日。昔漢章帝竇后殺和帝之母，和帝即位，盡誅諸竇，當時議者欲貶竇后，及后之亡，欲不以禮葬。和帝以奉事十年，義不可違臣子之道，務從豐厚，仁明之稱，表於往代。又見故尚書僕射裴頠議悼后故事，稱繼母雖出，追服無改。是以孝懷皇帝尊崇號謚，還葬峻陵，此則母子道全而廢事蕩革也。於時祭於宏訓之宫，未入太廟，蓋是事之未盡，非義典也。若以悼后復位爲宜，則應配食世祖。若復之爲非，則號謚宜闕，未有位號居正而偏祀別室者也。若以孝懷皇帝私隆母子之道，特爲立廟者，此苟崇私情，有虧國典，則國譜帝諱皆宜除棄，匪徒不得同祀於世祖之廟也。」會稽王昱等咸從潭議，由是太后配食武帝。

蕙田案：二后並配，自晉成帝始，一元配，一繼后也。

元敬虞皇后傳：帝爲琅邪王，納后爲妃，無子，永嘉六年薨。帝爲晉王，追尊爲王后，有司奏請王后應別立廟，令曰：「今宗廟未成，不宜更興作，便修飾陵上屋以爲廟。」太興三年册曰：「皇帝咨前琅邪王妃虞氏：朕祇順昊天成命，用陟帝位，悼妃夙徂，徽音潛翳，御于家邦，靡所儀刑，陰教有虧，用傷于懷，追號制謚，先王之典。今遣使持節兼太尉萬勝奉册贈皇后璽綬，祀以太牢，魂而有靈，嘉兹寵榮。」乃祔于太廟，葬建平陵。

通典：元帝初爲晉王，妃虞氏先亡，王導與賀循書論虞廟，元帝爲琅邪王，納虞氏爲妃。永嘉中亡，帝爲晉王，追謚爲后，而元帝子明帝自有母，時以此疑，故比兄弟昭穆之義也。云：「王所崇惜者，體也。未敢當正位，入廟及毁廢之所〔一〕，不知便可得爾不？」循答曰：「漢光武於屬以元帝爲父，故於昭穆之叙，便居成帝之位，而遷成帝之主於長安高廟。今聖上於惠帝爲兄弟，亦當居惠帝之位，而上繼武帝。惠帝亦宜别廟，則虞妃廟位當以此定。」導又云：「戴若思欲於太廟立后别室。」循答曰：「愚以尊王既當天之正統，而未盡宸居之極稱〔二〕，既名稱未極，更於事宜爲難。或謂可立别廟，使

〔一〕「所」，通典卷四七改作「數」。
〔二〕「宸」，原作「震」，據光緒本、通典卷四七改。

進退無犯，意謂以尊意所重施於今，宜如有可爾。理若全尊，尋備昭穆，既正則俯從定位，亦無拘小别。然非常禮，無所取準，於名則未滿，於禮則變常，竊以戴所斟酌，於人情爲未安。」

文獻通考：明帝生母豫章君荀氏，成帝時薨，贈豫章郡君，别立廟於京都。

豫章君傳：豫章君荀氏，元帝宫人也。初有寵，生明帝及琅邪王，漸見疏薄。明帝太寧元年，迎還臺内。及成帝立，尊重同於太后。咸康元年薨，詔曰：「朕少遭憫凶，慈訓無禀，撫育之勤，建安君之仁也，一旦薨殂，實思報復。永惟平昔，感痛哀摧，其贈豫章郡君，别立廟於京都。」

晉書孝武帝本紀：太元十九年夏六月壬子，追尊會稽王太妃鄭氏爲簡文宣太后。

二十年春二月，作宣太后廟。

禮志：太元十九年二月，追尊簡文母會稽太妃鄭氏爲簡文皇帝宣太后，立廟太廟道西。

簡文宣鄭太后傳：建武元年，納爲琅邪王夫人，生琅邪悼王簡文帝，咸和元年薨。簡文帝徙封會稽王，追號曰會稽太妃。及簡文帝即位，未及追尊。太元十九年，孝武帝下詔曰：「會稽太妃文母之德，徽音有融，誕載聖明，光延于晉，先帝追尊聖善，朝議不一，道以疑屈，朕述遵先志，常惕于心。今仰奉遺旨，依陽秋二漢孝懷皇帝故事，上太妃尊號曰簡文太后。」於是立廟於太廟路西，陵曰嘉平。時群臣希旨，多謂鄭太后應配食于元帝者，帝以問太子前率徐邈。邈曰：「臣案陽秋之義，母以子貴，魯隱尊桓母，別考仲子之宫，而不配食於惠廟。又平素之時，不伉儷於先帝，至於子孫，豈可爲祖考立配？其崇尊盡禮由於臣子，故得稱太后，陵廟備典。若乃祔葬配食，則義所不可。」從之。

宋書臧燾傳：晉孝武帝追崇庶祖母宣太后，議者或謂宜配食中宗，燾議曰：「陽秋之義，母以子貴，故仲子、成風，咸稱夫人。經云考仲子之宫，若配食惠廟，則宫無緣别築。前漢孝文帝、昭帝太后並繫子爲號，祭於寢園，不配於高祖、孝武之廟；後漢和帝之母曰恭懷皇后，安帝祖母曰敬隱皇后，順帝之母曰恭愍皇后，雖不繫子爲號，亦祭於陵寢，不配章、安二帝。此則二漢雖有太后皇后之異，至于並不配食，義同陽秋。唯光武追廢吕后，故以薄后配高祖廟；又衛后既廢，霍光追尊李夫人爲皇后，配孝武廟。此非母以子貴之例，直以高、武二廟無配故耳。夫漢立寢於陵，自是晉制所異，謂宜遠準陽秋考宫之義，近摹二漢不配之典，尊號既正，則罔極之情申；别建寢廟，則嚴禰之義顯；繫子爲稱，兼明母貴之所由；一舉而允三義，固哲王之高致也。」議者從之。

右晉后妃廟

宋后妃廟

宋書文帝本紀：元嘉元年八月丁酉，追尊所生胡婕妤爲皇太后，謚曰章后。

禮志：元嘉初，追尊所生胡婕妤爲章皇太后，立廟西晉宣太后地。孝武昭太后、明帝宣太后並祔章太后廟。

樂志：章皇太后神室，奏章德凱容之樂舞歌詞　幽瑞浚靈，表彰嬪聖。翊載徽文〔一〕，敷光崇慶。上緯躔祥，中維飾詠。永屬煇猷，聯昌景命。

昭皇太后神室，奏昭德凱容之樂舞歌詞，明帝造　表靈躔象，纘儀緯風。膺華

〔一〕「徽」，原作「微」，據光緒本、宋書樂志二改。

丹燿，登瑞紫穹。訓形霄宇，武彰宸宫。騰芬金會，寫德聲容。

宣皇太后神室，奏宣德凱容之樂舞歌詞，明帝造　天樞凝耀，地紐儷輝。聯光騰世，炳慶翔機。薰藹中寓，景纏上微。玉頌鏤德，金籥傳徽。

武帝胡婕妤傳：武帝胡婕妤，諱道安〔一〕，淮南人。義熙初爲高祖所納，生文帝。五年，被譴賜死，時年四十二，葬丹徒。高祖踐祚，追贈婕妤。太祖即位，有司奏曰：「臣聞德厚者禮尊，慶深者位極，故閟宫既構，咏歌先妣，園陵崇衛，聿追來孝。伏惟先婕妤柔明塞淵，光備六列，德昭巛範，訓洽母儀，用能啓祚聖明，奄宅四海，嚴親莫逮，天禄永違。臣等遠準春秋，近稽漢晉，謹上尊號曰章皇太后，陵曰熙寧，立廟于京師。」

禮志：孝建元年十月戊辰，有司奏章皇太后廟毁置之禮。二品官議者六百六十三人，太傅江夏王義恭以爲：「經籍殘僞，訓傳異門，諒言之者罔一，故求之者尠究。是以六宗之辯舛於兼儒，迭毁之論亂於群學。章皇太后誕神啓聖，禮備中興，慶流祚

〔一〕「道安」，諸本作「道女」，據宋書武帝胡婕妤傳改。

胤，德光義遠，宜長代崇芬，奕葉垂則，豈得降侔通倫，反遵常典。夫議者成疑，實傍紀傳，知一爽二，莫窮書旨。案禮記不代祭，爰及慈母，置辭令有所施；穀梁於孫止，別主立祭，則親執虔祀，事異前志，將由大君之宜，其職彌重，人極之貴，其數特中。且漢代鴻風，遂登配祔，晉氏明規，咸留薦祀。遠考史策，近因閭見，未應毁之，於義爲長。所據公羊，祇足堅秉，安可以貴等帝王，祭從士庶，緣情訪制，顛越滋甚。謂應同七廟，六代乃毁。」六百三十六人同義恭不毁。散騎侍郎王法施等二十七人議應毁，領曹郎中周景遠重參議，義恭等不毁議爲允。詔可。

大明二年二月庚寅，有司奏：「皇代殷祭，無事於章后廟。高堂隆議魏文思后依周姜嫄廟禘祫，及徐邈答晉宣太后殷薦舊事，使禮官議正。」博士孫武議：「春秋文公二年大事於太廟，傳曰：『毁廟之主，陳於太祖，未毁廟之主皆升合食太廟。』傳曰：『合族以食，序以昭穆。』祭統曰：『有事於太廟，則群昭群穆咸在，不失其倫。』今殷祠是合食太祖而序昭穆，章太后既屈于上，不列正廟，若迎主入太廟，既不敢配列于正序，又未聞于昭穆之外別立爲位。若徐邈議，今殷祠就別廟奉薦，則乖禘祫大祭合食序昭穆之義。今章太后廟四時饗薦，雖不於孫止，若太廟禘祫獨祭別宮，與四時烝嘗不異，則非禘大祭之義，又無取於祫合食之文，謂不宜與太廟同殷祭之禮。高堂隆答魏文思后依姜嫄廟禘祫，又不辨祫之義，而改祫大饗，蓋有由而然耳。守文淺學，懼乖禮衷。」博士王燮之議：「案禘小祫大〔一〕，禮無正文，求之情例，如有可準，推尋祫之爲名，雖在合食，而祭典之重，於此爲大〔二〕。夫以孝享親，尊愛罔極，因殷薦於太祖，亦致盛祀於小廟，譬有事於尊者，可以及卑，故魏高堂隆所謂猶以祫故而祭之也。是以魏之文思、晉之宣后，雖並不序於太廟〔三〕，而猶均禘於姜嫄，其意如此。又徐邈所引，四殤不祫，就而祭之，以爲別享之例，斯其證矣。愚謂章太后廟亦宜殷薦。」太常丞孫緬議：「以爲祫祭之名，義在合食，守經據古，孫武爲詳。竊尋小廟之禮，肇自近魏，晉之所行，足爲前準。高堂隆以祫而祭，有附情敬；徐邈引就祭四殤以證別饗，孫武據殤祔于祖，謂廟有殤位，尋事雖同廟而祭非合食。且七廟同宫，始自後漢，禮之祭殤，各祔厥祖，既豫祫則必異廟而祭。愚謂章廟殷薦，推此可知。」祠部朱膺之

〔一〕「禘小祫大」，諸本作「禘祫小廟」，據宋書禮志四改。
〔二〕「於」，原脱，據光緒本、宋書禮志四補。
〔三〕「並不」，諸本誤倒，據宋書禮志四乙正。

議：「閟宫之祀，高堂隆、趙怡並云周人祫歲俱祫祭之，魏晉二代，取則奉薦，名儒達禮，無相譏非，不儩不忘，率由舊章。愚意同王燮之、孫緬議。」詔曰：「章皇太后追尊極號，禮同七廟，豈容獨闕殷薦？隔兹盛祀。閟宫遥祫，既行有周，魏晉從享，式範無替，宜述附前典，以宣情敬。」

大明四年丁巳，有司奏：「安陸國土雖建，而奠酹之所未及營立，四時薦饗，故祔江夏之廟，宣王所生夫人當應祠不？」太學博士傅郁議應廢祭，右丞徐爰議：「案禮慈母妾母不代祭，鄭玄注以其非正，故傳曰子祭孫止，又云爲慈母後者，爲祖庶母可也，注稱緣爲慈母後之義，父妾無子，亦可命己庶子爲之後也。考尋斯義，父母妾之祭不必唯子。江夏宣王太子，體自元宰，道戚之胤，遭時不幸，聖上矜悼，降出皇愛，嗣承徽緒，光啓大蕃屬國，爲祖始。王夫人載育明懿，則一國之正。上無所厭，哀敬得申，既未獲祔享江夏，又不從祭安陸，即事求情，愚以爲宜依祖母有爲後之義，謂合列祀於廟。」二議不同，參議以爰議爲允。詔可。

大明七年正月庚子，有司奏：「故宣貴妃加殊禮，未詳應立廟與不？」太學博士虞龢議：「曲禮云：『天子有后，有夫人。』檀弓云，舜葬蒼梧，三妃未之從。昏義云，后之立六宮，有三夫人。然則三妃，即三夫人也。后之有三妃，猶天子之有三公也。案周禮三公八命，諸侯七命。三公既尊於列國諸侯，三妃亦貴於庶邦夫人。據春秋傳仲子非魯惠元嫡，尚得考彼別宮，今貴妃是秩，天之崇班，理應立此新廟。」左丞徐爰議：「宣貴妃既加殊命，禮絕五宮，考之古典，顯有成據，廟堂克構，宜選將作大匠。」參詳以龢、爰議爲允。詔可。

大明七年三月戊戌，有司奏言：「新安王服宣貴妃齊衰朞[一]，十一月練[二]，十三月縞，十五月禫，心喪三年。未詳宣貴妃祔廟在何時？入廟之日，當先有祔。爲但即入新廟而已？若是大祥，未及禫中入廟者，遇四時便得祭不？又新安王在心制中，得親奉祭不？」左丞徐爰議：「以禮有損益，古今異儀，春秋傳雖云卒哭而祔，祔而作主，時之諸侯，皆禫終入廟。且麻衣縓緣，革服於元嘉；苫絰變除，申情於皇宋[三]。況宣貴妃誕育叡蕃，葬加殊禮，靈筵廬位，皆主之哲王，考宮創祀，不得關之朝廷。謂禫除之

〔一〕「朞」，諸本作「周」，據宋書禮志四改。
〔二〕「十一月」，諸本作「十二月」，據宋書禮志四改。
〔三〕「申情於皇宋」，原作「申行於皇宗」，據光緒本、宋書禮志四改。

後，宜親執奠爵，若有故，三卿行事。」詔可。

禮志：明帝泰始二年正月，孝武昭太后崩。五月甲寅，有司奏：「晉太元中，始正太后尊號。徐邈議廟制，自是以來，著爲通典。今昭皇太后於至尊無親，上特制義服〔一〕，祔廟之禮，宜下禮官詳議。」博士王略、太常丞虞愿議：「正名存義，有國之徽典；臣子一例，史傳之明文。今昭皇太后正位母儀，尊號允著，祔廟之禮，宜備彝則。母以子貴，事炳聖文，孝武之祀，既百代不毀，則昭后之祔，無緣有虧。愚謂神主應入章后廟，又宜依晉元皇帝之於愍帝，安帝之於永安后，祭祀之日，不親執觴爵，使有司行事。」時太宗宣太后已祔章太后廟，長兼儀曹郎虞龢議以爲：「春秋之義，庶母雖名同崇號，而實異正嫡。是以猶考别宫，而公子主其祀。今昭皇太后既非所生，益無親奉之禮。周禮宗伯職云：『若王不與祭則攝位。』然則宜使有司行其禮事。又婦人無常秩，各以夫氏爲定，夫亡以子爲次。昭皇太后即正位在前，宣太后追尊在後，以從序而言，宜躋新禰於上。」參詳龢議爲允。詔可。

〔一〕「上」，原作「正」，據光緒本、宋書禮志四改。

泰始二年六月丁丑，有司奏：「來七月嘗祀二廟，依舊車駕親奉。孝武皇帝室〔一〕，至尊親進觴爵及拜伏。又昭皇太后室應拜，及祝文稱皇帝諱。又皇后今月二十五日虔見於禰，拜孝武皇帝、昭皇太后，並無明文，下禮官議正。」太學博士劉緄議：「尋晉元北面稱臣於愍帝，烝嘗奉薦，亦使有司行事。且兄弟不相爲後，著於魯史，以此而推，孝武之室，至尊無容親進觴爵拜伏。其日親進章皇太后廟，經昭皇太后室過。前議既使有司行事，謂不應進拜。昭皇太后正號久定，登列廟祀，詳尋祝文，宜稱皇帝諱。案禮，婦無見兄之典，昭后位居傍尊，致虔之儀，理不容備。孝武、昭后二室，牲薦宜闕。」太常丞虞愿議：「夫烝嘗之禮，事存繼嗣，故傍尊雖近，弟姪弗祀，君道雖高，臣無祭典。案晉景帝之於武帝，屬居伯父，武帝至祭之日，猶進觴爵。今上既纂祠文皇，於孝武室，謂宜進拜而已，觴爵使有司行事。案禮，過墓則軾，過祠則下。凡在神祇，尚或致恭，況昭太后母臨四海，至尊親曾北面，兄母有敬，謂宜進拜，祝文宜稱皇帝諱。尋皇后廟見之禮，本脩虔爲義。今於孝武，論其嫂叔，則無通問之典，語其尊

〔一〕「室」，諸本脫，據宋書禮志四補。

卑，亦無相見之義。又皇后登御之初，昭后猶正位在宫，敬謁之道，久已前備。愚謂孝武、昭太后二室，並不復薦告。」參議以愿議爲允。詔可。

文帝路淑媛傳：文帝路淑媛入後宫，生孝武帝，拜爲淑媛。上即位，奉尊號曰皇太后，宫曰崇憲。廢帝即位，號太皇太后。太宗踐祚，號崇憲太后。初，太宗少失所生，爲太后所攝養，及即位，供奉禮儀，不異舊日。尋崩，詔曰：「朕幼集荼蓼，夙憑德訓，龕虣定業，實資仁範，恩著屯夷，有兼常慕。夫禮沿情施，義循事立，可特齊衰三月，以申追仰之心。」謚曰昭皇太后。葬世祖陵東南，號曰脩寧陵。

元徽二年十月壬寅，有司奏昭太后廟毁置，下禮官詳議。太常丞韓賁議：「案君母之尊，義發春秋，庶後饗薦無間。周典七廟承統，猶親盡則毁，況伯之所生，而無服代祭，稽之前代，未見其準。」都令史殷匪子議：「昭皇太后不係於祖宗，進退宜毁。議者云妾祔於妾祖姑，祔既必告，毁不容異。應告章皇太后一室。案記云，妾祔於妾祖姑，無妾祖姑則易牲而祔於女君可也。始章太后於昭太后論昭穆而言，則非妾祖姑，又非女君，於義不當。伏尋昭太后名位允極，昔初祔之始，自上祔於趙后，即安於西廟，並皆幣告諸室。古者大事必告，又云每事必告。禮，牲幣雜用，檢魏晉以來互有不同。元嘉十六年，下禮官辨正。太學博士殷靈祚議稱：『吉事用牲，凶事用幣。』自茲而後，吉凶爲判，已是一代之成典。今事雖不全凶，亦未近吉，故宜依舊，以幣徧告二廟。又尋昭太后毀主，無義陳列於太祖。博士欲依虞主瘞於廟兩階之間，案階間本以瘞告幣瘞虞主之所，昔虞喜云依五經典義，以毀主祔於虞主，瘞於廟之北墻，最爲可據。昭太后神主毀之瘞之後，上室不可不虛置，太后便應上下升之，既升之頃，又應設脯醢以安神。今禮官所議，謬略未周，遷毀事大，請廣詳訪。」左僕射劉秉等七人同匪子〔二〕。左丞王諶重參議，謂：「以幣徧告二廟瘞毀殷主於北墻，宣太后上室仍設脯醢以安神，匪子議爲允。」詔可。

文帝沈婕妤傳：文帝沈婕妤爲美人，生明帝，拜爲婕妤。元嘉三十年卒。世祖即位，追贈湘東國太妃。太宗即位，有司奏曰：「昔豳都追遠，正邑纏哀，緬慕德義，敬奉園陵。先太妃德履端華，徽景明峻，風光宸掖，訓流國闈，鞠聖誕靈，蚤捐鴻祚。臣等遠模漢册，近儀晉典，謹上尊號爲皇太后。」謚曰宣太后，陵號曰崇寧。

〔二〕「劉秉」，諸本作「劉康」，據宋書禮志四改。

樂志：宣太后廟歌　禀祥月輝，毓德軒光。嗣徽嬀汭，思媚周姜。母臨萬寓，訓藹紫房。朱紘玉籥，式載瓊芳。

右宋后妃廟

齊后妃廟

南齊書禮志：建武二年，有司奏景懿后遷登新廟車服之儀。祠部郎何佟之議曰：「周禮王之六服，大裘爲上，衮冕次之；五車，玉輅爲上，金輅次之。皇后六服，褘衣爲上，褕翟次之；首飾有三，副爲上，編次之；五車，重翟爲上，厭翟次之。上公有大裘玉輅，而上公夫人有副及褘衣，是以祭統云『夫人副褘立於東房』也。又鄭云皇后六服，唯上公夫人亦有褘衣。詩云『翟茀以朝』，鄭以翟茀爲厭翟，侯伯夫人入廟所乘。今上公夫人副褘既同，則重翟或不殊矣。況景皇懿后禮崇九命，且晉朝太妃服章之禮同於太后，宋代皇太妃唯無五牛旗爲異，其外侍官則有侍中、散騎常侍、黄門侍郎、散騎侍郎各二人，分從前後部，同於王者；内職則有女尚書、女長御各二人，棨引同於太后。又魏朝之晉王、晉之宋王，並置百官擬於天朝，至於晉文王終猶稱薨，而太上皇稱崩，則是禮加于王矣。故前議景皇后悉依近代皇太妃之儀，則侍衛陪乘並不得異，后乘重翟亦謂非疑也。尋齊初移廟，宣皇神主乘金輅，皇帝親奉亦乘金輅，先往行禮畢，仍從神主至新廟，今所宜依準也。」從之。

蕙田案：齊明帝追尊本生父始安貞王爲景皇帝，本生母始安王妃曰景懿后，事載私親廟。

右齊后妃廟

梁后妃廟

梁書武帝本紀：天監元年冬十一月己未，立小廟。

隋書禮儀志：小廟，太祖太夫人廟也，非嫡故别立廟。皇帝每祭太廟訖，乃詣小廟，亦以一太牢，如太廟禮。

梁普通七年，祔皇太子所生丁貴嬪神主於小廟。其儀，未祔前先修坮室改塗，其日，有司行埽除開坮室，奉皇妣太夫人神主於坐，奠制幣訖，衆官入自東門位定，祝告訖，撤幣埋於兩楹間，有司遷太夫人神主於上，又奉穆貴嬪神主於下，陳祭器如時祭儀。禮畢，納神主閉於埳室。

樂志：太祖太夫人廟登歌　光流者遠，禮貴彌申。嘉饗云備，盛典必陳。追養自本，立愛惟親。皇情乃慕，帝服來尊。駕齊六轡，旂耀三辰。感兹霜露，事彼冬春。以斯孝德，永被蒸民。

太祖太夫人廟舞歌　閟宫肅肅，清廟濟濟。於穆夫人，固天攸啓。祚我梁德，膺斯盛禮。文檐達嚮，重檐丹陛。飾我俎彝，潔我粢盛。躬事奠饗，推尊盡敬。悠悠萬國，具承兹慶。大孝追遠，兆庶攸詠。

右梁后妃廟

陳后妃廟

陳書高祖本紀：永定元年十月，追謚前夫人錢氏號爲昭皇后。癸未，尊昭皇后陵曰嘉陵，依梁初園陵故事。

右陳后妃廟

北魏后妃廟

北魏書禮志：神䴥二年九月，立密皇太后廟於鄴，后之舊鄉也。置祠官太常博士、齋郎三十餘人侍祠，歲五祭。

后妃列傳：明元密皇后杜氏，魏郡鄴人，陽平王超之妹也。初以良家子選入太子宫，有寵，生世祖。及太宗即位，拜貴嬪。泰常五年薨，謚曰密貴嬪，葬雲中金陵。世祖即位，追尊號謚，配饗太廟，又立后廟于鄴，刺史四時薦祀，以魏郡太后所生之邑復其調役，後甘露降於廟庭。高祖時〔一〕，相州刺史高閭表修后廟，詔曰：「婦人外成，理無獨祀，陰必配陽，以成天地，未聞有莘之國立太姒之享，此乃先皇所立，一時之至感，非經世之遠制，便可罷祀。」

高祖本紀：太和十九年四月，太和廟成。五月庚午，遷文成皇后馮氏神主於太和廟。

禮志：太和十九年二月癸亥〔二〕，詔曰：「知太和廟已就，神儀靈主宜時奉寧，可剋

〔一〕「高祖」，諸本作「高宗」，據魏書明元密皇后傳改。
〔二〕「二月」，諸本脱，據魏書禮志一補。

三月三日己巳內奉遷於正廟，其出金墉之儀，一準出代都太和之式，入新廟之典，可依近至金墉之軌，其威儀鹵簿如出代廟，百官奉遷宜可省之，但令朝官四品已上、侍官五品已上及宗室奉迎。」

文成文明皇后傳：文成文明皇后馮氏，父朗坐事誅，后遂入宮，年十四。高宗踐極，選爲貴人，後立爲皇后。顯祖即位〔一〕，尊爲皇太后。及高祖生，太后躬親撫養。承明元年，尊曰太皇太后。太后與高祖遊于方山，顧瞻川阜，有終焉之志。因謂群臣曰：「舜葬蒼梧，二妃不從，豈必遠祔山陵，然後爲貴哉？吾百年之後，神其安此。」高祖乃詔有司營建壽陵于方山，又起永固石室，將終爲清廟焉。太和五年起作，八年而成，刊石立碑，頌太后功德。初高祖孝於太后，乃於永固陵東北里餘，豫營壽宮，有終焉瞻望之志。及遷洛陽，乃自表瀍西以爲山園之所，而方山虛宮，至今猶存，號曰萬年堂云。

蕙田案：馮后，顯祖之嫡母，李后則所生之母也。今馮后居別廟，而以李后

〔一〕「顯祖」，原作「顯宗」，據光緒本、魏書文成文明皇后傳改。

配食焉。

太和十九年六月，相州刺史高閭表言：「伏惟太武皇帝發孝思之深誠，同渭陽之遠感，以鄴土舅氏之故鄉，有歸魂之舊宅，故爲密皇后立廟於城内，歲時祭祀，置廟户十家，齋官三十人，春秋烝嘗，冠服從事，刺史具威儀，親行薦酌，升降揖讓，與七廟同儀。禮畢，撤會而罷。今廟殿虧漏，門墻傾毁，簠簋故敗，行禮有闕。臣備職司，目所親覩，若以七廟惟新，明堂初制，配享之儀備於京邑者，便應罷壞，輟其常祭。如功高特立，宜應新其靈宇。敢陳所見，伏請恩裁。」詔罷之。

孝文昭皇后傳：孝文昭皇后高氏，司徒公肇之妹也。文明太后見后姿貌，奇之。遂入掖庭，生世宗。及馮昭儀寵盛，密有母養世宗之意。后自代如洛陽，暴薨於汲郡之共縣〔一〕，或云昭儀遣人賊后也。世宗踐阼，追尊配享，后先葬城西長陵東南〔二〕，陵制卑局，因就起山陵，號終寧陵。肅宗詔曰：「文昭皇太后德協坤儀，美符

〔一〕「薨」，原作「崩」，據光緒本、魏書皇后列傳改。

〔二〕「南」，諸本脱，據魏書皇后列傳補。

文姒，作合高祖，實誕英聖，而夙世淪没，孤塋弗祔。先帝孝感自衷〔一〕，遷奉未遂，永言哀恨，義結幽明，廢吕尊薄，禮伸漢代。」又詔曰：「文昭皇太后尊配高祖，祔廟定號，促令遷奉，自終及始，太后當主，可更上尊號，稱太皇太后，以同漢、晉之典，正姑婦之禮，廟號如舊。」文昭遷櫬於長陵兆西北六十步。

禮志：華陰公主，帝帝，太宗也。姊也。元紹之爲逆，有保護功，故别立其廟於太祖廟垣後，因祭薦焉。

太武惠太后竇氏傳：世祖保母竇氏，初以夫家坐事誅，與二女俱入宫，操行純備，進退以禮。太宗命爲世祖保母，性仁慈，勤撫導，世祖感其恩訓，奉養不異所生。及即位，尊爲保太后，後尊爲皇太后。太后訓釐内外，甚有聲稱，性恬素寡欲，喜怒不形於色，好揚人之善，隱人之過。世祖征涼州，蠕蠕吴提入寇，太后命諸將擊走之。真君元年崩，時年六十三。詔天下大臨三日，謚曰惠，葬崞山，從后意也。初，后嘗登崞山，顧謂左右曰：「吾母養帝躬，敬神而愛人，若死而不滅，必不爲賤

〔一〕「衷」，諸本作「哀」，據魏書皇后列傳改。

鬼。然於先朝本無位次，不可違禮以從園陵，此山之上可以終託。」故葬焉，别立后寢廟於嶂山，建碑頌德。

文成昭太后常氏傳：高宗乳母常氏，本遼西人。太延中，以事入宫，世祖選乳高宗，慈和履順，有劬勞保護之功。高宗即位，尊爲保太后，尋爲皇太后，謁於郊廟。和平元年崩，詔天下大臨三日，謚曰昭。葬於廣甯磨笄山，俗謂之鳴雞山，太后遺志也。依惠太后故事，别立寢廟，置守陵二百家，樹碑頌德。

蕙田案：華陰公主以保護太宗之功，因立别廟於太祖廟垣後。視晉之竟以公主祔廟者，此差近禮。若夫竇、常二氏，尊之未免已甚。内則云：「異爲孺子室於宫中，擇於諸母與可者，必求其寬裕慈惠、温良恭敬、慎而寡言者，使爲子師，其次爲慈母，其次爲保母。」注云：「諸母，衆妾也；可者，傅御之屬也；子師，示以善道者；慈母，知其嗜欲者；保母，安其居處者。」又曾子問：「子游問曰：『喪慈母如母禮歟？』孔子曰：『非禮也。古者男子外有傅，内有慈母，君命所使教子也，何服之有？』」又喪服小記云：「慈母與妾母不世祭也。」南史司馬筠傳梁天監七年，帝曰：「禮言慈母有三條：一則妾子無母，使妾之無子者養之，命爲子母，服以三年，喪服齊衰章所言『慈母如母』是也。二則嫡妻子無母，使妾養之，雖均乎慈愛，但嫡妻之子，妾無爲母之義，而恩深事重，故服以小功，喪服小功章所以不直言慈母，而云『庶母慈己』者，明異於三年之慈母也。其三則子非無母，擇賤者視之，義同師保，而不無慈愛，故亦有慈母之名。師保無服，則此慈母亦無服矣。」子游所問，自是師保之慈，非三年小功之慈也，故夫子得有此答，豈非師保之慈母無服之證乎？今北魏竇、常二保母，正與梁武所言第三條慈母相同，服且不制，況於稱太后、置園陵、立寢廟哉！史臣謂世祖、高宗緣保母劬勞之恩，並極尊崇之義，雖事乖典禮，而觀過知仁。諒哉斯言，因備論之，而附於魏后妃廟之後云。

右北魏后妃廟

五禮通考卷一百三

吉禮一百三

后妃廟

唐后妃廟

舊唐書禮儀志：景雲元年冬，追尊昭成、肅明二皇后，於親仁里别置儀坤廟，四時享祭。

唐書肅明劉皇后傳：睿宗肅明順聖皇后劉氏，祖德威。儀鳳中，帝在藩，納爲孺人，俄爲妃。生寧王、壽昌代國二公主。帝即位，爲皇后。會帝降號皇嗣，復爲妃。長壽二年，爲户婢誣與竇德妃挾蠱道祝詛武后，並殺之宫中，葬秘莫知。景雲元年，追謚肅明皇后。

昭成竇皇后傳：睿宗昭成順聖皇后竇氏，曾祖抗，父孝諶。后婉淑，尤循禮則。帝爲相王，納爲孺人。即位，進德妃。生玄宗及金仙、玉真二公主。與肅明同追謚，並招魂葬東都之南，肅明曰惠陵，后曰靖陵，立别廟曰儀坤以享云。帝崩，追稱皇太后，與肅明祔橋陵。后以子貴，故先祔睿宗室。肅明以開元二十年乃得祔廟。

蕙田案：玄宗先以生母祔廟，繼以肅明並祔也。

文獻通考：唐制，追贈皇太后，皆别立廟。

舊唐書禮儀志：開元四年，令以儀坤廟爲中宗廟，尋又改造中宗廟于太廟之西。貞節等以肅明皇后不合與昭成皇后配祔睿宗，奏議曰：「臣聞於禮，宗廟父昭子穆，皆有配座，每室一帝一后，禮之正儀。自夏、殷而來，無易茲典〔一〕。伏惟昭成皇后，有太姒之德，已配食於睿宗，則肅明皇后，無啓母之尊，自應别立一廟。謹案周禮云：『奏

〔一〕「茲典」，諸本脱，據舊唐書禮儀志五補。

夷則，歌小吕，以享先妣。』先妣者，姜嫄是也。姜是帝嚳之妃，后稷之母，特爲立廟〔一〕，名曰閟宫。又禮論云，晉伏系之議云：『晉簡文鄭宣后既不配食，乃築宫于外，歲時就廟享祭而已。』今肅明皇后無祔配之位，請同姜嫄、宣后，别廟而處，四時享祀，一如舊儀。」從之。於是遷昭成皇后神主祔于睿宗之室，唯留肅明皇后神主于儀坤廟。

陳貞節傳：貞節遷太常博士，玄宗奉昭成皇后祔睿宗室，又欲肅明皇后并升焉。貞節奏：「請準周姜嫄、晉宣后，納主别廟〔二〕，時享如儀。」於是留主儀坤廟，詔隸太廟，毋置官屬。

音樂志：儀坤廟樂章十二首：

迎神用永和林鐘宫，散騎常侍、昭文館學士徐彦伯作。猗若清廟，肅肅熒熒。國薦嚴祀，坤輿淑靈。有几在室，有樂在庭。臨兹孝享，百禄惟寧。

〔一〕「爲」，原脱，據光緒本、舊唐書禮儀志五補。

〔二〕「主别」，原誤倒，據味經窩本、乾隆本、光緒本、新唐書陳貞節傳乙正。

金奏夷則宮，不詳作者。一本無此章。　除靈效祉，軒曜降精。祥符淑氣，慶集柔明。瑤俎既列，雕桐發聲。徽猷永遠，比德皇英。

皇帝行用太和黃鍾宮，左諭德、昭文館學士邱説撰。　孝哉我后，沖乎廼聖。道映重華，德輝文命。慕深視篋，情殷撫鏡。萬國移風，兆人承慶。

酌獻登歌用肅和中呂均之太簇羽，一云蕤賓均之夾鍾羽，太子洗馬、昭文館學士張齊賢撰。　祼圭既濯，鬱鬯既陳。畫冪雲舉，黃流玉醇。儀充獻酌，禮盛衆禋。地察惟孝，愉焉饗親。

迎俎用雍和姑洗羽，太中大夫、昭文館學士鄭善玉作。　酌鬱既灌，取蕭方爇。籩豆靜嘉，簠簋芬飶。魚腊薦美，牲牷表潔。是戢是將，載迎載列。

肅明皇后室酌獻用昭升[一]林鍾宮，禮部尚書、昭文館學士薛稷作。　陽靈配德，陰魄昭升。堯壇鳳下，漢室龍興。俔天作對，前旒是凝。化行南國，道盛西陵。造舟集灌，無德而稱。我粢既潔，我醴既澄。陰陰靈廟，光靈若憑。德馨惟饗，孝思烝烝。

〔一〕「昭升」，諸本作「昭和」，據舊唐書音樂志四改。

昭成皇后室酌獻用坤貞不詳作者。　乾道既亨，坤元以貞。肅雍攸在，輔佐斯成。外睦九族，内光一庭。克生叡哲，祚我休明。欽若徽範，悠哉淑靈。建兹清宮，于彼上京。縮茅以獻，潔秬惟馨。實受其福，期乎億齡。

飲福用壽和黄鐘宫，太子詹事、崇文館學士徐堅作。　於穆清廟，肅雍嚴祀。合福受釐，介以繁祉。

送文舞出迎武舞入用舒和南吕商，銀青光禄大夫、崇文館學士胡雄作。　送文迎武遞參差，一始一終光聖儀。四海生人歌有慶，千齡孝享肅無虧。

武舞用安和太簇徵，祕書少監、崇文館學士劉子玄作。　妙算申帷幄，神謀出廟庭。兩階文物備，七德武功成。校獵長楊苑，屯軍細柳營。將軍獻凱入，歌舞溢重城。

徹俎用雍和蕤賓均之夾鐘羽，銀青光禄大夫、崇文館學士員半千作。　孝享云畢，維徹有章。雲感玄羽，風悽素商。瞻望神座，祇戀匪遑。禮終樂闋，肅雍鏘鏘。

送神用永和〔一〕林鐘宫，金紫光禄大夫、崇文館學士祝欽明作。　閟宮實實，清廟微微。

〔一〕「用永和」三字，諸本脱，據舊唐書音樂志四補。

降格無象，馨香有依。式昭纂慶，方融嗣徽。明禋是享，神保聿歸。

又儀坤廟樂章二首：太樂又有一本，與前本略同，二章不同如左，不詳撰者。

迎神一本有此章而無徐彦伯之詞。月靈降德，坤元授光。娥英比秀，任姒均芳。瑶臺薦祉，金屋延祥。迎神有樂，歆此嘉薌。

送神一本有此章而無祝欽明之詞。玉帛儀大，金絲奏廣。靈應有孚，冥徵不爽。降彼休福，歆兹禋享。送樂有章，神麾其上。

舊唐書禮儀志：玄宗二十一年，又特令遷肅明皇后神主祔于睿宗之室，仍以舊儀坤廟爲肅明觀。

唐書昭德王皇后傳：德宗昭德皇后王氏，帝爲魯王時，納爲嬪，生順宗。既即位，册號淑妃。貞元三年，立爲皇后。册禮方訖而后崩，群臣大臨三日，帝七日釋服。將葬，后母郕國鄭夫人請設奠，有詔祭物無用寓，欲祭聽之。于是宗室王、大臣李晟、渾瑊等皆祭，自發塗日日奠，終發引乃止。葬靖陵，置令丞如他陵臺。立廟，奏坤元之舞。永貞元年，改祔崇陵。

音樂志：昭德皇后室酌獻用坤元樂章九首：内出。

迎神用永和　穆清廟，薦嚴禋。昭禮備，和樂新。望靈光，集元辰。祚無極，享萬春。

登歌酌鬯用肅和〔一〕　誠心達，娛樂分。升蕭膋，鬱氛氳。茅既縮，鬯既薰。后來思，福如雲。

迎俎用雍和　我將我享，盡明而誠。載芬黍稷，載滌犧牲。懿矣元良，萬邦以貞。心乎愛敬，如覩容聲。

酌獻用坤元　於穆先后，儷聖稱崇。母臨萬寓，道被六宮。昌時協慶，理內成功。殷薦明德，傳芳國風。

送文舞出迎武舞入用舒和　金枝羽部輟清歌，瑶堂肅穆笙磬羅。諧音遍響合明意，萬類昭融靈應多。

武舞用凱安　辰位列四星，帝功參十亂。進賢勤內輔，扈蹕清多難。承天厚載均，並曜宵光燦。留徽藹前躅，萬古披圖煥。

〔一〕「酌」，原脱，據光緒本、舊唐書音樂志四補。

徹俎用雍和　公尸既起，享禮載終。稱歌進徹，盡敬由衷。澤流惠下，大小咸同。

送神用永和　昭事終，幽享餘。移月御，返仙居。璇庭寂，靈幄虚。顧徘徊，感皇儲。

蕙田案：題云九章，實止八首，蓋闕其一〔一〕。

唐書孝明鄭太后傳：憲宗孝明皇后鄭氏，丹陽人。元和初，李錡反，有相者言后當生天子。錡聞，納爲侍人。錡誅，没入掖廷，侍懿安后。憲宗幸之，生宣宗。宣宗爲光王，后爲王太妃。及即位，尊爲皇太后。懿宗立，尊后爲太皇太后。六年崩，移仗西内，上謚册，葬景陵旁園。

恭僖王太后傳：穆宗恭僖皇后王氏，越州人，本仕家子。幼得侍帝東宫，生敬宗。長慶時，册爲妃。敬宗立，上尊號爲皇太后。文宗時，稱寶曆太后。大和五

〔一〕舊唐書音樂志四「送文舞出迎武舞入用舒和」條校勘記云：「據樂府詩集卷一一引本志，此章前尚有『飲福用壽和』一章，加之始合九首之數。」

年，宰相建白以太皇太后與寶曆太后稱號未辨，前代詔令不敢斥言，皆以宮爲稱，今寶曆太后居義安殿，宜曰義安太后。詔可。會昌五年崩，有司上謚，葬光陵東園。

禮儀志：會昌元年六月，制曰：「朕近因載誕之日，展承顔之敬，太皇太后謂朕曰：『天子之孝，莫大於丕承；人倫之義，莫重於嗣續。穆宗睿聖文惠孝皇帝厭代已久，星霜屢遷，禰宮曠合食之禮，惟帝深濡露之感。宣懿皇太后，長慶之際，德冠後宮，夙表沙麓之祥，實茂河洲之範〔一〕。先朝恩禮之厚，中壺莫偕。況誕我聖君，纘承昌運，已協華於先帝，方延祚於後昆。思廣貽謀，庶弘博愛，爰從舊典，以慰孝思。當以宣懿皇太后祔太廟穆宗睿聖文惠孝皇帝之室。率是彝訓，其敬承之。』朕祇奉慈旨〔二〕，載深感咽。宜令宣示中外，咸使聞知。」

唐書宣懿韋太后傳：穆宗宣懿皇后韋氏，失其先世。穆宗爲太子，后得侍，生

〔一〕「茂」，原作「荷」，據光緒本、舊唐書禮儀志五改。
〔二〕「朕」，諸本脱，據舊唐書禮儀志五補。

武宗。長慶時，册爲妃。武宗立，妃已亡，追册爲皇太后，上尊謚。有司奏：「太后陵宜别制號。」帝乃名所葬園曰福陵。既又問宰相：「葬從光陵與但祔廟孰安？」奏言：「神道安於靜，光陵因山爲固，且二十年，不可更穿。福陵崇築已有所，當遂就。臣等請奉主祔穆宗廟便。」帝乃下詔：「朕因誕日展禮於太皇太后，謂朕曰：『天子之孝，莫大於承續。』今穆宗皇帝虚合享之位，而宣懿太后實生嗣君，當以祔廟。」繇是奉后合食穆宗室。

光啓元年十二月二十五日，僖宗再幸寶雞。其太廟十一室并祧廟八室及孝明太皇太后等别廟三室等神主，緣室法物，宗正寺官屬奉之隨駕鄠縣，爲賊所刼，神主、法物皆遺失。三年二月，車駕自興元還京。太常博士殷盈孫奏議：「三太后廟，即於少府監取西南屋三間，以備三室告饗之所。」敕旨從之。

大順元年，將行禘祭，有司請以三太后神主祔享於太廟。三太后者，孝明太皇太后鄭氏，宣宗之母也；恭僖皇太后王氏，敬宗之母也；貞獻皇太后蕭氏〔一〕，文宗之母

〔一〕「蕭氏」，諸本作「韋氏」，據舊唐書禮儀志五改。

也。三后之崩，皆作神主，有故不當入太廟。當時禮官建議，並置別廟，每年五享，及三年一祫〔一〕，五年一禘〔二〕，皆於本廟行事，無奉神主入太廟之文〔三〕。至是亂離之後，舊章散失，禮院憑曲臺禮，欲以三太后祔享太廟。博士殷盈孫獻議非之，曰：臣謹案三太后，憲宗、穆宗之后也。二帝已祔太廟，三后所以立別廟者，不可入太廟故也。與帝在位，皇后別廟不同。今有司誤用王彥威曲臺禮，禘別廟太后於太廟，乖戾之甚。臣竊究事體，有五不可。曲臺禮云：「別廟皇后，禘祫於太廟，祔於祖姑之下。」此乃皇后先崩，已造神主，夫在帝位，如昭成、肅明、元獻、昭德之比。昭成、肅明之崩也，睿宗在位。元獻之崩也，玄宗在位。昭德之崩也，肅宗在位。四后於太廟未有本室，故創別廟，當爲太廟合食之主，故禘祫乃奉以入享。其神主但題云「某謚皇后」，明其後太廟有本室，即當遷祔，帝方在位，故皇后暫立別廟耳。本是太廟合食之祖，故禘祫乃升，太廟未有位，故祔祖姑之下。今恭僖、貞獻二太后，皆穆宗之后。恭僖，

〔一〕「祫」，原作「禘」，據光緒本、舊唐書禮儀志五改。

〔二〕「禘」，原作「祫」，據光緒本、舊唐書禮儀志五改。

〔三〕「奉」，諸本脱，據舊唐書禮儀志五補。

會昌四年造神主，合祔穆宗廟室。時穆宗廟已祔武宗母宣懿皇后神主，故爲恭僖别立廟，其神主直題云皇太后，明其終安别廟，不入太廟故也。貞獻太后，大中元年作神主，立别廟，其神主亦題爲太后，並與恭僖義同。孝明，咸通五年作神主，合祔憲宗廟室。憲宗廟已祔穆宗之母懿安皇后，故孝明亦别立廟，是懿宗祖母，故題其主爲太皇太后。與恭僖、貞獻亦同。今以别廟太后神主，禘祭升享太廟，一不可也。曲臺禮别廟皇后禘祫於太廟儀注云：「内常侍奉别廟皇后神主，入置於廟庭，赤黄褥位。奏云『某謚皇后禘祫祔享太廟』，然後以神主升。」今即須奏云「某謚太皇太后」。且太廟中皇后神主二十一室，今忽以皇太后入列於昭穆〔一〕，二不可也。若但云「某謚皇后」，即與所題都異，神何依憑？此三不可也。古今禮要云：「舊典，周立姜嫄别廟，四時祭薦，及禘祫於七廟，皆祭。惟不入太祖廟爲别配。魏文思甄后，明帝母，廟及寢依姜嫄之廟，四時及禘皆與諸廟同。」此舊禮明文，得以爲證。今以别廟太后禘祫於太廟，四不可也。所以置别廟太后，以孝明不可與懿安並祔憲宗之室，今禘享乃處懿安於

〔一〕「皇太后」，舊唐書禮儀志五作「太皇太后」。

舅姑之上，此五不可也。且祫，合祭也。合猶不入太祖之廟，而況於禘乎？竊以爲並皆禘於别廟爲宜。且恭僖、貞獻二廟，比在朱陽坊，禘、祫赴太廟，皆須備法駕，典禮甚重，儀衛至多。咸通之時，累遇大享，耳目相接，歲代未遥，人皆見聞，事可詢訪，非敢以臆斷也。或曰：以三廟故禘、祫於别廟，或可矣，而將來有可疑焉。謹案睿宗親盡已祧，今昭成、肅明二后同在夾室，如或後代憲宗、穆宗親盡而祧，三太后神主其得不入夾室乎？若遇禘、祫，則如之何？對曰：此又大誤也。三太后廟〔一〕，若親盡合祧，但當閟而不享，安得處於夾室。禘、祫則就别廟行之，歷代已來，何嘗有别廟神主復入太廟夾室乎？禘、祫，禮之大者，無宜錯失。宰相孔緯曰：「博士之言是也。昨禮院所奏儀注，今已敕下，大祭日迫，不可遽改，且依行之。」於是遂以三太后祔祫太廟〔二〕，達禮者譏其大謬。

右唐后妃廟

〔一〕「太」，原脱，據光緒本、舊唐書禮儀志五補。
〔二〕「祫」，諸本作「合」，據舊唐書禮儀志五改。

後唐后妃廟

五代史唐本紀：廢帝清泰二年二月己丑，追尊魯國太夫人魏氏爲皇太后。

唐明宗家人傳：魏氏，鎮州平山人也。其子爲潞王從珂。明宗時，從珂已王，乃追封魏氏爲魯國夫人。廢帝即位，追尊魏氏爲皇太后，議建陵寢，而太原石敬瑭反，乃於京師河南府東立寢宫。清泰三年六月丙寅，遣工部尚書崔儉奉上皇太后寶册，謚曰宣憲。

右後唐后妃廟

宋后妃廟

宋史太祖本紀：建隆三年四月乙巳，追册夫人賀氏爲皇后。

禮志：建隆三年，追册會稽郡夫人賀氏曰孝惠皇后，止就陵所置祠殿奉安神主，薦常饌，不設牙盤祭器。

太祖孝惠賀皇后傳：后，開封人，右千牛衛率府率景思長女也。晉開運初，宣祖爲太祖聘焉。生秦國晉國二公主、魏王德昭。周顯德五年薨，年三十。建隆三年四月，詔追册爲皇后。乾德二年三月，有司上謚曰孝惠。四月，葬安陵西北，神主享于别廟。神宗時，與孝章、淑德、章懷並祔太廟。

太祖本紀：乾德元年十二月甲申，皇后王氏崩。二年四月乙卯，葬孝明皇后于安陵。壬申，祔二后于别廟。

禮志：乾德元年，孝明皇后王氏崩，始議置廟及二后先後之次。太常博士和峴請共殿别室，以孝明正位内朝，請居上室；孝惠緣改葬，不造虞主，與孝明同祔，宜居次室。禮院又言：「后廟祀事，一準太廟，亦當立戟。」

孝明王皇后傳：孝明王皇后，邠州新平人，彰德軍節度饒第三女。孝惠崩，周顯德五年，太祖爲殿前都點檢，聘后爲繼室。太祖即位，建隆元年八月，册爲皇后。生子女三人〔二〕，皆夭。乾德元年十二月崩，年二十二。有司上謚。二年四月，葬安陵之北，神主享于别廟。太平興國二年，祔享太廟。

蕙田案：孝惠雖未正位，乃元配也。别廟乃躋孝明于正室，而以孝惠居次

〔二〕「三人」，諸本作「二人」，據宋史后妃傳上改。

室，非逆祀而何？

又案：太平興國中，以孝明祔太祖室。神宗時，又以元配孝惠、第三后孝章並祔，蓋踵真宗以懿德、明德、元德三后並配之故事也。

禮志：太平興國元年，追册越國夫人符氏爲懿德皇后，尹氏爲淑德皇后，並祔后廟。

太宗淑德尹皇后傳：太宗淑德尹皇后，相州鄴人，滁州刺史廷勛之女。太宗在周時娶焉。早薨。及帝即位，詔追册爲皇后，并謚，葬孝明陵西北。神主享于别廟，後升祔太廟。

懿德符皇后傳：懿德符皇后，陳州宛丘人，魏王彦卿第六女也。周顯德中，歸太宗。建隆初，封汝南郡夫人，進封楚國夫人。太宗封晉王，改越國。開寶八年薨，年三十四。葬安陵西北。帝即位，追册爲皇后，謚懿德，享于别廟。至道三年十一月，詔有司議太宗配，宰相請以后配，詔從之。奉神主升祔太廟。

太宗本紀：太平興國二年五月己卯，祔太祖神主於廟，以孝明皇后王氏配；又以懿德皇后符氏、淑德皇后尹氏祔别廟。

禮志：太祖祔廟，有司言：「合奉一后配食。案唐睿宗追謚肅明、昭成二后，至睿宗崩，獨昭成以帝母之重升配，肅明止享於儀坤廟。近周世宗正惠、宣懿二后並先崩，正惠無位號，宣懿居正位，遂以配食。今請以孝明王皇后配，忌日行香廢務，其孝惠皇后享於別廟。」從之。

太平興國六年十二月，太常禮院言：「今月二十三日，臘享太廟。緣孟冬已行時享，冬至又嘗親祀。案禮每歲五享，其禘祫之月即不行時享，慮成煩數，有爽恭虔。今請罷臘日薦享之禮，其孝惠別廟即如式。」從之。

真宗本紀：至道三年二月，即皇帝位。十一月甲子，祔太宗神主于太廟，以懿德皇后配。

禮志：至道三年，孝章皇后宋氏祔享，有司言：「孝章正位中壼，宜居上室，懿德追崇后號，宜居其次。」詔孝章殿室居懿德下。六月，禮官議：「案太平興國中追册定謚，皆以懿德居上。淳化初，宗正少卿趙安易言，別廟祭享，懿德在淑德之上，未測升降之由。其時敕旨依舊懿德在上。案江都集禮，晉景帝即位，夏侯夫人應合追尊。散騎常侍任茂、傅玄等議云：『夏侯夫人初歸景帝，未有王基之道，不及景帝統百揆而亡，后妃之化未著遠邇，追尊無經義可據。』今之所議，正與此同。且淑德配合之初，潛躍之符未兆；懿德輔佐之始，藩邸之位已隆〔一〕，然未嘗正位中宮，母臨天下。豈可生無尊極之位，没升配享之崇，於人情不安，於典籍無據。唐順宗祔廟後十一年，始以莊憲皇后升配，憲宗祔廟後二十五年，始以懿安皇后升配。今請虛位，允協舊儀。」再詔尚書省集議及禮官同詳定。上議曰：「淑德皇后生無位號，没始追崇，況在初潛，早已薨謝，懿德皇后享封大國，作配先朝，雖不及臨御之期，且夙彰賢懿之美，若以升祔，當歸懿德。又詳周世宗正惠、宣懿配食故事，當時議以正惠追尊位號，請以宣懿爲配。是時以太后在位，疑宣懿祔廟之後，立忌非便。議者引晉哀帝時何太后在上，尊所生周氏爲太妃，封其子爲琅琊王。及太妃薨，帝奔喪琅琊第，七月而葬。此則奔喪行服，尚不厭降，即忌日廢務〔二〕，於禮無嫌。今禮官引唐順、憲二宗廟享虛位之文，夫既追册二后，即虛室亦爲未便，請奉懿德神主升配。又案議者以周世宗神主祔廟，

〔一〕「邸」，諸本作「郡」，據宋史禮志十二改。
〔二〕「忌」，諸本作「其」，據宋史禮志十二改。

必若宣懿同祔，即正惠神主請加『太』字。今升祔懿德，請即加淑德『太』字，仍舊別廟。」詔：「以懿德配享，至於『太』者尊極之稱，加於母后，施之宗廟禮所未安。」迺不加「太」字，仍別廟配享。

孝章宋皇后傳：孝章宋皇后，河南洛陽人，左衛上將軍偓之長女也。母漢永寧公主。開寶元年二月，納入宮爲皇后。太祖崩，號開寶皇后。太平興國二年，居西宮。雍熙四年，移居東宮。至道元年四月崩，年四十四。有司上謚。三年正月，祔葬永昌陵北。神主享于別廟。神宗時，升祔太廟。

蕙田案：孝章祔享，乃祔于孝惠賀皇后之別廟也。太平興國元年，太宗懿德符后已先祔其廟，故孝章祔時，有司以居室之上次爲論。但孝章乃太祖之繼后，懿德乃太宗之繼室，以兄弟之序、君臣之分而言，俱宜以孝章居乎上室，今乃易之，亂其序矣。

真宗本紀：至道三年六月乙巳，追册莒國夫人潘氏爲皇后，謚莊懷。十一月甲子，祔莊懷皇后於別廟。

真宗章懷潘皇后傳：真宗章懷潘皇后，大名人，忠武軍節度美第八女。真宗在韓邸，太宗爲聘之，封莒國夫人。端拱二年五月薨，年二十二。真宗即位，追册爲皇后，謚莊懷，葬永昌陵之側，陵名保泰。神主享于别廟。舊制后謚冠以帝謚。慶曆中，禮官言，「孝」字連太祖謚，「德」字連太宗謚。遂改「莊」爲「章」，以連真宗謚云。

十二月丙申，追尊母賢妃李氏爲皇太后。

禮志：至道三年十二月，追尊賢妃李氏爲元德皇太后。有司言：「案周禮春官大司樂之職〔一〕，『奏夷則，歌仲吕，以享先妣』，謂姜嫄也。是帝嚳之妃，后稷之母，特立廟曰閟宫。晉簡文宣后以不配食，築室於外，歲時享祭。唐先天元年，始祔昭成、肅明二后於儀坤廟。又玄宗元獻楊后立廟於太廟之西。稽於前文，咸有明據。望令宗正寺於后廟内修奉廟室，爲殿三間，設神門、齋房、神厨以備薦享。」

真宗本紀：咸平元年正月丙寅，上皇太后李氏謚曰元德。

禮志：咸平元年，判太常禮院李宗訥等言：「元德皇太后别建廟室，淑德皇后亦

〔一〕「周禮」，諸本脱「周」字，據宋史禮志十二補。

在別廟，同是帝母而無『太』字。案唐穆宗三后，除宣懿升祔，正獻、恭僖二后並立別廟〔一〕，各有『太』字。又開元初，太常議昭成皇太后，請不除『太』字，云『入廟稱后，義繫於夫，在朝稱太后，義繫於子。如謚册入陵，神主入廟，則當去太字。』案神主入廟之説，蓋爲祔享太廟，以厭降故，不加『太』字，則本朝文懿諸后是也。如別建廟室，不可但稱皇后，則唐正獻、恭僖二太后是也。淑德皇后亦請加『太』字，既加之後，望還就元德新廟，居第一室，以元德次之，仍遷莊懷又次之。」詔下中書集議。兵部尚書張齊賢等奏：「宗廟神靈，務乎安靜。況懿德作合之始，逮事舅姑，躬執婦道，祔享之禮，宜從後先，伏請仍舊。又漢因秦制，帝母稱皇太后。檢詳去歲議狀，請加淑德『太』字，而詔不加之者，緣當時元德皇太后未行追册。今册命已畢，望依禮官所言。」

三年四月乙卯，祔葬元德皇太后於永熙陵。有司言：「元德神主祔廟，準禮當行祔謁，載稽前典，有未安者〔二〕。伏以追薦尊稱，奉加『太』字，崇建別廟，以備烝嘗。況

〔一〕「恭僖」，諸本作「恭懿」，據宋史禮志十二改。

〔二〕「安」，諸本作「合」，據宋史禮志十二改。

當禘祫之時，不預合食之列，廟享之制與諸后不同。俟神主還京，即祔廟室，薦獻安神，更不行祔謁之禮，每歲五享、禘祫如太廟儀。」

李賢妃傳：李賢妃，真定人，乾州防禦使英之女也。太祖爲太宗聘之。開寶中，封隴西郡君。太宗即位，進夫人。生皇女二人，皆早亡，次生楚王元佐。妃嘗夢日輪逼己，以裾承之，光耀遍體，驚而寤，遂生真宗。太平興國二年薨，年三十四。真宗即位，追封賢妃，又進上尊號爲皇太后。有司上謚曰元德。咸平三年，祔葬永熙陵。車駕詣普安院攢宫，素服行禮，拜伏嗚咽。神主祔别廟。大中祥符三年，禮官趙湘請以后祔太宗廟室。真宗曰：「此重事也，俟令禮官議之。」六年秋，宰相王旦與群臣表請后尊號中去「太」字，升祔太廟明德之次。從之。真宗景德四年，帝祀汾陰，謁廟畢，親詣元德皇太后廟躬謝，自門降輦步入，酌獻如太廟，設登歌，兩省、御史、宗室防禦使以上班廟内，餘班廟外，遣官分告孝惠諸后廟。詔：「太廟、元德皇后廟享用犢，諸后廟親享用犢，攝事用羊豕。」

樂志：皇后廟十五首：

迎神，肅安　閟宫翼翼，雅樂洋洋。牲器肅設，几筵用張。飭以明備，秩其令芳。神兮來格，風動雲翔。

太尉行，舒安　服章觀象，山龍是則。容止蹌蹌，威儀翼翼。

司徒捧俎，豐安徹同　恪恭奉祀，祗薦犧牲。九成爰奏，有俎斯盈。

酌獻孝明皇后室，惠安　祀事孔明，廟室惟肅。鉶登籩豆，金石絲竹。既灌既薦，允恭允穆。奉神如在，以介景福。

孝惠皇后室，奉安　初陽作配，内助惟賢。柔順中積，英徽外宣。神宫有侐，明祀惟虔。歆誠降祐，於萬斯年。

孝章皇后室，懿安　猗那淑聖，象應資生。配天作合，與日齊明。椒宫垂範，彤史揚名。聿修毖祀，永奉粢盛。

懿德皇后室，順安　王門禀慶，帝族惟賢。功存内治，德協静專。流芳圖史，垂範紘綖。新廟有侐，祀禮昭然。

淑德皇后室，嘉安　明明英媛，德備椒庭。籩豆有踐，黍稷匪馨。静嘉致薦，容與昭靈。精意以達，顧享來寧。

莊穆皇后室，理安　曾孫襲慶，柔祇育德。正位居體，其儀不忒。教被宫壼，化行邦國。祝史正辭，垂裕無極。

莊懷皇后室，永安　淑德昭著，至樂和平。登豆在列，膋香薦誠。六變合禮，八音諧聲。穰穰景福，佑我休明。

元德皇后廟，興安　爲太宗后，爲天下母。誕聖繼明，膺乾作主。玉振金相，蘭芬桂芳。於萬斯年，永奉烝嘗。

飲福，禧安　彝尊卣酒，慶佑遂行。介以純嘏，允答明誠。

亞獻，恭安　宗臣率禮，步玉鏘鏘。吉蠲斯獻，百禄是將。

終獻，順安　薦獻有終〔一〕，禮容斯穆。以奉嘉觴，以膺多福。

送神，歸安　明禋告畢，靈輅難留。升雲杳邈，整馭優游。誠深嘉栗，禮罄欽修〔二〕。豐融垂佑，以永洪休。

景佑以後樂章六首：

〔一〕「有」，諸本作「可」，據宋史樂志九改。
〔二〕「罄欽」，諸本作「飭歛」，據宋史樂志九改。

章獻明肅皇太后室奠瓚，達安　肅肅閟宮，順時薦事。鬱鬯馨香，如見於位。酌獻，厚安　祥標曾麓，德合方儀。萬邦展養，九御蒙慈。孝恭祊祏，美播聲詩。淑靈顧享，申錫維祺。

章懿皇太后室奠瓚，報安　青金玉瓚，祼將于京。永懷罔極，夙夜齊明。酌獻，衍安　翊佐先朝，章明壼教。淑順謙勤，徽音在劭。樹風不止，劬勞匪報。黍稷令芳〔一〕，嘏茲乃告。

奉慈廟章惠皇太后室奠瓚，翕安　祼圭既陳，酌鬯斯醇。音容彷彿，奠獻惟寅。酌獻，昌安　内輔先猷，夙昭壼則。保祐之勞，慈惠其德。榮養有終，芳風無極。享獻閟宮，載懷悽惻。

真宗汾陰禮畢，親謝元德皇后室三首：

迎神，肅安　閟宮奕奕，韶樂洋洋。牲幣虔布，几筵肅張。醴泉淳美，嘉肴潔

〔一〕「令」，諸本作「含」，據宋史樂志九改。

香。俟神來格，降彼帝鄉。

奉俎，豐安　樂鏗金石，俎奉犧牲。九成斯奏〔一〕，五教爰行〔二〕。

送神，理安　鸞驂復整，鶴駕難留。白雲縹緲，紫府深幽。廟雖載止，神無不游。垂佑皇宋，以永鴻休。

元德皇后升祔一首：

顯安之曲　顯矣皇妣，德侔柔祇！升祔太室，協禮之宜。耀彼寶册，列之尊彝。惟誠是厚，永佑慶基。

真宗本紀：景德元年三月己亥〔三〕，皇太后崩。夏四月甲寅，上大行皇太后謚曰明德。

禮志：真宗景德元年，有司詳定明德皇太后李氏升祔之禮：「案唐睿宗昭成、肅明二后，先天初，以昭成配；開元末，以肅明祔。此時儒官名臣，步武相接，宗廟重事，

〔一〕「九」，諸本作「禮」，據宋史樂志九改。
〔二〕「五」，諸本作「三」，據宋史樂志九改。
〔三〕「己亥」，原作「己酉」，據光緒本、宋史真宗本紀改。

必有據依。推之閨門，亦可擬議。晉驃騎將軍溫嶠有三夫人，嶠薨，詔問學官陳舒。舒謂秦、漢之後，廢一娶九女之制，妻卒更娶，無復繼室，生既加禮，亡不應貶。朝旨以李氏卒於嶠之微時，不霑贈典；王、何二氏追加章綬。唐太子少傅鄭餘慶將立家廟，祖有二夫人。禮官韋公肅議與舒同〔一〕。略稽禮文，參諸故事，二夫人並祔，於禮爲宜。恭惟懿德皇后久從升祔，雖先後有殊，在尊親則一，請同列太宗室，以先後次之。」詔尚書省集議，咸如禮官之請，祔神主於太廟。

禮志：真宗景德三年十月，孟冬薦享。其月，明德皇后園陵，有司言：「故事，大祠與國忌日同日者，其樂備而不作，今請如例。」從之。

明德李皇后傳：明德李皇后，潞州上黨人，淄州刺史處耘第二女。開寶中，太祖爲太宗聘爲妃。既納幣，會太祖崩，至太平興國三年始入宮。雍熙元年十二月，詔立爲皇后。太宗崩，真宗即位。至道三年四月，尊后爲皇太后，居西宮嘉慶殿。咸平二年，宰相請別建宮立名，從之。四年宮成，移居之，仍上宮名曰萬安。景德

〔一〕「韋公肅」，諸本脱「公」字，據宋史禮志九補。

元年崩，年四十五。謚明德。權殯沙臺。三年十月，祔葬永熙陵。禮官請以懿德、明德同祔太宗廟室，以先後爲次，從之。

蕙田案：景德三年，既以懿德、明德並祔，大中祥符六年，又祔元德，此三后並祔之始。

真宗本紀：景德四年四月辛巳，皇后郭氏崩。五月辛亥〔一〕，有司上大行皇后謚曰莊穆。六月乙卯，葬莊穆皇后。秋七月丁卯，莊穆皇后祔別廟。

禮志：景德四年，奉莊穆皇后郭氏神主謁太廟，祔享於昭憲皇后。享畢，祔別廟，殿室在莊懷之上。七月，以莊穆皇后祔享，權停孟享。

章穆郭皇后傳：章穆郭皇后，太原人，宣徽南院使守文第二女。淳化四年，真宗在襄邸，太宗爲聘之。封魯國夫人，進封秦國。真宗嗣位，立爲皇后。景德四年，從幸西京還，以疾崩，年三十二。禮官奏皇帝七日釋服，特詔增至十三日。太常上謚曰莊穆。葬永熙陵之西北，神主享於別廟。仁宗即位，升祔真宗廟室，改謚

〔一〕「五月」，諸本脱，據宋史真宗本紀補。

章穆。

五年，龍圖閣直學士陳彭年言：「禘祫日，孝惠、淑德二后神主自别廟赴太廟，祔簡穆皇后神主之下、太祖神主之上，此蓋用曲臺禮别廟皇后禘祫祔享太廟之説。竊慮明靈合享，神禮未安，望詔禮官再加詳定。」有司言：「案曲臺禮載禘祫之儀，則如皇后先祔别廟，遇禘祫祔享於太廟，如是昭后，即坐於祖姑之下，南向〔一〕；如是穆后，即坐於祖姑之下，北向。又案博士殷盈孫議云：别廟皇后禘祫於太廟，祔於祖姑之下者，此乃皇后先没，已造神主。如昭成、肅明之没也，睿宗在位；元獻之没也，玄宗在位；昭德之没也，德宗在位。四后於太廟未有本室，故創别廟，當爲太廟合食之主，故禘祫乃奉以入享，此明其後太廟有本室，即當遷祔。帝方在位，故皇后暫立别廟，禮本合食，故禘祫乃升太廟，以未有位，故祔祖姑之下〔二〕。據開寶通禮與曲臺禮同。今有司不達禮意，遇禘祫歲，尚以孝惠、孝章、淑德三后神主祔享祖姑之下，乃在太祖、

〔一〕「向」，諸本作「間」，據宋史禮志十二改。下同。

〔二〕「祔」，諸本作「列」，據宋史禮志十二改。

太宗之上。案禮稱『婦祔祖姑』，謂既卒哭之明日，此正禮也；稱『祖姑有三人，則祔於親者』，注云：『謂舅之母死，而又有繼室二人，親者謂舅所生』。然則祖姑有三人同在祖室，明婦有數人亦當同在夫之本室，不可久祔於祖姑也。故開元禮但載肅明皇后別廟時享之儀，而無禘祫之禮，即知別廟時享及禘祫皆於本廟也。孝惠、孝章、淑德禘祫既祔太廟，則自今禘祫祔享本室，次於正主，庶協典禮。」

真宗本紀：大中祥符六年七月己亥，中書門下表請元德皇后祔廟。庚子〔一〕，行配祔禮。十月辛酉，元德皇后祔廟。

玉海：大中祥符六年七月，有司請奉元德皇后合享，曰：「母貴由於子，子孝本於親。后稷諸侯，故姜嫄異祭於帝嚳；開元王者，故昭成祔享於睿宗。」

宋史仁宗本紀：明道二年三月甲午，皇太后崩。四月壬寅，追尊宸妃李氏爲皇太后，至是帝始知爲宸妃所生。癸亥，上大行太后謚曰莊獻明肅，追尊宸妃李氏爲皇太

〔一〕「庚子」，原作「庚午」，據光緒本、宋史真宗本紀改。

后〔一〕，謚曰莊懿。八月壬寅，作奉慈廟。十月己酉，祔莊獻明肅太后、莊懿太后神主於奉慈廟。

禮志：明道二年，判河南府錢惟演請以章獻、章懿二后並祔真宗之室。太常禮院議：「夏、商以來〔二〕，父昭子穆，皆有配坐，每室一帝一后，禮之正儀。唐開元中，昭成、肅明二后始並祔於睿宗。今惟演引唐武宗母韋太后升祔穆宗，本朝孝明、孝章祔太祖故事〔三〕。案穆宗惟韋后祔，太祖未嘗以孝章配。伏尋先帝以懿德配享太宗，及明德園陵禮畢，遂得升祔。元德太后自追尊後，凡十七年始克升配〔四〕。今章穆皇后著位長秋，祔食真宗，斯爲正禮。章獻太后母儀天下，與明德例同，若從古禮，止應祀后廟，若便升祔，似非先帝慎重之意，又況前代無同日並祔之比，惟上裁之。」乃詔有司更議，皆謂：「章穆位崇中壼，與懿德有異，已祔廟室，自協一帝一后之文。章獻輔政

〔一〕「追尊」、「爲」三字，原脱，據味經窩、乾隆本、光緒本、宋史仁宗本紀補。
〔二〕「以」，原脱，據光緒本、宋史禮志十二補。
〔三〕「孝章」，諸本作「懿德」，據宋史禮志十二改，下「孝章」同。
〔四〕「配」，原作「祔」，據光緒本、宋史禮志十二改。

十年，章懿誕育帝躬，功德莫與爲比，退就后廟，未厭衆心。案周官大司樂職，『奏夷則，歌小吕，以享先妣』者，姜嫄也，帝嚳之妃，后稷之母，特立廟曰閟宫。宜别立新廟，奉安二太后神主，同殿異室，歲時薦享用太廟儀。别立廟名，自爲樂曲，以崇世享。忌前一日，不御正殿，百官奉慰，著之令甲。」乃作新廟在兩廟間，名曰奉慈。建廣孝殿，奉安章懿皇后。

章獻明肅皇后傳：章獻明肅劉皇后，華陽人。父通，虎捷都指揮使、嘉州刺史。后，通第二女也。真宗即位，入爲美人。大中祥符中，進德妃。自章穆崩，真宗欲立爲后，大臣多不可，帝卒立之。李宸妃生仁宗，后以爲己子，撫視甚至。真宗崩，遺詔尊后爲皇太后，軍國重事，權取處分。群臣上尊號，御文德殿受册〔一〕。明道元年冬至，復御文德殿。明年，帝新耕籍田，太后亦謁太廟。加上尊號。是歲崩，年六十五。謚曰章獻明肅，葬於永定陵之西北。舊制皇后皆二謚，稱制，加四謚自后始。於是泰寧軍節度使錢惟演請以章獻、章懿與章穆並祔真宗室。詔三省與禮院

〔一〕「受册」，諸本脱，據宋史后妃傳上補。

議，皆以謂章穆皇后位崇中壼，已祔真宗廟室，自協一帝一后之文；章獻明肅處坤元之尊，章懿感日符之貴，功德莫與爲比，謂宜崇建新廟，同殿異室，歲時薦享，一用太廟之儀，仍別立廟名，以崇世享。翰林學士馮元等請以奉慈爲名，詔依。慶曆五年，禮院言章獻、章懿二后，請遵國朝懿德、明德、元德三后同祔太宗廟室故事，遷祔真宗廟。詔兩制議，翰林學士王堯臣等議，請遷二后祔，序於章穆之次，從之。

李宸妃，杭州人也。父仁德，終左班殿直。初入宮，爲章獻太后侍兒，真宗以爲司寢。生仁宗，封崇陽縣君。後爲婉儀。仁宗即位，爲順容，從守永定陵。初，仁宗在襁褓，章獻以爲己子，使楊淑妃保視之。仁宗即位，妃嘿處先朝嬪御中，未嘗自異。人畏太后，亦無敢言者。終太后世，仁宗不自知爲妃所出也。明道元年，疾革，進位宸妃，薨，年四十六。初，章獻太后欲以宮人禮治喪於外，丞相呂夷簡奏禮宜從厚。太后遽引帝起，有頃，獨坐簾下，召夷簡問曰：「一宮人死，相公云云，何歟？」夷簡曰：「臣待罪宰相，事無内外，無不當預。」太后怒曰：「相公欲離間吾母子耶！」夷簡從容對曰：「陛下不以劉氏爲念，臣不敢言；尚念劉氏，則喪禮宜從厚。」太后悟，遽曰：「宮人，李宸妃也，且奈何？」夷簡乃請治喪用一品禮，殯洪福院。夷簡又謂入内都知羅崇勳曰：「宸妃當以后服殮，用水銀實棺，異時勿謂夷簡未嘗道及。」崇勳如其言。後章獻太后崩，燕王爲仁宗言：「陛下乃李宸妃所生，妃死以非命〔一〕。」仁宗號慟頓毁，不視朝累日，下哀痛之詔自責。尊宸妃爲皇太后，謚莊懿。幸洪福院祭告〔二〕，易梓宫，親哭視之，妃玉色如生，冠服如皇太后，以水銀養之，故不壞。仁宗嘆曰：「人言其可信哉！」遇劉氏加厚。陪葬永定陵〔三〕，廟曰奉慈。又即景靈宫建神御殿，曰廣孝。慶曆中，改謚章懿，升祔太廟。

仁宗本紀：慶曆四年十一月己卯〔四〕，改上莊穆皇后謚曰章穆，莊獻明肅皇太后曰章獻明肅，莊懿皇太后曰章懿，莊懷皇后曰章懷，莊惠皇太后曰章惠。庚辰，朝享景靈宫。辛巳，享奉慈廟。

慶曆元年十一月乙丑，享奉慈廟。

〔一〕「妃」，諸本脱，據宋史后妃傳上補，下「妃玉色如生」之「妃」同。
〔二〕「洪福院」，諸本作「洪福寺」，據宋史后妃傳上改。
〔三〕「永定陵」，諸本作「永安陵」，據宋史后妃傳上改。
〔四〕「慶曆」，原作「景祐」，據光緒本、宋史仁宗本紀改。

禮志：慶曆四年，從呂公綽言：「先帝特謚二后莊懷、莊穆，及上真宗文明武定章聖元孝之謚〔一〕，郭后升祔，當正徽號，宜於郊禮前遣官先上寶、册，改『莊』爲『章』，止告太廟，更不改題。」遂如故事。將郊，所司導五后寶、册赴三廟，各於神門外幄次以待。奏告畢，皆納於室。俄又詔中書門下令禮官考故事，升祔章懿神主。禮院言：「章獻、章懿宜序章穆之次，章惠先朝遺制嘗踐太妃，至明道中始加懿號，與章懷頗同，請序章懷之次。太者生事之禮，不當施於宗廟。章獻以顧託之重，臨御之勞，欲稱別廟，義無所嫌，屬之配室，禮或未順。」學士王堯臣等言：「章獻明肅盛烈丕功，非一惠可舉，謚告於廟，册藏於陵，無容追減。章惠擁祐帝躬，並均顧復，故景祐中膺保慶之册，義專繫子，禮須別祠。章穆升祔，歲月已深。奉慈三室，先後已定，若再議升降，則情有重輕，請如舊制。」中書門下覆議：「成憲在前，文考之意；配食一體，二慈之宜；奉承無私，陛下之孝。請如禮官及學士議。案祥符詔繫章聖特旨，位序先後，乞聖制定數，昭示無窮。」詔依所議。十月，文德殿奉安寶、册，帝服通天冠、絳紗袍，

〔一〕「章」，原作「帝」，據光緒本、宋史禮志十二改。

執圭。太常奏樂，百官宿廟堂。次日，有司薦享諸廟。寅時，復詣正衙，宰臣、行事官贊導册、寶至大慶殿庭發册，出宣德門，攝太尉賈昌朝、陳執中受以赴奉慈廟上寶、册，告遷二主，皆塗「太」字，祔於太廟。

仁宗本紀：至和元年正月癸酉，貴妃張氏薨。丁丑，追册爲皇后，賜謚温成。七月丁卯，立温成園。十月丁酉，葬温成皇后。丙午，温成皇后神主入廟。十一月甲子，出太廟禘、祫、時饗及温成皇后廟祭饗樂章〔一〕，隸於太常。

禮志：至和元年七月，有司奏詔立温成皇后廟，享祭器數視皇后廟〔二〕。後以諫官言，改爲祠殿，歲時令宫臣薦以常饌〔三〕。

張貴妃傳：張貴妃，河南永安人也。祖頴，建平令。父堯封，石州推官卒。妃幼無依，遂納於章惠皇后宫寢。長得幸，有盛寵。妃巧慧多智數，善承迎，勢動中外。慶曆元年，封清河郡君，歲中爲才人，遷修媛。皇祐初，進貴妃。後五年薨，年

〔一〕「廟祭饗」三字，諸本脱，據宋史仁宗本紀補。
〔二〕「享」，諸本作「樂章」，據宋史禮志十二改。
〔三〕「以」，諸本作「行」，據宋史禮志十二改。

三十一。仁宗哀悼之，追册爲皇后，謚温成。

禮志：嘉祐四年十月，仁宗親詣太廟行祫享禮。禮官張洞、韓維言：「國朝每遇禘祫，奉别廟四后之主合食太廟。唐郊祀志載禘祫祝文，自獻祖至肅宗所配皆一后，惟睿宗二后，蓋昭成，明皇母也。續曲臺禮有别廟皇后合食之文，蓋未有本室，遇祫享即祔祖姑下。所以大順中，三太后配列禘祭，議者議其非禮。臣謂每室既有定配，則餘后不當參列，義當革正〔一〕。」學士孫抃等議：「春秋傳曰：『大祫者何？合祭也。未毁廟之主皆升合食於太祖。』是以國朝事宗廟百有餘年，至祫之日，别廟后主皆升合食，非無典據。大中祥符中已曾定議，禮官著酌中之論，先帝有『恭依』之詔。他年有司攝事，四后皆預。今甫欲親祫而四后見黜，不亦疑於以禮之煩故耶？宗廟之禮，至尊至重，苟未能盡祖宗之意，則莫若守舊禮。臣等愚以謂如故便。」學士歐陽修等曰：「古者宗廟之制，皆一帝一后。後世有以子貴者，始著並祔之文，其不當祔者，則有别廟之祭。本朝禘祫，乃以别廟之后列於配后之下，非惟於古無文，於今又四不

〔一〕「義」，諸本作「議」，據宋史禮志十改。

可。淑德，太宗之元配，列於元德之下；章懷，真宗之元配，列於章懿之下，一也。升祔之后，統以帝樂；别廟之后，則以本室樂章自隨，二也。升祔之后，同牢而祭，牲器祝册亦統於帝；别廟之后，乃從專享，三也。升祔之后，聯席而坐；别廟之后，位乃相絶，四也。章獻、章懿在奉慈廟，每遇禘祫，本廟致享，最爲得禮。若四后各祭於廟，則其尊自申，而於禮無失。以爲行之已久，重於改作，則是失禮之舉，無復是正也。請從禮官。」詔：「四后祫享依舊，須大禮畢，别加討論。」

元豐三年二月，慈聖光獻皇后祔廟，前二日，告天地、社稷、太廟、皇后廟如故事。至日，奉神主先詣僖祖室，次翼祖室，次宣祖室，次太祖室，次太宗室。次太宗與懿德皇后、明德皇后同一祝，次享元德皇后。慈聖光獻皇后，異饌位、異祝，行祔謁禮。次真宗室，次仁宗室，次英宗室。禮畢，奉神主歸仁宗室。

神宗本紀：元豐六年七月乙卯，祔孝惠、孝章、淑德、章懷皇后於廟。

禮志：元豐六年，詳定所言：「案禮，夫婦一體，故昏則同牢、合巹，終則同穴，祭則同几、同祝饌，未嘗有異廟者也。惟周人以姜嫄爲禖神，而帝嚳無廟，又不可下入子孫之廟，乃以別廟而祭，故魯頌謂之閟宫，周禮謂之先妣是也〔二〕。自漢以來，不祔不配者，皆援姜嫄爲比，或以其微，或以其繼而已。蓋其間有天下者，起於側微，而其后不及正位中宫，或以嘗正位矣，有所不幸，則當立繼以奉宗廟，故有『祖姑三人則祔於親者』之説。立繼之禮，其來尚矣。始微終顯，皆嫡也。前娶後繼，皆嫡也。後世乃以始微後繼寘之别廟，不得伸同几之義，則非禮意。恭惟太祖孝惠皇后、太宗淑德皇后、真宗章懷皇后實皆元妃，而孝章則太祖繼后，乃皆祭以别廟，在禮未安，請升祔太廟，增四室，以時配享。」七月，遂自别廟升祔焉。

玉海：初，孝惠、孝章、淑德、章懷四后未入廟。元豐六年七月乙卯，始祔廟室。初議不發册，太常博士王古言：「升祔之重，由發册而後顯。」乃詔升祔，比太廟親祀用竹册。

哲宗本紀：元祐八年九月戊寅，太皇太后崩。己卯，詔以太皇太后園陵爲山陵。十二月己巳，上太皇太后謚曰宣仁聖烈皇后。

〔二〕「是」，諸本作「可」，據宋史禮志十二改。

禮志：皇太后崩，三省請奉安神御於治隆殿，以遵元祐初詔。復以御史劉極之言〔一〕，特建原廟，廟成，名神御殿曰徽音，山殿曰寧真。

紹聖二年十月癸酉，告遷宣仁聖烈皇后神御於景靈宮徽音殿〔二〕。甲戌，詣宮行奉安禮。

宣仁聖烈高皇后傳：英宗宣仁聖烈高皇后，亳州蒙城人。曾祖瓊，祖繼勳，皆至節度使。母曹氏，慈聖光獻后姊也〔三〕，后少鞠宮中。英宗與后同年。既長，遂成昏濮邸。生神宗。治平二年册爲皇后。神宗立，尊爲皇太后，居寶慈宮。元豐八年，帝不豫，宰執王珪等乞立延安郡王爲皇太子，太后權同聽政。哲宗嗣位，尊爲太皇太后。凡熙寧以來政事弗便者，皆次第罷之。人以爲女中堯舜。元祐八年九月，屬疾崩，年六十二。

建中靖國元年，詔建欽聖憲肅皇后、欽慈皇后神御殿於大明殿北，名曰柔明。尋

〔一〕「劉極」，宋史禮志十二校勘記疑爲「劉拯」之誤。
〔二〕「皇后」，諸本作「太后」，據宋史哲宗本紀改。
〔三〕「慈聖光獻后」，諸本脱「后」字，據宋史后妃傳上補。

改欽儀，又改坤元。又名哲宗神御殿曰觀成。尋改重光。詔自今景靈宮並分三日朝獻。崇寧三年，奉安欽成皇后神御坤元殿欽聖憲肅皇后之次，欽慈皇后又次之。政和三年，奉安哲宗神御於重光殿。昭懷皇后神御殿成，詔名正殿曰柔儀，山殿曰靈娭。

神御殿：宣祖、昭憲皇后於資福寺慶基殿。章獻明肅皇后於慈孝寺彰德殿〔一〕，章懿皇后於景靈宮廣孝殿，明德、章穆二后於普安院重徽殿，章惠太后於萬壽觀廣慶殿。

神宗欽聖憲肅向皇后傳：神宗欽聖憲肅向皇后，河內人，故宰相敏中曾孫也。治平三年，歸於潁邸，封安國夫人。神宗即位，立爲皇后。帝不豫，后贊宣仁后定建儲之議。哲宗立，尊爲皇太后。宣仁命葺慶壽故宮以居后，后辭曰：「安有姑居西而婦處東，瀆上下之分。」不敢徙，遂以慶壽後殿爲隆祐宮居之。帝倉卒晏駕，獨決策迎端王。章惇異議，不能沮。徽宗立，請權同處分軍國事，后以長君辭。帝泣拜，移時乃聽。凡紹聖、元符以還，惇所斥逐賢大夫士，稍稍收用之。纔六月，即還

〔一〕「彰德殿」，諸本作「章德殿」，據宋史禮志十二改。

政。明年正月崩，年五十六。

欽成朱皇后傳：欽成朱皇后，開封人。父崔傑，早世；母李，更嫁朱士安。后鞠於所親任氏。熙寧初，入宮爲御侍，進才人、婕妤，生哲宗及蔡王似〔一〕、徐國公主，累進德妃。哲宗即位，尊爲皇太妃。時宣仁、欽聖二太后皆居尊，故稱號未極。元祐三年，宣仁詔：春秋之義，「母以子貴」，其尋繹故實，務致優隆。於是輿蓋、仗衞、冠服，悉侔皇后。紹聖中，欽聖復命即閤建殿，改乘車爲輿，出入由宣德東門，百官上牋稱「殿下」，名所居爲聖瑞宮。崇寧元年二月薨，年五十一。追册爲皇后，上尊謚，陪葬永裕陵。

欽慈陳皇后傳：欽慈陳皇后，開封人。幼穎悟莊重，選入掖庭，爲御侍。生徽宗，進美人。帝崩，守陵殿，思顧舊恩，毀瘠骨立。左右進粥、藥，揮使去，曰：「得早侍先帝，願足矣！」未幾薨，年三十二。建中靖國元年，追册爲皇太后，上尊謚，陪葬永裕陵。

〔一〕「蔡王似」，諸本作「蔡王以」，據宋史后妃傳下改。

徽宗本紀：政和三年二月辛卯，崇恩太后暴崩。閏四月辛酉，上崇恩太后謚曰昭懷。

昭懷劉皇后傳：昭懷劉皇后，初爲御侍，明艷冠後庭，且多才藝。由美人、婕妤進賢妃。生一子二女。有盛寵，能順意奉兩宮。時孟后位中宮，后不循列妾禮，且陰造奇語以售謗。孟后既廢，后竟代焉。徽宗立，册爲元符皇后。明年，尊爲太后，名宮崇恩。帝緣哲宗故，曲加恩禮，后以是頗干預外事，且以不謹聞。帝與輔臣議，將廢之，而后已爲左右所逼，即簾鉤自縊而崩，年三十五。

樂志：崇恩太后升祔十四首：

入門，顯安　俔天生德，作配元符。儀型壼則，輔佐帝圖。登崇廟祏，勒號璠璵。烝嘗億載，皇極之扶。

神主升殿，顯安　曰嬪于京，天作之配。進賢審官，克勤其志。於穆清廟，本仁祖義。億萬斯年，神靈攸暨。

迎神，興安四章：黄鐘宮二奏　閟宮有侐，堂筵屹崇。靈徽匪遐，精誠感通。

苾芬維時，登茲明祀。泠然雲車〔一〕，有來其馭。

大呂角二奏　羽旌風翔，翠蕤飄舉。儼其音徽，登茲位處。笙鏞始奏，合止柷敔。是享是宜，永求伊祜。

太簇徵二奏　枚枚閟宫，鼎俎肆陳。烝畀明靈，登其嘉新。鼓鐘既戒，旨酒既醇。攸介攸止，純禧薦臻。

應鐘羽二奏　旨酒嘉肴，于登于豆。是享是宜，樂既合奏。衎我懿德，執事温恭。靈兮允格，有翼其從。

罍洗，嘉安　列爵陳俎，芬芳和羹。摐金擊石，洋洋和聲。禮行伊始，我德惟明。既盥而往，於昭斯誠。

升降殿，熙安　笙簫紛如，陟彼廟庭。鏘鏘佩玉，懷茲先靈。神保聿止，音容杳冥。繁禧是介〔二〕，萬年惟寧。

〔一〕「雲」，諸本作「靈」，據宋史樂志九改。
〔二〕「禧」，諸本作「福」，據宋史樂志九改。

酌獻，兹安　雝雝玉佩，清酤惟良。粢盛具列，有飶其香。懷其徽範，德洽無疆〔一〕。於兹燕止，降福穰穰。

亞獻，神安　嬪於潛邸，爰正坤儀。關雎化被，思齊名垂。柔德益茂，家邦以熙。皇心追崇〔二〕，永羞牲粢。

退文舞、進武舞，昭安　翩然干戚，揚庭陳階。文以經緯，武以威懷。其張其弛，節與音諧。迄兹獻享，妥靈綏來。

終獻，儀安　珩璜之貴，禕褕之尊。天作之合，内治慈温。元良鍾慶，祉福乾坤。以享以祀，事亡如存。

徹豆，成安　鏘洋純繹，於論鼓鐘。周旋陟降，齋莊肅容。維罍既旨，維籩伊豐。歌徹以雍，介福來崇。

送神，興安　黍稷維馨，虡業充庭。既歆既戒，靈心是承。顧予烝嘗，言從之

〔一〕「洽」，諸本作「合」，據宋史樂志九改。
〔二〕「追」，諸本作「建」，據宋史樂志九改。

邁。申錫無疆，是用大介。

徽宗本紀：政和三年七月庚子，貴妃劉氏薨。九月戊戌，追册貴妃劉氏爲皇后，謚曰明達。四年七月甲午，祔明達皇后神主於别廟。

禮志：政和四年，有司言：「政和元年孟冬祫享，奉惠恭神主入太廟，祔於祖姑之下。今歲當祫，而明達皇后神主奉安陵祠，緣在城外。三代之制，未有即陵以爲廟者。今明達皇后追正典册，歲時薦享，並同諸后，宜就惠恭别廟增建殿室，迎奉神主以祔。」又言：「明達神主祔謁日，於英宗室增設宣仁聖烈皇后、明達皇后二位，及徧祭七祀，配享功臣，並别廟祔享惠恭、明達二位。」

紹興七年，惠恭改謚爲顯恭，以上徽宗聖文仁德顯孝之謚故也。

劉貴妃傳：劉貴妃，由才人七遷至貴妃。生濟陽郡王棫、祁王模、信王榛。政和三年秋，薨。帝大悲惻。特加四字謚曰明達懿文。又欲踵温成故事追崇，使皇后表請，因册贈爲后，而以明達謚焉。

高宗本紀：紹興十二年四月，皇后邢氏崩訃初至。七月丁酉，上皇后謚曰懿節，祔神主於别廟。

禮志：紹興十二年五月，禮部侍郎施坰言〔一〕：「懿節皇后神主，候至卒哭擇日祔廟，合依顯恭皇后禮，於太廟内脩建殿室，以爲別廟安奉。」又言：「將來祔廟，其虞主合於本室後瘞埋。緣別係行在祔廟，欲於本室册寶殿收奉，候回京日依別廟故事。」從之。七月，有司行九虞之祭奉安。

高宗憲節邢皇后傳：高宗憲節邢皇后，開封祥符人。父煥，朝請郎。高宗居康邸，以婦聘之，封嘉國夫人。王出使，夫人留居蕃衍宅。金人犯京師，夫人從三宫北遷。及即位，遥册爲皇后。紹興九年，后崩於五國城，年三十四。金人秘之，高宗虚中宫以待者十六年。顯仁太后回鑾，始得崩聞。上爲輟朝，行釋服之祭，謚懿節，祔主於別廟。紹興十二年八月，后梓宫至，攢於聖獻太后梓宫之西北。淳熙末，改謚憲節，祔高宗廟。

紹興十三年，初築三殿，聖祖居前，宣祖至祖宗諸帝居中殿，元天大聖后與祖宗諸后居後。

〔一〕「施坰」，諸本作「施垌」，據宋史禮志十二改。

仁。高宗本紀：紹興二十九年九月庚子，皇太后韋氏崩。十月戊寅，册謚皇太后曰顯仁。十一月丙午，權攢顯仁皇后於永祐陵。十二月甲子，祔顯仁皇后神主於太廟。

韋賢妃傳：妃，開封人，高宗母也。初入宮，爲侍御。崇寧末，封平昌郡君。大觀初，進婕妤，累遷婉容。高宗在康邸出使，封賢妃。從太上皇北遷。建炎改元，遥尊爲宣和皇后。紹興七年，徽宗及鄭皇后崩聞至。翰林學士朱震請遥尊爲皇太后，從之。豫作慈寧宮〔一〕，命參政王次翁等爲奉迎使。十二年四月，次燕山。八月，至臨安，入居慈寧宮。二十九年九月崩，謚曰顯仁。攢於永佑陵之西，祔神主太廟。

樂志：紹興二十九年顯仁皇后祔廟一首：

酌獻，歆安　恭惟聖母，躋祔孔時。陳羞宗祏，徽福坤儀。鐘鼓惟序，牲玉載祗。於皇來格，永介丕基。

〔一〕「慈寧宮」，諸本作「慈壽宮」，據宋史后妃傳下改。

紹熙別廟二首〔一〕：

安穆皇后室酌獻，歆安　祥發俔天，符彰夢日。有懷慈容，孝享廟室。泰尊是酌，旨酒嘉栗。靈其格思，祚以元吉。

安恭皇后室酌獻，歆安　美詠河洲，德嬪嬀汭。徽音如存，肇修祀事〔二〕。縮以包茅，酌以醴齊。靈來顧歆，降福攸備。

禮志：紹興三十二年〔三〕，禮部太常言：「故妃郭氏追册爲皇后，合依懿節皇后祭於別廟。所有廟殿，見安懿節皇后神主，行禮狹隘。乞分爲二室，以西爲上，各置户牖，及擗截本廟齋宮，權安懿節神主，工畢還殿。」王普又請各置祏室。並從之。

工部侍郎兼太常少卿王普言：「謹案春秋公羊説曰：『主藏廟室西壁中，以備火災。』左氏説曰：『主祏於宗廟。』言廟有祏室，以藏神主。漢儀，藏主於西牆壁埳中，去地六尺一寸。蓋埳即祏室也，非特備災，亦神道尚幽之義。然則古者廟必有主，主

〔一〕「紹熙」，諸本作「紹興」，據宋史樂志九改。
〔二〕「祀」，諸本作「巳」，據宋史樂志九改。
〔三〕「三十二年」，原作「三十一年」，據光緒本、宋史禮志十二改。

必有祏。鄭原繁曰：『先君桓公命我先人典司宗祏，此諸侯廟主之祏也。衛孔悝使宰反祏於西圃〔一〕，此大夫廟主之祏也。』開寶通禮別廟時享孝明、孝惠皇后，享日宫闈令入室開埳，奉出神主置於座。政和五禮時享別廟儀：享日，祠祭官贊奉神主，宫闈令于祏室内奉惠恭皇后神主于神幄，啓匵設于座〔二〕。至送神樂止，祠祭官贊奉神主入祏室，宫闈令納神主于匵捧入祏室。然則本朝故事，別廟后主亦有祏室，自藝祖至徽宗，未之有改也。昨紹興五年，祖宗、后神主至自温州，始建太廟，才爲屋五間，後稍增至七間，皆有殿而無室，但置神主并匵于案上，以帳幬之。每遇祭享，則就案啓匵而薦獻于前，其草創如此。十二年，祔懿節皇后，乃建別廟，亦如太廟之草創也〔三〕。十六年，新造禮器告成，詔增籩豆簠簋之數，悉依典禮。而太廟殿上迫狹不能容之，於是始作新廟，凡十三間。除東西夾室之外，爲十一室，各開户牖，安祏室于西墻，略倣京師廟制，唯別廟一位，祭器不多，遂且仍舊，以至于今，此有司因循之過也。兹追

〔一〕「宰」，諸本作「車」，據文獻通考卷九四改。
〔二〕「匵」，原作「匱」，據光緒本、文獻通考卷九四改。下「納神主于匵」之「匵」同。
〔三〕「之」，諸本作「其」，據文獻通考卷九四改。

册皇后，將祔于懿節之次。既修别廟，分爲二室，當各置祏室，如累朝故事。」詔從之。

孝宗成穆郭皇后傳：孝宗成穆郭皇后，開封祥符人。奉直大夫直卿之女孫，其六世祖爲章穆皇后外家。孝宗爲普安郡王時納郭氏，封咸寧郡夫人。生光宗及莊文太子愭、魏惠憲王愷、邵悼肅王恪。紹興二十六年薨，年三十一，追封淑國夫人。三十一年，用明堂恩，贈福國夫人。既建太子，追封皇太子妃。及受禪，追册爲皇后，謚恭懷，尋改安穆。及營阜陵，又改成穆，祔孝宗廟。

孝宗本紀：乾道三年六月辛卯，皇后夏氏崩。七月閏月癸酉〔一〕，權攢安恭皇后於臨安。

禮志：乾道三年閏七月，安恭皇后神主祔於别廟，爲三室。

成恭夏皇后傳：成恭夏皇后，宜春人。曾祖令吉，爲吉水簿。夏氏初入宫，爲憲聖太后閤中侍御。普安郡王夫人郭氏薨，太后以夏氏賜王，封齊安郡夫人。即位，進賢妃。踰年，奉上皇命，立爲皇后。乾道三年崩，謚安恭。改謚成恭。

〔一〕「閏月」，諸本脱，據宋史孝宗本紀補。

寧宗本紀：開禧三年五月辛卯，以太皇太后謝氏有疾，赦，是日崩。八月己巳，上大行太皇太后謚曰成肅皇后。九月乙酉，權攢成肅皇后於永阜陵〔一〕。壬寅，祔成肅皇后神主於太廟。

成肅謝皇后傳：成肅謝皇后，丹陽人。被選入宮。憲聖太后以賜普安郡王，封咸安郡夫人。王即位，進婉容。踰年，進貴妃。成恭皇后崩，中宮虚位。淳熙三年，上皇諭，立貴妃爲皇后。光宗受禪，上尊號壽成皇后。孝宗崩，尊爲皇太后。慶元初，加號惠慈〔二〕。嘉泰二年，加慈佑太皇太后。開禧三年崩，謚成肅，攢祔於永阜陵。

樂志：開禧三年成肅皇后祔廟一首：

酌獻，歆安　天合重華，内治昭融。承承繼繼，保佑恩隆。歸從阜陵，登祔太宫。燕我後人，福禄來崇〔三〕。

〔一〕「永阜陵」，諸本脱「永」字，據宋史寧宗本紀補。
〔二〕「惠慈」，諸本誤倒，據宋史后妃傳下乙正。
〔三〕「崇」，原作「從」，據光緒本、宋史樂志九改。

上冊寶十三首：

冊寶入門，隆安　威儀皇止，庶尹在庭。爰舉徽章，遹觀厥成。勒崇揚休，寫之瓊瑛。迄于萬祀，發聞惟馨。

冊寶升殿，崇安　有猷有言，順承天則。聿崇號名，再揚典冊。朱英寶函，左右翼翼。千秋萬歲，保茲無極。

迎神，歆安：黄鍾宫　籩豆大房，犧尊將將。馨香既登，明靈迪嘗。其樂伊何？吹笙鼓簧。靈來燕娭，降福無疆。

大吕角二奏　吉蠲惟時，禮儀既備。奉璋峨峨，群公在位。神之格思，永錫爾類。展彼令德，於焉來墍。

太簇徵二奏　雍雍在宫，翼翼在庭。顯相休嘉，肅雍和鳴。神嗜飲食，明德惟馨。綏我思成，式燕以寧。

應鍾羽二奏　犧牲既成，籩豆有楚。摐金擊石，式歌且舞。追懷懿德，令聞令儀。靈兮來格，是享是宜。

罍洗，嘉安　嘉肴旨酒，潔粢豐盛。既盥而往，以我齊明。有孚顒若，黍稷非馨。神之格思，享於克誠。

升降，熙安　佩玉鏘鏘，其來雝雝。陟降孔時，步武有容。恪茲祀事，神罔時恫。綏我邦家，福禄來崇。

酌獻，明安　旨酒嘉栗，有飶其香。衎我淑靈，歆此令芳。德貽彤管，號正椒房。神具醉止，降福穰穰。

退文舞、進武舞，昭安　籥翟既陳，干戚斯揚。進旅退旅，一弛一張。其儀不忒，容服有光。以宴以娭[一]，德音不忘。

亞、終獻，和安　望高六宫，位應四星。輔佐君子，警戒相成。禕衣褒崇[二]，琛册追榮。于以奠之，有椒其馨。

徹豆，成安　濯濯其英，殖殖其庭。有來群工，賚我思成。嘉肴既將，旨酒既清。雍徹不遲，福禄來寧。

[一]「娭」，諸本作「樂」，據宋史樂志九改。
[二]「褒」，諸本作「福」，據宋史樂志九改。

送神，歆安　禮儀既備，神保聿歸。洋洋在上，不可度思。神之來兮，肸蠁之隨。神之去兮，休嘉是貽。

上欽成皇后册寶六首：

入門升殿，顯安　上帝錫羨，實生婉淑。輔佐神皇，寵膺天禄。誕育泰陵，劬勞顧復。於昭徽音，久而彌郁。

迎神，歆安　於顯惟德，徽柔懿明。嬪于初載，有聞惟馨。肆我鼓鍾，萬舞在庭。神保是格，來止來寧。

盥洗，嘉安　有煒柔儀，率履不越。惠於初終，既明且達。我將我享，相盥乃登。胡臭亶時，攸介攸寧！

升降，熙安　苾苾其芬，殽核維旅〔一〕。陟降孔時，有秩斯所〔二〕。雍容内化〔三〕，維神之明。明則不渝，綏我思成。

〔一〕「維」，原作「其」，據光緒本、宋史樂志九改。
〔二〕「所」，諸本作「祜」，據宋史樂志九改。
〔三〕「雍」，諸本作「德」，據宋史樂志九改。

酌獻，明安　天維顯思，有相於内。右賢去邪，夙夜儆戒。猗歟追册，重翟褘衣。既右享之，百世是儀。

亞、終獻，和安　酌彼玉瓚，有椒其馨。馨假無言，雍容在庭。生莫與崇，於赫厥聲。祀事孔明，神格是聽。

上明達皇后册寶五首：

迎神，歆安　恭儉宜家，柔順承天。德昭彤管，憂在進賢。寶册褘翟〔一〕，追榮壽原。四時祼享，何千萬年。

酌獻，明安　清宫有嚴〔二〕，廣樂在庭。鍾鼓筦磬，九變既成。縮茅以獻，潔秬惟馨。靈遊可想，來燕來寧。

退文舞、進武舞，昭安　秉翟竣事，萬舞摐金。總干揮戚，節以鼓音。禮容有煒，肸蠁來歆。淑靈是聽，雅奏愔愔。

〔一〕「册」，諸本作「而」，據宋史樂志九改。
〔二〕「清」，諸本作「涓」，據宋史樂志九改。

徹豆，成安　登獻罔愆，俎豆斯徹。神具醉止，禮終樂闋。御事既退，珊珊佩玦。介我繁祉，歆此蠲潔。

送神，歆安　備成熙事，虛除翠楹。神保聿歸，雲車夙征。鑒我休德，神交惚恍。留祉降祥，千秋是享。

仁宗本紀：景祐三年十一月戊寅，保慶皇太后楊氏崩。辛卯，上保慶太后謚曰莊惠〔一〕。四年二月己酉，葬莊惠皇太后於永定陵〔二〕。己未，祔神主於奉慈廟〔三〕。

禮志：治平元年，同判太常寺呂公著言：「案喪服小記『慈母不世祭』。章惠太后，仁宗嘗以母稱，故加保慶之號。蓋生有慈保之勤，故没有廟享之報。今於陛下恩有所止，禮難承祀，其奉慈廟，乞依禮廢罷。」熙寧二年，命攝太常卿張掞奉章惠太后神主瘞陵園〔四〕。

〔一〕「保慶太后」，諸本作「寶慶太后」，據宋史仁宗本紀改。

〔二〕「皇太后」，諸本脱「太」字，據宋史仁宗本紀補。

〔三〕「祔」，原作「奉」，據光緒本、宋史仁宗本紀改。

〔四〕「攝」，原脱，據光緒本、宋史禮志十二補；「張掞」，諸本作「張琰」，據宋史禮志十二改。

文獻通考：神宗即位，知諫院楊繪言：「章惠太后於仁宗有撫養之恩，故别祭於奉慈廟。今陛下之於仁宗皇帝則孫也，乞下有司詳議。」禮官復申治平之議〔一〕，乃命太常卿奉神主瘞於陵園，帝率群臣詣瓊林苑，酌獻以辭，遂廢其廟。

楊淑妃傳：楊淑妃，益州郫人。祖瑫，父知儼。妃年十二入皇子宮。真宗即位，拜才人，又拜婕妤，進婉儀，後加淑妃。真宗崩，遺制以爲皇太后。始，仁宗在乳褓，章獻使妃護視，凡起居飲食必與之俱，所以擁佑扶持，恩意勤備。後名其所居宮曰保慶，稱保慶皇太后。景祐三年，無疾而薨，年五十三。殯於皇儀殿。帝思其保護之恩，令禮官議加服小功。初，仁宗未有嗣，后每勸帝擇宗子近屬而賢者，養於宮中，其選即英宗也。英宗立，言者謂禮慈母於子祭，於孫止，請廢后廟，瘞其主園陵。英宗弗欲遽也，詔下有司議，未上，會帝崩，遂罷。

蕙田案：以上四條，係仁宗慈母祔廟享，故附於末。

右宋后妃廟

〔一〕「議」，原作「義」，據光緒本、文獻通考卷九四改。

五禮通考卷一百四

吉禮一百四

后妃廟

金后妃廟

金史世宗本紀：大定元年十月丙午，即皇帝位。十一月甲申，追尊皇考豳王爲皇帝，謚簡肅，廟號睿宗，皇妣富察氏曰欽慈皇后，李氏曰貞懿皇后。戊子，辭謁太祖廟及貞懿皇后園陵。

貞懿皇后傳：后，李氏，世宗母，遼陽人。父綽爾齊，仕遼，官至桂州觀察使。

天輔間，后入睿宗邸。七年，世宗生。天會十三年，睿宗薨，世宗時年十三。后祝髮爲比丘尼，號通慧圓明大師，賜紫衣，歸遼陽，營建清安禪寺，别爲尼院居之。貞元三年，世宗爲東京留守。正隆六年五月，后卒。世宗即位於東京，尊謚爲貞懿皇后，其寢園曰孝寧宫。大定二年，改葬睿宗於景陵。初，后自建浮圖於遼陽，是爲垂慶寺，臨終謂世宗曰：「鄉土之念，人情所同，吾已用浮屠法置塔於此，不必合葬也。我死，毋忘此言。」世宗深念遺命，乃即東京清安寺建神御殿，詔有司增大舊塔，起奉慈殿於塔前。九年，神御殿更名曰報德殿。十三年，東京垂慶寺起神御殿。

禮志：世宗大定二年，有司援唐典，昭德皇后合立别廟，擬於太廟内垣東北起建，從之。三年十月七日，太廟祫享，升祔睿宗皇帝并昭德皇后，神主同時製造題寫，奉詣殿庭，謁畢祔于祖姑欽仁皇后之左，享祀畢，奉主還本廟。十二月二十一日，臘享，禮官言：「唐禮，别廟薦享皆準太廟一室之儀，伏恐今廟享畢已過質明，請别差官攝祭。」制可。後以殿制小〔一〕，又於太廟之東别建一位。十二年八月，廟成，正殿三間，

〔一〕「殿」，諸本作「廟」，據金史禮志六改。

東西各空半間，以兩間爲室，從西一間西壁上安置祏室。廟置一便門，與太廟相通。仍以舊殿爲册寶殿，祏室奏毀。十三年六月二十一日，奏告太廟，祭告别廟。二十三日，奉安，用前祫享過廟儀〔一〕。有司言當用鹵簿，以廟相去不遠，參酌議用清道二人，次團扇二人，次職掌八人〔二〕，次衙官二十六人爲十三重，供奉官充。次腰輿，輿士一十六人，傘子二人，次團扇十四爲七重，方扇四，次排列職掌六人，燈籠十對，輦官並錦襖盤裹。仍令皇太子率百官行禮。前一日，行事執事官就祀所清齋一宿，仍習儀。執事者眡醴饌，太廟令帥其屬掃除廟之内外。禮直官設皇太子西向位，執事官位太子後，近南，西向，各依品從立。監祭〔三〕，殿西階下東向立。及親王百官位於廟庭，北向，西上。又設祝案於神位之右，設尊彝之位于左，各加勺、冪、坫〔四〕。又設祭器，皆藉以席，左一籩實以鹿脯，右一豆實以鹿臡。又設盥洗、爵洗位於横街之南稍東。罍

〔一〕「過」，諸本作「通」，據金史禮志六改。
〔二〕「八人」，諸本作「二人」，據金史禮志六改。
〔三〕「祭」，原作「察」，據光緒本、金史禮志六改。
〔四〕「勺」，原作「爵」，據光緒本、金史禮志六改。

在洗東，加勺。篚在洗西，南肆，實以巾。執罍篚者位於其後。太廟令又設神位於室内北墉下，當户南向。設直几一、黼扆一、莞席一、繅席一、次席二、紫綾厚褥一、紫綾蒙褥一并幄帳等，諸物並如舊廟之儀。又設望燎位於西神門外之北，設燎柴於位之北，預掘瘞坎于燎所。所司陳儀衛于舊廟門之外。奉安日未明二刻，所司進方扇燭籠于舊廟殿門外，設腰輿一、繖一於殿階之下，南向。質明，皇太子公服乘馬，本宫官屬導從，至廟門外下馬，步入廟門，至幕。次引親王百官常服由廟門入，於殿庭北向西上、重行立定。次引皇太子於百官前絶席位立，贊者曰「再拜」，皆再拜。宫闈令升殿，捧昭德皇后神主置於座，贊者曰「再拜」，皆再拜。次引内常侍北向俯伏，跪奏「請昭德皇后神主奉安於新廟，降殿升輿」，奏訖，俯伏，興。捧几内侍先捧几匱跪置於輿，又宫闈令接神主，内侍前引，跪置於輿上几後，覆以紅羅帕。内常侍以下分左右前引，皇太子步自舊廟先從行，親王次之，百官分左右後從，儀衛導從，至别廟殿下北向。内常侍于腰輿前俯伏，興，跪奏「請降輿升殿」。内侍捧几匱前，宫闈令捧接神主升殿，置於座。禮直官引皇太子以下親王百官入殿庭，北向西上、重行立，皇太子在絶席立，禮直官贊曰「再拜」，皆再拜。又贊曰「行事官各就位」。禮直官引皇太子西向位立定。禮直官少前贊曰「有司謹具，請行事〔一〕」。即引皇太子就盥洗位，北向，搢笏，盥手，帨手，執笏。詣爵洗位，北向立，搢笏，洗爵，拭爵以授執事者。執笏，升，詣酒尊所，西向立，執事者以爵授皇太子，搢笏，執爵。執事者舉冪酌酒，皇太子以爵授執事者，詣神位前北向，搢笏，跪。執事者以爵授皇太子，執爵三祭酒，反爵于坫，執笏，俛伏，興，少立。次引太祝、舉祝官詣讀祝位東北向，舉祝官跪舉祝版，太祝跪讀祝〔二〕，訖，置祝于案，俛伏，興。舉祝官皆却立北向。贊者曰「再拜」，皇太子就兩拜，降階復位。舉祝、讀祝官後從，復本位。禮直官曰「再拜」，在位者皆再拜。宮闈令納神主於室，贊者曰「再拜」，皆再拜，禮畢，退。署令闔廟門，瘞祝於坎，儀物各還所司。

二十六年，敕別建昭德皇后影廟于太廟內。有司言：「宜建殿三間，南面一屋三門，垣周以甓，外垣置櫺星門一，神廚及西房各三間。然禮無廟中別建影廟之例，今皇后廟西有隙地，廣三十四步，袤五十四步，可以興建。」制可。仍於正南別創正

〔一〕「事」，原作「禮」，據光緒本、金史禮志六改。
〔二〕「跪」，原脱，據光緒本、金史禮志六補。

門，以坤儀爲名。仍留舊有便門，遇禘祫祔享由之。每歲五享并影廟行禮于正南門出入。又於廟外起齋廊房二十三間。

世宗昭德皇后傳：后，烏凌阿氏，其先居海倫河，世爲烏凌阿部長，率部族來歸，居上京，與本朝爲婚姻家。父實勒扎哈，以功授世襲穆昆，爲東京留守。后歸世宗，甚得婦道。世宗在濟南，海陵召后來中都。后念若身死濟南，海陵必殺世宗，惟奉詔，去濟南而死，世宗可以免。謂世宗曰：「我當自免，不可累大王也。」后既離濟南，從行者知后必不肯見海陵，將自爲之所，防護甚謹。行至良鄉，去中都七十里，從行者防之稍緩，后得間即自殺。海陵猶疑世宗教之使然。世宗自濟南改西京留守，過良鄉，使魯國公主葬后於宛平縣土魯原。大定二年，追册爲昭德皇后，立别廟。敕有司改葬，命皇太子致奠。二十九年，祔葬興陵。章宗時，有司奏太祖謚有「昭德」字，改謚明德皇后。

樂志：昭德皇后别廟，郊祀前薦享，登歌樂曲：

初獻盥洗，夷則宫肅寧之曲　神無常享，時歆精誠。惟誠惟潔，感通神明。先事盥滌，注兹清泠。巾篚既奠，尊彝薦馨。

初獻升、降殿，仲呂宮嘉寧之曲　有來肅肅，登降以敬。粲粲袨服，鏘鏘佩聲。金石節奏，既協且平。其儀不忒，乃終有慶。

司徒奉俎，奏夷則宮豐寧之曲　馨我黍稷，潔我牲牷。升降有節，薦是吉蠲。工祝致告，威儀肅然。神之弔矣，元吉其旋。

酌獻，奏夷則宮儀坤之曲　俔天之妹，坤德利貞。圜丘有事，先薦以誠。我酒既旨，我殽既盈。神其居饗，福禄來成。

徹豆，奏仲呂宮豐寧之曲　明昭祀事，舊典無違。樂既云闋，神其聿歸。禮之克成，神保斯饗。于萬斯年，迓續丕貺。

昭德皇后時享，登歌樂章：

初獻盥洗，無射宮肅寧之曲　時祀有章，禮備樂舉。爰潔其盥，亦豐其俎。俯仰升降，中規中矩。神其來格，百福是與。

初獻升殿，夾鍾宮嘉寧之曲三獻及司徒降，同。　假哉神宮，神宮有侐。惟時吉躅，登降翼翼〔一〕。歌鍾鏘煌，笙磬翕繹。於昭肅恭，靈鼇來格。

司徒奉俎，無射宮豐寧之曲　宮庭枚枚，鍾磬喤喤。既儀圭鬯，既奠膋薌。齋莊奉饋，籩豆大房。靈之右饗，流慶無疆。

酌獻，無射宮儀坤之曲　於皇坤德，作合乾儀。塗山懿範，京室芳徽。容聲如在，典祀惟時。神其克享，薦祉來儀。

亞、終獻，無射宮儀坤之曲　嘉羞實俎，高張在庭。申獻合禮，終獻改「申」爲「三」。坤德儀刑。神其是聽，用鬯清明。清明既鬯，來享來寧。

徹豆，夾鍾宮豐寧之曲　禮成于終，神心禔禔。膋蕭發馨，樂闋獻已。徒馭孔多，靈輿載轙。青玄悠悠，歸且億矣。

章宗欽懷皇后傳：后，富察氏，上京路和碩河人也。父丹舒克尚熙宗鄭國公主，授駙馬都尉，贈太尉、越國公。后之始生，有紅光被體，移時不退。就養于姨冀國公主，既長，孝謹如事所生。大定二十三年，章宗爲金源郡王，備禮親迎。詔親

〔一〕「降」，諸本作「升」，據金史樂志下改。

王宰執三品以上官及命婦會禮，封金源郡王夫人，後進封妃，薨。帝即位，遂加追册，仍詔誥中外，奉安神主于坤寧宮，歲時致祭。大安初，祔葬於道陵。

右金后妃廟

元后妃廟

元史世祖本紀：至元十八年十月乙未，享於太廟，貞懿順聖昭天睿文光應皇后祔。

禮樂志：十八年冬十月，昭睿順聖皇后將祔廟，製昭睿順聖皇后室曲舞。

世祖皇后祔廟酌獻樂章太常集禮云，卷牘所載。 徽柔懿哲，温默靜恭。範儀宮闈，任姒同風。敷天寧謐，内助多功。淑德祔廟，萬世昌隆。

世祖昭睿順聖皇后傳：后鴻吉哩氏，濟寧忠武王安春之女。生裕宗。中統初，立爲皇后。至元十年三月，授册寶，上尊號貞懿昭聖順天睿文光應皇后〔一〕。十八

〔一〕「昭聖順」，原作「順聖昭」，據光緒本、元史后妃傳一乙正。

年二月崩〔一〕。成宗即位，追謚昭睿順聖皇后〔二〕，升祔世祖廟。

蕙田案：昭睿順聖至成宗時升祔世祖。至元十八年，世祖猶在位也，而紀志俱云「祔廟」，想亦由別廟而祔享焉耳。如世祖在位時即已升祔，亦何待成宗時哉？但別廟之文，志傳缺，如今亦不可考矣。

順帝本紀：元統元年十月庚辰，奉文宗皇帝及太皇太后御容于大承天護聖寺。命左丞相薩敦爲隆祥使，奉其祭祀。庚寅，中書省臣請集議武宗、英宗、明宗三朝皇后升祔。十一月丁酉〔三〕，享于太廟。辛亥，追謚濟雅圖皇帝爲聖明元孝皇帝，廟號文宗。時寢廟未建，於英宗室次權結綵殿，以奉安神主。

逯魯曾傳：曾除太常博士。武宗一廟，未立后主配享，集群臣廷議之。魯曾抗言：「先朝以武宗皇后珍格無子，不立其主。」時巴延爲右丞相，以爲明宗之母伊奇哩氏，可以配享。徽政院傳太后旨，以文宗之母唐古氏可以配享。巴延問魯曾曰：「先

〔一〕「十八年」，原作「十四年」，據光緒本、元史后妃傳一改。
〔二〕「昭睿順聖皇后」，原作「昭懿順聖皇后」，據光緒本、元史后妃傳一改。
〔三〕「十一月」，原脱，據光緒本、元史順宗本紀補。

朝既以巴延皇后無子，不爲立主，今所立者，明宗母乎？文宗母乎？」對曰：「珍格皇后在武宗朝，已膺玉册，則爲武宗皇后，明宗、文宗二母后，固爲妾也。今以無子之故，不爲立主，以妾后爲正宫，是爲臣而廢先君之后，爲子而追封先父之妾，於禮不可。且燕王垂即位，追廢其母后，而立其先母爲后，以配享先王，爲萬世笑，豈可復蹈其失乎？」集賢大學士陳顥，素嫉魯曾，出曰：「唐太宗册曹王明之母爲后〔一〕，是亦二后也，豈不可乎？」魯曾曰：「堯之母爲帝嚳庶妃，堯立爲帝，未聞册以爲后而配嚳。皇上爲大元天子，不法堯、舜，而法唐太宗耶？」衆服其議，而巴延韙之，遂以珍格皇后配焉。

至元元年三月丙申，中書省臣言：「甘肅甘州路十字寺奉安世祖皇帝母伯奇太后於内，請定祭禮。」從之。庚子，中書省臣言，帝生母太后神主宜於太廟安奉，命集議其禮。五月壬午朔，皇太后以膺受寶、册，恭謝太廟。十月辛未，太后玉册、玉寶成，遣官告祭於太廟。

右元后妃廟

〔一〕「爲后」，諸本脱，據元史逯魯曾傳補。

明后妃廟

明史英宗後紀：閏七月甲戌，上宣宗廢后胡氏尊謚。

宣宗恭讓皇后傳：宣宗恭讓皇后胡氏，名善祥，濟寧人。永樂十五年選爲皇太孫妃。已，爲皇太子妃。宣宗即位，立爲皇后。時孫貴人有寵，后未有子，又善病。三年春，帝令后上表辭位，乃退居長安宫，賜號靜慈仙師，而册貴妃爲后。宣宗後亦悔。嘗自解曰：「此朕少年事。」天順六年，孫太后崩，錢皇后爲英宗言：「后賢而無罪，廢爲仙師。其殁也，人畏太后，殮葬皆不如禮。」因勸復其位號。英宗問大學士李賢。賢對曰：「陛下此心，天地鬼神實臨之。然臣以陵寢、享殿、神主俱宜如奉先殿式，庶稱陛下明孝。」七年閏七月[一]，上尊謚曰恭讓誠順康穆靜慈章皇后，修陵寢，不祔廟。

憲宗本紀：成化四年六月甲寅，慈懿皇太后崩。九月庚申，葬孝莊睿皇后於裕陵。

[一]「閏」，諸本脱，據明史后妃傳一補。

英宗孝莊皇后傳：后錢氏，海州人。正統七年立爲后。后無子，周貴妃有子，立爲皇太子。英宗大漸，遺命曰：「錢皇后千秋萬歲後，與朕同葬。」大學士李賢退而書之册。憲宗立，上兩宫徽號，下廷臣議。太監夏時希貴妃意，傳諭獨尊貴妃爲皇太后。大學士李賢、彭時力爭，乃兩宫並尊，而稱后爲慈懿皇太后。及營裕陵，賢、時請營三壙，下廷議。夏時復言不可，事竟寢。成化四年六月，太后崩，周太后不欲后合葬。帝使夏時、懷恩召大臣議。彭時首對曰：「合葬裕陵，主祔廟，定禮也。」翼日，帝召問，時對如前。帝曰：「朕豈不知，慮他日妨母后耳。」時曰：「皇上孝事兩宫，聖德彰聞。禮之所合，孝之所歸也。」商輅亦言：「不祔葬，損聖德。」劉定之曰：「孝從義，不從命。」帝默然久之，曰：「不從命尚得爲孝耶！」時力請合葬裕陵左，而虚右以待周太后。已，復與大臣疏爭，帝再下廷議。吏部尚書李秉、禮部尚書姚夔集廷臣九十九人議，皆請如時言。帝曰：「卿等言是，顧朕屢請太后未得命。乖禮非孝，違親亦非孝。」明日，詹事柯潛、給事中魏元等上疏，又明日，夔等合疏上，皆執議如初。中旨猶諭别擇葬地。於是百官伏哭文華門外。帝命群臣退。衆叩頭，不得旨不敢退。自巳至申，乃得允。衆呼萬歲出。是年七月，上尊謚曰孝莊獻穆弘惠顯仁恭天欽聖睿皇后，祔太廟。九月，合葬裕陵，異隧，距英宗玄堂數丈許，中窒之，虛右壙以待周太后，其隧獨通，而奉先殿祭，亦不設后主。弘治十七年，周太后崩。孝宗御便殿，出裕陵圖，示大學士劉健、謝遷、李東陽曰：「陵有二隧，若者窒，若者可通往來，皆先朝内臣所爲，此未合禮。昨見成化間彭時、姚夔等章奏，先朝大臣爲國如此，先帝亦不得已耳。欽天監言通隧上干先帝陵堂，恐動地脈，朕已面折之。窒則天地閉塞，通則風氣流行。」健等因力贊。帝復問祔廟，劉健等言：「祔二后，自唐始也。祔三后，自宋始也，漢以前一帝一后。曩者定議合祔，孝莊太后居左，今大行太皇太后居右，且引唐、宋故事爲證，臣等以此不敢復論。」帝曰：「二后已非，况復三后。」遷曰：「宋祔三后，一繼立，一生母也。」帝曰：「事須師古，太皇太后鞠育朕躬，朕豈敢忘，顧私情耳。祖宗來，一帝一后。今並祔，壞禮自朕始。且奉先殿祭皇祖，特座一飯一匙而已。夫孝穆皇太后，朕生母也，别祀之奉慈殿。今仁壽宫前殿稍寬，朕欲奉太皇太后於此，他日奉孝穆皇太后於後，歲時祭享，如太廟。」於是命群臣詳議。議上，將建新廟，欽天監奏年方有礙。廷議請暫祀周太后於奉慈殿，稱孝肅太皇太后。殿在奉先殿西〔一〕，帝以祀孝穆，至是中奉孝肅而徙孝穆居左焉〔二〕。

蕙田案：孝莊錢后雖係合葬祔廟正禮，然與孝肅周后别廟事體相關，故亦附載，使讀者得屬詞比事，便省覽焉。

孝宗本紀：成化二十三年九月壬寅，即皇帝位。冬十月乙亥，追尊皇太后周氏爲太皇太后。弘治十七年三月壬戌〔三〕，太皇太后崩。癸未，定太廟各室一帝一后之制。夏四月己酉，葬孝肅皇太后。

孝肅周太后傳：后，英宗妃，憲宗生母也，昌平人。天順元年封貴妃。憲宗即位，尊爲皇太后。二十三年四月上徽號曰聖慈仁壽皇太后。孝宗立，尊爲太皇太后。先是，憲宗在位，事太后至孝，五日一朝，燕享必親。太后意所欲，惟恐不懽。至錢太后合葬裕陵，太后殊難之。憲宗委曲寬譬，乃得請。孝宗生西宫，母妃紀氏

〔一〕「殿在」，諸本作「廟在」，據明史后妃傳一改。
〔二〕「徙」，原作「使」，據光緒本、明史后妃傳一改。
〔三〕「弘治」，原脱，據光緒本、明史孝宗本紀補。

薨，太后育之宫中，省視萬方。及孝宗即位，事太后亦至孝。弘治十七年三月崩，謚孝肅貞順康懿光烈輔天承聖睿皇后，合葬裕陵。以大學士劉健、謝遷、李東陽議，别祀於奉慈殿，不祔廟，仍稱太皇太后。嘉靖十五年，與紀、邵二太后並移祀陵殿，題主曰皇后，不繫帝謚，以别嫡庶。其後穆宗母孝恪、神宗母孝定、光宗母孝靖、熹宗母孝和、莊烈帝母孝純，咸遵用其制。

成化二十三年冬十月壬辰，追謚母淑妃爲孝穆皇太后。

孝穆紀太后傳：后，孝宗生母也，賀縣人。本蠻土官女。成化中征蠻，俘入掖庭，授女史，警敏通文字，命守内藏。時萬貴妃專寵而妬，後宫有娠者皆治使墮。柏賢妃生悼恭太子，亦爲所害。帝偶行内藏，應對稱旨，悦，幸之，遂有身。萬貴妃知而恚甚，令婢鈎治之。婢謬報曰病痞。乃謫居安樂堂。久之，生孝宗，使門監張敏溺焉。敏驚曰：「上未有子，奈何棄之？」稍哺粉餌飴蜜，藏之他室，貴妃日伺無所得。至五六歲，未敢剪胎髮。時吴后廢居西内，近安樂堂，密知其事，往來哺養，帝不知也。帝自悼恭太子薨後，久無嗣，中外皆以爲憂。成化十一年，帝召張敏櫛髮，照鏡嘆曰：「老將至而無子。」敏伏地曰：「死罪，萬歲已有子也。」帝愕然，問安在。對曰：「奴言即死，萬歲當爲皇子主。」于是太監懷恩頓首曰：「敏言是。皇子潛養西内，今已六歲矣，匿不敢聞。」帝大喜，即日幸西内，遣使往迎皇子。使至，妃抱皇子泣曰：「兒去，吾不得生。兒見黄袍有鬚者，即兒父也。」衣以小緋袍，乘小輿，擁至階下，髮披地，走投帝懷。帝置之膝，撫視久之，悲喜泣下曰：「我子也，類我。」使懷恩赴内閣具道其故，群臣皆大喜。明日，入賀，頒詔天下。移妃居永壽宫，數召見。萬貴妃日夜怨泣曰：「群小紿我。」其年六月，妃暴薨。或曰貴妃致之死，或曰自縊也。謚恭恪莊僖淑妃。敏懼，亦吞金死。敏，同安人。孝宗既立爲皇太子，時孝肅皇太后居仁壽宫，語帝曰：「以兒付我。」太子遂居仁壽。孝宗即位，追謚淑妃爲孝穆慈慧恭恪莊僖崇天承聖純皇后，遷葬茂陵，别祀奉慈殿。

禮志：奉慈殿：孝宗即位，追上母妃孝穆太后紀氏謚，祔葬茂陵。以不得祔廟，遂於奉先殿右，别建奉慈殿以祀。一歲五享，薦新忌祭，俱如太廟奉先殿儀。弘治十七年，孝肅周太后崩。先是成化時，預定周太后祔葬、祔祭之議，至是召輔臣議祔廟禮。劉健等言：「議誠有之，顧當年所引唐、宋故事，非漢以前制也。」帝以事當師古，乃援孝穆太后别祭奉慈殿爲言，而命廷臣議。健退，復疏論其事，以堅帝心。于是英國公張懋、吏部尚書馬文升等言：「宗廟之禮，乃天下公議，非子孫得以私之。殷、周七廟，父昭子穆，各有配座，一帝一后，禮之正儀。春秋書『考仲子之宮』，胡安國傳云：『孟子入惠公之廟，仲子無祭享之所。』以此見魯秉周禮，先王之制猶存，祖廟無二配故也。伏睹憲宗敕諭，有曰『朕心終不自安』。竊窺先帝至情，以重違慈意，因勉從並配之議。群臣欲權以濟事，亦不得已而爲此也。據禮區處，上副先帝在天遺志，端有待於今日。稽之周禮，有祀先妣之文，疏云『姜嫄也』，詩所謂『閟宮』是已。唐、宋推尊太后，不配食祖廟者，則別立殿以享之〔一〕，亦得閟宮之義。我朝祖宗迄今已溢九廟，配皆無二。今宜於奉先殿外建一新廟，如詩之閟宮，宋之別殿，歲時薦享，仍稱太皇太后，則情義兩盡。」議上，復召健等至素幄，袖出奉先殿圖〔二〕，指西一區曰：「此奉慈殿也。」又指東一區曰：「此神厨也。欲於此地別建廟，奉遷孝穆神主，併祭於此。」健等皆對曰：「最當。」已而欽天監奏，年方有礙，廷議暫奉於奉慈殿正中，從孝穆

〔一〕「殿」，諸本作「廟」，據明史禮志六改。
〔二〕「奉先殿圖」，諸本脱「殿」字，據明史禮志六補。

居左。及孝宗崩，武宗即位，禮部始進奉安孝肅神主儀。前期致齋三日，告奉先殿及孝宗几筵。是日早，帝具黑翼善冠、淺淡色服、黑犀帶，告孝穆神座。禮畢，帝詣神座前，請神主降座。帝捧主立，内執事移神座於殿左間。帝奉安訖，行叩頭禮。至午，帝詣清寧宮孝肅几筵，行禮畢，内侍進神主輿于殿前，衣冠輿于丹陛上。帝詣拜位，親王吉服後隨，四拜，興。帝捧神主由殿中門出，奉安輿内。執事捧衣冠置輿後隨。帝率親王步從，至寶善門外，太皇太后、皇太后率宮妃迎於門内。先詣奉慈殿，序立於殿西。神主輿至奉先殿門外，少駐。帝詣輿前跪，請神主詣奉先殿，俛伏，興，捧神主由殿左門入，至殿内褥位，跪，置神主。帝行五拜三叩頭禮畢，捧神主，仍由左門出，安輿内。至奉慈殿門外，帝捧神主由中門入，奉安於神座訖，行安神禮，三獻如常儀。太皇太后以下四拜。禮畢，内侍官設褥位於殿正中之南。帝詣孝穆皇太后神座前，跪請神主謁孝肅太皇太后，跪置於褥位上，俛伏，興，行五拜三叩頭禮。畢，帝捧主興，仍安於神座訖，行安神禮如前。皇太后以下四拜。

世宗本紀：嘉靖元年三月戊午，上皇太后尊號曰壽安皇太后。十一月庚申，壽安皇太后崩。七年秋七月己卯，追尊孝惠皇太后曰太皇太后。

蕙田案：孝惠傳生尊爲壽安，崩謚曰孝惠，乃史無上謚一條，蓋疏漏也。

孝惠邵太后傳：孝惠邵太后，憲宗妃，興獻帝母也。父林，昌化人，貧甚，鬻女於杭州鎮守太監，妃由此入宫。知書，有容色。成化十二年，封宸妃，尋進封貴妃。興王之藩，妃不得從。世宗入繼大統，妃已老，目眚矣，喜孫爲皇帝，摸世宗身，自頂至踵。已，尊爲皇太后。嘉靖元年，上尊號曰壽安。十一月崩。帝欲明年二月遷葬茂陵，大學士楊廷和等言：「祖陵不當數興工作，驚動神靈。」不從。謚曰孝惠康肅温仁懿順協天祐聖皇太后，别祀奉慈殿。七年七月，改稱太皇太后。十五年，遷主陵殿，稱皇后，與孝肅、孝穆等。

嘉靖七年十月丁未，皇后崩。三月丙申，葬悼靈皇后。

世宗孝潔皇后傳：世宗孝潔皇后陳氏，元城人。嘉靖元年册立爲皇后。帝性嚴厲。一日，與后同坐，張、方二妃進茗，帝循視其手。后恚，投杯起。帝大怒。后驚悸，墮娠崩，七年十月也。喪禮從殺。謚曰悼靈。十五年，禮部尚書夏言議請改謚。時帝意久釋矣，乃改謚曰孝潔。穆宗即位，禮臣議：「孝潔皇后，大行皇帝元配，宜合葬祔廟。若遵遺制祔孝烈，則舍元配也，若同祔，則二后也。大行皇帝升祔時，宜奉孝潔配，遷葬永陵，孝烈主宜別祀。」報可。隆慶元年二月，上尊謚曰孝潔恭懿慈睿安莊相天翊聖肅皇后。

禮志：隆慶元年，禮部言：「舊制，太廟一歲五享，而節序忌辰等祭，則行於奉先殿。今孝潔皇后既祔太廟，則奉先殿亦宜奉安神位。」乃設神座、儀物於第九室，遣官祭告如儀。

禮志：嘉靖元年，世宗奉孝惠邵太后祔祀。八年二月，禮部尚書方獻夫等言：「悼靈皇后，禮宜祔享太廟，但今九廟之制已備。考唐、宋故事，后于太廟，未有本室，則創別廟。故曲臺禮有別廟皇后，禘祫於太廟之文。又禮記喪服小記：『婦祔於祖姑，祖姑有三人，則祔于親者。』釋之者曰：『親者謂舅所生母也。』今孝惠太皇太后實皇考獻皇帝之生母，則悼靈皇后當祔於側。」詔可。三月，行祔廟禮。先期祭告諸殿。至期，請悼靈后主詣奉慈殿奉安。內侍捧神主、謚册、衣冠隨帝至奉先殿謁見。帝就位，行五拜三叩頭禮。次詣崇先殿，次詣奉慈殿，謁三太后，內侍捧主安神座，皇妃以下四拜。

世宗本紀：嘉靖十五年九月庚午，如天壽山。

禮志：嘉靖十五年，帝以三太后别祀奉慈殿，不若奉于陵殿爲宜。廷臣議：「古天子宗廟，唯一帝一后，所生母，薦於寢，身没而已。孝宗奉慈殿之祭，蓋子祀生母，以盡終身之孝焉耳。然禮『妾母不世祭』，疏曰：『不世祭者，謂子祭之，于孫則止。』明繼祖重，故不復顧其私祖母也。今陛下於孝肅，曾孫也；孝穆，孫屬也；孝惠，孫也。禮不世祭，議當祧。考宋熙寧罷奉慈廟故事，與今同。宜遷主陵廟，歲時祔享如故。」報可。奉慈殿遂罷。

王圻續通考：十五年秋，遷三太后主於陵殿。先是，上傳旨云：「廟重於陵，禮制故嚴。今廟，凡帝以一后配，惟陵則二三后以配葬。夫如是，其廟祀、陵祀已不同，今復建奉慈殿，不如奉主於陵殿爲合禮。又梓宫既配葬於帝，主無祔廟之禮，宜在陵殿，今别置之，近於黜者，非親之也。此亦關於典禮，卿其會議以行。」明日，又諭云：「崇先殿比古不同，周人祀后稷，係始祖之母。今奉慈殿亦但存名耳，四時之祭，樂舞俱無，便會議來。」時尚書夏言會同大學士李時、武定侯郭勛、吏部侍郎張邦奇等議謂：「禮嚴尊祖，祀重廟享。自古天子，惟一帝一后配享於廟，所生大母，别薦于寢，身殁而已，斯禮之正。是故禮有享先妣之文，周之閟宫、宋之别殿皆此義也。國朝制稽古，惟一后配帝，禮莫嚴焉。孝宗皇帝乃於奉先殿側特建奉慈殿，別祭孝穆皇太后，後祔孝肅太皇太后，近復祔孝惠皇太后，是蓋子祀生母，以盡終身之孝焉耳。然禮於『妾母不世祭』者，謂子祀之，於孫則止，蓋父之所尊，子不可以不承，父之所異，子不敢同，明其宗耳。蓋繼祖重，故不復顧其私祖母也。今日陛下於孝肅太皇后，曾孫也；於孝穆太皇后，孫屬也；孝惠皇太后，孫也。禮不世祭，義當擬祧。若崇先殿之建，則陛下事考廟當世享，故世廟配太廟而作，崇先殿配奉先殿而作也，義不侔矣。聖諭又以三太后梓宮既配葬於帝，主不祔廟，世不舉祭，議欲遷主陵殿，使獲所安，是誠仁至義盡，情中禮得，足定天下之大典也。臣等復考得宋熙寧罷奉慈廟故事，與今事體略同，但祧義惟遷主爲是。若當時瘞主陵園，則襲古人栗主既立乃埋桑主之說而誤用之，非禮也。今遷主陵殿，歲時祔享陵祀如故，尤爲曲盡，非前代所及。」制曰「可」。十五年八月，上親幸天壽山，奉安三太后於陵殿。

十五年，禮部尚書夏言等奏：「悼靈皇后神主，先因祔於所親，暫祔奉慈殿孝惠太后之側。茲三后神主既擬遷於陵殿，則悼靈亦宜暫遷奉先殿旁室，享祀祭告，則一體設饌。」從之。

世宗本紀：嘉靖二十六年十一月乙未，皇后崩。二十七年五月丙戌，葬孝烈皇后。二十九年冬十月，祧仁宗，祔孝烈皇后於太廟。

孝烈皇后傳：孝烈皇后方氏，世宗第三后也，江寧人。張后廢，遂立爲后。二十一年，宫婢楊金英等謀弑逆，帝賴后救得免。二十六年十一月乙未，后崩。詔曰：「皇后比救朕危，奉天濟難，其以元后禮葬。」預名葬地曰永陵，謚孝烈，親定謚禮，視昔加隆焉。禮成，頒詔天下。及大祥，禮臣請安主奉先殿東夾室，帝曰：「奉先殿夾室，非正也，可即祔太廟。」於是大學士嚴嵩等請設位於太廟東，皇妣睿皇后之次，後寢藏主則設幄于憲廟皇祖妣之右，以從祔於祖姑之義。帝曰：「祔禮至重，豈可權就。后非帝，乃配帝者，自有一定之序，安有享從此而主從彼之禮。其祧仁宗，祔以新序，即朕位次，勿得亂禮。」嵩曰：「祔新序，非臣下所敢言，且陰不可當陽位。」乃命姑藏主睿皇后側。二十九年十月，帝終欲祔后太廟，命再議。尚書徐階言不可，給事中楊思忠是階議，餘無言者。帝覘知狀。及議疏入，謂：「后正位中宫，禮宜祔享，但遽及廟次，則臣子之情，不唯不敢，實不忍也。宜設位奉先殿。」帝震怒。階、思忠惶恐言：「周建九廟，三昭三穆。國朝廟制，同堂異室，與周禮不同。今太廟九室皆滿，若以聖躬論，仁宗當祧，固不待言，但此乃異日聖子神孫之事。臣聞夏人之廟五，商以七，周以九。禮由義起，五可七，七可九，九之外亦可加也。請於太廟及奉先殿各增二室，以祔孝烈，則仁宗可不必祧，孝烈皇后可速正南面之位，陛下亦無預祧以俟之嫌。」帝曰：「臣子之誼，當祧當祔，力請可也。苟禮得其正，何避豫爲？」于是階等復會廷臣上言：「唐、虞、夏五廟，其祀皆止四世。周九廟，三昭三穆，然而兄弟相及，亦不能盡足六世。今仁宗爲皇上五世祖，以聖躬論，仁宗於禮當祧，孝烈皇后於禮當祔。請祧仁宗，祔孝烈皇后於太廟第九室。」因上祧祔儀注。已而請忌日祭，帝猶銜前議，報曰：「孝烈繼后，所奉者又入繼之君，忌不祭亦可。」階等請益力，帝曰：「非天子不議禮。后當祔廟，居朕室次，禮官顧謂今日未宜，徒飾說以惑衆聽。」因諭嚴嵩等曰：「禮官從朕言，勉强耳。即不忍祧仁宗，且置后主別廟，將來由臣下議處。忌日令奠一卮酒，不至傷情。」于是禮臣不敢復言，第請如敕行，乃許之。隆慶初，與孝潔皇后同日上尊謚曰孝烈端順敏惠恭誠祗天衛聖皇后〔一〕，移主弘孝殿。

禮志：世宗孝烈后，隆慶時，祀弘孝殿，萬曆三年遷祔奉先殿。

萬曆三年，帝欲以孝烈、孝恪二后神位，奉安於奉先殿。禮官謂世宗時，議祔陵祭，不議祔内殿。帝曰：「奉先殿見有孝肅、孝穆、孝惠三后神位，俱皇祖所定，宜遵行祔安。」蓋當時三后既各祔陵廟，仍并祭于奉先殿，而外廷莫知也。命輔臣張居正等入視。居正等言：「奉先殿奉安列聖祖妣，凡推尊爲后者，俱得祔享内殿，比之太廟一帝一后者不同，今亦宜奉安祔享。」從之。

穆宗母孝恪皇太后，隆慶初，祀神霄殿，又祔孝懿后於其側。六年，孝懿祔太廟。萬曆三年，孝恪遷祔奉先殿，二殿俱罷。

蕙田案：孝懿，穆宗元配也，薨於嘉靖三十七年四月。穆宗即位，追謚孝懿皇后。時帝在位，故權祔於孝恪之側，後祔太廟。

明會典：萬曆三年，奉孝烈皇后及孝恪皇太后祔饗奉先殿，其神主並遷於永陵，

〔一〕「惠恭」，原誤倒，據光緒本、明史后妃傳二乙正。

改題孝恪神主曰孝恪淵純慈懿恭順贊天開聖皇后，二后神位即以遷詣陵殿之日安於奉先殿，而弘孝、神霄之祭俱罷。

春明夢餘録：萬曆三年，上諭禮官曰：「朕思弘孝、神霄二殿皇祖妣孝烈皇后、孝恪皇太后神位，宜奉安於奉先殿祔饗。查議來行。」禮部查嘉靖十五年議祔陵祭，不議祔内殿。上曰：「奉先殿今見有孝肅、孝穆、孝惠三后神位，俱係我皇祖欽定，宜遵照祔安，不必另議〔一〕。」乃奉安孝烈、孝恪神位於肅皇帝室，併罷弘孝、神霄之祀，而專祀於奉先殿。

孝恪杜太后傳：后，穆宗生母也，大興人。嘉靖十年封康嬪。十五年進封妃。三十三年正月薨。穆宗立，上謚曰孝恪淵純慈懿恭順贊天開聖皇太后，遷葬永陵，祀主神霄殿。

神宗本紀：萬曆二十四年七月戊寅，仁聖皇太后崩。九月乙卯，葬孝安莊皇后。

孝安皇后傳：孝安皇后陳氏，通州人。嘉靖三十七年九月選爲裕王繼妃。隆

〔一〕「議」，原作「擬」，據光緒本、春明夢餘録卷一八改。

慶元年册爲皇后。后無子多病，居别宫。神宗即位，上尊號曰仁聖皇太后，六年加上貞懿，十年加康静。二十四年七月崩，謚曰孝安貞懿恭純温惠佐天弘聖皇后，祀奉先殿别室。

四十二年二月辛卯，慈聖皇太后崩。六月甲午，葬孝定皇后。

孝定李太后傳：孝定李太后，神宗生母也，漷縣人。侍穆宗於裕邸。隆慶元年三月封貴妃。生神宗。即位，上尊號曰慈聖皇太后。三月加尊號曰「宣文」。十年加「明肅」。十二年同仁聖太后謁山陵。二十九年加「貞壽端獻」。三十四年加「恭熹」。四十二年二月崩，上尊謚曰孝定貞純欽仁端肅弼天祚聖皇太后，合葬昭陵，别祀崇先殿。

孝靖王太后傳：孝靖王太后〔二〕，光宗生母也。初爲慈寧宫宫人。年長矣，帝過慈寧，私幸之，有身。十年四月封恭妃。八月，光宗生，是爲皇長子。既而鄭貴妃生皇三子，進封皇貴妃，而恭妃不進封。二十九年册立皇長子爲皇太子，仍不封如

〔二〕「孝靖王太后」，諸本作「孝靖皇太后」，據明史后妃傳二改。

故。三十四年，元孫生，加慈聖徽號，始進封皇貴妃。三十九年病革〔一〕，光宗請旨得往省，宫門猶閉，抉鑰而入。妃目眚，手光宗衣而泣曰：「兒長大如此，我死何恨？」遂薨。光宗即位，下詔曰：「朕嗣承基緒，撫臨萬方，遡厥慶源，則我生母温肅端靖純懿皇貴妃恩莫大焉。朕昔在青宫，莫親温凊，今居禁闈，徒痛栝棬，欲伸罔極之深悰，惟有肇稱乎殷禮〔二〕。其準皇祖穆宗皇帝尊生母榮淑康妃故事，禮部詳議以聞。」會崩，熹宗即位，上尊謚曰孝靖温懿敬讓貞慈參天胤聖皇太后，遷葬定陵，祀奉慈殿。

蕙田案：孝靖薨、葬、追謚，本紀俱不載，兹特採傳以補其闕。

熹宗本紀：天啓元年十一月丙子，追謚生母孝和皇太后。

孝和王太后傳：孝和王太后，熹宗生母也，順天人。侍光宗東宫，爲選侍。萬曆三十二年進才人。四十七年三月薨。熹宗即位，上尊謚曰孝和恭獻温穆徽慈諧

〔一〕「三十九年」，諸本作「四十年」，據明史后妃傳二改。
〔二〕「肇」，原作「聿」，據光緒本、明史后妃傳二改。

天鞠聖皇太后，遷葬慶陵，祀奉先殿。崇禎十一年三月以加上孝純太后尊謚，於御用監得后及孝靖太后玉册玉寶，始命有司獻於廟。忠賢黨王體乾坐怠玩，論死。蓋距上謚時十有八年矣。

莊烈帝本紀：崇禎元年九月甲申，追謚生母賢妃曰孝純皇后。

孝純劉太后傳：孝純劉太后，莊烈帝生母也，海州人，後籍宛平。初入宫爲淑女。萬曆三十八年十二月生莊烈皇帝。已，失光宗意，被譴，薨。光宗中悔，恐神宗知之，戒掖庭勿言，葬於西山。及莊烈帝長，封信王，追進賢妃。時莊烈帝居勗勤宫，問近侍曰：「西山有申懿王墳乎？」曰：「有。」「傍有劉娘娘墳乎？」曰：「有。」每密付金錢往祭。及即位，上尊謚曰孝純恭懿淑穆莊靜毗天毓聖皇太后，遷葬慶陵。帝五歲失太后，問左右遺像，莫能得。傅懿妃者，舊與太后同爲淑女，比宫居，自稱習太后，言宫人中狀貌相類者，命后母瀛國太夫人指示畫工，可意得也。圖成，由正陽門具法駕迎入。帝跪迎于午門，懸之宫中，呼老宫婢視之，或曰似，或曰否。帝雨泣，六宫皆泣。故事，生母忌日不設祭，不服青。十五年六月，帝以太后故，欲追前代生繼七后，同建一廟，以展孝思。乃御德政殿，召大學士及禮臣入，問曰：「太廟之制，一帝一后，祧廟亦然，歷朝繼后及生母凡七位皆不得與，即宫中奉先殿亦尚無祭，奈何？」禮部侍郎蔣德璟曰：「奉先殿外尚有奉慈殿，所以奉繼后及生母者，雖廢可舉也。」帝曰：「奉慈殿外，尚有弘孝、神霄、本恩諸殿。」德璟曰：「内廷規制，臣等未悉。孝宗建奉慈殿，嘉靖間廢之，今未知尚有舊基否？」帝曰：「奉慈已撤，惟奉先尚可拓也。」於是别置一殿，祀孝純及七后云。

春明夢餘録：崇禎十五年五月十七日，上傳禮部堂上官、禮科太常寺卿來中左門，曰：「太廟之制，一帝一后，計九廟。此外祧廟亦有九，亦止一帝一后。因屈指數，自德、懿、熙、仁四祖外，仁、宣、英、憲、孝共九祧。廟已滿，各一帝一后，其繼后及生母后七位既不得入太廟〔一〕，亦並無祧廟之主。即宫中奉先殿，亦原止一帝一后，嘉靖後，有以繼后、生母后入者，而以前七位尚無祭也。」上意似在生母孝純皇太后，而又推及七位后，悉入奉先殿，亦未明言也。禮臣林欲楫、蔣德璟、王錫衮奏：「奉先之外，别有奉慈殿祀繼后及生母后處，今雖廢，尚可舉行。」上曰：「奉慈

〔一〕「既」，原作「即」，據光緒本、春明夢餘録卷一八改。

殿外，尚有弘孝殿、神霄宫、本恩殿。」禮臣奏：「奉慈殿如未可復，即在神霄殿奉祀，未知可否？」上曰：「太廟一帝一后，朕不敢輕動，還只是奉先尚可恢拓，前後加一層，即祧廟，亦當祫祭。」德璟奏：「大祫之禮，歲暮已行於太廟，似已妥當。且奉先原只一帝一后，與太廟同，若並祧廟之主俱入，未知妥否？」上曰：「奉先殿現有繼后及生母后七位。」璟奏：「此萬曆初添入。」上默然。此舉雖屬孝思，然自古無二祧廟，再建非禮也。賴部科上疏〔二〕，奏得止。

右明后妃廟

后妃升祔

後漢書光武本紀：中元元年，上薄太后尊號曰高皇后。遷吕后廟主於園。

蕙田案：此入而復出之始。

祭祀志：永元中，以竇后配食章帝。

〔二〕「科」，原脱，據光緒本、春明夢餘録卷一八補。

蕙田案：兩漢皇后祔廟，史俱不載，惟見此兩條。

晉書禮志：延康元年，文帝繼王位，七月，追尊皇祖夫人曰太王后。明帝太和三年六月，又追尊高祖夫人吴氏曰高皇后，並在鄴廟之所祠。

武帝泰始元年十二月丙寅，受禪。丁卯，追尊宣王妃張氏爲宣穆皇后。

武帝本紀：泰始二年冬十一月，追尊景帝夫人夏侯氏爲景懷皇后。

文明王皇后傳：武帝受禪，尊爲皇太后，宫曰崇化。咸寧四年崩，將遷祔，帝手疏后德行，令史官爲哀策。

元帝本紀：太興三年八月戊午，尊敬王后虞氏爲敬皇后。辛酉，遷神主於太廟。

元敬虞皇后傳：永嘉六年薨。帝爲晉王，追尊爲王后。太興三年，遣使持節兼太尉萬勝奉册贈皇后璽綬，祔於太廟。

蕙田案：此帝在位而后先入廟之始。

成帝本紀：咸康八年三月，初以武悼楊皇后配饗武帝廟。

蕙田案：二后並祔，蓋始於此。劉健言祔二后自唐始，蓋誤記也。諸臣之議，詳載「后妃廟」中。

宋書武帝紀：永初元年六月，即皇帝位，追尊皇妣爲穆皇后。

禮志：宋武帝初爲宋王，建宗廟於彭城。初祠高祖、曾祖、皇祖、皇考、武敬臧后。永初初，追尊皇妣趙氏爲穆皇后。三年，孝懿蕭皇后崩，又祔廟。

齊書禮志：太祖即位，立七廟。廣陵府君、太中府君、淮陰府君、即丘府君、太常府君、宣皇帝、昭皇后爲七廟。

蕙田案：此以父母分兩廟。

建元二年，太祖親祀太廟六室，如儀，拜伏竟，至昭后室前，儀注應倚立，上以爲疑，欲使廟僚行事，又欲以諸王代祝令於昭后室前執爵。以問彭城丞劉瓛。瓛對謂：「若都不至昭后坐前，竊以爲薄。廟僚即是代上執爵饋奠耳，祝令位卑，恐諸王無容代之。舊廟儀諸王得兼三公親事，謂此爲便。」從之。

蕙田案：后先入廟，以夫祭妻，所以疑其儀注。

隋書禮儀志：梁武初爲梁公，乃建臺，於東城立四親廟，并妃郗氏而爲五廟。

梁書武帝紀：天監元年四月丙寅，即皇帝位，追尊皇妣爲獻皇后，追謚妃郗氏爲德皇后。

陳書高祖本紀：永定元年十月辛巳，追尊皇妣董太夫人曰安皇后。

北魏書平文皇后王氏傳：昭成十八年崩。太祖即位，配饗太廟。

昭成皇后慕容氏傳：建國二十三年崩。太祖即位，配饗太廟。

獻明皇后賀氏傳：皇始元年崩。後追加尊謚，配饗焉。

道武宣穆皇后劉氏傳：太祖末年薨。太宗即位，追尊謚號，配饗太廟。自此後宮人爲帝母，皆正位配饗焉。

明元密皇后杜氏傳：泰常五年薨，謚曰密貴嬪〔一〕。世祖即位，追尊號謚，配饗太廟。

太武敬哀皇后賀氏傳：神䴥元年薨。後追加號謚，配饗太廟。

景穆恭皇后郁久閭氏傳：世祖末年薨。高宗即位，追尊號謚，配饗太廟。

文成元皇后李氏傳：薨，後謚曰元皇后，配饗太廟。

獻文思皇后李氏傳：皇興三年薨。承明元年，追崇號謚，配饗太廟。

〔一〕「密貴嬪」，諸本脱「貴嬪」二字，據魏書皇后列傳補。

孝文昭皇后高氏傳：后自代如洛陽，暴薨。世宗踐祚，尊崇配饗。

孝莊本紀：永安二年二月甲午，尊皇妣爲文穆皇后。四月癸未，遷神主於太廟。

蕙田案：魏及元、明三史后妃入廟，傳中無不書者，最爲詳悉。

北齊書文宣帝紀：天保元年五月戊午，即皇帝位。追尊皇祖妣爲文穆皇后。

周書孝閔帝紀：元年正月辛丑，即天王位。追尊皇妣爲文后。

隋書高祖紀：開皇元年二月甲子，即皇帝位。追尊皇妣爲元明皇后。

唐書高祖紀：武德元年六月己卯，追謚祖妣梁氏曰景烈皇后，妣獨孤氏曰元貞皇后。

舊唐書禮儀志：太常卿姜皎曰：「伏見太廟中則天皇后配高宗天皇大帝，題云『天后聖帝武氏』，請除『聖帝』之字，直題云『則天皇后武氏』。」從之。

景雲元年，祔和思皇后趙氏神主於太廟。

唐書睿宗昭成順聖皇后竇氏傳：后以子貴，故先祔睿宗室。肅明以開元二十年乃得祔廟。

蕙田案：先祔妾母，繼祔嫡母，此嫡妾並祔之始。

順宗莊憲皇后王氏傳：后暴崩。咸通中，詔后主祔於廟。

穆宗宣懿皇后韋氏傳：武宗立，追册爲皇太后。奉后合食穆宗室。

五代史梁本紀：太祖開平元年秋七月己亥，追尊祖考爲皇帝，妣爲皇后：皇高祖妣范氏謚曰宣僖，曾祖妣楊氏謚曰光孝，祖妣劉氏謚曰昭懿，妣王氏謚曰文惠。

唐本紀：莊宗同光元年，追尊祖考爲皇帝，妣爲皇后：曾祖妣崔氏謚曰昭烈，祖妣秦氏謚曰文景。

晉本紀：高祖天福二年，追尊祖考爲皇帝，妣爲皇后：高祖妣秦氏謚曰孝安元〔一〕，曾祖妣安氏謚曰孝簡恭〔二〕，祖妣來氏謚曰孝平獻〔三〕，妣何氏謚曰孝元懿〔四〕。

漢本紀：二月辛未，即皇帝位，稱天福十二年。閏七月庚辰，追尊祖考爲皇帝，妣爲皇后：高祖妣李氏謚曰明貞，曾祖妣楊氏謚曰恭惠，祖妣李氏謚曰昭穆，妣安氏謚

〔一〕「孝安元」，原脱「元」字，據光緒本、新五代史晉高祖本紀補。
〔二〕「孝簡恭」，原脱「恭」字，據光緒本、新五代史晉高祖本紀補。
〔三〕「孝平獻」，原脱「獻」字，據光緒本、新五代史晉高祖本紀補。
〔四〕「孝元懿」，原脱「懿」字，據光緒本、新五代史晉高祖本紀補。

曰章懿。

周本紀：廣順元年五月辛未，追尊祖考爲皇帝，妣爲皇后：高祖妣張氏謚曰睿恭，曾祖妣申氏謚曰明孝，祖妣韓氏謚曰翼敬，妣王氏謚曰章德。

宋史太祖紀：乾德元年九月丙午，奉玉册謚高祖妣崔氏曰文懿皇后，曾祖妣桑氏曰惠明皇后，祖妣劉氏曰簡穆皇后。

禮志：建隆二年十月，祔明憲皇后杜氏於宣祖室。

太祖孝惠賀皇后傳：建隆三年四月，追册爲皇后。神宗時，祔太廟。

孝明王皇后傳：乾德元年十二月崩。太平興國二年，祔享太廟。

孝章宋皇后傳：至道元年四月崩。神宗時，升祔太廟。

太宗淑德尹皇后傳：帝即位，追册爲皇后。後升祔太廟。

懿德符皇后傳：帝即位，追册爲皇后。至道三年，升祔太廟。

明德李皇后傳：景德元年崩。三年，祔太宗廟。

李賢妃傳：真宗即位，進上尊號曰皇太后。大中祥符六年，升祔太廟。

章穆郭皇后傳：景德四年崩。仁宗即位，升祔真宗廟。

仁宗本紀：慶曆五年十月辛酉，祔章獻明肅皇后、章懿皇后神主於太廟。

章獻明肅劉皇后傳：明道元年崩。慶曆五年，翰林學士王堯臣等請遷二后祔〔一〕，序於章穆之次，從之。

李宸妃傳：明道元年薨。後章獻太后崩，尊爲皇太后。慶曆中，升祔太廟。

禮志：元豐三年二月，慈聖光獻皇后祔廟。紹聖元年二月，祔宣仁聖烈皇后於太廟。

徽宗本紀：建中靖國元年五月丙戌，祔欽聖憲肅皇后〔二〕、欽慈皇后神主於太廟。崇寧元年六月己丑，祔欽成皇后神主於太廟。三年三月甲午〔三〕，躋欽成皇后神主於欽慈皇后之上。

政和三年六月癸亥〔四〕，祔昭懷皇后神主於太廟。

〔一〕「遷」，諸本脱，據宋史后妃傳上補。

〔二〕「欽聖憲肅皇后」，諸本作「欽聖獻肅皇后」，據宋史徽宗本紀改。

〔三〕「三年」，原作「二年」，據光緒本、宋史徽宗本紀改。

〔四〕「癸亥」，諸本作「癸卯」，據宋史徽宗本紀改。

高宗本紀：紹興元年八月丁丑，祔昭慈獻烈皇后神主於温州太廟。

哲宗昭慈聖獻孟皇后傳：紹興元年崩。祔神主於哲宗室，位在昭懷皇后上。

徽宗顯恭王皇后傳：大觀二年崩，謚曰靜和。紹興中，始祔徽宗廟，改今謚。

鄭皇后傳：從上皇北遷，崩於五國城。紹興七年，何蘇等使還，始知。謚顯肅。

祔主徽宗室。

高宗本紀：紹興二十九年十二月甲子，祔顯仁皇后神主於太廟。

韋賢妃傳：紹興二十九年崩。祔神主太廟徽宗室。

欽宗朱皇后傳：后既北遷，不知崩聞〔一〕。慶元三年上尊謚仁懷，祔於太廟。

高宗憲節邢皇后傳：紹興九年，后崩於五國城。淳熙末，祔高宗廟。

孝宗成穆郭皇后傳：紹興二十六年薨。及受禪，追册爲皇后，謚恭懷，尋改安穆，

又改成穆，祔孝宗廟。

寧宗本紀：紹熙五年，上成穆皇后、成恭皇后册寶於本室。

〔一〕「聞」，諸本作「問」，據宋史后妃傳下改。

慶元四年四月丙戌，祔仁懷皇后神主、憲聖慈烈皇后神主於太廟[一]。

六年九月乙卯[二]，祔慈懿皇后神主於太廟。

開禧三年九月壬寅，祔成肅皇后神主於太廟。

蕙田案：寧宗以前，宋之諸后自溫成外無不入廟者，若太祖之孝惠、孝明、孝章，神宗之欽聖、欽成、欽慈，徽宗之顯恭、顯肅、顯仁，孝宗之成穆、成恭、成肅，此三后並祔也；太宗之淑德、懿德、明德、元德，真宗之章懷、章穆、章獻、章懿，此四后並祔也。

金史熙宗本紀：天會十四年八月丙辰，追尊九代祖以下曰皇帝、皇后。

禮志：天會十四年八月庚戌，上皇九代祖妣曰明懿皇后，皇八代祖妣曰思皇后，皇七代祖妣曰節皇后，皇六代祖妣曰恭靖皇后，皇五代祖妣曰威順皇后，皇高祖妣曰昭肅皇后，皇曾祖妣曰翼簡皇后[三]，皇曾叔祖妣曰靜宣皇后，皇曾叔祖妣曰貞惠皇

[一]「憲聖慈烈皇后」，諸本脱「憲聖」二字，據宋史寧宗本紀補。
[二]「乙卯」，原作「壬寅」，據光緒本、宋史寧宗本紀改。
[三]「翼簡」，原誤倒，據光緒本、金史禮志五乙正。

后，皇伯祖妣曰敬僖皇后。丙辰，奉上尊謚。

大定二十九年五月，祧獻祖、昭祖，升祔世宗、明德皇后、顯宗於廟。明昌三年十二月，尚書省奏：「明年親禘，室當用犢一。欽懷皇后祔於明德之廟。」

昭聖皇后劉氏傳：大定三年三月，生宣宗，卒。宣宗即位，尊爲皇太后，升祔顯宗廟。

元史祭祀志：至元三年，命平章政事趙璧等集議〔一〕，製尊謚廟號，定爲八室。烈祖神元皇帝、皇曾祖妣宣懿皇后第一室，太祖聖武皇帝、皇祖妣光獻后第二室，太宗英文皇帝、皇伯妣昭慈皇后第三室，皇伯考珠齊〔二〕、皇伯妣布屯綽克默色第四室，皇伯考察哈岱、皇伯妣伊蘇婁第五室，皇考睿宗景襄皇帝、皇妣莊聖皇后第六室，定宗簡平皇帝、欽淑皇后第七室，憲宗桓肅皇帝、貞節皇后第八室。

〔一〕「趙璧」，原作「趙壁」，據味經窩本、乾隆本、光緒本、元史祭祀志三改。
〔二〕「考」，原脱，據光緒本、元史祭祀志三補。

十二年，改作金主，太祖主題曰「青吉斯皇帝」，睿宗題曰「太上皇伊克諾延」，皇后皆題名諱。

太宗昭慈皇后傳：至元二年崩〔一〕，升祔太宗廟。

憲宗貞節皇后傳〔二〕：至元二年〔三〕，追謚，升祔憲宗廟。

世祖昭睿順聖皇后傳：成宗即位，追謚，升祔世祖廟。

祭祀志：元貞元年冬十月癸卯，有事於太廟，中書省臣言：「去歲世祖、皇后〔四〕、裕宗祔廟，以綾代玉册。今玉册、玉寶成，請納之各室。」命獻官迎導入廟。

成宗大德四年八月，以皇妣、皇后祔。

武宗本紀：大德十一年五月甲申，即皇帝位，尊太母元妃曰皇太后〔五〕。六月丁

〔一〕「二年」，元史后妃傳一校勘記云當作「三年」。
〔二〕「憲宗貞節皇后傳」，原作「憲宗貞淑皇后傳」，據光緒本、元史后妃傳一改。
〔三〕「二年」，元史后妃傳一校勘記云當作「三年」。
〔四〕「皇后」，諸本作「皇帝」，據元史祭祀志三改。
〔五〕「皇太后」，諸本作「皇后」，據元史武宗本紀改。

西，先元妃鴻吉哩氏實哩達喇宜謚曰貞慈靜懿皇后，祔成宗廟室。

祭祀志：大德十一年，武宗即位，追尊先元妃爲皇后，祔成宗室。

蕙田案：成宗大德十一年春崩，皇后巴約特珍氏謀立安西王阿南達。武宗即位，廢居東安州，賜死，故以成宗元妃鴻吉哩氏升祔焉。妃蓋成宗元配，未即位而先薨者。

英宗本紀：至治二年十二月丙戌，定謚太皇太后曰昭獻元聖，遣太常院使多台以謚議告於太廟。

至治三年三月戊申，祔昭獻元聖皇后於順宗室。

晉王即皇帝位。追尊皇考晉王爲皇帝，廟號顯宗，皇妣晉王妃爲皇后。

武宗宣慈惠聖皇后傳：泰定四年十一月崩，升祔武宗廟。

泰定帝紀〔一〕：泰定四年，謚武宗皇后曰宣慈惠聖，英宗皇后曰莊靜懿聖，祔太廟。

仁宗莊懿慈聖皇后傳：至治二年崩，升祔仁宗廟。

〔一〕「泰定帝紀」，諸本作「祭祀志」，據元史泰定帝紀改。

祭祀志：泰定元年，奉安仁宗及慈聖皇后二神主。

寧宗達哩伊德默色皇后傳：至正二十八年崩，升祔寧宗廟。

順帝本紀：元統元年十月庚寅，中書省臣請集議武宗、英宗、明宗三朝皇后升祔。武宗一室以珍格皇后配焉。

明史禮志：洪武元年，上皇高祖妣曰玄皇后，皇曾祖妣曰恒皇后，皇祖妣曰裕皇后，皇妣陳氏曰淳皇后。

十五年，以孝慈皇后神主祔享太廟。

成祖仁孝徐皇后傳：永樂五年七月乙卯崩。仁宗即位，祔太廟。

仁宗誠孝張皇后傳：正統七年十月崩，祔太廟。

宣宗孝恭孫皇后傳：天順六年九月崩，祔太廟。

英宗孝莊錢皇后傳：成化四年六月，太后崩。七月，祔太廟。

蕙田案：當時大臣廷諍，事載入「后妃廟」中。

憲宗孝貞王皇后傳：正德十三年二月崩，祔太廟。

孝宗孝康張皇后傳：嘉靖二十年八月崩，祔廟。

武宗孝靜夏皇后傳：嘉靖十四年崩，祔廟。

世宗孝潔陳皇后傳：崩，七年十月也。穆宗即位，禮臣議：「孝潔皇后，大行皇帝元配，宜合葬祔廟。」報可。

孝烈方皇后傳：嘉靖二十六年十一月乙未崩。祧仁宗，祔於太廟。隆慶初，移主弘孝殿。

蕙田案：此已祔而復出者，其事詳載「后妃廟」。

穆宗孝懿李皇后傳：嘉靖三十七年四月薨。穆宗即位，謚曰孝懿皇后。神宗即位，祔太廟。

神宗孝端王皇后傳：萬曆四十八年四月崩。光宗即位，祔廟。

光宗孝元郭皇后傳：萬曆四十一年十一月薨。熹宗即位，祔廟。

右后妃升祔

五禮通考卷一百五

吉禮一百五

私親廟

有虞氏

中庸：舜其大孝也與？德爲聖人，尊爲天子，富有四海之内，宗廟饗之，子孫保之。

疏：「子孫保之」者，師説云：舜禪與禹，何言保者，此子孫承保祭祀，故云「保」。周時陳國是舜之後也。

朱子集注：子孫，謂虞思、陳胡公之屬。

纂箋：夏后之時，猶封虞思、虞遂，至周武王克殷，乃復求舜後，封於陳，爲胡公。章句以舜子孫不止此，故以「之屬」二字該之。

蕙田案：此舜「宗廟饗之，子孫保之」，迺萬世私親廟之準則也。書曰：「受終于文祖。」又曰：「格于文祖。」是將攝位即位而告於堯廟之祖也。又曰：「受命于神宗。」是將禪位於禹而告於宗堯之廟也。舜嗣堯，故宗堯，而不爲瞽瞍立考廟。此云「宗廟」，當是虞國之廟。國語所稱「祖顓頊」與「虞幕能聽協風，以成樂物生」、「有虞氏報焉」者，蓋舜以大德而爲天子，以其身宗堯之統，别爲虞氏立祖考之廟，俾子孫承其祀，厥後虞思、陳胡公之屬享國弗替焉。此正中庸所稱「大孝」之實也。若使舜爲天子，而自立宗廟傳禹，而後子孫安得有之哉？故知宗廟饗、子孫保是一順事，非後世立廟稱宗、追尊升祔者所得而藉口也。詳見「廟制」條。

右有虞氏

漢宣帝

漢書宣帝本紀：孝宣皇帝，武帝曾孫，戾太子孫也。太子納史良娣，生史皇孫。

皇孫納王夫人，生宣帝，號曰皇曾孫。生數月，遭巫蠱事。元平元年四月，昭帝崩，無嗣。大將軍霍光請皇后徵昌邑王。六月丙寅，王受皇帝璽綬。癸巳，光奏王淫亂，請廢。秋七月，光奏議曰：「禮，人道親親故尊祖，尊祖故敬宗。大宗無嗣，擇支子孫賢者爲嗣。孝武皇帝曾孫病已，有詔掖庭養視，至今年十八，操行節儉，仁慈愛人，可以入嗣孝昭皇帝後」。奏可。遣迎，入未央宮，封陽武侯。已而群臣奉上璽綬〔一〕，即皇帝位。

本始元年六月，詔曰：「故皇太子在湖，未有號謚。歲時祠，其議謚，置園邑〔二〕。」

武五子傳：有司奏請：「禮，『爲人後者，爲之子也』。故降其父母不得祭，尊祖之義也。陛下爲孝昭帝後，承祖宗之祀，制禮不踰閑。謹行視孝昭帝所爲，故皇太子起位在湖，史良娣冢在博望苑北，親史皇孫位在廣明郭北。謚法曰『謚者，行之迹也』，愚以爲親謚宜曰悼，母曰悼后，比諸侯王園，置奉邑三百家。故皇太子謚曰

〔一〕「奉」，諸本作「奏」，據漢書宣帝本紀改。
〔二〕「置」，原作「及」，據光緒本、漢書宣帝本紀改。

戾，置奉邑二百家。史良娣曰戾夫人，置守家三十家。園置長丞，周衛奉守如法。」以湖閿鄉邪里聚爲戾園，長安白亭東爲戾后園，廣明成鄉爲悼園。皆改葬焉。後八歲，有司復言：「禮，『父爲士，子爲天子，祭以天子』。悼園宜稱尊號曰皇考，立廟，因園爲寢，以時薦享焉。益奉園民滿千六百家，以爲奉明縣。尊戾夫人曰戾后，置園奉邑，及益戾園各滿三百家。」

元康元年夏五月，立皇考廟。益奉明園户爲奉明縣。師古曰：奉明園即皇考史皇孫之所葬也，本名廣明，後追改。

韋玄成傳：平帝元始中，大司馬王莽奏：「本始元年丞相義等議，師古曰〔一〕：蔡義也。謚孝宣皇帝親曰悼園，置邑三百家。至元康元年，丞相相等奏，師古曰：魏相也。『父爲士，子爲天子，祭以天子』，悼園宜稱尊號曰『皇考』，立廟，益故奉明園民滿千六百家，以爲縣。臣愚以爲皇考廟本不當立，累世奉之，非是。又孝文太后南陵、孝昭太后雲陵園，雖前以禮不復修，陵名未正。謹與大司徒晏等百四十七人議，皆

〔一〕「師古曰」三字，原脱，據光緒本、漢書韋玄成傳補。

曰孝宣皇帝以兄孫繼統爲孝昭皇帝後，以數，故孝元世以孝景皇帝及皇考廟親未盡，不毀。此兩統貳父，違於禮制。案義奏親謚曰『悼』，裁置奉邑，皆應經義。相奏悼園稱『皇考』，立廟，益民爲縣，違離祖統，乖繆本義。『父爲士，子爲天子，祭以天子』者，乃謂若虞舜、夏禹、殷湯、周文、漢之高祖受命而王者也，非謂繼祖統爲後者也。臣請皇高祖考廟奉明園毀勿修，罷南陵、雲陵爲縣。」奏可。

文獻通考：胡氏寅曰：禮曰：爲人後者爲其父母降，不敢貳尊也。既名其所後爲父母，則不得名其所生曰父母矣，而禮有「爲其父母降」，是猶以父母名之，何也〔一〕？此所謂不以辭害意也。立言者顧不可曰「爲其伯父、伯母、叔父、叔母降」，故假曰「父母」，以明當降之義，降則不可名之曰父母矣。宣帝初，有司奏請戾太子及悼后之謚，首言爲人後者云云，後言故太子謚曰戾云云。首尾皆是也，而中有稱親之言，則非也。詔書問故太子，未及史皇孫，雖包含意指，有司直對太子、良娣之謚可也，而前據經義，後上戾名，中特稱親爲史皇孫以中帝意〔二〕，豈非姦說乎？夫親，深言之，則非父不可當，若曰「文王之爲世子」，有父之親是也；泛言之，則所厚者皆可稱，若曰「親者無失其爲親」是也。有司之言果何從

〔一〕「也」，原脱，據光緒本、文獻通考卷九五補。
〔二〕「爲史皇孫」四字，原脱，據光緒本、文獻通考卷九五補。

歟？若避曰考，故以親言，是疏之也。知其不可稱考，而姑曰親以包舉之，是不正名，亦疏之也。以其不得於言，知其不契於理，既爲伯、叔父母之後而父母之，則當降所生父母，而伯父母之叔父母之，昭昭然矣。

馬氏廷鸞曰：胡氏之説辨則辨矣，而施之宣帝之世則不可。「敢問宣帝而欲稱其所生之父母也將爲伯父乎，爲叔父乎？」於所後父爲兄，則伯父也；於所後父爲弟，則叔父也。而宣帝則有所後祖，無所後父者也。昭帝崩，無嗣，宣帝以兄孫爲叔祖後者也，不得其所後之父而父之，則何以稱其所生之父乎？先是，昌邑王以兄子入繼，則考昭帝可也。昭帝葬矣，易月之制終矣；昌邑廢矣，宣帝始以兄孫入繼。當時唯言嗣孝昭皇帝後而已，則未知其爲子乎，爲孫乎？必也升一等而考昭帝，則又將降一等而兄史皇孫矣，可乎不可？有司未有所處，姑緣其所生父直稱之曰皇考而已。故曰「胡氏辨則辨矣，施之宣帝之世則不可」，當俟通儒而質之。

戴氏震曰：漢宣帝之入嗣也，後昭帝，有所後祖，無所後父。丞相相等奏，悼園宜尊稱號曰「皇考」，立廟。胡氏之論曰：「既爲伯、叔父母之後而父母之，則當降所生父母，而伯、叔父母之稱昭昭然矣。」馬氏駁之曰：「宣帝以兄孫爲叔祖後者也，不得其所後之父而父之，則何以稱其所生之父乎？有司未有所處，姑緣其所生父，直稱之曰皇考而已。」今案：奏者、議者皆非也。禮，王考廟、考廟相逮之道也。如宣帝不入嗣，固考史皇孫而祖戾太子，今既祖昭帝，不得祖戾太子矣。獨考史皇孫，則其稱名疑，爲疑於昭帝、史皇孫之爲相逮也者，爲疑於戾太子、史皇孫之非相逮也者，疑故不可稱也。然則以孫後祖，可乎？曰：可。喪服斬衰章「爲人後者」，雷氏曰：「爲人後者，爲所後之父。闕此五字，以其所後之父或早卒。今所後其人不定，或後祖父，或後曾、高祖，故闕之也。」此闕之，雷氏之云當矣，猶未盡。蓋有承殤而後祖者，則無所後之父。雷氏但據有所後之父言耳。右古人後祖證一。孔子曰：「宗子爲殤而死，庶子弗爲後也。」鄭注曰：「明不序昭穆立之廟，其祭之，就其祖而已。代之者，主其禮。」孔穎達曰：「以其未成人，庶子不得代爲之後。不以父服服之。」鄭以殤不立廟解「弗爲後」，孔以不從父服解「弗爲後」，蓋入廟則全乎子，服斬則全乎子，承殤不爲之子也。喪服斬衰有「爲人後者」之條，故此言「弗爲後」以別之。右古人後祖證二。小記「爲殤後者，以其服服之」，鄭注曰：「言『爲後』者，據承之也。殤無爲人父之道，以本親之服服之。」夫孔子言「弗爲後」，而此又言「爲殤後」，鄭以「據承之」明其爲辭之借，然不特爾也。明乎弗爲後之義，則於殤者昭穆同列，皆得入繼，其殤者，兄弟也；明乎爲殤後而不服斬衰之義，則於殤者降等，皆得入繼，其殤者雖叔父也，而承之不必子之。右古人後祖證三。三者互相爲義例者也。後祖之爲昭穆，奈何？曰：惟父子則昭穆異，兄弟則昭穆同，祖孫則昭穆同。上治祖禰，下治子孫，旁治兄弟，推之百世而不易。然則祖孫相接，無所後父，何也？曰：古經不曰「爲人子」，而曰「爲人後」，通乎不爲子而爲後之辭也。孫可後祖，而非禰祖；弟可後兄，而非禰兄。魯人傷歸父之無後，使仲嬰齊爲之後，弟後兄也。後者，承先辭也。父子之道窮，而先後之義起。以父子則親重，以先後則統重。喪服子夏傳曰：「特重大宗者，降其小宗也。大宗者，尊之統也。」此言親不勝統，寧屈親親之分，以伸大統之尊。生乎道之窮，斷以義之正，有如是者。或曰：推而至於宣帝，有所後祖，無所後父，禮固有然矣。其稱史皇孫也，直曰皇考，既名疑曰皇伯考若叔考，名又無所緣定，若之何？曰：凡爲人後者，不可一時兩稱父，不可曠而無父。宋濮議以生例没，斷然當稱皇伯考，不可一時兩稱父故也。漢宣帝即親存，初無一時兩稱之嫌，惟以不可曠而無父論之。禮，雖可以後祖，其無所後父者，於本生父母，私言則曰父母，公言則曰本生以别之，曰本生父母，人豈有非之者哉？禮重辨嫌疑而已。宣帝不在辨嫌，而在辨疑。辨嫌不可直稱皇考，辨疑亦不可立之廟而直稱皇考。不可曠而無父，則併不得同於有所後父者之稱皇伯考。是故祭告之辭，私於所祭之地稱皇考可也，公言之曰本生皇考可也。丞相義等之議，謚曰悼園，置邑三百家而不立廟，義之正也。

蕙田案：漢宣帝時，有司奏稱「親史皇孫」，又稱「親謚宜曰悼，母曰悼后」。親之爲言，即父也，倘但曰史皇孫，曰王夫人，顧不可爲其推而遠之，幾不知爲宣帝何人矣。胡氏謂稱親爲姦説，蓋怵于後世之事而爲是言耶？夫使必禁其稱親，將禮所云「爲人後者爲其父母報」，「父母」二字，亦必不可施於語言乎？此有宋濮議所以啓歐陽公之辨也。夫辭窮則反本，是故謂之「其父母」，則已別於所後父母矣。宣帝無所後父母者也，有司必不敢曰考曰妣，而曰親曰母。又僅比諸侯王，此亦嚴核于名實矣。但厥後直曰皇考，則未得禮，若曰本生皇考，亦無妨也，猶之禮曰「其父母」也。至因園爲寢，而曰皇考廟，則疑上與昭帝相承無別，雖在廟制之外，然非禮矣。

右漢宣帝

漢哀帝

哀帝本紀：孝哀皇帝，元帝庶孫，定陶共王子也。母曰丁姬。成帝亡子，立爲皇太子。後月餘，立楚孝王孫景爲定陶王，奉共王祀〔一〕，所以獎厲太子專爲後之誼。綏和二年三月，成帝崩。四月丙午，太子即皇帝位。太皇太后詔尊定陶共王爲共皇。五月，詔曰：「春秋『母以子貴』，尊定陶太后曰恭皇太后，丁姬曰恭皇后。」建平二年，詔曰：「漢家之制，推親親以顯尊尊。定陶恭皇之號不宜復稱定陶。尊恭皇太后曰帝太太后，恭皇后曰帝太后。立恭皇廟于京師。」六月庚申，帝太后丁氏崩。上曰：「朕聞夫婦一體。詩云：『穀則異室，死則同穴。』祔葬之禮，自周興焉。帝太后宜起陵恭皇之園。」遂葬定陶。發陳留、濟陰近郡國五萬人穿復土。

蕙田案：此立私親廟于京師之始。

定陶共王傳：定陶共王康，永光三年立爲濟陽王。八年，徙爲山陽王。八年，徙定陶。王十九年薨，子欣嗣。十五年，成帝無子，徵入爲皇太子。上以太子奉大

〔一〕「祀」，原作「嗣」，據光緒本、漢書哀帝本紀改。

宗後，不得顧私親，乃立楚思王子景爲定陶王，奉共王後。成帝崩，太子即位，是爲孝哀帝。即位二年，追尊共王爲共皇〔一〕，置寢廟京師，序昭穆，儀如孝元帝。如淳曰：恭王，元帝子也。爲廟京師，列昭穆之次。如元帝，言如天子之儀。徙定陶王景爲信都王云。如淳曰：不復爲定陶王立後者，哀帝自以己爲後故。

孝元傅昭儀傳：孝元傅昭儀，哀帝祖母也。産一男一女，女爲平都公主，男爲定陶共王。元帝崩，隨王歸國，稱定陶太后。共王薨，子代爲王。王母曰丁姬。成帝無繼嗣，徵立爲太子。哀帝即位，高昌侯董宏希旨，上書言宜立丁姬爲帝太后。師丹劾奏「宏懷邪誤朝，不道」。上初即位，謙讓，從師丹言止。後迺白令皇太后下詔，尊定陶共王爲共皇。哀帝因是曰：「春秋『母以子貴』，尊傅太后爲共皇太后，丁姬爲共皇后。」後歲餘，爲共皇立寢廟於京師，比宣帝父悼皇考制度，序昭穆于前殿。

師丹傳：郎中令冷褒、黄門郎段猶等奏言：「定陶共皇太后、共皇后皆不宜復

〔一〕「共皇」下，原衍「帝」字，據光緒本、漢書定陶共王傳删。

引定陶藩國之名以冠大號，車馬衣服宜皆稱皇之意，師古曰：副稱之也。置吏二千石以下各供厥職，又宜爲共皇立廟京師。」上覆下其議，有司皆以爲宜如褒、猶言。丹獨議曰：「聖王制禮取法於天地。尊卑者，所以正天地之位，不可亂也。今定陶共皇太后、共皇后以定陶共皇爲號者，母從子、妻從夫之義也。欲立官置吏，車服與太皇太后並，非所以明尊無二上之義也。定陶共皇號謚已前定，義不得復改。禮：『父爲士，子爲天子，祭以天子，其尸服以士服。』子無爵父之義，尊父母也。爲人後者爲之子，故爲所後服斬衰三年，而降其父母期，明尊本祖而重正統也。孝成皇帝聖恩深遠，故爲共王立後，奉承祭祀，令共皇長爲一國太祖，萬世不毁，恩義已備。陛下既繼體先帝，持重大宗，承宗廟天地社稷之祀，義不可復奉定陶共皇祭入其廟。今欲立廟於京師，而使臣下祭之，是無主也。又親盡當毁，空去一國太祖不墮之祀，而就無主當毁不正之禮，非所以尊厚共皇也。」丹由是浸不合上意。免爲庶人。平帝即位，新都侯王莽白太皇太后發掘傅太后、丁太后冢，奪其璽綬，更以民葬之，定陶墮廢共皇廟。

蕙田案：宣帝稱親曰皇考，如離騷篇首「朕皇考曰伯庸」，似古人通稱。皇之爲言美也，大也，君也，亦猶禮曰「其父母」也。至此定陶共皇之稱，非宣帝稱皇考比也。皇即帝也，不曰帝而曰皇，明知必不可尊稱帝也。然以皇代之，其理不直，其名不正，固顯然矣。又立寢廟于京師，列昭穆之次，更非宣帝因園爲寢之比。師丹言定陶共皇謚已前定，不得復改，而堅持立廟京師，使臣下祭之爲無主，明前之失在私尊定陶共皇，後之失乃以共皇而亂天子宗廟鉅制也。無主之言，大義凜然。及後王莽假經義以竊權，既請皇高祖考廟奉明園毁勿修，又墮廢共皇廟，甚且掘傅太后、丁太后冢，奪其璽綬，雖小人悖罔，罪不容誅，然其所以致之者，可不思哉？

右漢哀帝

漢平帝

平帝本紀：孝平皇帝，元帝庶孫，中山孝王子也。母曰衛姬。年三歲嗣立爲王。元壽二年六月，哀帝崩。九月辛酉，中山王即皇帝位。元始元年，立故桃鄉頃侯子成都爲中山王。

中山衛姬傳：衛姬，平帝母也。配孝王，生平帝。孝王薨，代爲王。哀帝崩，無嗣，迎立爲帝。莽懲丁、傅行事，以帝爲成帝後，母衛姬及外家不當得至京師。迺更宗室桃鄉侯子成都爲中山王，奉孝王後。

蕙田案：平帝未立私親廟。

右漢平帝

後漢光武帝

後漢書光武本紀：建武三年正月辛巳，立皇考南頓君以上四廟。

張純傳：純以宗廟未定，昭穆失序，十九年，乃與太僕朱浮共奏言：「陛下興於匹庶，蕩滌天下，誅鉏暴亂，興繼祖宗。竊以經義所紀，人事衆心，雖實同創革，而名爲中興，宜奉先帝，恭承祭祀者也。元帝以來，宗廟奉祠高皇帝爲受命祖，孝文皇帝爲太宗，孝武皇帝爲世宗，皆如舊制。又立親廟四世，推南頓君以上盡於春陵節侯。禮，爲人後者則爲之子，既事大宗，則降其私親。今禘祫高廟，陳叙昭穆，而春陵四世，君臣並列，以卑廁尊，不合禮意。昔高祖以自受命，不由太上，宣帝以孫後祖，不敢私親，故爲父立廟，獨群臣侍祠。愚謂宜除今親廟，以則二帝舊典，願下有司博採其議。」詔下公卿，大司徒戴涉、大司空竇融議：「宜以宣、元、成、哀、平五帝四世代今親廟，宣、元皇帝尊爲祖、父，可親奉祠，成帝以下，有司行事，别爲南頓君立皇考廟。其祭上至舂陵節侯，群臣奉祠，以明尊尊之敬，親親之恩。」帝從之。

祭祀志：建武十九年，上可涉等議，詔曰：「以宗廟處所未定，且祫祭高廟〔一〕。其成、哀、平且祠祭長安故高廟。其南陽舂陵歲時各且因故園廟祭祀。園廟去太守治所遠者，在所令長行太守事侍祠。惟孝宣帝有功德，其上尊號曰中宗。」於是雒陽高廟四時加祭孝宣、孝元，凡五帝。其西廟成、哀、平三帝主，四時祭於故高廟。東廟京兆尹侍祠，冠衣車服如太常祠陵廟之禮。南頓君以上至節侯，皆就園廟。南頓君稱皇考廟，鉅鹿都尉稱皇祖考廟，鬱林太守稱皇曾祖考廟，節侯稱皇高祖考廟，在所郡縣侍祠。

漢官儀曰：「光武第雖十二，於父子之次，於成帝爲兄弟，於哀帝爲諸父，於平

〔一〕「祫」，原作「合」，據光緒本、後漢書祭祀志下改。

帝爲祖父，皆不可爲之後。上至元帝，於光武爲父，故上繼元帝而爲九代。故河圖云『赤九會昌』，謂光武也。」然則宣帝爲曾祖，故追尊及祠之。劉攽曰：注案世數，宣帝于光武猶是祖，此多一「曾」字。

文獻通考：胡氏寅曰：「西漢自孝成而後，三世無嗣。王莽篡時，漢祚既絶。光武掃平禍亂，奮然崛起，雖祖高祖，而帝四親，非與哀朝尊崇藩統同事，於義未有大不可者。然一聞純等建議，斷然從之，曾無留難，章陵四祠，蔑有異等，彼何所爲而然耶？寡恩之誚，既不聞於當年，失禮之議，又不生於後代，以是較之，宣、哀過舉益明，而禮所載『爲人後者爲其父母降，而不得祭』，豈可違而不守哉？」

右後漢光武帝

後漢安帝

安帝本紀：恭宗孝安皇帝諱祜〔一〕，肅宗孫也。父清河王慶，母左姬。延平元年，

〔一〕「祜」，原作「祐」，據光緒本、後漢書安帝本紀改，下同。

慶始就國，鄧太后特詔留帝清河邸。八月，殤帝崩，太后與兄車騎將軍鄧騭定策。迎帝，齋于殿中。拜長安侯。皇太后詔曰：「長安侯祜年已十三，有成人之志。親德係後，莫宜于祜。禮『昆弟之子猶己子』；春秋之義，爲人後者爲之子，不以父命辭王父命。其以祜爲孝和皇帝嗣。」又作策命曰：「惟延平元年秋八月癸丑，皇太后曰：咨長安侯祜：孝和皇帝懿德巍巍，光于四海。朕惟侯孝章皇帝世嫡皇孫，宜奉郊廟。今以侯嗣孝和皇帝後。」讀策畢，太尉奉上璽綬，即皇帝位。

十二月甲子〔一〕，清河王薨，使司空持節弔祭〔二〕。永初元年三月甲申，葬清河孝王，贈龍旂、虎賁。

祭祀志：安帝以清河孝王子即位，建光元年，追尊父清河孝王曰孝德皇，母曰孝德后，清河嗣王奉祭而已。

清河孝王慶傳：慶，母宋貴人。慶就國。鄧太后以殤帝繈抱，遠慮不虞，留慶

〔一〕「甲子」，原作「甲午」，據味經窩本、乾隆本、光緒本、後漢書安帝本紀改。
〔二〕「司空」，原作「司農」，據光緒本、後漢書安帝本紀改。

長子祜與嫡母耿姬居清河邸〔一〕。至秋，帝崩，立祜爲嗣，是爲安帝。太后使中黄門送耿姬歸國。帝所生母左姬，卒，葬于京師。慶立凡二十五年，薨。永初元年，太后崩〔二〕，有司言：「清河孝王至德淳懿，載育明聖，承天奉祚，爲郊廟主。漢興，高皇帝尊父爲太上皇，宣帝號父爲皇考，序昭穆，置園邑。大宗之義，舊章不忘。宜上尊號曰孝德皇，皇妣左氏曰孝德后，孝德皇母宋貴人追謚曰敬隱后。」乃告祠高廟，使司徒持節與大鴻臚奉册書璽綬之清河〔三〕，追上尊號；又遣中常侍奉太牢祠典，護禮儀侍中劉珍等及宗室列侯皆往會事。尊陵曰甘陵，廟曰昭廟，置令、丞，設兵車周衛，比章陵。復尊耿姬爲甘陵大貴人。

蕙田案：清河孝王雖加尊號，崇奉陵廟，然未立廟京師，但嗣王奉祀于其國而已。

右後漢安帝

〔一〕「祜」，原作「祐」，據光緒本、後漢書安帝本紀改。下同。
〔二〕「永初元年太后崩」，據後漢書和熹鄧皇后紀記載，鄧太后崩在建光元年。
〔三〕「之」，諸本脱，據後漢書清河孝王慶傳補。

後漢質帝

質帝本紀：孝質皇帝諱纘，肅宗玄孫。曾祖千乘貞王伉，祖樂安夷王寵，父勃海孝王鴻，母陳夫人〔一〕。沖帝不豫，大將軍冀徵帝到洛陽都亭。沖帝崩，太后與冀定策禁中，丙辰，迎帝入南宮。丁巳，封建平侯，其日即皇帝位。

蕙田案：質帝之不得追尊其父，蔡邕以爲偪于梁后及梁冀也。

右後漢質帝

後漢桓帝

桓帝本紀：孝桓皇帝諱志，肅宗曾孫也。祖河間孝王開，父蠡吾侯翼，母匽氏。翼卒，帝襲爲侯。本初元年，梁太后徵帝到夏門亭〔二〕，將妻以女弟。會質帝崩，太后與兄大將軍冀迎帝入南宮，即皇帝位，時年十五。九月戊戌，追尊皇祖河間孝王曰

〔一〕「陳夫人」，原作「陳美人」，據光緒本、後漢書質帝本紀改。
〔二〕「夏門亭」，原重「門」字，據光緒本、後漢書桓帝本紀删。

孝穆皇，夫人趙氏曰孝穆皇后，皇考蠡吾侯曰孝崇皇。冬十月甲午，尊皇母匽氏爲孝崇博園貴人。建和二年四月，封帝弟碩爲平原王〔一〕，奉孝崇皇祀。尊孝崇皇夫人馬氏爲孝崇園貴人。和平元年五月，尊博園匽貴人曰孝崇皇后。二年四月，孝崇皇后匽氏崩。五月，葬孝崇皇后于博陵。延熹元年六月，分中山置博陵郡，以奉孝崇皇園陵。

河間孝王開傳：蠡吾侯翼，元初六年鄧太后徵河間王諸子詣京師，奇翼美儀容，故以爲平原懷王後焉。歲餘，貶爲都鄉侯。翼卒，子志嗣，爲大將軍梁冀所立，是爲桓帝。梁太后詔追尊河間孝王爲孝穆皇，夫人趙氏曰孝穆后，廟曰清廟，陵曰樂成陵；蠡吾先侯曰孝崇皇，廟曰烈廟，陵曰博陵。皆置令、丞，使司徒持節奉册書璽綬，祠以太牢。建和二年，更封帝弟都鄉侯碩爲平原王〔二〕，留博陵，奉翼後。

祭祀志：桓帝以河間孝王孫蠡吾侯即位〔三〕，亦追尊祖考，王國奉祀。

〔一〕「碩」，原作「顧」，據光緒本、後漢書桓帝本紀改，下文同。
〔二〕「弟」，原作「兄」，據光緒本、後漢書河間孝王開傳改。
〔三〕「河間」，原作「清河」，據味經窩本、乾隆本、光緒本、後漢書祭祀志下改。

蕙田案：桓、靈祖、父皆有廟名，如祭祀志所言，則廟雖立，仍不過以嗣王奉祠也。

右後漢桓帝

後漢靈帝

靈帝本紀：孝靈皇帝諱宏，肅宗玄孫也。曾祖河間孝王開，祖淑，父萇。世封解瀆亭侯，帝襲侯爵。母董夫人。桓帝崩，無子，太后與父城門校尉竇武定策禁中，使持節至河間奉迎。建寧元年正月庚子，即皇帝位，時年十二。閏二月甲午，追尊皇祖爲孝元皇，夫人夏氏爲孝元皇后，考爲孝仁皇，夫人董氏爲慎園貴人。熹平三年六月，封河間王利子康爲濟南王，奉孝仁皇祀。

河間孝王傳：解瀆亭侯淑，以河間王子封。淑卒，子萇嗣。萇卒，子宏嗣，爲大將軍竇武所立，是爲靈帝。建寧元年，竇太后詔追尊皇祖淑爲孝元皇，夫人夏氏曰孝元后，陵曰敦陵，廟曰靖廟；皇考萇爲孝仁皇〔一〕，夫人董氏爲慎園貴人，陵曰慎

〔一〕「孝仁皇」，原脱「孝」字，據光緒本、後漢書河間孝王傳補。

陵，廟曰奂廟。皆置令、丞，使司徒持節之河間奉策書璽綬，祠以太牢，常以歲時遣中常侍持節之河間奉祠。熹平三年，使使拜河間安王利子康爲濟南王，奉孝仁皇祠。

祭祀志：桓帝無嗣，靈帝以河間孝王曾孫解瀆侯即位，亦追尊祖考。

右後漢靈帝

蔡邕獨斷：高祖得天下，而父在上，尊號曰太上皇，不言帝，非天子也。孝宣繼孝昭帝，其父曰史皇孫，祖父曰衛太子。太子以罪廢，及皇孫皆死，宣帝起園陵，長丞奉守，不敢加尊號於祖、父也。光武繼孝元，亦不敢加尊號於祖、父也。世祖父南頓令曰皇考，祖鉅鹿都尉曰皇祖，曾祖鬱林太守曰皇曾祖，高祖舂陵節侯曰皇高祖，起陵廟，置章陵以奉祀之而已。至殤帝崩，無子，弟安帝以和帝兄子從清河王子即尊號，依高帝尊父爲太上皇之義，追號父清河王曰孝德皇。順帝崩，沖帝無子，弟立樂安王子〔一〕，是爲質帝。帝偪于順烈梁后、父大將軍梁冀，未得尊其父而

〔一〕「樂安王」，原作「安樂王」，據光緒本、蔡邕獨斷卷下乙正。

崩。桓帝以蠡吾侯子即尊位，追尊父蠡吾先侯曰孝崇皇，母匽太夫人曰孝崇后，祖父河間孝王曰孝穆皇，祖母妃曰孝穆后。桓帝崩，無子，今上即位，追尊父解瀆亭侯曰孝仁皇，母董夫人曰孝仁后，祖父河間敬王曰孝元皇，祖母夏妃曰孝元后。

徐氏乾學曰：受命之君追王先世，固非奉藩稱臣者所可比，蔡氏以太上皇與追崇諸皇相提並論，似未協師丹之議。

蕙田案：漢之追尊本生父稱皇，大抵依據太上皇之號爾，然此號不可襲也。宣帝以孫後祖，但稱本生父曰皇考而已。稱皇實始於哀帝，追尊定陶共皇，厥後安帝父清河孝王曰孝德皇，桓帝父蠡吾侯曰孝崇皇，祖河間孝王曰孝穆皇，靈帝父解瀆亭侯曰孝仁皇，祖曰孝元皇，俱相繼起。而漢人諱言哀帝，但曰法宣帝，是誣也。惟哀帝既承大統，又自以己爲定陶共皇後，廢前所立定陶王後。安帝而下雖追尊本生祖、父，仍就王國奉祀，不立廟京師，非特法宣帝、光武帝，亦鑑於哀帝也。蔡邕獨斷叙追號起於安帝，豈不欲道哀帝之事與？

三國魏明帝論爲後附

三國魏志明帝紀[一]：明帝太和三年，詔曰：「禮，王后無嗣，擇建支子以繼大宗，則當纂正統以奉公義，何得復顧私親哉！漢宣繼昭帝後，加悼考以皇號；哀帝以外藩援立，而董宏等稱引亡秦，惑誤朝議，遂尊共皇，立廟京師，又寵藩妾，使比長信，僭差無禮，人神弗佑，罪師丹忠正之諫，致丁、傅焚如之禍。自是之後，相踵行之。其令公卿有司，深以前世爲戒。後嗣萬一有由諸侯入奉大統，則當明爲人後之義；敢爲佞邪導諛君上，妄建非正之號，謂考爲皇，稱妣爲后，則股肱大臣，誅之無赦。其書之金策，藏之宗廟。」是後高貴、常道援立，皆不外尊。

蕙田案：明帝此詔大義，卓然可法。又案：悼考曰皇考，非直加以皇號也。如定陶共皇之稱，乃爲加以皇號。然後世之追稱皇者，諱漢哀帝之事，而曰法宣帝。又後人不得如古者之以皇考爲通稱，故是詔曰「宣帝加悼考以皇」也。

右三國魏明帝論爲後附

[一]「三國魏志明帝紀」，下文引自晉書禮志上，非三國志魏書明帝本紀。

三國吴主皓附

吴志孫皓傳：元興元年八月，追謚父和曰文皇帝，尊母何爲太后。

孫和傳〔一〕：孫休立，封和子皓爲烏程侯，自新都至本國。休薨，皓即祚，其年追謚父和爲文皇帝，改葬明陵，置園邑二百家，令、丞奉守。後年正月，又分吴郡、丹陽九縣爲吴興郡，治烏程，置太守，四時奉祠。有司奏言，宜立廟京師。寶鼎二年七月，使守大匠薛珝營立寢堂，號曰清廟。十二月，遣守丞相孟仁、太常姚信等備官僚中軍步騎二千人，以靈輿法駕，東迎神于明陵。皓引見仁，親拜送於庭。靈輿當至，使丞相陸凱奉三牲祭於近郊，皓于金城外露宿。明日，望拜于東門之外。其翌日，拜廟薦祭，歔欷悲感。比七日三祭，倡伎晝夜娱樂。有司奏言「祭不欲數，數則黷，宜以禮斷情」，然後止。

吴書曰：比仁還，中使手詔，日夜相繼〔二〕，奉問神靈起居動止。巫覡言見和被

〔一〕「孫和傳」，諸本作「孫皓傳」，據三國志吴書吴主五子傳改。
〔二〕「日夜」，諸本作「曰使」，據三國志吴書吴主五子傳改。

服，顏色如平生日，皓悲喜涕淚，悉召公卿尚書詣闕門下受賜。

蕙田案：終漢之世，追尊本生父但稱皇，至吴主皓始稱皇帝。

右三國吴主皓附

晉愍帝

晉書孝愍帝本紀：孝愍皇帝諱鄴，武帝孫，吴孝王晏之子也。出繼後伯父秦獻王柬，襲封秦王。建興元年夏四月壬申，即皇帝位。

宋書禮志：愍帝建興四年，司徒梁芬議追尊之禮，帝既不從，而右僕射索綝等亦稱引魏制〔一〕，以爲不可。故追贈吴王爲太保而已。

吴孝王晏傳：洛京傾覆，晏亦遇害。愍帝即位，追贈太保。

右晉愍帝

〔一〕「右」，宋書禮志四作「左」；「制」，原作「志」，據光緒本、宋書禮志四改。

晉元帝

宋書禮志：元帝泰興二年，有司言琅邪恭王宜稱皇考。賀循議云：「禮典之義，子不敢以己爵加其父號〔一〕。」帝從之，二漢此典棄矣。

琅邪武王伷傳：琅邪武王伷，太康四年薨。恭王覲立，太熙元年薨。子睿立，是爲元帝。中興初，以皇子裒爲琅邪王，奉恭王祀。裒早薨，更以皇子煥爲琅邪王。其日薨，復以皇子昱爲琅邪王。咸和之初，既徙封會稽，成帝又以康帝爲琅邪王。康帝即位，封成帝長子哀帝爲琅邪王。哀帝即位，以廢帝爲琅邪王。廢帝即位，以會稽王攝行琅邪國祀。簡文帝登祚，琅邪王無嗣。及帝臨崩，封少子道子爲琅邪王。道子後爲會稽王，更以恭帝爲琅邪王。帝既即位，琅邪國除。

右晉元帝

齊明帝

南齊書明帝本紀：高宗明皇帝，始安貞王道生子也。隆昌元年，太后令廢海陵

〔一〕「號」，原脱，據光緒本、宋書禮志四補。

王，以上入纂太祖爲第三子。建武元年冬十月癸亥，即皇帝位。十一月乙酉，追尊始安貞王爲景皇帝，妃爲懿后。建武二年五月甲午，寢廟成。始安貞王道生傳：建武元年，追尊爲景皇帝，妃江氏爲后。立寢廟於御道西，陵曰脩安。

右齊明帝

陳文帝宣帝

陳書世祖本紀：世祖文皇帝，始興昭烈王長子也。永定三年六月丙午，高祖崩，遺詔徵世祖入纂。即皇帝位。八月庚戌，封皇子伯茂爲始興王，奉昭烈王後。

高宗本紀：高宗孝宣皇帝，始興昭烈王第二子也。天康二年十一月甲寅，慈訓太后令廢帝爲臨海王，以高宗入纂。太建元年春正月甲午〔一〕，即皇帝位。立皇子南中郎將、江州刺史康樂侯叔陵爲始興王，奉昭烈王祀。

〔一〕「太建」，原作「天建」，據光緒本、陳書宣帝本紀改。

隋書禮儀志：陳文帝入嗣，而皇考始興昭烈王廟在始興國，謂之東廟。天嘉四年，徙東廟神主，祔于梁之小廟，改曰國廟。祭用天子儀。

陳書始興王傳：始興王伯茂，字鬱之，世祖第二子也。初，高祖兄始興昭烈王道談仕于梁世，爲東宮直閤將軍，侯景之亂，中流矢卒。太平二年〔一〕，追贈長城縣公〔二〕，謚曰昭烈。高祖受禪，改封始興郡王。王生世祖及高宗。高宗以梁承聖末遷於關右，至是高祖遥以高宗襲封始興嗣王，以奉昭烈王祀。永定三年六月，高祖崩，是月世祖入纂帝位。時高宗在周未還，世祖以本宗乏饗，其年十月詔：徙封嗣王頊爲安成王，封第二子伯茂爲始興王，以奉昭烈王祀。

右陳文帝宣帝

北魏孝莊帝

北魏書彭城王傳：彭城王勰永平元年薨，謚曰武宣王。及莊帝即位，追號文穆皇

〔一〕「太平」，諸本作「紹泰」，據陳書始興王傳改。
〔二〕「長城縣公」，諸本作「義興郡公」，據陳書始興王傳改。

帝，妃李氏爲文穆皇后，遷神主於太廟。前廢帝時，去其神主。

蕙田案：以藩王入繼大統，而追崇所生，祔主太廟，并黜廟中已祔之主，降稱伯考，實自北魏孝莊始。魏收曰：「高祖不祀，武宣享廟，三后降鑒，福禄固不永矣。」誠哉是言也。臨淮諫諍事，詳見「廟制」門。

右北魏孝莊帝

北魏廢帝

前廢帝廣陵王紀：前廢帝，廣陵惠王羽之子也〔一〕。莊帝崩，爾朱世隆等奉王東郭之外，行禪讓之禮。普泰元年九月癸巳，追尊皇考爲先帝，皇妣王氏爲先太妃。

右北魏廢帝

北魏出帝

出帝紀：出帝，廣平武穆王懷之第三子也。中興二年夏四月，安定王自以疏

〔一〕「廣陵惠王羽」，諸本脱「惠」字，「羽」作「宇」，據魏書前廢帝廣陵王紀補、改。

遠〔一〕，請遜大位。齊獻武王與百寮會議，僉謂高祖不可無後，乃共奉王。戊子，即帝位。泰昌二年正月丁巳，追尊皇考爲武穆帝，皇太妃馮氏爲武穆后，皇妣李氏爲皇太妃。

右北魏出帝

後唐明帝

五代史唐本紀：天成二年十二月丙午，追尊祖考爲皇帝：高祖聿廟號惠祖，曾祖敖廟號毅祖，祖琰廟號烈祖，考廟號德祖。立廟於應州。

馬縞傳：縞，判太常卿。明宗入立，繼唐太祖、莊宗而不立親廟。縞言：「漢諸侯王入繼統者，必別立親廟，光武皇帝立四親廟于南陽，請如漢故事，立廟以申孝享。」明宗下其議，禮部尚書蕭頃等請如縞議。宰相鄭珏等議引漢桓、靈爲比，以爲

〔一〕「遠」，諸本作「屬」，據魏書出帝平陽王紀改。

靈帝尊其祖解瀆亭侯淑爲孝元皇〔一〕，父萇爲孝仁皇，請下有司定謚四代祖考爲皇，置園陵如漢故事。事下太常，博士王丕議漢桓帝尊祖爲孝穆皇帝，父爲孝崇皇帝。縞以謂孝穆、孝崇有皇而無帝，惟吳孫皓尊其父和爲文皇帝，不可以爲法。右僕射李琪等議與縞同。明宗詔宰臣集百官于中書，各陳所見。李琪等請尊祖禰爲皇帝，曾高爲皇。宰相鄭珏合群議奏：「請四代祖考皆加帝如詔旨，而立廟京師。」詔可其加帝，而立廟應州。

文獻通考：馬氏端臨曰：「案莊宗以沙陀爲唐之嗣，明宗又以代北狄裔爲莊宗之嗣，故後唐之所謂七廟者，以沙陀之獻祖國昌、太祖克用、莊宗存勗，而上繼唐之高祖、太宗、懿宗〔二〕、昭宗，而此所謂四廟者，又明宗代北之高、曾、祖、父也。」

右後唐明帝

〔一〕「靈帝」，原作「桓帝」，據光緒本、新五代史馬縞傳改。
〔二〕「懿宗」，原作「僖宗」，據味經窩本、乾隆本、光緒本、文獻通考卷九五改。

宋英宗

宋史英宗本紀：治平三年正月丁丑，皇太后下書中書門下：「封濮安懿王宜如前代故事，王夫人王氏、韓氏、任氏，皇帝可稱親。尊濮安懿王爲皇，夫人爲后。」詔遵慈訓；以塋爲園，置守衛吏，即園立廟，俾王子孫主祠事，如皇太后旨。辛巳，詔臣民避濮安懿王諱，以王子宗懿爲濮國公。

濮安懿王傳：濮安懿王允讓，慶曆四年，封汝南郡王。嘉祐四年薨，追封濮王，謚安懿。仁宗在位久無子，乃以王第十三子宗實爲皇子。仁宗崩，皇子即位，是爲英宗。治平元年，宰相韓琦等奏：「請下有司議濮安懿王及譙國夫人王氏、襄國夫人韓氏、仙遊縣君任氏合行典禮。」詔須大祥後議之。二年，乃詔禮官與待制以上議。翰林學士王珪等奏曰：「謹案儀禮喪服『爲人後者』傳曰：『何以三年也？受重者必以尊服服之。』『爲所後者之祖父母妻，妻之父母昆弟，昆弟之子若子。』謂皆如親子也。又『爲人後者爲其父母』傳曰：『何以期？不二斬，持重於大宗，降其小宗也。』『爲人後者爲其昆弟』傳曰：『何以大功？爲人後者降其昆弟也。』先王制禮，尊無二上，若恭愛之心分於彼，則不得專於此故也。是以秦、漢以來，帝王有自旁支入承大統者，或推尊其父母以爲帝后，皆見非當時，取譏後世，臣等不敢引以爲聖朝法。況前代入繼者，多宫車晏駕之後，援立之策或出臣下，非如仁宗皇帝年齡未衰，深惟宗廟之重，祇承天地之意，於宗室衆多之中，簡推聖明，授以大業。陛下親爲先帝之子，然後繼體承祧，光有天下。所以負扆端冕，富有四海，子子孫孫萬世相承，皆先帝德也。臣等竊以爲濮王宜準先朝封贈期親尊屬故事，尊以高官大國，譙國、襄國、仙遊並封太夫人，考之古今爲宜稱。」於是中書奏：「王珪等所議，未見詳定濮安懿王當稱何親，名與不名。珪等議：『濮王於仁宗爲兄，於皇帝宜稱皇伯而不名，如楚王、涇王故事。』」中書又奏：「禮與令及五服年月敕：出繼之子於所繼、所生皆父母。又漢宣帝、光武皆稱父爲皇考。今珪等議稱濮王爲皇伯，於典禮未有明據，請下尚書省，集三省、御史臺議奏。」方議而皇太后手詔詰責執政[一]，於是詔曰：「如聞集議不一，權宜罷議，令有司博求典故以聞。」禮官范鎮等又奏：「漢之稱皇考、稱帝、稱皇，立寢廟，序昭穆，皆非陛下聖明之所法，宜如前議爲

〔一〕「詰」，原作「切」，據味經窩本、乾隆本、光緒本、宋史濮安懿王傳改。

便。」自是御史吕誨等彈奏歐陽修首建邪議，韓琦、曾公亮、趙槩附會不正之罪，固請如王珪等議。既而内出皇太后手詔曰：「吾聞群臣議請皇帝封崇濮安懿王，至今未見施行。吾載閲前史，乃知自有故事。濮安懿王、譙國夫人王氏、襄國夫人韓氏、仙遊縣君任氏，可令皇帝稱親，濮安懿王稱皇，王氏、韓氏、任氏並稱后。」事方施行，而英宗即日手詔曰：「稱親之禮，謹遵慈訓；追崇之典，豈易克當。且欲以塋爲園，即園立廟，俾王子孫主奉祠事。」翌日，誨等以所論列彈奏不見聽用，繳納御史敕告，家居待罪。誨等所列，大抵以爲前詔稱「權罷集議」，後詔又稱「且欲以塋爲園」，即追崇之意未已。英宗命閤門以告還之。誨等力辭臺職。誨等既出，而濮議亦寢。至神宗元豐二年，詔以濮安懿王三夫人可並稱王夫人云。治平三年，立濮王園廟。

司馬光傳：帝疾愈，光料必有追隆本生事，即奏言：「漢宣帝爲孝昭後，終不追尊衛太子、史皇孫；光武上繼元帝，亦不追尊鉅鹿、南頓君，此萬世法也。」後詔兩制集議濮王典禮，學士王珪等相視莫敢先，光獨奮筆書曰：「爲人後者爲之子，不得顧私親。王宜準封贈期親尊屬故事〔一〕，稱爲皇伯，高官大國，極其尊榮。」議成，珪即命吏以其手藁爲案〔二〕。既上，與大臣意殊，御史六人爭之力，皆斥去。光乞留之，不可，遂請與俱貶。

彭思永傳：治平中，召爲御史中丞。濮王有稱親之議，言事者爭之，皆斥去。思永更上疏極論曰：「濮王生陛下，而仁宗以陛下爲嗣，是仁宗爲皇考，而濮王于屬爲伯，此天地大義，生人大倫。如乾坤定位，不可得而變也。陛下爲仁廟子，曰考曰親，乃仁廟也，若更施於濮王，是有二親矣。使王與諸父夷等，無有殊別，則於大孝之心亦爲難安。臣以爲當尊爲濮國太王，祭告之辭，則曰『姪嗣皇帝書名昭告於皇伯父』。在王則極尊崇之道，而於仁廟亦無所嫌矣，此萬世之法也。」疏入，英宗感其切至，垂欲施行，而中書持之甚力，卒不果。

蕙田案：伊川程子代彭思永論濮王典禮疏，見徐氏讀禮通考，不重載。

〔一〕「王」，諸本作「正」，據宋史司馬光傳改。
〔二〕「以其」，諸本誤倒，據宋史司馬光傳乙正。

又案：濮議，此二奏盡之。後廷論紛爭，皆歐陽公爲人後議發之耳。歐陽修傳：帝將追崇濮王，命有司議，皆謂當稱皇伯，改封大國。修引喪服記，以爲：「『爲人後者爲其父母報〔一〕。』降三年爲期，而不没父母之名，以見服可降而名不可没也。若本生之親，改稱皇伯，歷考前世，皆無典據。進封大國，則又禮無加爵之道。故中書之議，不與衆同。」

趙瞻傳：時議追崇濮安懿王，瞻引漢師丹、董宏事，謂其屬薛温其曰：「事將類此，吾必以死爭，固吾所也。」中書請安懿稱親，瞻爭曰：「仁宗既下明詔子陛下，議者顧惑禮律所生所養之名，妄相訾難，彼明知禮無兩父二斬之義，敢裂一字之詞，以亂厥真。且文有去婦出母者，去已非婦，出不爲母，辭窮直書，豈足援以斷大議哉？」會假太常少卿接契丹賀正使，入對，英宗問前事，對曰：「陛下爲仁宗子，而濮王又稱皇考，則是二父，二父非禮。」英宗曰：「御史嘗見朕欲皇考濮王乎？」瞻曰：「此乃大臣之議，陛下未嘗自言。」英宗曰：「是中書過耳，朕自數歲時，先帝養爲子，

〔一〕「報」，諸本作「服」，據宋史歐陽修傳改。

豈敢稱濮考?」瞻曰:「臣請退諭中書,作詔以曉天下。」英宗曰:「朕意已決,無庸宣告[一]。」及使還,聞呂誨等諫濮議皆罷去,乞與同貶。趣入對,英宗曰:「卿欲就龍逢、比干之名,孰若效伊尹、傅説哉?」瞻皇懼,言:「臣不敢奉詔,使朝廷有同罪異罰之譏。」遂通判汾州。

傅堯俞傳:大臣建言濮安懿王宜稱皇考,堯俞曰:「此於人情禮文,皆大謬戾。」與侍御史呂誨同上十餘疏,其言極切。主議者知洶洶不可遏,遂易「考」稱「親」。堯俞又言:「『親』,非父母而何?亦不可也。夫恩義存亡一也,先帝既以陛下爲子,當是時,設濮王尚無恙,陛下得以父名之乎?」俄命堯俞與趙瞻使契丹,比還,呂誨、呂大防、范純仁皆以諫濮議罷。堯俞拜疏求罷。遂出知和州。

呂誨傳:濮議起,侍從請稱王爲皇伯,中書不以爲然,誨引義固爭。七上章,不聽。遂劾宰相韓琦不忠五罪,曰:「昭陵之土未乾,遽欲追崇濮王,使陛下厚所生而薄所繼,隆小宗而絶大宗。言者論辨累月,琦猶遂非,不爲改正,中外憤鬱,萬口一

〔一〕「庸」,諸本作「容」,據宋史趙瞻傳改。

詞。顧黜居外藩，以慰士論。」又與御史范純仁、吕大防共劾歐陽修「首開邪議，以枉道説人主，以近利負先帝，陷陛下於過舉」。皆不報。

范純仁傳：治平中，遷侍御史。時方議濮王典禮，純仁言：「陛下受命仁宗而爲之子，與前代定策入繼之主異，宜如王珪等議。」

吕大防傳：執政議濮王稱考，大防上言：「先帝起陛下爲皇子，館於宫中，憑几之命，緒言在耳，皇天后土，寔知所托。設使先帝萬壽，陛下猶爲皇子，則安懿之稱伯，於理不疑。豈可生以爲子，没而背之哉？夫人君臨御之始，宜有至公大義厭服天下，以結其心。今大臣首欲加王以非正之號，使陛下顧私恩而違公義，非所以結天下之心也。」

范鎮傳：中書議追尊濮王。鎮判太常寺，率其屬言：「漢宣帝於昭帝爲孫，光武於平帝爲祖，其父容可稱皇考，議者猶非之，謂其以小宗奪大宗之統也。今陛下既以仁宗爲考，又加於濮王，則其失非特漢二帝比。凡稱帝若考，若寢廟，皆非是。」

司馬光再上濮安懿王典禮議：向詔群臣議濮安懿王典禮，王珪等二十餘人，皆以爲宜準先朝封贈期親尊屬故事。凡兩次會議，無一人異詞，而政府之意，獨欲尊濮王爲皇考，巧詞飾説，惑誤聖德。政府言儀禮本文、五服年月敕皆曰「爲人後者爲其父母」，即出繼之子於所生皆稱父母。臣案禮法必須指事立文，使人曉解。今欲言爲人後者爲其父母之服，若不謂之父母，不知如何立文。此乃政府欺罔天下之人，謂其皆不識文理也。又言漢宣帝、光武皆稱其父爲皇考。臣案宣帝承昭帝之後，以孫繼祖，故尊其父爲皇考，而不敢尊其祖爲皇祖者，以與昭帝同昭穆也。光武起布衣，誅王莽，冒矢石以得天下，名爲中興，其實創業。雖自立七廟，猶非大過，況但稱皇考，其謙損甚矣。今陛下親爲仁宗之子，以承大業，傳曰：「國無二君，家無二尊。」若復尊濮王爲皇考，則置仁宗於何地乎？政府前以二帝不加尊號于祖父，引以爲法則可矣，若謂皇考之名亦可施於今日，則事恐不侔。設使仁宗尚御天下，濮王亦萬福，當是之時，命陛下爲皇子，則必不謂濮王爲父而爲伯。若先帝在則稱伯，没則稱父，臣計陛下必不爲此行也。

朱子語録：有問濮議。曰：歐陽説不是，韓公、曾公亮和之。温公、王公議是。

范鎮、吕誨、范純仁、吕大防皆彈歐公。但温公又於濮安懿王一邊禮數太薄〔一〕，須於中自有斟酌可也。歐公之説，斷然不可。且如今有人爲人後者，一日所後之父與所生之父相對坐，其子來喚所後父爲父，終不成又喚所生父爲父！這自是道理。不如此，試坐仁宗於此，亦坐濮王於此，英宗過焉，終不成都喚兩人爲父！先時仁宗有詔云：「朕皇兄濮安懿王之子，猶朕之子也。」此甚分明，當時只以此爲據足矣。問先儒爭濮議事，曰：此只是理會稱親。當時蓋有引戾園事，欲稱「皇考」者。又問：稱「皇考」是否？曰：不是。又曰〔二〕：「爲人後者爲其父母服期年」，有父母之稱。濮議引此爲證，欲稱「皇考」。當時雖以衆人爭之得止，而至今士大夫猶以爲未然。蓋不知禮經中若不稱爲其父母，别無稱呼，只得如此也。

黄氏日鈔：歐公被陰私之謗，皆激於當日主濮議之力。公集濮議四卷，又設爲或問，以發明之，滔滔數萬言，皆以禮經「爲其父母」一語謂未嘗因降服而不稱父母

〔一〕「一」，原脱，據光緒本、朱子語類卷一二七補。
〔二〕「曰」，諸本作「問」，據朱子語類卷八七改。

耳。然既明言所後者三年，而於所生者降服，則尊無二上明矣。謂所生父母者，蓋本其初而名之，非有兩父母也。未爲人後之時，以生我者爲父母；已爲人後，則以命我者爲父母。立言者於既命之後而追本生之稱，自宜因其舊以父母稱，未必其人一時稱兩父母也。況帝王正統，相傳有自，非可常人比耶。永叔博聞之儒，而未見及此，學者所以貴乎格物。

日知録：顧氏炎武曰：「爲人後者爲其父母」，此臨文之不得不然。隋書劉子翊云「其者，因彼之辭」是也。後儒謂以所後爲父母，而所生爲伯、叔父母，於經未有所考，亦自「尊無二上」之義而推之也。宋歐陽氏據此文以爲聖人未嘗没其父母之名，辨之至數千言，然不若趙瞻之言「辭窮直書」爲簡而當也。

蕙田案：宋濮王典禮，司馬公、王公、程子之論正矣。其啓盈庭之言久而不決者，歐陽公爲人後議，實有以致之。當時攻斥者，不遺餘力，皆以死生去就爭之。英宗亦曰：「是中書過耳，先帝養爲子，豈敢稱濮考？」嗚呼！是可見天理之當然，人心之同然也。夫禮之立後，重大宗也。大宗，祖之統也。大宗不可絶，尊祖也。尊祖，則小宗不得有其子而後大宗。後大宗，則繼其祖之統，而非止爲其所後之嗣也。既繼其統，則繼其嗣。繼其嗣，則不貳斬。不貳斬，則不得有二父。故降其父母期，期則同於世父、叔父矣。世父、叔父，亦父道也。故曰「兄弟之子猶子」，其去子一間也，特尊無二上爾。司馬公、王公、程子之議，其義固如是也。宗法，大夫別子之禮也，而況有國乎？況天子爲天地、社稷、生靈之主乎？故濮王不稱考，而後尊祖之統定。尊祖之統定，而天下後世之爲父子者定。當時乃以稱伯父爲無據，豈篤論乎？歐公執禮經之文義，而曲詞以説之，其不足協人心必矣。故列序正史及諸家正説，而歐公爲後或問附焉。至曾子固爲人後議及持兩端之論者，皆不録。

附：歐陽氏修爲後或問上篇曰：爲人後者，不絶其所生之親，可乎？曰：可矣，古之人不絶也而降之。何以知之？曰：于經見之。何謂降而不絶？曰：降者所以不絶，若絶則不待降也。所謂降而不絶者，禮，爲人後者降其所生父母三年之服以爲期，而不改其父母之名者是也。問者曰：今之議者，以謂爲人後者，必使視其所生若未嘗生己者，一以所後父爲尊卑疏戚，若于所後父爲兄，則以爲伯父，爲弟，則以爲叔父，如此則如之何？余曰：吾不知其何所稽也。苟如其説，没其父母之名，而一以所後父爲尊卑疏戚，則宗從世數，各隨其遠近輕重，自有服矣，聖人何必特爲制降服乎？此余所謂若絶則不待降者也。稽之聖人則不然。昔者聖人之制禮也，爲人後者，于其父母不以所後之父尊卑疏戚爲別也，直自於其父子之間爲降殺耳。親不可降，降者，降其外物耳，喪服是也。其必降者，示有所屈也，以其承大宗之重，尊祖而爲之屈耳，屈于此以伸于彼也。生莫重于父母，而爲之屈者，以見承大宗者亦重也。所以勉爲人後者，知所承之重，以專任人之事也。此以義制者也。父子之道，天性也，臨之以大義，有可以降其外物，而本之于至仁，則不可絶其天性。絶人道而滅天理，此不仁者之或不爲也。故聖人之于制服也，爲降三年以爲朞，而不没其父母之名，以著于六經，曰：「爲人後者爲其父母報。」以見服可降，而父母之名不可没也。此所謂降而不絶者，以仁存也。夫事有不可兩得，勢有不可兩遂，爲子于此，則不能爲子于彼矣。此里巷之人所共知也，故其言曰：「爲人後者爲之子。」此一切之論，非聖人之言也，是漢儒之説也，乃衆人之所能道也。質諸禮則不然，方子夏之傳喪服也，苟如衆人一切之論，則不待多言也，直爲一言，曰：「爲人後者爲之子。」則自然視其父母絶若未嘗生己者矣，自然一以所後父爲尊卑疏戚矣，奈何彼子夏者獨不然也？其于傳經也，委曲而詳言之，曰：「視所後之某親，某親則若子。」若子者，若所後父之真子以自處，而視其族親，一以所後父爲尊卑疏戚也，故曰：「爲所後者之祖父母妻，妻之父母兄弟，兄弟之子若子。」猶嫌其未備也，又曰：「爲所後者之兄弟之子若子。」其言詳矣，獨于其所生父母不然，而别自爲服曰：「爲其父母報。」蓋於其所生父母，不使若爲所後者之真子者，以謂遂若所後者之真子以自處，則視其所生如未嘗生己者矣，其絶之不已甚乎！此人情之所不忍者，聖人亦所不爲也。今議者以其所生于所後爲兄者，遂以爲伯父，則是若所後者之真子以自處矣。爲伯父則自有服，不得爲齊衰朞矣，亦不得云「爲其父母報」矣。凡見于經而子夏之所區區分别者，皆不取，而又忍爲人情之所不忍者，吾不知其何所稽也。此大義也，不用禮經而用無稽之説，可乎？不可也。問者曰：古之人皆不絶其所生，而今人何以不然？曰：是何言歟？今之人亦皆然也，而又有加于古焉。今開寶禮及五服圖，乃國家之典禮也，皆曰「爲人後者，爲其所生父母齊衰朞」。服雖降矣，必爲正服者，示父母之道在也。「爲所後父斬衰三年」，服雖重矣，必爲義服者，示以義制也，而律令之文亦同五服者，皆不改其父母之名，質于禮經皆合，無少異。而五服之圖又加以心喪三年，以謂三年者，父母之喪也，雖以爲人後之故，降其服于身，猶使行其父母之喪于其心，示于所生之恩不得絶于心也。則今人之爲禮，比于古人又有加焉，何謂今人之不然也！

戴氏震曰：皇伯考之稱，歐陽公以爲無據。而據「爲人後者爲其父母」之文，禮云「爲其父母」，本屬辭窮，且著書者立言之體，非爲人後者口稱於尊長前也。由是言之，直稱皇考，與稱皇伯考，同爲無據，兩者於經既無據，當以至情大義斷之。宋英宗與趙瞻言：「朕自數歲時，先帝養爲子，豈敢稱濮考？」司馬温公言：「設使仁宗尚御天下，濮王亦萬福，當是之時，令陛下爲皇子，則必不謂濮王爲父而爲伯。當先帝在則稱伯，没則稱父，臣計陛下必不爲此行也。」此以至情大義斷之。濮王不可稱皇考，據英宗之言爲定。當稱皇伯考，據温公之言爲定。無論古人有皇伯考之稱與否。況後世稱謂之辭，古人未有者多矣，如悖於至情大義，雖古有而不可襲用，如合於至情大義，雖古未有而不妨。因革從宜，至情大義，本也；株守典故，末也。檀弓：「魯人欲勿殤童汪踦。孔子曰：『能執干戈以衛社稷。』」一言斷之，順情合義，豈嘗援典故舊文乎哉？歐陽公之論泥矣。

觀承案：濮議諸人，皆君子也，但所見各有偏處，一時遂如水火。温公專重承統之義，而未嘗謂宜薄其所生；歐公雖據禮經之文，而未嘗謂宜亂其所統。但以皇伯考之稱，畢竟無稽，故欲正其名耳，諸公無以折之。趙瞻則謂禮文乃詞窮直書，豈足援以斷大義。然既曰詞窮，可知理屈；既云直書，豈容曲諱哉？況本生父母非去婦、出母之比，又何擬人不於其倫乎？愚意英宗賢君，不似明世宗之剛愎自用，苟斟酌至當，無不允行。惜程子大賢，其代彭思永奏議，亦欲改稱皇伯考，卒至王陶擊韓公，蔣之奇擊歐公，遂無收煞，而濮王亦歸於兩無所稱而已也。自今觀之，其於仁宗稱考稱子，一如父子相繼之常，固爲定典，彼此原無别議。而於濮園則當稱本生考濮國大王，而不稱皇，自稱降服子皇帝某而書名，則既不蔑所生，亦不亂所統，豈不恩義兩全，名實俱正，而可爲萬世爲人後者大公至正之常法也乎？

右宋英宗

宋孝宗

宋史孝宗本紀：孝宗皇帝，太祖七世孫也。初，太祖少子秦王德芳生英國公惟憲，惟憲生新興侯從郁，從郁生華陰侯世將，世將生慶國公令譮，令譮生子偁，是爲秀王。以建炎元年十月戊寅生帝於秀州青杉牐之官舍，命名伯琮。及元懿太子薨，高宗未有後。詔選太祖之後。紹興二年五月，選帝育於禁中。三年，賜名瑗。十三年九月，秀王殁于秀州。用廷臣議，聽解官行服。三十年，立爲皇子，更名瑋。五月甲子，立爲皇太子，改名昚〔一〕。乙亥〔二〕，内降御札：「皇太子可即皇帝位。朕稱太上皇帝，退處德壽宫，皇后稱太上皇后。」

秀王子偁傳：安僖秀王子偁，秦康惠王之後，高宗族兄也。子伯琮生，後被選入宫，是爲孝宗。累官左朝奉大夫。紹興十三年致仕。明年，卒于秀州。時孝宗爲普安郡王，疑所服，詔侍從、臺諫議。秦熺等請解官如南班故事，普安亦自請持

〔一〕「立爲皇太子改名昚」，據宋史孝宗本紀，事在紹興三十二年。
〔二〕「乙亥」，據宋史孝宗本紀應爲六月乙亥。

服，許之。孝宗受禪，稱皇伯，園廟之制未備。紹熙元年，始即湖州秀園立廟，奉神主，建祠臨安府，以藏神貌[一]，如濮王故事。仍班諱。

光宗本紀：紹熙元年三月丁卯，詔秀王襲封，置園廟。班安僖王諱。七月癸酉，建秀王祠堂于行在。

禮志：秀安僖王園廟[二]。紹熙元年三月，詔秀王襲封等典禮。禮部、太常寺乞依濮安懿王典禮，避秀安僖王名一字。詔恭依，乃置園廟。四月，詔：「皇伯榮陽郡王伯圭除太保，依前安德軍節度使，充萬壽觀使，嗣秀王，以奉王祀。」

汪應辰傳：三十二年建儲。集議秀王封爵，應辰定其稱曰「太子本生之親」。議入，内降曰：「皇太子所生父，可封秀王。」

唐文若傳：上將内禪，前數日手詔追崇皇太子所生父，文若既書黄，因過周必大誦聖德，而疑名稱未安，歸白宰相，請更黄，堂吏不可，文若執不已，宰相以聞。

〔一〕「貌」，原作「廟」，據光緒本、宋史秀王子偁傳改。
〔二〕「園」，原脱，據光緒本、宋史禮志二十六補。

詔改稱本生親，尋又改宗室子偁，其後詔稱皇兄。

蕙田案：孝宗事同濮王而稱皇伯，當時無一人言者，蓋久而上下志定矣。

右宋孝宗

宋理宗

理宗本紀：理宗皇帝，太祖十世孫。父希瓐，追封榮王。以開禧元年正月癸亥生於邑中虹橋里第。是時，寧宗弟沂靖惠王薨〔一〕，無嗣，以宗室希瞿子賜名均爲沂王後〔二〕，尋改賜名貴和。嘉定十三年八月，景獻太子卒，寧宗以國本未立，選太祖十世孫年十五以上者教育，如高宗擇普安、恩平故事，遂以十四年六月丙寅立貴和爲皇子，改賜名竑，而以帝嗣沂王，賜名貴誠。十七年八月，寧宗違豫。彌遠稱詔以貴誠爲皇子，改賜名昀。閏月丁酉，帝崩於福寧殿。彌遠入白楊皇后，稱遺旨以皇子竑開

〔一〕「薨」，原作「亮」，據光緒本、宋史理宗本紀改。
〔二〕「希瞿」，原作「希瓐」，據光緒本、宋史理宗本紀改。

府儀同三司，進封濟陽郡王，命子昀嗣皇帝位。

端平元年正月丙寅，詔：「太師、中書令榮王已進王爵，宜封三代，曾祖子奭贈太師、吳國公，祖伯旿贈太師、益國公〔一〕，父師意贈太師、越國公。」

右宋理宗

宋度宗

度宗本紀：度宗皇帝，太祖十一世孫。父嗣榮王與芮，理宗母弟也。嘉熙四年四月九日生於紹興府榮邸。理宗在位歲久，無子，乃屬意託神器焉。寶祐元年正月庚辰，詔立爲皇子〔二〕，改賜今名。五年十月丁卯，理宗崩〔三〕，受遺詔，太子即皇帝位。十一月，加封嗣榮王與芮武康、寧江軍節度使。

右宋度宗

〔一〕「伯旿」，諸本作「伯盱」，據宋史理宗本紀改。
〔二〕「皇子」，諸本作「皇太子」，據宋史度宗本紀改。
〔三〕「理宗崩」，據宋史度宗本紀，事在景定五年。

蕙田案：理宗、度宗追尊所生曰王，曰節度使，蓋益謙矣。而當時後世不聞以爲薄者，濮議諸臣排折政府之力也。事久論定，豈非人心之公，天理之正哉！乃後人猶有祖歐陽之説者，其亦泠褎、段猶之流也夫！

五禮通考卷一百六

吉禮一百六

私親廟

遼世宗

遼史世宗紀：世宗皇帝，讓國皇帝長子，母柔貞皇后蕭氏。會同九年，從伐晉。大同元年二月，封永康王。四月丁丑，太宗崩於欒城。戊寅，梓宮次鎮陽，即皇帝位於柩前。改大同元年爲天禄元年。追謚皇考曰讓國皇帝。

義宗傳：義宗，名倍，太祖長子。神册元年春，立爲皇太子。天顯元年，從征渤海。破之，改其國曰東丹，名其城曰天福，以倍爲人皇王主之。太祖訃至，倍即日奔赴山陵。倍知皇太后意欲立德光，乃謂公卿曰：「大元帥功德及人神，中外攸屬，宜主社稷。」乃與群臣請於太后而讓位焉。於是大元帥即皇帝位，是爲太宗。太宗既立，見疑，浮海而去。唐以天子儀衛迎倍。明宗以莊宗妃夏氏妻之，賜姓東丹，名之曰慕華。明宗養子從珂弑其君自立，倍密報太宗曰：「從珂弑君，盍討之？」及太宗立石敬瑭爲晉主，加兵於洛。從珂欲自焚，召倍與俱，倍不從，遣壯士李彦紳害之。敬瑭入洛，喪服臨哭，以王禮權厝。後太宗改葬於醫巫閭山，謚曰文武元皇王。世宗即位，謚讓國皇帝，陵曰顯陵〔一〕。統和中，更謚文獻。重熙二十年，增謚文獻欽義皇帝，廟號義宗，及謚二后曰端順，曰柔貞。五子，長世宗。

右遼世宗

金熙宗

金史熙宗本紀：熙宗皇帝，太祖孫，景宣皇帝子。母富察氏。天輔三年己亥歲

〔一〕「顯陵」，諸本作「獻陵」，據遼史義宗傳改。

生。天會八年，安班貝勒杲薨，太宗意久未決。十年，左副元帥宗翰、右副元帥宗輔、左監軍完顔希尹入朝，與宗幹議曰：「安班貝勒虛位已久，今不早定，恐授非其人。哈喇，先帝嫡孫，當立。」相與請於太宗者再三，迺從之。四月庚午，詔曰：「爾爲太祖之嫡孫，故命爾爲安班貝勒，其無自謂沖幼，狎於童戲，惟敬厥德。」安班貝勒者，太宗嘗居是官，及登大位，以命弟杲。杲薨，帝定議爲儲嗣，故以是命焉。十三年正月己巳，太宗崩。庚午，即皇帝位。二月乙巳，追謚太祖后唐古氏曰聖穆皇后，費摩氏曰光懿皇后。

景宣帝傳：景宣皇帝，諱宗峻，太祖第二子。母曰聖穆皇后唐古氏，太祖元妃。宗峻在諸子中最嫡。太祖崩，帝與兄宗幹率宗室群臣立太宗。天會二年，薨。熙宗即位，追上尊謚曰景宣皇帝，廟號徽宗，改葬興陵。海陵弒立，降熙宗爲東昏王，降帝爲豐王。世宗復尊熙宗廟謚，尊帝爲景宣皇帝。子哈喇、常勝、察喇。哈喇是爲熙宗。

右金熙宗

金世宗

世宗本紀：世宗皇帝，太祖孫，睿宗子也。母曰貞懿皇后李氏。天輔七年癸卯歲，生於上京。海陵正隆六年十月丙午，告於太祖廟，即皇帝位。丁未，大赦，改元大定。十一月甲申，追尊皇考豳王爲皇帝，謚簡肅，廟號睿宗，皇妣富察氏曰欽慈皇后，李氏曰貞懿皇后。

睿宗紀：睿宗皇帝，諱宗堯。太祖征伐，諸子皆總戎旅，惟帝在帷幄。天輔十三年，薨，年四十，陪葬睿陵，追封潞王，謚襄穆。皇統六年，進冀國王。正隆二年，追贈太師、上柱國，改封許王。世宗即位，追上尊謚立德顯仁啓聖廣運文武簡肅皇帝，廟號睿宗。二年，改葬于大房山，號景陵。

右金世宗

元武宗

元史武宗本紀：武宗皇帝，順宗達爾瑪巴拉之長子也。母曰興聖皇太后鴻吉哩氏。至元十八年七月十九日生。大德十一年春，成宗崩。五月甲申，皇帝即位于上都。是日，追尊皇考曰皇帝，尊太母元妃曰皇太后。六月丁酉，中書右丞相哈喇哈遜達爾罕、左丞相塔喇海言：「臣等與翰林、集賢、太常老臣集議：皇帝嗣登寶位，詔追尊皇考爲皇帝，皇考大行皇帝同母兄也，大行皇帝祔廟之禮尚未舉行，二帝神主依兄弟次序祔廟爲宜。今擬請謚皇考昭聖衍孝皇帝，廟號順宗；大行皇帝曰欽明廣孝皇帝，廟號成宗。太祖之室居中，睿宗西第一室，世祖西第二室，裕宗西第三室，順宗東第一室，成宗東第二室。先元妃鴻吉哩氏實哩達喇宜謚曰貞慈靜懿皇后，祔成宗廟室。」制曰「可」。

順宗傳：順宗昭聖衍孝皇帝，諱達爾瑪巴拉，裕宗第二子也。母曰徽仁裕聖皇后鴻吉哩氏。至元初，裕宗爲燕王，達爾瑪巴拉生於燕邸。二十二年，裕宗薨，達爾瑪巴拉以皇孫鍾愛，兩宮優其出閤之禮。二十八年，始詔出鎮懷州。明年薨，年二十有九。子三人：長曰阿穆爾克，封魏王，郭出也；妃所生者曰海山，是爲武宗；曰阿裕爾巴里巴特喇，是爲仁宗。大德十一年秋，武宗即位，追謚曰昭聖衍孝皇帝，廟號順宗，祔享太廟。

右元武宗

元泰定帝

泰定帝本紀：泰定皇帝，顯宗噶瑪拉之長子，裕宗之嫡孫也。初，顯宗以長孫封晉王。至元十三年十月二十九日，帝生於晉邸。大德六年，晉王薨，帝襲封，是爲嗣晉王。至治三年八月，英宗遇弑。九月癸巳〔一〕，即皇帝位。十二月戊辰，請皇考、皇妣謚於南郊，皇考晉王曰光聖仁孝皇帝，廟號顯宗，皇妣晉王妃曰宣懿淑聖皇后。

顯宗傳：顯宗光聖仁孝皇帝，諱噶瑪拉，裕宗長子也。母曰徽仁裕聖皇后鴻吉哩氏。封梁王。改封晉王。大德六年薨。子三人：曰伊遜特穆爾，曰松山，曰德勒格爾布哈。王薨後十年，仁宗即位，謚王獻武。又十一年，英宗遇弑，伊遜特穆爾以嗣晉王即皇帝位，追尊曰光聖仁孝皇帝，廟號顯宗，祔享太室。又六年，文宗即位，乃毁其廟室。

右元泰定帝

〔一〕「九月」，諸本脱，據元史泰定帝本紀補。

明世宗

明史世宗本紀：世宗皇帝，憲宗孫也。父興獻王祐杬，國安陸，正德十四年薨。十六年三月丙寅，武宗崩，無嗣，慈壽皇太后與大學士楊廷和定策，以遺詔迎興王於興邸。四月癸卯〔一〕，即皇帝位。戊申，命禮臣集議興獻王封號。秋七月壬子，進士張璁言，繼統不繼嗣，請追崇所生，立興獻王廟於京師。初，禮臣議考孝宗，改稱興獻王皇叔父，援宋程頤議濮王禮以進，不允。至是，下璁奏，命廷臣集議。楊廷和等抗疏力爭，皆不聽。冬十月己卯朔，追尊父興獻王爲興獻帝，祖母憲宗貴妃邵氏爲皇太后，母妃爲興獻后。

睿宗傳：睿宗興獻皇帝祐杬，憲宗第四子。母邵貴妃。成化二十三年封興王。弘治四年建邸德安。已，改安陸。正德十四年薨，謚曰獻。王薨二年而武宗崩，召王世子入嗣大統，是爲世宗。禮臣毛澄等援漢定陶、宋濮王故事，考孝宗，改稱王爲「皇叔父興獻大王」，王妃爲「皇叔母」。帝命廷臣集議，未決。進士張璁上書請

〔一〕「四月癸卯」，原脱，據光緒本、明史世宗本紀補。

考興獻王，帝大悦。會母妃至自安陸，止通州不入。帝啓張太后，欲避天子位，奉母妃歸藩。群臣惶懼。太后命進王爲興獻帝，妃爲興獻后。璁更爲大禮或問以進，而主事霍韜、桂蕚，給事中熊浹議與璁合。帝因諭輔臣楊廷和、蔣冕、毛紀，帝、后加稱「皇」。廷和等合廷臣爭之，未決。嘉靖元年，禁中火，廷和及給事中鄧繼曾、朱鳴陽引五行五事爲廢禮之證。乃輟稱「皇」，加稱本生父興獻帝，尊園曰陵，黄屋監衛如制，設祠署安陸，歲時享祀用十二籩豆，樂用八佾。帝心終未慊。三年，加稱爲本生皇考恭穆獻皇帝，興國太后爲本生母章聖皇太后，建廟奉先殿西，曰觀德殿，祭如太廟。七月，諭去本生號。九月，詔稱孝宗皇伯考，稱獻皇帝曰皇考。璁、蕚等既驟貴，干進者爭以言禮希上意。百户隨全、録事錢子勳言獻皇帝宜遷葬天壽山。禮部尚書席書議：「高皇帝不遷祖陵，太宗不遷孝陵，蓋其慎也。小臣妄議山陵，宜罪。」工部尚書趙璜亦言不可。乃止。尊陵名曰顯陵。明年修獻皇帝實録，建世廟於太廟左。六年，以觀德殿狹隘，改建崇先殿。七年，命璁等集明倫大典成，加上尊謚曰恭睿淵仁寬穆純聖獻皇帝。親製顯陵碑，封松林山爲純德山，從祀方澤，次五鎮，改安陸州爲承天府。十七年，通州同知豐坊請加尊皇考廟號，稱宗以配上帝。九月，加上尊謚知天守道洪德淵仁寬穆純聖恭儉敬文獻皇帝，廟號睿宗，祔太廟，位次武宗上。明堂大享奉主配天，罷世廟之祭。四十四年，芝生世廟柱，復立玉芝宫祀焉。穆宗立，乃罷明堂配享。初，楊廷和等議封益王次子崇仁王厚炫爲興王，奉獻帝祀。不允。興國封除。

嘉靖元年正月，清寧宫後殿災。命稱孝宗皇考，慈壽皇太后聖母，興獻帝、后爲本生父母。三月戊午，上興獻后曰興國太后。

明史紀事本末：嘉靖元年春正月，清寧宫小房災，楊廷和、蔣冕、毛紀、費宏上言：「火起風烈，此殆天意。況迫清寧後殿，豈興獻帝、后之加稱，祖宗神靈容有未悦乎？」給事中鄧繼曾上言：「五行火主禮。今日之禮，名紊言逆，陰極變災。臣雖愚，知爲廢禮之應。」主事高尚賢、鄭佐相繼上言：「鬱攸之災，不於他宫，而於清寧之後；不在他日，而在郊祀之餘。變豈虚生，災有由召。」帝覽之心動，乃從廷和等議，稱孝宗爲皇考，慈壽皇太后爲聖母，興獻帝、后爲本生父母，而「皇」字不復加矣。先是，司禮監傳諭興獻帝册文，朕宜稱子。廷和等上言：「不可。」復傳諭宜稱孝子。廷和等言：「册文稱『長子』、『本生』，父情自明，請勉行正禮。」從之。遣官詣安陸，上興獻帝尊號。命司禮太監温祥督禮儀，成國公朱輔上册寶，禮部侍郎賈詠題神主。詠遵廷和指，題其主曰「興獻帝神主」，不稱考及叔，亦不署子名。

明會典：慶源殿。嘉靖元年，命安陸州官以四孟及朔望致祭於家廟。四孟，籩豆牲牢，俱如太廟之儀。朔望，常祭如奉先殿之儀。

明史紀事本末：嘉靖二年春二月，太常卿汪舉上言：「安陸廟宜用十二籩豆，如太廟儀。」從之。禮部請置奉祀官，又言：「樂舞未敢輕議。」帝命楊廷和集議之，禮部侍郎賈詠會公侯九卿等上言：「正統本生，義宜有間。八佾既用於太廟，安陸樂舞似當少殺，以避二統之嫌。」帝曰：「仍用八佾。」於是何孟春及給事中張翀、黄臣、劉最，御史唐僑儀、秦武等，南京給事中鄭慶雲各上言力爭。不報。冬十一月，奉孝惠皇太后主於奉慈殿，遣官告安陸廟。

明史楊廷和傳：先是，武宗崩，廷和草遺詔。言皇考孝宗敬皇帝親弟興獻王長子某，倫序當立。遵奉祖訓「兄終弟及」之文，告於宗廟，請於慈壽皇太后，迎嗣皇帝位。既令禮官上禮儀狀，請由東安門入居文華殿。翼日，百官三上箋勸進，俟令旨俞允，擇日即位。其箋文皆循皇子嗣位故事。世宗覽禮部狀，謂：「遺詔以吾嗣皇帝位，非爲皇子也。」及至京，止城外。廷和固請如禮部所具儀，世宗不聽。乃御行殿受箋，由大明門直入，告大行几筵，日中即帝位。詔草言「奉皇兄遺詔入奉宗祧」，帝遲回久之，始報可。越三日，遣官往迎帝母興獻妃。未幾，命禮官議興獻王主祀稱號。廷和檢漢定陶王、宋濮王事授尚書毛澄曰：「是足爲據，宜尊孝宗曰皇考，稱獻王爲皇叔考興國大王，母妃爲皇叔母興國太妃，自稱姪皇帝名，别立益王次子崇仁王爲興王，奉獻王祀。有異議者即奸邪，當斬。」進士張璁與侍郎王瓚言，帝入繼大統，非爲人後。瓚微言之，廷和恐其撓議，改瓚官南京。五月，澄會廷臣議上，如廷和言。帝不悦。然每召廷和，從容賜茶慰諭，欲有所更定，廷和卒不肯順帝指。乃下廷臣再議。廷和偕蔣冕、毛紀奏言：「前代入繼之君，追崇所生者，皆不合典禮。惟宋儒程頤濮議最得理義之正，可爲萬世法。至興獻王祀，雖崇仁王主之，他日王嗣繁衍，仍以第二子爲興獻王後，而改封崇仁王爲親王，則天理人情，兩全無失。」帝益不悦，命博考典禮，務求至當。廷和、冕、紀復言：「三代以前，聖莫如舜，未聞追崇其所生父瞽瞍也。三代以後，賢莫如漢光武，未聞追崇其所生父南頓君也。惟皇上取法二君，則聖德無累，聖孝有光矣。」澄等亦再三執奏。帝留中不下。七月，張璁上疏謂當繼統不繼嗣。帝遣司禮太監持示廷和，言此議遵祖訓，據古禮，宜從。廷和曰「秀才安知國家事體」，復持入。無何，帝御文華殿召廷和、冕、紀，授以手敕，令尊父母爲帝后。廷和退而上奏曰：「禮謂爲所後者爲父母，而以其所生者爲伯、叔父母，蓋不惟降其服而又異其名也。臣不敢阿諛順旨。」仍封還手詔。群臣亦皆執前議。帝不聽。迨九月，母妃至京，帝自定儀由中門入，謁見太廟，復申諭欲加稱興獻帝、后爲皇。廷和言：「漢宣帝繼孝昭後，謚史皇孫、王夫人曰悼考、悼后，光武上繼元帝，鉅鹿、南頓君以上立廟章陵，皆未嘗追尊。今若加皇字，與慈壽、考廟並，是忘所後而重本生，任私恩而棄大義，臣等不得辭其責。」因自請斥罷。廷臣諍者百餘人。帝不得已，乃以嘉靖元年詔稱孝宗爲皇考，慈壽皇太后爲聖母〔一〕，興獻帝、后爲本生父母，不稱皇。當是時，廷和先後封還御批者四，執奏幾三十疏，帝常忽忽有所恨。左右因乘間言廷和恣無人臣禮。言官史道、曹嘉遂交劾廷和。帝爲薄譴道、嘉以安廷和，然意内移矣。廷和去，始議稱孝宗爲皇伯考。

〔一〕「慈壽」，諸本作「慈聖」，據明史楊廷和傳改。

毛澄傳：世宗踐祚甫六日，有旨議興獻王主祀及尊稱。五月七日戊午，澄大會文武群臣，上議曰：「考漢成帝立定陶王爲皇太子，立楚孝王孫景爲定陶王奉共王祀。共王者，皇太子本生父也。時大司空師丹以爲恩義備至。今陛下入承大統，宜如定陶王故事，以益王第二子崇仁王厚炫繼興王後，襲興王主祀事。又考宋濮安懿王之子入繼仁宗後，是爲英宗。司馬光謂濮王宜尊以高官大爵，稱皇伯而不名。范鎮亦言：『陛下既考仁宗，若復以濮王爲考，於義未當。』乃立濮王園廟，以宗樸爲濮國公奉濮王祀。程頤之言曰：『爲人後者，謂所後爲父母，而謂所生爲伯、叔父母，此生人之大倫也。然所生之義，至尊至大，宜別立殊稱。曰皇伯、叔父某國大王，則正統既明，而所生亦尊崇極矣。』今興獻王於孝宗爲弟，於陛下爲本生父，與濮安懿王事正相等。陛下宜稱孝宗爲皇考，改稱興獻爲『皇叔父興獻大王』，妃爲『皇叔母興獻王妃』。凡祭告興獻王及上箋於妃，俱稱姪皇帝某，則正統、私親，恩禮兼盡，可以爲萬世法。」議上，帝怒曰：「父母可更易若是耶！」命再議。其月二十四日乙亥，澄復會廷臣上議曰：「禮，爲人後者爲之子，自天子至庶人一也。興獻王子惟陛下一人，既入繼大統，奉祀宗廟，是以臣等前議欲令崇仁王厚炫主興獻王祀。至於稱號，陛下宜稱爲皇叔父興獻大王，自稱姪皇帝名，以宋程頤之説爲可據也。本朝之制，皇帝於宗藩尊行，止稱伯父、叔父，自稱皇帝而不名。今稱興獻王爲皇叔父大王，又自稱名，尊崇之典已至，臣等不敢復有所議。」因録程頤代彭思永議濮王禮疏進覽。帝不從，命博考前代典禮，再議以聞。澄乃復會廷臣上議曰：「臣等會議者再，請改稱興獻王爲叔父者，明大統之尊無二也。然加皇字於叔父之上，則凡爲陛下伯、叔諸父皆莫能與之齊矣。加大字於王之上，則天下諸王皆莫得而並之矣。興獻王稱號既定，則王妃稱號亦隨之，天下王妃亦無以同其尊矣。況陛下養以天下，所以樂其心，不違其志，豈一家一國之養可同日語哉？此孔子所謂事之以禮者。其他推尊之説，稱親之議，似爲非禮。推尊之非，莫詳於魏明帝之詔。稱親之非，莫詳於宋程頤之議。至當之禮，要不出於此。」并録上魏明帝詔書。當是時，帝鋭意欲推崇所生，而進士張璁復抗疏極言禮官之謬。帝心動，持澄等疏久不下。至八月庚辰朔，再命集議。澄等乃復上議曰：「先王制禮，本乎人情。武宗既無子嗣，又鮮兄弟，援立陛下於憲廟諸孫之中。是武宗以陛下爲同堂之弟，考孝宗，母慈壽，無可疑矣，可復顧私親哉？」疏入，帝不懌，復留中。會給事中邢寰請議憲廟皇妃邵氏徽號，澄上言：「王妃誕生獻王，實陛下所自出。但既承大統，則宜考孝宗，而母慈壽太后矣。孝宗於憲廟皇妃宜稱皇太妃，則在陛下宜稱太皇太妃。如此，則彝倫既正，恩義亦篤。」疏入，報聞。其月，帝以母妃將至，下禮官議其儀。澄等請由崇文門入東安門，帝不可。乃議由正陽左門入大明東門，帝又不可。澄等執議如初，帝乃自定其儀，悉由中門入。時尊崇禮猶未定，張璁復進大禮或問，帝益嚮之。至九月末，乃下澄等前疏，更令博採輿論以聞。澄等知勢不可已，謀於内閣，加稱興王爲帝，妃爲后，而以皇太后懿旨行之。乃疏言：「臣等一得之愚，已盡於前疏。兹欲仰慰聖心，使宜於今而不戾於情，合乎古而無悖乎義，則有密勿股肱在。臣等有司，未敢擅任。」帝遂於十月二日庚辰，以慈壽皇太后旨加興獻王號曰興獻帝，妃曰興國太后，皇妃邵氏亦尊爲皇太后，宣示中外。顧帝雖勉從廷議，意猶慊之。十二月十一日己丑，復傳諭加稱皇帝。内閣楊廷和等封還御批，澄抗疏力爭，又偕九卿喬宇等合諫，帝皆不允。

嘉靖三年正月丙戌，南京主事桂萼請改稱孝宗皇伯考，下廷臣議。夏四月，上興國太后尊號曰本生聖母章聖皇太后。

三年夏四月癸丑，追尊興獻帝爲本生皇考恭穆獻皇帝。辛酉，編修鄒守益請罷興獻帝稱考立廟，下錦衣衛獄。五月乙丑，蔣冕致仕。修撰吕柟言大禮未正，下錦衣衛獄。丁丑，遣使迎獻皇帝神主於安陸。六月，御史段續、陳相請正席書、桂萼罪，吏部員外郎薛蕙上爲人後解，鴻臚少卿胡侍言張璁等議禮之失，俱下獄。秋七月乙亥，更定章聖皇太后尊號，去本生之稱。戊寅，廷臣伏闕固爭，下員外郎馬理等一百三十四人錦衣衛獄。癸未，杖馬理等於廷，死者十有六人。甲申，奉安獻皇帝神主於觀德殿。己丑，毛紀致仕。辛卯，杖修撰楊慎，檢討王元正，給事中劉濟、安磐、張漢卿、張原，御史王時柯於廷。原死，愼等戍謫有差。九月丙寅，定稱孝宗爲皇伯考，昭聖皇太后爲皇伯母，獻皇帝爲皇考，章聖皇太后爲聖母。

汪俊傳：時議興獻王尊號，與尚書喬宇、毛澄輩力爭。澄引疾去，代者羅欽順不至，乃以俊爲禮部尚書。是時獻王已加帝號矣，主事桂萼復請稱皇考。章下廷議。三年二月〔一〕，俊集廷臣七十有三人上議曰：「祖訓『兄終弟及』，指同產言。今

〔一〕「二月」，諸本作「正月」，據明史汪俊傳改。

陛下爲武宗親弟，自宜考孝宗明矣。孰謂與人爲後，而滅武宗之統也。儀禮傳曰：『爲人後者，孰後？後大宗也。』漢宣起民間，猶嗣孝昭。光武中興，猶考孝元。魏明帝詔皇后無子，擇建支子，以繼大宗。孰謂入繼之主與爲人後者異也。宋范純仁謂英宗親受詔爲子，與入繼不同，蓋言恩義尤篤，當不顧私親，非以生前爲子者乃爲人後，身後入繼者不爲人後也。萼言『孝宗既有武宗爲之子，安得復爲立後』。臣等謂陛下自後武宗而上考孝宗，非爲孝宗立後也。又言『武宗全神器授陛下，何忍不繼其統』。臣等謂陛下既稱武宗皇兄矣，豈必改孝宗稱伯，乃爲繼其統乎？又言『禮官執者不過前宋濮議』。臣等愚昧，所執實不出此。蓋宋程頤之議曰：『雖當專意於正統，豈得盡絶於私恩。故所繼，主於大義；所生，存乎至情。至於名稱，統緒所繫，若其無別，斯亂大倫。』殆爲今日發也。謹集諸章奏，惟進士張璁、主事霍韜、給事中熊浹與萼議同，其他八十餘疏二百五十餘人，皆如臣等議。」議上，留中。而特旨召桂萼、張璁、席書於南京。越旬有五日，乃下諭曰：「朕奉承宗廟正統，大義豈敢有違。第本生至情，亦當兼盡。其再集議以聞。」後不得已，乃集群臣請加皇字，以全徽稱。議上，復留十餘日。至三月朔，乃詔禮官，加稱興獻帝爲本生皇考恭穆獻皇帝，興國太后爲本生母章聖皇太后，擇日祭告郊廟，頒詔天下，而別諭建室奉先殿側，恭祀獻王。俊等復爭曰：「陛下入奉大宗，不得祭小宗，亦猶小宗之不得祭大宗也。昔興獻帝奉藩安陸，則不得祭憲宗。今陛下入繼大統，亦不得祭興獻帝。是皆以禮抑情者也。然興獻帝不得迎養壽安皇太后於藩邸，陛下得迎興國太后於大内，受天下之養，而尊祀興獻帝以天子之禮樂，則人子之情獲自盡矣。乃今聖心無窮，臣等敢不將順，但於正統無嫌，乃爲合禮。」帝曰：「朕但欲奉先殿側別建一室，以伸追慕之情耳。迎養藩邸，祖宗朝無此例，何容飾以爲詞。其令陳狀。」俊具疏引罪。乃嚴旨切責，而趣立廟益急。俊等乃上議曰：「立廟大内，有干正統。臣實愚昧，不敢奉詔。」帝不納，而令集廷臣大議。俊等復上議曰：「謹案先朝奉慈別殿，蓋孝宗皇帝爲孝穆皇太后祔葬初畢，神主無薦享之所而設也。當時議者，皆據周制特祀姜嫄而言。至爲本生立廟大内，則從古未聞。惟漢哀帝爲定陶恭王立廟京師。師丹以爲不可，哀帝不聽，卒遺後世之譏。陛下有可以爲堯、舜之資，臣等不敢導以衰世之事。請於安陸特建獻帝百世不遷之廟〔一〕，俟他日襲封興王子孫世世獻享，陛下歲時遣官持節奉祀，亦足伸陛下無窮至情矣。」帝仍命遵前旨再議，俊遂抗疏乞休。再請益力，帝怒，責以肆慢，允其去。召席書未至，令吴一鵬署事。明倫大典成，落俊職，卒於家。

吴一鵬傳：世宗踐祚，召拜禮部右侍郎。尋轉左。數與尚書毛澄、汪俊力爭「大禮」。俊去國，一鵬署部事，而帝趣建獻帝廟甚亟〔二〕。一鵬集廷臣上議曰：「前世入繼之君，間有爲本生立廟園陵及京師者〔三〕。第歲時遣官致祀，尋亦奏罷。然猶見非當時，取議後代。若立廟大内而親享之，從古以來未有也。臣等寧得罪陛下，不欲陛下失禮於天下後世。今張璁、桂萼之言曰『繼統公，立後私』，又曰『統爲重，嗣爲輕』。竊惟正統所傳之謂宗，故立宗所以繼統，立嗣所以承宗，統之與宗初無輕重。況當我朝傳子之世，而欲倣堯、舜傳賢之例，擬非其倫。又謂『孝不在皇不皇，而在考不考』，遂欲改稱孝宗爲皇伯考。臣等歷稽前古，未有神主稱皇伯考

〔一〕「於」，原作「以」，據光緒本、明史汪俊傳改。
〔二〕「而帝」，原脱「帝」字，據光緒本、明史吴一鵬傳補。
〔三〕「爲」，原脱，據光緒本、明史吴一鵬傳補。

者。惟天子稱諸王曰伯、叔父則有之〔一〕，非可加於宗廟也。前此稱本生皇考，實裁自聖心。乃謂臣等留一皇字以覘陛下，又謂『百皇字不足當父子之名』，何肆言無忌至此。乞速罷建室之議，立廟安陸，下璁、萼等法司案治。」帝報曰：「朕起親藩，奉宗祀豈敢違越。但本生皇考寢園，遠在安陸，於卿等安乎？命下再四，爾等欺朕沖歲，黨同執違，敗父子之情，傷君臣之義。往且勿問，其奉先殿西室亟修葺，盡朕歲時追遠之情。」時嘉靖三年四月也。踰月，手敕名奉先殿西室爲觀德殿，遂命一鵬偕中官賴義、京山侯崔元迎獻帝神主於安陸。一鵬等復上言：「歷考前史，並無自寢園迎主入大内者。此天下後世觀瞻所係，非細故也。且安陸爲恭穆啓封之疆，神靈所戀，又陛下龍興之地，王氣所鍾。故我太祖重中都，太宗重留都，皆以王業所基，永修世祀。伏乞陛下俯納群言，改題神主，奉安故宫，爲百世不遷。其觀德殿中則設神位香几以慰孝思，則本生之情既隆，正統之義亦盡。」奏入，不納。一

〔一〕「伯」上，原衍「王」字，據光緒本、明史吴一鵬傳删。

鵬乃行。比還朝，則廷臣已伏闕哭爭〔一〕，朝事大變，而給事中陳洸譸張尤甚。一鵬抗疏曰：「大禮之議斷自聖心，正統本生，昭然不紊。而洸妄謂陛下誕生於孝宗没後三年，嗣位於武宗没後二月，無從授受，其説尤爲不經。謹案春秋以受命爲正始，故魯隱公上無所承，内無所受，則不書即位。今陛下承武宗之遺詔，奉昭聖之懿旨，正合春秋之義。而洸謂孰從授受，是以陛下爲不得正始也。洸本小人，不痛加懲艾，無以杜效尤之漸。」不聽。

蔣冕傳：「大禮」議起，冕固執爲人後之説，與廷和等力爭之。帝始而婉諭，繼以謙讓，冕執議不回。及廷和罷政，冕當國，帝愈欲尊崇所生。逐禮部尚書汪俊以怵冕，而用席書代之，且召張璁、桂萼。物情甚沸，冕乃抗疏極諫曰：「陛下嗣承丕基，固因倫序素定。然非聖母昭聖皇太后懿旨，與武宗皇帝遺詔，則將無所受命。今既受命於武宗，自當爲武宗之後。特兄弟之名不可紊，故但兄武宗，考孝宗，母昭聖，而於孝廟、武廟皆稱嗣皇帝，稱臣，稱御名，以示繼統承祀之義。今乃欲爲本

〔一〕「哭」，諸本作「復」，據明史吴一鵬傳改。

生父母立廟奉先殿側，臣雖至愚，斷斷知其不可。自古人君嗣位謂之承祧踐祚，皆指宗祀而言。禮，爲人後者惟大宗，以大宗尊之統也，亦主宗廟祭祀而言。自漢至今，未有爲本生父母立廟大内者。漢宣帝爲叔祖昭帝後，止立所生父廟於葬所。光武中興，本非承統平帝，亦止立四親廟於章陵。宋英宗父濮安懿王，亦止即園立廟。陛下先年有旨，立廟安陸，與前代適同，得其當矣。豈可既奉大宗之祀，又兼奉小宗之祀。夫情既重於所生，義必不專於所後，將孝、武二廟之靈安所托乎！竊恐獻帝之靈〔一〕，亦將不能安，雖聖心亦自不能安也。邇者復允汪俊之去，趣張璁、桂萼之來，人心益駭。是日廷議建廟，天本晴明，忽變陰晦，至暮風雷大作。天意如此，陛下可不思變計哉？」因力求去。帝得疏不悦，猶以大臣故，優詔答之。未幾，復請罷建廟之議，且乞休，疏中再以天變爲言。帝益不悦。

蕙田案：明「大禮」議，發端持正，莫如楊廷和、毛澄，斟酌盡善，莫如汪俊、吴一鵬、蔣冕，皆侃侃不阿，據經證史，堪與宋程子、司馬公之言並立不刊。

〔一〕「恐」，原作「思」，據光緒本、明史蔣冕傳改。

鄒守益傳：嘉靖三年二月，帝欲去興獻帝本生之稱。守益疏諫，忤旨，被責。踰月，復上疏曰：「陛下欲隆本生之恩，屢下群臣會議，群臣據禮正言，致蒙詰讓。昔曾元以父寢疾，憚於易簀，蓋愛之至也。而曾子責之曰『姑息』。魯公受天子禮樂，以祀周公，蓋尊之至也。而孔子傷之曰『周公其衰矣』。臣願陛下勿以姑息事獻帝，而使後世有其衰之歎。且群臣援經證古，欲陛下專意正統，此皆爲陛下惠謀，乃不察而督過之，謂忤且慢。臣歷觀前史，如冷褒、段猶之徒，當時所謂忠愛，後世所斥以爲邪媚也。師丹、司馬光之徒，當時所謂欺慢，後世所仰以爲正直也。後之視今，猶今之視古。望陛下不吝改過。」帝大怒，下詔獄拷掠，謫廣德州判官。

何孟春傳：先是，「大禮」議起。孟春在雲南聞之，上疏言：「前世帝王，自旁支入奉大統，推尊本生，得失之迹具載史册。宣帝不敢加號於史皇孫，光武不敢加號於南頓君，晉元帝不敢加號於恭王，抑情守禮。宋司馬光所謂當時歸美，後世頌聖者也。哀、安、桓、靈乃追尊其父祖，犯義侵禮。司馬光所謂取譏當時，見非後世者也。儀禮喪服『爲人後者』，傳曰『何以三年也？受重者，必以尊服服之』。『爲人後者，爲其父母報』，傳曰『何以期也？不二斬也』，『重大宗者，降其小宗也』。夫父母，天下莫隆焉。至繼大宗則殺其服，而移於所後之親，蓋名之不可以二也。爲人後者爲之子，不敢復顧私親。聖人制禮，尊無二上，若恭敬之心分於彼，則不得專於此故也。臣伏覩前詔，陛下稱先皇帝爲皇兄，誠於獻王稱皇叔，如宋王珪、司馬光所云，亦已愜矣。而議者或不然，何也？天下者，太祖之天下也。自太祖傳至孝宗，孝宗傳至先皇帝，特簡陛下，授之大業。獻王雖陛下天性至親〔一〕，然而所以光臨九重，富有四海，子子孫孫萬世南面者，皆先皇帝之德，孝宗之所貽也。臣故願以漢宣、光武、晉元三帝爲法，若非古之名，不正之號，非臣願於陛下也。」及孟春官吏部，則已尊本生父母爲興獻帝、興國太后，繼又改稱本生皇考恭穆獻皇帝、本生聖母章聖皇太后。孟春三上疏乞從初詔，皆不省。於是帝益入張璁、桂萼等言，復欲去本生二字。璁方盛氣，列上禮官欺妄十三事，且斥爲朋黨。孟春偕九卿秦金等具疏，發十三難以辨折璁，疏入留中。其時詹事、翰林、給事、御史及六部諸司、大理、行人諸臣各具疏爭，並留中不下，群情益洶洶。會朝方罷，孟春倡言於衆曰：

〔一〕「親」，原作「情」，據光緒本、明史何孟春傳改。

「憲宗朝，百官哭文華門〔二〕，爭慈懿皇太后葬禮，憲宗從之，此國朝故事也。」修撰楊慎曰：「國家養士百五十年，仗節死義，正在今日。」編修王元正、給事中張翀等遂遮留群臣於金水橋南，謂今日有不力爭者，必共擊之。孟春、金獻民、徐文華復相號召。於是九卿則尚書獻民及秦金、趙鑑、趙璜、俞琳，侍郎孟春及朱希周、劉玉，都御史王時中、張潤，寺卿汪舉、潘希曾、張九叙、吴祺，通政張瓚、陳霑，少卿徐文華及張縉、蘇民、金瓚，府丞張仲賢，通政參議葛檜，寺丞袁宗儒，凡二十有三人；翰林則掌詹事府侍郎賈詠，學士豐熙，侍講張璧，修撰舒芬、楊惟聰、姚淶、張衍慶，編修許成名、劉棟、張潮、崔桐、葉桂章、王三錫、余承勳、陸釴、王相、應良、王思，檢討金臯、林時及慎、元正，凡二十有二人；給事中則張翀、劉濟、安磐、張漢卿、張原、謝蕡、毛玉、曹懷、張嵩、王瑄、張鏓、鄭一鵬、黄重、李錫、趙漢、陳時明、鄭自璧、裴紹宗、韓楷、黄臣、胡納，凡二十有一人；御史則王時柯、余翺、葉奇、鄭本公、楊樞、劉潁、祁杲、杜民表、楊瑞、張英、劉謙亨、許中、陳克宅、譚纘、劉翀、張録、郭希愈、蕭

〔二〕「文華門」，原作「文華殿」，據光緒本、明史何孟春傳改。

一中、張恂、倪宗嶽、王璜、沈教、鍾卿密、胡瓊、張濂、何鰲、張曰韜、藍田、張鵬翰、林有孚，凡三十人；諸司郎官，吏部則郎中余寬、党承志、劉天民，員外郎馬理、徐一鳴、劉勳，主事應大猷、李舜臣、馬冕、彭澤、張鵾，司務洪伊，凡十有二人；户部則郎中黄待顯、唐昇、賈繼之、楊易、楊淮、胡宗明、栗登、党以平、何巖、馬朝卿，員外郎申良、鄭漳、顧可久、婁志德，主事徐嵩、張庠、高奎、安璽、王尚志、朱藻、黄一道、陳儒、陳騰鸞、高登、程旦、尹嗣忠、郭日休、李録、周詔、戴亢、繆宗周、丘其仁、祖琚、張希尹，司務金中夫，檢校丁律，凡三十有六人；禮部則郎中余才、汪必東、張𦗟、張懷，員外郎翁磐、李文中、張滐，主事張鏜、豐坊、仵瑜、丁汝夔、臧應奎，凡十有二人；兵部則郎中陶滋、賀縉、姚汝皋、劉淑相、萬潮，員外郎劉漳、楊儀、王德明，主事汪溱、黄嘉賓、李春芳、盧襄、華鑰、鄭曉、劉一正、郭持平、余禎、陳賞，司務李可登、劉從學，凡二十人；刑部則郎中相世芳、張峨、詹潮、胡璉、范録、陳力、張大輪、葉應驄、白轍、許路，員外郎戴欽、張儉、劉士奇，主事祁敕、趙廷松、熊宇、何鰲、楊濂、劉仕、蕭樟、顧鐸、王國光、汪嘉會、殷承叙、陸銓、錢鐸、方一蘭，凡二十有七人；工部則郎中趙儒、葉寬、張子衷、汪登、劉璣、江珊，員外郎金廷瑞、范鏓、龐淳，主事伍餘福、張鳳來、張羽、車純、蔣珙、鄭騮，凡十有五人；大理之屬則寺正毋德純、蔣同仁，寺副王暐、劉道，評事陳大綱、鍾雲瑞、王光濟、張徽、王天民、鄭重、杜鸞，凡十有一人；俱跪伏左順門。帝命司禮中官諭退，衆皆曰：「必得俞旨乃敢退。」自辰至午，凡再傳諭，猶跪伏不起。帝大怒，遣錦衣先執爲首者。於是豐熙、張翀、余翱、余寬、黄待顯、陶滋、相世芳、毋德純八人，並繫詔獄。楊慎、王元正乃撼門大哭，衆皆哭，聲震闕廷。帝益怒，命收繫五品以下官若干人〔一〕，而令孟春等待罪。翼日，編修王相等十八人俱杖死，熙等及慎、元正俱謫戍。

豐熙傳：「大禮」議起，熙偕禮官數力爭。及召張璁、桂萼爲學士，方獻夫爲侍讀學士，熙昌言於朝曰：「此冷褎、段猶流也，吾輩可與並立耶？」抗疏請歸，不允。既而尊稱禮定，卜日上恭穆獻皇帝謚册。熙等疏諫曰：「大禮之議頒天下三年矣，乃以一二人妄言，欲去本生之稱，專隆鞠育之報。臣等聞命，驚惶罔知攸措。竊惟陛下爲宗廟神人之主，必宗廟之禮加隆，斯繼統之義不失。若乖先王之禮，貽後世

〔一〕「五品」，諸本作「四品」，據明史何孟春傳改。

之譏，豈不重累聖德哉？」不得命。

石珤傳：帝欲以奉先殿側别建一室祀獻帝，珤抗疏言其非禮。及廷臣伏闕泣爭，珤與毛紀助之。無何，「大禮」議定，紀去位。珤復諫曰：「夫孝宗皇帝與昭聖皇太后，乃陛下骨肉至親也。今使疏賤讒佞小人輒行離間，但知希合取寵，不復爲陛下體察。兹孟冬時享在邇，陛下登獻對越，如親見之，寧不少動於中乎？夫事亡如事存，陛下承列聖之統，以總百神，臨萬方，焉得不加慎重，顧聽細人之説，干不易之典哉？」帝得奏不悦，戒勿復言。

朱希周傳：是時張璁、桂萼已召至，益交章請去本生之號。帝悦從之，趣禮官具上册儀。希周率郎中余才、汪必東等疏諫曰：「陛下考孝宗、母昭聖三年矣，而更定之論忽從中出，則明詔爲虚文，不足信天下，祭告爲瀆禮，何以感神祇。且本生非貶詞也，不妨正統，而親親之義寓焉。何嫌於此，而必欲去之，以滋天下之議。」

徐文華傳：時方議興獻禮，文華數偕諸大臣力爭。明年七月復倡廷臣伏闕哭諫。及改題廟主，文華諫曰：「孝宗有祖道焉，不可以伯考稱。武宗有父道焉，不可以兄稱。不若直稱曰孝宗敬皇帝、武宗毅皇帝，猶兩全無害也。」疏入，再命奪俸。

薛蕙傳：嘉靖三年〔一〕，廷臣數爭「大禮」，與張璁、桂萼等相持不下。蕙撰爲人後解、爲人後辨及辨璁、萼所論七事〔二〕，合數萬言上於朝。解有上下二篇，推明大宗義。其辨曰：「陛下繼祖體而承嫡統，合於爲人後之義，坦然無疑。乃有二三臣者，詭經畔禮，上惑聖聰。夫經傳纖悉之指，彼未能覩其十一，遽欲逞小慧，騁夸詞，可謂不知而作者也。其曰『陛下爲獻帝不可奪之嫡嗣』。案漢石渠議曰：『大宗無後，族無庶子，己有一適子，當絶父嗣以後大宗否？』戴聖云：『大宗不可絶。禮言適子不爲後者，不得先庶子耳。族無庶子，則當絶父以後大宗。』晉范汪曰〔三〕：『廢小宗，昭穆不亂。廢大宗，昭穆亂矣。先王所以重大宗也。豈得不廢小宗以繼大宗乎〔四〕？』夫人子雖有適庶，其親親之心一也。而禮適子不爲後，庶子得爲後者，此非親其父母有厚薄也，直繫於傳重收族不同耳。今之言者不知推本祖禰，惟

〔一〕「三年」，諸本作「二年」，據明史薛蕙傳改。
〔二〕「辨璁」，原作「撰璁」，據光緒本、明史薛蕙傳改。
〔三〕「范汪」，諸本作「范德」，據明史薛蕙傳改。
〔四〕「繼」，原作「重」，據光緒本、明史薛蕙傳改。

及其父母而止，此弗忍薄其親，忍遺其祖也。其曰『爲人後者爲之子』，乃漢儒邪説』。案此踵歐陽修之謬也。夫『爲人後者爲之子』，其言出於公羊，固漢儒所傳者。然於儀禮實相表裏，古今以爲折衷，未有異論者也。藉若修之説，其悖禮甚矣。禮『爲人後者，斬衰三年』，此子於父母之喪也。以其父母之喪服之，非爲之子而何？其言之悖禮一也。傳言『爲所後者之祖父母妻，妻之父母昆弟，昆弟之子若子』。其若子者，由爲之子故耳。傳明言『若子』，今顧曰『不爲之子』，其言之悖禮二也。且爲人後者不爲之子，然則稱謂之間，將不曰父，而仍曰伯父、叔父乎？其言之悖禮三也。又立後而不爲之子，則古立後者，皆未嘗實子之，而姑僞立是人也。是聖人僞教人以立後，而實則無後焉耳。其言之悖禮四也。夫無後者，重絶祖考之祀，故立後以奉之。今所後既不得而子，則祖考亦不得而孫矣，豈可以入其廟而奉其祀乎？其言之悖禮五也。由此觀之，名漢臣以邪説，無乃其自名耶？抑二三臣者亦自度其説之必窮也，於是又爲遁辭以倡之曰：『夫統與嗣不同，陛下之繼二宗，當繼統而不繼嗣。』此一言者，將欲以盡廢先王爲人後之義與？則尤悖禮之甚者也。然其牽合附會，眩於名實，苟不辨而絶之，殆將爲後世禍矣。夫禮爲大宗立後者，重其統也。重其統不可絶，乃爲之立後。至於小宗不爲之後者，統可以絶，則嗣可以不繼也。是則以繼統故繼嗣，繼嗣所以繼統也。故禮『爲人後』，言繼嗣也；『後大宗』，言繼統也。統與嗣，非有二也，其何不同之有？自古帝王入繼者，必明爲人後之義，而後可以繼統。蓋不爲後則不成子也。若不成子，夫安所得統而繼之。故爲後也者成子也，成子而後繼統，又將以絶同宗覬覦之心焉。聖人之制禮也，不亦善乎。抑成子而後繼統，非獨爲人後者爾也。禮無生而貴者，雖天子諸侯之子，苟不受命於君父，亦不敢自成尊也。春秋重授受之義，以爲爲子受之父，爲臣受之君。故穀梁子曰『臣子必受君父之命』。斯義也，非直尊君父也，亦所以自尊焉耳。蓋尊其君父，亦將使人之尊己也。如此則義禮明而禍亂亡。今説者謂『倫序當立斯立已』，是惡知禮與春秋之意哉！若夫前代之君，間有弟終而兄繼，姪終而伯叔父繼者，此遭變不正者也，然多先君之嗣。先君於己則考也，己於先君則子也，故不可考後君，而亦無兩統二父之嫌，若晉之哀帝、唐之宣宗是也。其或諸王入嗣，則未有仍考諸王，而不考天子者也。陛下天倫不先於武宗，正統不自於獻帝，是非予奪，至爲易辨。而二三臣者猥欲比於遭變不正之舉，故曰悖禮之尤者也。」其他所辨七事，亦率倣此。書奏，天子大怒，下鎮撫司考訊。已，貰出之，奪俸三月。

蕙田案：薛辨「繼統不繼嗣」最精。

楊慎傳：少師廷和子也。嘉靖三年，帝納桂萼、張璁言，召爲翰林學士。慎偕同列三十六人上言：「臣等與萼輩學術不同，議論亦異。臣等所執者，程頤、朱熹之説也。萼等所執者，冷褒、段猶之餘也。今陛下既超擢萼輩，不以臣等言爲是，臣等不能與同列，願賜罷斥。」

安磐傳：世宗踐阼，起故官。帝手詔欲加興獻帝皇號，磐言：「興，藩國也，不可加於帝號之上。獻，謚法也，不可加於生存之母。本生、所後，勢不俱尊。大義私恩，自有輕重。」會廷臣多力爭，事得且止。帝驛召席書、桂萼等，磐請斥之以謝天下，且言：「今欲别立一廟於大内，是明知恭穆不可入太廟矣。夫孝宗既不得考，恭穆又不得入，是無考也。世豈有無考之太廟哉？此其説之自相矛盾者也。」不聽。

鄭本公傳：帝欲考興獻帝，立廟禁中。本公偕同官力爭，謂：「陛下潛邸之日，則爲孝宗之姪，興獻王之子。臨御之日，則爲孝宗之子，興獻帝之姪。可兩言決也。至立廟大内，實爲不經。獻帝之靈既不得入太廟，又空去一國之祀而託享於大内焉。陛下享太廟，其文曰『嗣皇帝』，於獻帝之廟，又當何稱？愛敬精誠，兩無所屬，獻帝將蹙然不安。」帝怒，責其朋言亂政，奪俸三月。

嘉靖四年五月庚辰，作世廟祀獻皇帝。

楊言傳：奸人何淵請建世室。言與廷臣爭，不聽。言復抗章曰：「祖宗身有天下，大宗也，君也。獻皇帝舊爲藩王，小宗也，臣也。以臣並君，亂天下大分。以小宗並大宗，干天下正統。獻帝雖有盛德，非若周文、武創王業也，欲襲世室名〔一〕，舛矣。如以獻帝爲自出之帝，是前無祖；以獻帝爲禰而宗之，是後無孝、武二帝。陛下前既罪醫士劉惠之言，今乃納淵之説，前既俞禮卿席書之議，今乃咈書之言，臣不知其何謂也。」

嘉靖四年十二月辛丑，大禮集議成，頒示天下。

〔一〕「室」，原作「宗」，據光緒本、明史楊言傳改。

五年九月己亥，章聖皇太后有事於世廟。冬十月辛亥朔，親享如太廟禮。

石珤傳：及世廟成，帝欲奉章聖皇太后謁見，張璁、桂萼力主之。禮官劉龍等爭不得，諸輔臣以爲言，帝不報，趣具儀。珤乃上疏曰：「陛下欲奉皇太后謁見世廟，臣竊以爲從令固孝，而孝有大於從令者。臣誠不敢阿諛以誤君上。竊惟祖宗家法，后妃已入宫，未有無故復出者。且太廟尊嚴，非時享祫祭，雖天子亦不輕入，況后妃乎？璁輩所引廟見之禮，今奉先殿是也。聖祖神宗行之百五十年，已爲定制，中間納后納妃不知凡幾，未有敢議及者，何至今日忽倡此議？彼容悦佞臣豈有忠愛之實，而陛下乃欲聽之乎？且陰陽有定位，不可侵越。陛下爲天地百神之主，致母后無故出入太廟街門，是坤行乾事，陰侵陽位，不可之大者也。臣豈不知君命當承，第恐上累聖德，是以不敢順旨曲從，以成君父之過，負覆載之德也。」奏入，帝大愠。

明史紀事本末：嘉靖六年，費宏等定議世廟樂舞，止用文舞隨堂。何淵上言：「世廟樂舞未備。」下禮部集議，侍郎劉龍等議：「宜仍舊。」帝諭輔臣再議，大學士楊一清、賈詠、翟鑾上言：「漢高帝以武功定天下，故奏武德、文始舞。惠、文二帝不尚武功，故止用文治、昭德。世廟止用文舞，亦此意也，不爲闕典。」張璁獨上言：「王制有曰：『祭用生者。』皇上身爲天子，尊獻王爲天子父，宜以天子禮樂祀之，缺一不可。且天子八佾，爲人六十有四；諸侯六佾，爲人三十有六。國朝太廟文武佾各八，計百有二十八人。王國宗廟，文武佾各六，計七十有二人。獻王在藩封時，固用七十有二人，今乃六十有四，可乎？以天子父不得享天子禮樂，何以式四方、法萬世？」帝從之。

國朝典彙：嘉靖十四年正月，諭大學士李時等曰：「世廟迫近河水，今擬重建於太廟左。」方命於太廟東南隙地相度。二月初，建九廟。

嘉靖七年六月，明倫大典成，頒示天下。癸卯，定議禮諸臣罪，追削楊廷和等籍。七月己卯，追尊孝惠皇太后爲太皇太后，恭穆獻皇帝爲恭睿淵仁寬穆純聖獻皇帝。辛巳，尊章聖皇太后爲章聖慈仁皇太后。

十年十二月戊子，御史喻希禮、石金因修醮請宥議禮諸臣罪，下錦衣衛獄。

十五年冬十月己亥，更定世廟爲獻皇帝廟。

十七年六月丙辰，定明堂大饗禮。九月辛巳，上太宗廟號成祖，獻皇帝廟號睿宗。神主祔太廟，躋武宗上。辛卯，大享上帝於玄極寶殿，以睿宗配。四十四年六月甲戌，芝生睿宗原廟柱，告廟受賀，遂建玉芝宫。冬十一月戊申，奉安獻皇帝、后神主於玉芝宫。

禮志：獻皇帝廟。嘉靖二年四月始命興獻帝家廟享祀，樂用八佾。初，禮官議廟制未決，監生何淵上書，請立世室於太廟東。禮部尚書汪俊等皆謂不可。帝諭奉先殿側别立一室，以盡孝思。禮官集議言：「爲本生父立廟大内，古所未有。唯漢哀爲定陶共王建廟京師，不可爲法。」詹事石珤等亦言不可。不聽。葺奉慈殿後爲觀德殿以奉之。四年四月，淵已授光禄寺署丞，復上書請立世室，崇祀皇考於太廟。禮部尚書席書等議：「天子七廟，周文、武並有功德，故立文、武世室於三昭穆之上。獻皇帝追稱帝號，未爲天子。淵妄爲諛詞，乞寢其奏。」帝令再議，書等言：「將置主於武宗上，則武宗君也，分不可僭；置武宗下，則獻皇叔也，神終未安。」時廷臣於稱考稱伯，異同相半，至議祔廟，無一人以爲可者。學士張璁、桂萼亦皆以爲不可，書復密疏爭之。帝不聽，復令會議。乃準漢宣故事，於皇城内立一禰廟，如文華殿制。籩豆樂舞，一用天子禮。帝親定其名曰世廟。五年七月，諭工部以觀德殿窄隘，欲别建於奉先殿左。尚書趙璜謂不可，不聽。乃建於奉先之東，曰崇先殿。十三年，命易承天家廟曰隆慶殿。十五年，以避渠道，遷世廟，更號曰獻皇帝廟，遂改舊世廟曰景神殿，寢殿曰永孝殿。十七年，以豐坊請，稱宗以配明堂。禮官不敢違，集議者久之，言：「古者父子異昭穆，兄弟同世數。故殷有四君，一世而同廟，宋太祖、太宗同居昭位。今皇考與孝宗當同一廟。」遂奉獻皇帝祔太廟。二十二年，更新太廟，廷議睿宗、孝宗並居一廟，同爲昭。帝責諸臣不竭忠任事，寢其議。已而左庶子江汝璧請遷皇考廟於穆廟首，以當將來世室，與成祖廟並峙。右贊善郭希顔又欲於太祖廟文世室外，止立四親廟，而祧孝宗、武宗。以禮臣斥其妄而止。二十四年六月，新太廟成，遂奉睿宗於太廟之左第四，序躋武宗上，而罷特廟之祀。四十四年，以舊廟柱産芝，更號曰玉芝宫，定日供時享儀。穆宗初，因禮臣請，乃罷時享及節序、忌辰、有事奉告之祭，但進日供而已。隆慶元年，禮科王治請罷獻皇祔廟，而專祀之世廟，章下所司。萬曆九年，禮科丁汝謙請仍專祭玉芝宫，復奉宣宗帝后冠服於太廟。帝責汝謙妄議，謫外任。天啓元年，太常少卿李宗延奏祧廟議，言：「睿宗入廟，世宗無窮之孝思也，然以皇上視之，則遠矣。俟光宗升祔時，或從舊祧，或從新議。蓋在孝子固以恩事親，而在仁人當以義率祖。」章下禮部，卒不能從。

蕙田案：春秋書「躋僖公」。左氏曰：「子雖齊聖，不先父食。」公羊曰：「先禰而後祖也。」穀梁曰：「先親而後祖也。」三傳同辭，目爲逆祀，聖人惡之矣。古者之斷乎是有二。其一曰「諸侯不敢祖天子，大夫不敢祖諸侯」，曰「庶子不繼祖與禰」，曰「封君之子，不臣諸父而臣昆弟；封君之孫，盡臣諸父昆弟」，曰「公子不得禰先君」，曰「族人不得以其戚戚君」，曰「旁期之服」，諸侯絶，此君臨臣、臣奉君之道也，非是則不可以國。其一曰「爲人後者爲之子」，在天子諸侯，雖繼弟、繼兄之子，昔嘗君道臨乎己，而北面事之，孰敢不爲臣子？此亦臣子之分而重大統之義也，非是則人懷覬覦之心。漢哀帝躬承大統，而又以己後定陶共王。明世宗躬承大統，而又以己後興獻王。在大夫宗法，且不可以貳，其失審矣，況加孝宗以皇伯絶其統也？躋興獻於武宗之上，又逆祀也，璁、萼之罪何誅？

右明世宗

蕙田案：宗法爲後，所以繼嗣而重大宗也。禮，繼嗣者，必擇同宗昭穆相當者而立之，故曰「爲人後者爲之子，降其父母期」。此嗣立之常法，雖百世不易。蓋爲後即爲子也，爲子則所生父稱之曰伯、叔父可也。先儒之論曰：「設所後父與所生父並坐一室，而子立其側，稱所後父曰父，自不得又稱所生父曰父，宜改稱伯、叔父明矣。」改稱，辨嫌也，推存例亡並用是道也。古宗法專爲「大夫不敢祖諸侯」而設，推大夫禮，未嘗不可，至於天子諸侯，故文略而義備。由漢已後，外藩承統，朝臣相與力競者，莫如宋濮議、明大禮集議。宋英宗之後仁宗也，即考仁宗，故不當考濮王。明世宗之後武宗也，上考孝宗，故不當考興獻王。惟宣帝、光武皆不加帝號於祖父，揆諸古義近矣。光武上承孝元，重繼統之義也。若夫以叔父繼兄子，如唐宣宗之立爲皇太叔，即位於柩前，視前嗣立之法又變。晉元帝詔曰：「吾雖上繼世祖，然於懷、愍皇帝，皆北面稱臣。今祠太廟，不親執觴酌而令有司行事，於情理不安。」乃行親獻。元帝繼愍帝爲君。不同嗣立，而是詔於禮則合矣。綜而論之，父子有親，君臣有義，大倫有定，是故藩王繼統，如所後而昭穆相當也，則父其所後，如所後者而昭穆不相當，則以臣道奉其所後之帝。臣道即同子道，而不必定泥於父母之稱。及乎祔廟，其或如古之九廟，則以其班祔昭穆之廟。在廟之中，同堂異室，以先後爲序。同堂，則昭穆之倫也；先後，則君臣之分也。昭自爲昭，穆自爲穆，但以昭穆分世次，不以昭穆爲尊卑。其或如後世之廟制也，則專以繼立之先後爲序，臣必不可先君，猶之子必不可先父，其義一也。天下之正統，斷然以君臣爲重也。然而古今持議，每在追尊生父，稱號立廟之際。夫尊卑疏戚之屬既有不同，而本生伯、叔父之稱可以義起。如宋英宗于濮王，仁宗以兄弟之子育之宫中，則稱以伯父可也，必欲以考稱之則薄矣。明世宗于獻王，既遵祖訓「兄終弟及」之義，則考孝宗而稱獻王以叔父可也，必欲以考稱之則私矣。漢宣帝以兄孫入繼，既不可以考昭帝，又不可以直考史皇孫，則於所祭之地，祝辭稱「皇考」，而公言之曰「本生皇考」可也，必欲稱叔伯考，則嫌於無考矣。此皆禮之權而可以義起者。宋范鎮言於英宗曰：「凡稱帝若考若寢廟者，皆非是。」此則禮之大經，不可不秉，而昔之大儒名臣所守死以爭之，其義炳若日星焉，又惡可以隨時假借乎哉？

五禮通考卷一百七

吉禮一百七

太子廟

王下祭殤

禮記祭法：王下祭殤五：適子、適孫、適曾孫、適玄孫、適來孫。注：祭適殤者，重適也。祭適殤于廟之奧，謂之陰厭。凡庶殤不祭。

方氏慤曰：言適，則庶殤在所不祭矣，重本故也。然以尊而祭卑，故曰下祭。

應氏鏞曰：祭及于五，所愛者遠也。祭止于適，所重正統也。

曾子問：「祭必有尸乎？若厭祭，亦可乎？」孔子曰：「祭成喪者必有尸，尸必以孫。孫幼，則使人抱之。無孫，則取于同姓可也。祭殤必厭，蓋弗成也。注：厭飫而已，不成其爲人。祭成喪而無尸，是殤之也。」注：與不成人同。孔子曰：「有陰厭，有陽厭。」注：言祭殤之禮，有于陰厭之者，有于陽厭之者。

馬氏彦醇曰：厭，不成禮之祭也。厭于陰者，宗子之殤。而無後者，厭于陽者。凡殤與無後者，其異何也？宗子，尊矣，則以特牲即于陰者，幽陰之義，反諸幽，求神之道也。凡殤，卑矣，其祭也則就宗子之家，當室之白，則所謂堂事略矣。宗子非不欲尊之也，其所以不得成人者，從祖祔祭而已。

曾子問曰：「殤不祔祭，何謂陰厭、陽厭？」孔子曰：「宗子爲殤而死，庶子弗爲後也。注：族人以其倫代之，明不序昭穆，立之廟，其祭之就其祖而已。代之者，主其禮。疏：孔子更爲辯云：若宗子爲殤而死，以未成人，庶子不得代爲之後。宗子禮不可闕，明族人以其倫代之。倫謂輩也。謂與宗子同昭穆者則代之。凡宗子爲殤而死，庶子既不得爲後，不以父服服之。以其倫代之者，各以本服服之也。云「不序昭穆」者，以宗子殤死，無爲人父之道，故不序昭穆，不得與代之者爲父也。其吉祭特牲，祭殤不舉肺，無肵俎，無玄酒，不告利成，是謂陰厭。注：用特牲者，尊宗子從成人也。凡殤則特豚，自卒哭成事之後爲吉祭。舉肺脊、肵俎、利成，禮之施于尸者。陰厭者，是宗子而殤，祭之于奥之禮。小宗爲殤，其祭禮亦如之。　疏：此宗子殤死，祭于祖廟之奥，陰闇之處，是謂陰厭也。鄭既云小宗爲殤，祭禮如大宗者，以前經云宗子爲殤而死，不顯大小，故知凡宗子殤祭之禮皆然。必知此經指大宗者，以何休公羊注云：「小宗無子則絶，大宗無子則不絶，重適之本。」上文庶子不爲後，謂大宗子在殤而死，不得爲後。若非殤則得爲後，故知是大宗也。凡宗子成人而死，則得立子孫爲後。若立兄弟爲後則不可，故成十五年公羊傳譏仲嬰齊是公孫歸父之弟，當云公孫嬰齊，而云仲嬰齊者，爲歸父之後，譏其亂昭穆，故云「仲」是也。　熊氏曰：殤與無後者，唯祔與除服二祭則止。此言吉祭者，惟據祔與除服也。

凡殤與無後者，祭于宗子之家，當室之白，尊于東房，是謂陽厭。」注：凡殤，謂庶子之適也，或昆弟之子，或從父昆弟。無後者，如有昆弟及諸父，此則今死者，皆宗子大功之内親共祖禰者。言祭于宗子之家者，爲有異居之道。無廟者，爲壇祭之。親者共其牲物，宗子皆主其禮。當室之白，尊于東房，異于宗子之爲殤。當室之白，謂西北隅得户明者也。明者曰陽。凡祖廟在小宗之家，小宗祭之亦然。宗子之適，亦爲凡殤。過此以往，則不祭也。祭適者，天子下祭五，諸侯下祭三，大夫下祭二，士以下祭子而止。　疏：「凡殤」，謂非宗子之殤。「無後」，謂庶子之身無子孫爲後。此二者，皆宗子大功内親，祭于宗子之家祖廟之内，不敢在成人之處，故于當室之明白顯露之處，爲之設尊于東房，以其明是陽，故爲陽厭也。凡殤有二：一昆弟之子，祭之當于宗子父廟；二是從父昆弟，祭之當于宗子祖廟。其無後者亦有二：一是昆弟無後，祭之當于宗子祖廟；一是諸父無後，祭之當于宗子曾祖之廟。凡殤得祭者，以其身是適故也。無後者，成人無後則祭，若在殤而死則不祭，以其身是庶故也。鄭必限以大功內親共祖禰者，以上文云吉祭特牲，唯據士禮，適士二廟，有祖有禰，下士祖禰共廟，故鄭限以祖禰同者，唯大功之内親也。

蕙田案：王下祭殤禮，于經無見。曾子問所言，特士禮耳。然以士禮推之曰陰厭、曰陽厭，則王之祭宗子殤，其亦在廟乎？疏「昆弟之子，祭之當于宗子父廟」，「從父昆弟，祭之當于宗子祖廟」，是雖指凡殤而言，然適子之殤，其不得別立廟也審矣。凡殤不可無祭，而況宗子乎？況承天下社稷之重者乎？禮陰厭主奧，重大宗也。祧則同，祧爲親盡也，王下祭殤之禮可知也已。

右王下祭殤

歷代太子廟

吴志孫登傳：孫登，字子高，權長子也。魏黄初二年，以權爲吴王。是歲，立登爲太子。立凡二十一年〔一〕，年三十三卒，謚曰宣太子。

〔一〕「二十一年」，原作「二十二年」，據光緒本、三國志吴書孫登傳改。

吴書曰：初葬句容，置園邑，奉守如法，後三年改葬蔣陵。

晉書惠帝紀：永熙元年秋八月壬午，立廣陵王遹爲皇太子。元康九年十二月壬戌，廢皇太子遹爲庶人，及其三子幽于金墉城。永康元年三月癸未，賈后矯詔害庶人遹于許昌。夏四月甲午，追復故皇太子位。五月己巳，立皇孫臧爲皇太孫。六月壬寅，葬愍懷太子于顯平陵。永寧元年正月乙丑〔一〕，趙王倫篡帝位。廢皇太孫臧爲濮陽王。癸酉，倫害濮陽王臧。乘輿反正。五月，立襄陽王尚爲皇太孫。太安元年三月，皇太孫尚薨。

懷帝本紀：永嘉元年三月庚午，立豫章王詮爲皇太子。

元帝紀：大興三年五月丙寅，孝懷太子詮遇害于平陽，帝三日哭。

禮志：惠帝世，愍懷太子、二子哀太孫臧、沖太孫尚並祔廟，元帝世，懷帝殤太子又祔廟，號爲陰室四殤。

孝武帝太元十二年，祠部郎中徐邈議：「太子太孫，陰室四主，儲嗣之重，升祔皇

〔一〕「乙丑」，諸本作「乙亥」，據晉書惠帝本紀改。

祖，所配之廟〔一〕，世遠應遷，然後從食之孫，與之俱毁。」

愍懷太子傳：愍懷太子遹字熙祖，惠帝長子，母曰謝才人。惠帝即位，立爲皇太子。元康九年十二月，廢太子爲庶人。明年，幽于許昌宫之別坊。賈后使太醫令程據合巴豆杏仁丸，矯詔使黄門孫慮齎至許昌以害太子。時年二十三。詔以廣陵王禮葬之。及賈庶人死，乃册復太子。謚曰愍懷。六月壬寅〔二〕，葬于顯平陵。三子，虨、臧、尚，並與父同幽金墉。

臧字敬文。永康元年四月，封臨淮王。己巳，立爲皇太孫。永寧元年正月，趙王倫篡位，廢爲濮陽王，與帝俱遷金墉。尋被害。太安初，追謚曰哀。

尚字敬仁。永康元年四月，封爲襄陽王。永寧元年八月，立爲皇太孫。太安元年三月癸卯薨，謚曰沖太孫。

杜氏通典：東晉孝武帝太元六年，詔曰：「亡大兄以司馬珣之爲國後，祭禮何

〔一〕「配」，諸本作「託」，據晉書禮志上改。
〔二〕「壬寅」，諸本作「己卯」，據晉書愍懷太子傳改。

儀〔一〕？」博士江熙議：「穀梁傳云『公子之重，視大夫』，則王子一例也。請皇子廟祭，用大夫禮，三廟。博士沈寂等議：「禮，大夫三廟，無貴賤之別，然則上至皇子，下及陪臣，其禮無二。」牲用少牢。若繼嗣之身未准大夫，祭用士禮。按會稽王嗣子，即簡文帝長子。博士沈寂等議：「會稽王嗣子既以疾廢，當降從之公子，則皆如大夫，牲用少牢。」宜權立行廟告嗣，而後迎繼嗣之身。」江熙議：「皇子雖有廟，然無子不立廟，故詔使立後，烝嘗之祀，稱『皇帝有命，命某繼嗣』。」博士沈寂議：「皇子依如大夫禮，應立後，宜先告，權爲行廟。告，于禮無文。准先立廟告嗣〔二〕，而後迎繼嗣之身。案禮，君薨嗣子生，太祝禫冕告于殯〔三〕。既葬嗣子生，祝告于禰〔四〕。明夫宗廟者，神靈之所宅，是以存亡吉凶必先告于廟，古今不革之制，三代不易之典。豈有興滅繼絕，傳祀百代，而誣亡者之靈，疑告生之義耶〔五〕？緣情依禮，謂宜先告于靈，後迎於子〔六〕。」庾蔚之謂：「嗣子以無

〔一〕「禮」，諸本作「祀」，據通典卷四七改。
〔二〕「准」，諸本作「宜」；「立」，諸本作「行」，據通典卷四七改。
〔三〕「禫」，諸本作「禪」；「殯」，諸本作「廟」，據通典卷四七改。
〔四〕「禰」，諸本作「廟」，據通典卷四七改。
〔五〕「疑」，諸本作「滅」，據通典卷四七改。
〔六〕「後迎於子」，諸本作「後迎繼嗣之身」，據通典卷四七改。

子不廟，今有嗣子〔一〕，乃立廟耶。告生者是先自有廟，不得引以爲例。」

南齊書禮志：永明十一年，文惠太子薨，卒哭，祔于太廟。

梁書昭明太子傳：昭明太子統字德施，高祖長子也，母曰丁貴嬪。以齊中興元年九月生。天監元年十一月，立爲皇太子。中大通三年四月乙巳薨〔二〕。斂以衮冕。謚曰昭明。五月庚寅，葬安寧陵。

哀太子傳：哀太子大器字仁宗，太宗嫡長子也。普通四年五月丁酉生。太清三年五月，太宗即位。六月丁亥〔三〕，立爲皇太子。大寶二年八月，賊景廢太宗。以太子有器度，每常憚之，恐爲後患，故先及禍。承聖元年四月，追謚哀太子。

愍懷太子傳：愍懷太子方矩字德規，世祖第四子也。承聖元年十一月，立爲皇太子。及西魏師陷荆城，太子與世祖同爲魏人所害。敬帝承制，追謚愍懷太子。

蕙田案：自魏以前，太子之薨立廟與否，不可得稽。晉則祔于太廟陰室。元

〔一〕「今有嗣子」，諸本作「合有嗣」，據通典卷四七改。
〔二〕「中大通」，諸本脱「中」字，據梁書昭明太子傳補。
〔三〕「丁亥」，諸本作「癸酉」，據梁書哀太子傳改。

太常博士曰：「前代太子薨，梁武帝謚統曰昭明，齊武帝謚長懋曰文惠，唐憲宗謚寧曰惠昭，金世宗謚允恭曰宣孝，又建別廟以奉神主，准中祀，以陳登歌。」然則立廟奏樂，其始于齊、梁間歟？

北魏書恭宗紀：恭宗景穆皇帝，太武皇帝之長子也。延和元年正月丙午，立爲皇太子。正平元年六月戊辰，薨于東宫。賜謚曰景穆。

唐書孝敬皇帝傳：孝敬皇帝弘，永徽六年始王代。顯慶元年，立爲皇太子。上元二年，從幸合璧宫，遇酖薨。詔曰：「太子嬰沈瘵疾，朕須其痊復，將遜于位。弘性仁厚，既承命，因感結疾，日以加。宜申往命，謚爲孝敬皇帝。」葬緱氏，墓號恭陵，制度盡用天子禮。帝自制睿德紀，刻石陵側。妃薨，謚哀皇后。無子。永昌初，以楚王隆基嗣。中宗立，詔以主祔太廟，號義宗。開元中，有司奏：「孝敬皇帝宜建廟東都，以謚名廟。」詔可。于是罷義宗號〔二〕。

蕙田案：父在子没，追謚爲帝，此高宗獨創之制。

〔二〕「號」，諸本作「廟」，據唐書孝敬皇帝傳改。

舊唐書禮儀志：天寶六載正月，詔京城章懷、節愍、惠莊〔一〕、惠文、惠宣太子與隱太子〔二〕、懿德太子同爲一廟，呼爲七太子廟，以便于祀享。其後又有玄宗子靜德太子廟，肅宗子恭懿太子廟。

蕙田案：七太子，章懷、節愍、懿德、惠莊、惠文、惠宣及隱太子也。此云「惠文、宣」，恐有脱字。玄宗子靜德太子，亦當作靖恭太子。

通典：大唐開元三年，右拾遺陳貞節以諸太子廟不合守供祀享，上疏：「伏見章懷太子等四廟，遠則從祖，近則堂昆，並非有功于人，立事于代，而寢廟相屬，獻祼連時，事不師古，以克永代，臣實疑之。今章懷太子等乃以陵廟，分署官僚，八處修營，四時祭享，物須官給，人必公糧，合樂登歌，咸同列帝。謹按周禮，始祖以下，猶稱小廟，未知此廟，厥名維何？臣謂八署司存，員寮且省，四時祭祀，供給咸停。臣又聞磐石維城，既開封建之典；别子爲祖，非無大小之宗。其四陵廟等應須祭祀

〔一〕「惠莊」，諸本脱，據舊唐書禮儀志六補。
〔二〕「惠宣」，諸本脱「惠」字，據舊唐書禮儀志六補。

者，並令承後子孫自修其事。崇此正典，冀合禮經。」上令有司集禮官及群臣詳議奏聞。駕部員外郎裴子餘議曰：「謹按前件四廟等，並前皇嫡胤，殞身昭代，聖上哀骨肉之深，錫烝嘗之享，憲章往昔，垂範將來。昔嫄廟列周，戾園居漢，並位非七代，置在一時，斯並前代宏規，後賢令範。又按春秋，狐突適下國，遇太子，使登僕，曰：『予將以晉畀秦，秦將祀予。』此則太子之言，無後明矣。對曰：『神不歆非類，人不祀非族，君祀無乃殄乎！』此則晉有其祀，立廟必矣。又定公元年，立煬宮。經傳更無異説。鄭玄注云：『煬公，伯禽之子，季氏禱而立其宮也。』考之漢儲晉嫡則如彼，言乎周廟魯宮則如此，豈可使晉求秦祀，戾非漢思〔一〕？求枉者深，所直者鮮，黷神慢禮，理必不然。且尊以儲后，位絶諸侯，謚號既崇，官吏有典。去羊存朔，非理所安〔二〕，徇利忘禮，何以爲國。」太常博士段同泰議曰：「伏據隱太子等，皆禀殊恩，式創陵寢。一羞蘋藻〔三〕，驟移檀柘，豈非睦親繼絶，悼往推恩者歟？況漢

〔一〕「思」，諸本作「恩」，據通典卷四七改。
〔二〕「理」，諸本作「禮」，據通典卷四七改。
〔三〕「羞」，諸本作「著」，據通典卷四七改。

置庾園，晉循虞祀，書稱咸秩，禮紀百神，紛綸葳蕤，可略言矣。隱太子等並特降絲綸，别營祠宇，義殊太廟，恩出當時。借如逝者之錫蘋蘩，亦猶生者之開茆土，寵章所及，誰謂非宜？且自古帝王，封建子弟〔一〕，寄以維城之固，咸登列郡之榮〔二〕，豈必有功于人，立事于代？生者曾無異議，逝者輒此奏停，雖存没之迹不同，而君親之恩何别。此則輕重非當，情禮不均，神道固是難誣，人情孰云其可。」開元二十二年七月敕：「贈太子頃年官爲立廟，并致享祀，雖欲歸厚，而情且未安。忝嘗之時，子孫不及，若專令官祭，是以疏間親，遂此爲常，豈云教孝？其諸贈太子有後者，但官置廟，各令子孫自主祭，其署及官悉停。若無後者，宜依舊。」上元二年二月，禮儀使、太常卿杜鴻漸奏：「讓帝七廟等，請停四時享獻。每至禘祫之月，則一祭焉。樂用登歌一部，牲獻鐏俎之禮，同太廟一室之儀。」

唐書陳貞節傳：貞節，潁川人。開元初，爲右拾遺。初，隱、章懷、懿德、節愍四

〔一〕「弟」，諸本作「孫」，據通典卷四七改。
〔二〕「列」，諸本作「别」，據通典卷四七改。

太子並建陵廟，分八署，置官列吏卒，四時祠官進饗。貞節以爲非是，上言：「王者制祠，以功德者猶親盡而毀，四太子廟皆别祖，無功于人，而園祠時薦，有司守衛，與列帝侔。金奏登歌，所以頌功德，詩曰：『鐘鼓既設，一朝饗之。』使無功而頌，不曰舞詠非度耶？周制：始祖乃稱小廟。未知四廟欲何名乎？請罷卒吏，詔祠官無領屬，以應禮典〔一〕。古者别子爲祖，故有大、小宗。若謂祀未可絶，宜許所後子孫奉之。」詔有司博議。駕部員外郎裴子餘曰：「四太子皆先帝冢嗣，列聖念懿屬而爲之享。春秋書晉世子曰：『將以晉畀秦，秦將祀予。』此不祀也。又言：『神不歆非類，君祀無乃殄乎！』此有廟也。魯定公元年，立煬宫。煬，伯禽子，季氏遠祖，尚不爲限，況天子篤親親以及旁朞，誰不曰然？」太常博士段同曰：「四陵廟皆天子睦親繼絶也。逝者錫蘋蘩，猶生者之開茅土。古封建子弟，詎皆有功？生無所議，死乃援禮停祠，人其謂何？隱于上，伯祖也，服緦；章懷，伯父也，服朞；懿德、節愍，堂昆弟也，服大功。親未盡，廟不可廢。」禮部尚書鄭惟忠等二十七人亦附其言。

〔一〕「禮」，原作「祀」，據光緒本、新唐書陳貞節傳改。

于是四陵廟惟減吏卒半，他如舊。

舊唐書音樂志：享隱太子廟樂章六首：貞觀中撰。

迎神用誠和　道閟鶴關，運纏鳩里。門集大命，俾歆嘉祀。禮亞六瑚，誠殫二簋。有誠顒若，神斯戾止。

登歌奠玉帛用肅和　歲肇春宗，乾開震長。瑤山既寂，戾園斯享。玉肅其事，物昭其象。絃誦成風，笙歌合響。

迎俎用雍和　明典肅陳，神居遂起〔一〕。春伯聯事，秋官相禮。有來雍雍，登歌濟濟。緬惟主鬯，庶歆芳醴。

送文舞出、迎武舞入用舒和　三縣已判歌鐘列，六佾將開羽鏚分。尚想翬飛來蔽日，終疑鶴影降淩雲。

武舞用凱安　天步昔將開，商郊初欲踐。撫戎金陣廓，貳極瑤圖闡。雞戟遂崇儀，龍樓期好善。弄兵隳震業，啓聖隆祠典。

〔一〕「遂」，舊唐書禮樂志四作「邃」。

送神用誠和詞同迎神。

又隱太子廟樂章二首：太樂舊有此詞，不詳所出。

迎神　蒼震有位，黄離蔽明。江充禍結，戾據災成。銜冤昔痛，贈典今榮。享靈有秩，奉樂以迎。

送神　皇情悼往，祀儀增設。鐘鼓鏗鍠，羽旄昭晰。掌禮云備，司筵告徹。樂以送神，靈其鑒闋。

章懷太子廟樂章六首：神龍初作。

迎神第一姑洗宫　副君昭象，道應黄離。銅樓備德，玉裕成規。仙氣靄靄，靈從師師。前驅戾止，控鶴來儀。

登歌酌鬯第二南吕均之蕤賓羽　忠孝本著，羽翼先成。寢門昭德，馳道爲程。幣帛有典，容衛無聲。司存既肅，廟享惟清。

迎俎及酌獻第三大吕羽　通三錫胤，明兩承英。太山比赫，伊水聞笙。宗祧是寄，禮樂其亨。嘉辰薦俎，以發聲明。

送文舞出、迎武舞入第四蕤賓商　羽籥崇文禮以畢，干鏚奮武事將行。用捨由來其有致，壯志宣威樂太平。

武舞作第五夷則角　綠林熾炎歷，黄虞格有苗。沙塵驚塞外，帷幄命嫖姚。七德干戈止，三邊雲霧消。寶祚長無極，歌舞盛今朝。

送神第六詞同隱廟。

懿德太子廟樂章六首：神龍初作。

迎神第一姑洗宫　甲觀昭祥，畫堂昇位。禮絶群后，望尊儲貳。啓、誦慙德，莊、丕掩粹。伊浦鳳翔，緱峰鶴至。

登歌酌鬯第二南吕均之蕤賓羽　礜闈元儲，寄崇明兩。玉裕雖晦，銅樓可想。弦誦輟音，笙歌罷響。幣帛言設，禮容無爽。

迎俎酌獻第三大吕羽　雍雍盛典，肅肅靈祠。賓天有聖，對日無期。飄飄羽服，掣曳雲旗。眷言主鬯，心乎愴兹。

送文舞出、迎武舞入第四蕤賓商　八音協奏陳金石，六佾分行整禮容。滄溟赴海還稱少，素月開輪即是重。

武舞作第五夷則角　隋季昔云終，唐年初啓聖。纂戎將禁暴，崇儒更敷政。威略靜三邊，仁恩覃萬姓。

送神第六詞同隱廟。

節愍太子廟樂章六首：景雲中作。

迎神第一姑洗宮　儲后望崇，元良寄切。寢門是仰，馳道不絶。仙袂雲會，靈旗電晰。煌煌而來，禮物攸設。

登歌酌鬯第二南吕均之蕤賓羽　灼灼重明，仰承元首。既賢且哲，惟孝與友。惟孝雖遥，靈規不朽。祀因誠致，備潔玄酒。

迎俎及酌獻第三大吕羽　嘉薦有典，至誠莫愆。畫粱雲亘，雕俎星聯。樂器周列，禮容備宣。依稀如在，若未賓天。

送文舞出、迎武舞入第四蕤賓商　邕邕闡化凴文德，赫赫宣威藉武功。既執羽旄先拂吹，還持玉鏚更揮空。

武舞作第五夷則角　武德諒雄雄〔一〕，由來掃寇戎。劍光揮作電，旗影列成虹。

〔一〕「雄雄」，諸本作「雍雍」，據舊唐書音樂志四改。

霧廓三邊静，波澄四海同。睿圖今已盛，相共舞皇風。

送神第六詞同隱太子廟。

隱太子傳：隱太子建成，高祖受禪，立爲皇太子。死年三十八。太宗立，追封建成爲息王，謚曰隱。

章懷太子傳：章懷太子賢，皇太子薨，立賢爲皇太子。調露中，廢爲庶人。開耀元年，迫令自殺。神龍初，陪葬乾陵。睿宗立，追贈皇太子。

懿德太子傳：懿德太子重潤，高宗改元永淳，是歲，立爲皇太孫。中宗失位，太孫府廢，貶庶人。武后杖殺之。神龍初，追贈皇太子及謚。

節愍太子傳：節愍太子重俊，神龍初爲皇太子。武三思挾韋后勢，將圖逆，内忌太子，崇訓又三思子，尚安樂公主，常教主辱重俊。三年七月，重俊恚忿，遂率李多祚矯發兵殺三思、崇訓，趨肅章門，入，索韋后。后挾帝升玄武門。士倒戈斬多祚，餘黨潰。重俊亡入終南山，爲左右所殺。睿宗立，加贈謚，陪葬定陵。

惠莊太子傳：惠莊太子撝，垂拱三年，始王恒。睿宗立，進王申。開元八年薨，册書贈太子及謚，陪葬橋陵。

惠文太子傳：惠文太子範，初王鄭，進王岐。開元十四年薨，册書贈太子及謚，陪葬橋陵。

惠宣太子傳：惠宣太子業，始王趙，進王薛。二十二年薨，册書加贈及謚，陪葬橋陵。

蕙田案：以上諸太子，即所謂七太子是也。其實懿德、惠莊、惠文、惠宣生時並未立爲東宫，殁後乃追册耳。

册府元龜：王起爲兵部尚書，充皇太子侍讀兼判太常卿事。開成三年二月，起與太常少卿裴泰章、太常少卿兼權勾當國子司業楊敬之、太常博士崔立等狀奏：「准今月十日堂帖，天寶初，置七太子廟，異室同堂，國朝故事，足以師法。今欲聞奏以懷懿太子神主祔惠昭及悼懷太子廟，不虧情禮，又甚便宜。送太常寺三卿與禮官同商量議狀者。伏以三代已降，廟制不同，光武爲總立一堂，群主異室，親盡廟毁，昭穆遞遷，此蓋祖宗之廟也。然則太子廟出於近，或散在他處，别置一室，或尊卑序列，共立一堂。伏准國初太子廟散在諸方，至天寶六載敕文章懷、節愍、惠宣等太子，宜與隱太子列次，同爲一廟，應緣祭事，並合官給，號爲七太子廟。又准大曆三年三月以榮王天寶中追贈靜恭太子，神主未祔，詔祔七太子廟，加一室。今懷懿太子爲姪，以姪祔叔，獻享得宜，請于惠昭太子廟添置一室，擇日升祔。」從之。

靖恭太子傳：靖恭太子琬，始王郵，徙王榮。及薨，詔加贈謚。

恭懿太子傳：恭懿太子佋〔一〕，始封興王。上元元年薨。册贈皇太子。

蕙田案：此二太子廟，亦係薨後追册者。

昭靖太子傳：昭靖太子邈，上元二年始王益昌。進王鄭。八年薨。

文敬太子傳：文敬太子謜〔二〕，見愛于帝，命爲子。貞元十五年薨，追贈及謚。陵及廟置令、丞云。

惠昭太子傳：惠昭太子寧，貞元二十一年，始王平原。帝即位，進王鄧。于是國嗣未立，李絳等建言：「聖人以天下爲大器，知一人不可獨化，四海不可無本，故建太子以自副，然後人心定，宗祏安，有國不易之常道。陛下受命四年，而冢子未建，是開

〔一〕「佋」，諸本作「紹」，據新唐書恭懿太子傳改。
〔二〕「謜」，原作「諒」，據光緒本、新唐書文敬太子傳改。

窺覦之端，乖慎重之義，非所以承列聖，示萬世。」帝曰：「善。」以寧爲皇太子，更名宙。明年薨。

懷懿太子傳：懷懿太子湊，始王漳。太和八年薨，贈齊王。帝哀湊被讒死不自明，開成三年追贈。

悼懷太子傳：悼懷太子普，寶曆元年始王晉。文宗愛之若己子，嘗欲爲嗣。太和二年薨，帝惻念不能已，故贈恤加焉。

莊恪太子傳：莊恪太子永，太和四年始王魯。六年，遂立爲皇太子。開成三年暴薨。

蕙田案：此六太子，惟惠昭、莊恪係生時立者，餘皆追册。又宋諸太子，如昭成太子元僖、悼獻太子祐、獻愍太子茂，皆追册者；欽宗太子諶、高宗元懿太子旉、孝宗莊文太子愭、寧宗景獻太子詢，皆生時立者。惜志傳俱不載，其祔廟、立廟之事，莫得考焉。

遼史順宗傳：順宗，名濬，道宗長子。八歲，立爲皇太子。薨，謚曰昭懷太子，以天子禮改葬玉峰山。

金史熙宗二子傳：濟安，皇統二年二月戊子生于天開殿。三月戊午，册爲皇太子。十二月，薨。謚英悼太子，葬興陵之側。命工塑其像于儲慶寺。海陵毁上京宫室，寺亦隨毁。

蕙田案：子殤塑像，熙宗創也。

顯宗紀：顯宗皇帝，諱允恭，世宗第二子。大定五年六月，立爲皇太子。二十五年六月庚申，崩。賜謚宣孝太子。世宗欲加帝號，以問群臣，翰林修撰趙可對曰：「唐高宗追謚太子弘爲孝敬皇帝〔一〕。」左丞張汝弼曰：「此蓋出于武后。」遂止。乃建廟于衍慶宫後，祭用三獻，樂用登歌。

禮志：宣孝太子廟。大定二十五年七月，有司奏：「依唐典，故太子置廟，設官屬奉祀。擬于法物庫東建殿三間，南垣及外垣皆一屋三門，東西垣各一屋一門，門設九戟。齋房、神厨，度地之宜。」又奉旨，太子廟既安神主，宜别建影殿。有司定擬制度，于見建廟稍西中間，限以磚壖，内建影殿三間。南面一屋三門，垣周以甓，無缺角及

〔一〕「唐高宗」，諸本脱「宗」字，據金史顯宗本紀補。

東西門。外垣正南建三門〔一〕，左右翼廊二十間，神厨、齋室各二屋三間。是歲十月，廟成，十一日奉安神主，十四日奉遷畫像。神主用栗，依唐制諸侯用一尺，刻謚于背。省部遣官于本廟西南隅面北設幄次，監視製造，訖。其日晚，奉神主官奉神主承以箱，覆以帕，捧詣題神主幄中。次日丑前五刻，題神主官與典儀并禮官詣幄次前，題神主官詣罍洗位，盥手、帨手訖，奉神主官先以香湯奉沐，拭以羅巾。題神主官就褥位，題謚號于背云「宣孝太子神主」，墨書，用光漆模，訖，授奉神主官，承以箱，覆以梅紅羅帕，藉以素羅帕，詣座置于匱，乃下簾幃，侍衛如式。俟典儀俛伏，跪請，備腰輿傘扇詣神位。道引侍衛皆減昭德廟儀。祭儀〔二〕，有司言：「當隨祖廟四時祭享。初獻于皇孫皇族、亞獻或皇族或五品以下有差。樂用登歌，量減用二十五人，其接神奏無射宫，陞降徹豆則歌夾鐘。牲羊、豕各一，籩豆各八，簠簋各二，登鉶各一，其餘祭食亦量減之。」二十六年十一月一日，奏「神主入廟〔三〕，牲牢樂縣官給。影廟，皇孫奉

〔一〕「三門」下，諸本衍「一屋」二字，據金史禮志六删。
〔二〕「儀」，諸本脱，據金史禮志六補。
〔三〕「奏」，諸本作「奉」，據金史禮志六改。

祀」。

宣孝太子別廟登歌樂章：

初獻升殿，夾鐘宮，承安之曲　有腯斯牲，有馨斯齊。美哉洋洋，升降以禮。禮容既莊，樂亦諧止。神之格思，式歆明祀。

酌獻，無射宮，和寧之曲　於惟光靈，孝德昭宣。高麗有奕，來寧來燕。於薦惟祫，既時既蠲。從我列祖，載享億年。

亞終獻，和寧之曲　金石和奏，豆籩惟豐。祠宫奉事，齋敬精衷。笙吟伊浦，鶴駐緱峰。是保是饗，靈德無窮。

徹豆，夾鐘宮，和安之曲　寢廟奕奕，今兹其時。明稱肇祀，將禮之儀。侯安以懌，羞嘉且時。樂闋獻已，神其饗思。

莊獻太子傳〔一〕：莊獻太子名守忠〔二〕，宣宗長子也。貞祐元年閏九月，立爲皇太

〔一〕「莊獻太子」，諸本作「莊憲太子」，據金史莊獻太子傳改，下同。

〔二〕「守忠」，原作「守志」，據光緒本、金史莊獻太子傳改。

子。三年正月，薨。謚莊獻。立其子鋥爲皇太孫。十二月，薨。四年正月，賜謚沖懷太孫。

元史祭祀志：至元二十二年十二月丁未，皇太子薨。太常博士議曰：「前代太子薨，梁武帝謚統曰昭明，齊武帝謚長懋曰文惠，唐憲宗謚寧曰惠昭，金世宗謚允恭曰宣孝，又建別廟以奉神主，准中祀以陳登歌，例設令丞，歲供灑掃。斯皆累代之典，莫不追美洪休。」時中書、翰林諸老臣，亦議宜加謚，立別廟奉祀。遂謚曰明孝太子，作主用金。三十年十月朔，皇太子祔于太廟。

元史紀事本末：三十年冬十月，祔明孝太子主于廟。先是，皇太子珍戩卒，太常博士議：「建別廟以奉神主。」至是祔于太廟。

裕宗傳：裕宗文惠明孝皇帝，諱珍戩，世祖嫡子也。中統十年二月，立爲皇太子。二十二年，薨。

文宗紀：至順元年十二月辛亥，立燕王阿喇特納實哩爲皇太子。二年正月辛卯，皇太子阿喇特納實哩薨。壬辰，命宮相法里及給事者五十八人護靈轝北祔葬于山陵。三月甲申，繪皇太子真容，奉安慶壽寺之東鹿頂殿，祀之如累朝神御殿儀。

續文獻通考：文宗又命皇太子影殿造祭器如祖宗故事。

宗室世系表：成宗皇帝，皇太子德壽，早薨。泰定皇帝，四子，長皇太子阿里勒濟，三錫錫太子，四允丹藏布太子，俱早殞。文宗皇帝，三子，長皇太子阿喇特納實哩，次二雅克特古斯太子，次三太平訥太子，俱早殞。

明史興宗傳：興宗孝康皇帝標，太祖長子也。洪武元年正月，立爲皇太子。薨，祔葬孝陵東，謚曰懿文。

懷獻太子傳：懷獻太子見濟，母杭妃。始爲郕王世子。及郕王即位，景泰三年五月，廢汪后，立杭妃爲皇后，立見濟爲太子。四年二月，太子薨，謚曰懷獻，葬西山。天順元年，降稱懷獻世子。

悼恭太子傳：悼恭太子祐極，成化七年立爲皇太子，薨。

哀沖太子傳：哀沖太子載基，世宗第一子。生二月而殤。

莊敬太子傳：莊敬太子載壡，嘉靖十八年〔一〕，世宗將南巡，立爲皇太子。二十八

〔一〕「十八年」，諸本作「八年」，據明史莊敬太子傳改。

年薨。帝命與哀沖太子並建寢園，歲時祭祀，從諸陵後。

憲懷太子傳：憲懷太子翊釴，穆宗長子。生五歲殤，贈裕世子。隆慶元年追謚。

熹宗諸子傳：懷沖太子慈然，悼懷太子慈焴，獻懷太子慈炅，俱殤。

右歷代太子廟

五禮通考卷一百八

吉禮一百八

諸侯廟祭

諸侯廟制

禮記王制：諸侯五廟，二昭二穆，與太祖之廟而五。注：太祖，始封之君。王者之後，不爲始封之君廟。疏：凡始封之君，謂王之子弟，封爲諸侯，爲後世之太祖，當此君之身，不得立出王之廟，則全無廟也，故諸侯不敢祖天子。若有大功德，王特命立之則可。若魯有文王之廟，鄭祖厲王是也。此皆有功德特賜，非禮之正。此始封君之子，得立一廟。始封六世之孫，始五廟備也。若異姓始封，如太公之屬，初封則得立五廟，從諸侯禮也。若二王之後，郊天之時，則得以遠代之祖配天而祭。

陳氏禮書：孔穎達曰：「若異姓始封，如太公之屬，得立五廟，從諸侯禮。」然王者始受命所立，不過四廟，諸侯初封，蓋亦廟止高祖而已，謂「得立五廟」，無是理也。玉藻曰「皮弁以聽朔於太廟」，而朔祭有牲，是月祭及太祖也。祭法謂王考、皇考，月祭之，顯考、祖考，享嘗乃止，非禮意也。穀梁曰「諸侯受朔於禰廟」，其説無據。

蕙田案：陳氏謂「王者始受命所立，不過四廟」，與疏不同。朱子答汪尚書曰：「政和之制，二昭二穆之上，通數高祖之父以備五世。夫既非始封之君，又已親盡而服絶矣，乃苟可以備夫五世而祀之，於義何所當乎？」陳氏爲優。

祭法：諸侯立五廟〔一〕，一壇一墠，曰考廟，曰王考廟，曰皇考廟，皆月祭之。顯考廟，祖考廟，享嘗乃止。去祖爲壇，去壇爲墠，壇、墠有禱焉，祭之；無禱，乃止。去墠爲鬼。疏：「諸侯立五廟，一壇一墠」者，降天子，故止有五廟。壇、墠與天子同。無功德之祖爲二祧也。「曰考廟，曰王考廟，曰皇考廟，皆月祭之」者，天子月祭五，諸侯卑，故唯得月祭三也。「顯考廟，祖考廟，享嘗乃止」者，顯考，高祖也，祖考，太祖也。太祖乃不遷，而與高祖並不得月祭，止預四時，又降天子也。

〔一〕「立」，原脱，據光緒本、禮記正義卷四六補。

「去祖爲壇」者，去祖，謂去太祖也，即高祖之父，諸侯無功德二祧，若高祖之父亦遷，即寄太祖，而不得於太祖廟受時祭〔一〕。唯有祈禱，則去太祖而往墠受祭也。

陳氏禮書：祭法言：「天子至士，立廟之制，多與禮異。」鄭氏謂：「凡鬼，薦而不祭。」賈氏申之謂：「大夫之鬼，薦於太祖壇；士之鬼，薦之於廟。」此尤無據。

右諸侯廟制

諸侯立廟

曲禮：君子將營宮室，宗廟爲先，廄庫爲次，居室爲後。注：重先祖及國之用。

王制：寢不踰廟。

詩大雅緜：其繩則直，縮版以載，作廟翼翼。傳：言不失繩直也。乘謂之縮。君子將營宮室，宗廟爲先，廄庫爲次，居室爲後。箋：繩者，營其廣輪方制之正也，既正則以索縮其版築，上下相承而起。廟成則嚴顯翼翼然。乘，聲之誤，當爲「繩」也。

〔一〕「受」，原作「祭」，據光緒本、禮記正義卷四六改。

何氏楷曰：「作，起也，亦創造之謂。廟，宗廟也。」曹氏云：「此章俾立室家，則定其規模面向。若其營作，則先於廟，故其序如此。」

右諸侯立廟

諸侯遷廟

大戴禮：成廟將遷之新廟。君前徙三日，齋。祝、宗人及從者皆齋。注：謂親過高祖則毁廟，以昭穆遷之。春秋穀梁傳曰：「作主壞廟有時日，於練焉壞廟。壞廟之道，易檐可也，改塗可也。」范甯云：「納新神，故示有所加。」鄭玄士虞禮記注曰：「練而後遷也。」禮志云：「遷廟者，更釁其廟，而移故主焉。」按此篇成廟之文，與穀梁相傳也。從之日，君玄服，從者皆玄服。從至於廟，注：廟，殯宫。群臣如朝位。注：列於廟門外，如路門之位。君入，立於阼階下，西向。有司如朝位。注：立於門内，如門外之位。宗人擯舉手曰：「有司其請升〔一〕。」君升，祝奉幣從在左，北面，注：祝主辭，故在左。神將遷，故出在户牖間，南面矣。再拜，興。祝聲三曰：「孝嗣侯某，

〔一〕「其」，諸本作「具」，據大戴禮記匯校集解卷一〇改。

敢以嘉幣告於皇考某侯，注：言嗣以遷代，不言國，未忍有之也。成廟將徙，敢告。」注：卒不奠幣者，禮畢矣，於此將有事於新廟。君及祝再拜，興。祝曰：「請導。」君降立於階下，奉衣服者皆奉以從祝。注：不言奉主而稱奉衣服者，以毀易祖考，誠人神之不忍。從祝者，祝所以導神也。言皆者，衣服非一稱。周禮守祧職曰：「掌先王先公之廟祧，其遺衣服藏焉。」奉衣服者降堂，君及在位者皆辟也。奉衣服者至碑，君從，有司皆以次從出廟門。奉衣服者升車，乃步。君升車，從者皆就車也。注：皆就車，謂乘貳車者。凡出入門及大溝渠，祝下撌。注：神車，祝爲左，故於步處則下。至於新廟。筵於户牖間，注：始自外來，故先於堂。樽於西序下，注：四時之祭，在室筵隩中，在堂筵序下，是以設樽恒於東方。今惟布南面之席，故置樽於西，以因其便矣。脯醢陳於房中，注：房，西房也，諸侯左右房也〔一〕。設洗當東榮，南北以堂深。注：記因卿士，當言東霤。有司皆先入，如朝位。祝導奉衣服者乃入，君從。奉衣服者入門左，注：門左，門西。在位者皆辟也。奉衣服者升堂，皆反位，君從升。奠衣服於席上，祝奠幣於几東。君北向，祝在左。贊者盥，升，適房，薦脯醢。君盥，酌，奠於薦西，反位。君及祝

〔一〕「左」，諸本作「在」，據大戴禮記匯校集解卷一〇改。

再拜，興。祝聲三曰：「孝嗣侯某，敢用嘉幣告於皇考某侯，今月吉日，可以徙於新廟，敢告。」再拜。君就東廂，西面；祝就西廂，東面。注：東西侯也。祝就西廂，因其便也。在位者皆反走辟。如食間，注：走，疾趨也。擯者舉手曰：「請反位。」君反位，祝從在左。卿大夫及衆有司諸在位者皆反位。祝聲三曰：「孝嗣侯某，潔爲而明薦之享。」注：詩云：「潔蠲爲饎，是用孝享。」君及祝再拜，君反位，注：東廂之位。祝徹反位。注：西廂之位。擯者曰：「遷廟事畢，請就燕。」君出廟門，卿大夫有司執事者皆出廟門。告事畢，注：事，謂内主、藏衣服、斂幣、徹几筵之等。乃曰擇日而祭焉。注：所以安神。

右諸侯遷廟

蕙田案：諸侯釁廟，見前釁禮。

附庸五廟

春秋：莊公三年秋，紀季以酅入於齊。公羊傳：魯子曰：「請後五廟以存姑姊妹。」注：紀與齊爲讎，不直，齊大紀小，季知必亡，故以酅首服，先祖有罪於齊，請爲五廟後，以酅共祭祀，存姑姊妹。疏：季爲附庸而得有五廟者，舊説云，此諸侯之禮故也。直言以存姑姊妹，不言兄弟子姪者，謙不敢言之。欲言兄弟子姪亦隨國亡，但外出之女，有所歸趣而已。

右附庸五廟

陳氏禮書：公、侯、伯、子、男，其衣服、宫室、車旗、等衰雖殊，其立五廟一也。附庸之封，雖不能五十里，亦國君爾，故亦五廟。春秋書「紀季以酅入於齊」，公羊傳曰：紀季「請後五廟以存姑姊妹」，則附庸之廟與諸侯同可知也。

魯廟

春秋：莊公二十三年秋，丹桓宫楹。穀梁傳：禮，天子、諸侯黝堊，注：黝堊，黑色。按：黝，黑也；堊，謂白土也〔一〕。大夫蒼，士黈。注：黈，黃色。丹楹，非禮也。二十四年春，刻桓宫桷。注：桷，榱也。方曰桷，員曰椽。穀梁傳：天子之桷，斲之礱之，加密石焉。注：以細石磨之。諸侯之桷，斲之礱之。大夫斲之，士斲本。刻桷，非正也。注：非

〔一〕「土」，諸本作「堊」，據春秋穀梁傳注疏卷六改。

正，謂刻桷丹楹也。

蕙田案：此魯廟飾，非禮也。

文公二年八月，丁卯，大事於太廟，躋僖公。注：躋，升也。僖公，閔庶兄，繼閔而立，廟坐宜次閔下，今升在閔上，故書而譏之。

左氏傳：逆祀也。於是夏父弗忌爲宗伯，尊僖公，且明見曰：「吾見新鬼大，故鬼小。先大後小，順也。躋聖賢，明也。明、順，禮也。」君子以爲失禮。禮無不順。祀，國之大事也，而逆之，可謂禮乎？子雖齊聖，不先父食久矣。故禹不先鯀，湯不先契，文、武不先不窋。宋祖帝乙，鄭祖厲王，猶上祖也。是以魯頌曰：「春秋匪解〔一〕，享祀不忒，皇皇后帝，皇祖后稷。」君子曰禮，謂其后稷親而先帝也。詩曰：「問我諸姑，遂及伯姊。」君子曰禮，謂其姊親而先姑也〔二〕。仲尼曰：「臧文仲不仁者三，不知者三。下展禽，廢六關，妾織蒲，三不仁也。作虛器，縱逆祀，祀爰居，三不知也。」注：僖是閔兄，不得爲父子。嘗爲臣，位應在下，令居閔上〔三〕，故曰「逆祀」。臣繼

〔一〕「解」，諸本作「懈」，據春秋左傳正義卷一八改。
〔二〕「謂」，諸本作「爲」，據春秋左傳正義卷一八改。
〔三〕「令」，諸本作「今」，據春秋左傳正義卷一八改。

君猶子繼父。帝乙，微子父。厲王，鄭桓公父。二國不以帝乙、厲王不肖而猶尊尚之。疏：禮，父子異昭穆，兄弟昭穆同，故僖、閔不得爲父子，同爲穆耳。當閔在僖上，今升僖先閔，故云「逆祀」。二公位次之逆，非昭穆亂也。魯語云：「將躋僖公。宗有司曰：『非昭穆也。』弗忌曰：『我爲宗伯，明者爲昭，其次爲穆，何常之有？』」如彼所言，似閔、僖異昭穆者，位次之逆，如昭穆之亂，假昭穆以言之，非謂異昭穆也。若兄弟相代，即異昭穆，設令兄弟四人皆立爲君，則祖父之廟即已從毁，知其禮必不然，故先儒無作此説。

公羊傳：大事者何？大祫也。大祫者何？合祭也。其合祭奈何？毁廟之主，陳於太祖。未毁廟之主皆升，合食於太祖，五年而再殷祭。躋者何？升也。何言乎升僖公？譏。何譏爾？逆祀。其逆祀奈何？先禰而後祖也。注：太祖，周公之廟。陳者，就陳列太祖前。升謂西上。禮，昭穆指父子，近取法春秋，惠公與莊公當同南面西上，隱、桓與閔、僖亦當同北面西上，繼閔者在下。文公緣僖公於閔公爲庶兄，置僖公於閔公上，失先後之義，故譏之。傳曰「後祖」者，僖公以臣繼閔公，猶子繼父，故閔公於文公，亦猶祖也。自先君言之，隱、桓及閔、僖各當爲兄弟，顧有貴賤耳。自繼代言之，有父子君臣之道，此恩義逆順各有所施也。

穀梁傳：大事者何？大是事也，著祫、嘗。祫祭者，毁廟之主，陳於太祖；未毁廟之主，皆升，合祭於太祖。躋，升也。先親而後祖也，逆祀也。逆祀，則是無昭穆也。無昭穆，則是無祖也。無祖，則無天也。故曰：文無天。無天者，是無天而行也。君子不以親親害尊尊，此春秋之義也。注：

舊説僖公，閔公庶兄，故文公升僖公之主於閔公之上耳。僖公雖長，已爲臣矣。閔公雖小，已爲君矣。臣不可以先君，猶子不可以先父，故以昭穆父祖爲喻。甯曰：即之於傳，則無以知其然。若引左氏以釋此傳，則義雖有似，而於文不辨。高宗，殷之賢主〔一〕，猶祭豐於禰〔二〕，以致雊雉之變，然後率修常禮。文公顛倒祖考，固不足多怪矣。親謂僖，祖謂莊。疏：先親而後祖，親謂僖公，祖謂閔公也。僖繼閔而立，猶子之繼父，故傳以昭穆祖父爲喻。此於傳文不失，而范氏謂莊公爲祖，其理非也。范云文公顛倒祖考，則是僖在莊上，謂之夷狄猶自不然，況乎有道之邦，豈其若是？

國語：夏父弗忌爲宗伯，烝將躋僖公。宗有司曰：「非昭穆。」曰：「我爲宗伯，明者爲昭，其次爲穆，何常之有？」有司曰：「夫宗廟之有昭穆也，以世次之長幼，而等胄之親疏也。夫祀，昭孝也。各致齊敬於其皇祖，昭孝之至也。故工史書世，宗祝書昭穆，猶恐其踰也。今將先禰而後祖，自玄王以及主癸莫若湯，自稷以及王季莫若文、武，商、周之烝也，未嘗躋湯與文、武，爲不踰也。魯未若商、周而改其常，毋乃不可乎？」弗聽，遂躋之。注：非昭穆，謂非昭穆之次也。父爲昭，子爲穆。僖爲閔臣，臣子一例而升閔

〔一〕「主」，諸本作「王」，據春秋穀梁傳注疏卷一〇改。
〔二〕「禰」，原作「昵」，據光緒本、春秋穀梁傳注疏卷一〇改。

上，故曰非昭穆也。明者爲昭，其次爲穆。明，言僖有明德，當爲昭。閔次之，當爲穆也。以僖爲明而升之，是先禰而後祖。

蕙田案：昭穆之序，百世不易。兄弟同昭穆，則同廟異室。躋僖，爲先閔也。兄弟叔姪之分，不可以奪君臣，而君臣不可以亂昭穆。左傳杜注、孔疏説皆不刊。詳見前「廟祧昭穆」條下。

又案：此魯廟逆祀，非禮也。

春秋：文公十有三年，世室壞。公羊傳：世室，魯公之廟也。魯公，周公子伯禽。周公稱太廟，魯公稱世室，群公稱宮。疏：「周公稱太廟」者，即僖八年「禘於太廟」，文二年「大事於太廟」是也。「魯公稱世室」者，即此經是也。「群公稱宮」者，即武宮、煬宮之屬是也。此魯公之廟也，曷爲謂之世室？世室，猶世室也，世世不毁也。周公何以稱太廟於魯？封魯公以爲周公也。穀梁傳：大室屋壞者，有壞道也，譏不修也。禮，宗廟之事，君親割，夫人親舂，敬之至也。爲社稷之主，而先君之廟壞，極稱之，志不敬也。

蕙田案：此魯不修廟，非禮也。

成公三年，新宮災，三日哭。公羊傳：宣公之宮也。注：以無新宮，知宣公之宮廟。

曷爲謂之新宫？不忍言也。注：親之精神所依而災，孝子隱痛，不忍正言也。謂之新宫者，因新入宫，易其西北角，示昭穆相繼代，有所改更也。其言三日哭何？注：指桓、僖宫災，不言三日哭。廟災三日哭，禮也。注：善得禮，痛傷鬼神無所依歸，故君臣素縞哭之。

哀公三年左氏傳：五月，辛卯，桓宫、僖宫災。孔子在陳，聞火，曰：「其桓、僖乎！」注：言桓、僖親盡而廟不毁，宜爲天所災。疏：禮，諸侯親廟四焉，高祖之父，即當毁其廟。計桓之於哀，八世祖也，僖，六世祖也，親盡而廟不毁，言其宜爲天所災也。服虔云：「季氏出桓公，又爲僖公所立，故不毁其廟。」其意或然。

公羊傳：哀公三年五月，辛卯，桓宫、僖宫災。此皆毁廟也，其言災何？復立也。何以書？記災也。注：災不宜立。疏：謂其宫不宜立，若曰以其不宜立，故災之然。

禮記明堂位：魯公之廟，文世室也。武公之廟，武世室也。注：此二廟，象周有文王、武王之廟也。世室者，不毁之名。疏：「文世室」者，魯公伯禽有文德，世世不毁其室，故云「文世室」。「武世室」者，伯禽玄孫武公有武德，其廟不毁，故云「武世室」。按成六年立武宫，公羊、左氏並譏之，不宜立也。又武公之廟，立在武公卒後，其廟不毁，在成公之時。作記之人，因成王褒魯，遂盛美魯家之事。因武公其廟不毁，遂連文而美之，非實辭也。

王氏安石曰：此言尤不可信。周公爲魯太祖，而開國實係魯公，其廟不毁，固有此理，然不可援文王爲比也。若夫武公乃伯禽玄孫，春秋之初毀廟，復立，季氏爲之也。且季氏立已毀之廟者有二：煬公之廟毀，而復立煬公，以弟繼兄者也；武公之廟毀，而復立武公，舍長立少者也。二者皆季氏不臣之心。春秋書立武宮，立煬宮，以罪季氏。鄭不考其故，乃曰：世室者，不毀之廟。夫昭穆遞遷，則毀武公之廟，禮也；世室既遠毀而復立，非禮也。而比之於武之世室，亦甚乖春秋之旨矣。

陳氏禮書：明堂位曰：「魯公之廟，文世室。武公之廟，武世室。」然武公之於魯，徇宣王立庶之非，以階魯國攻殺之禍，而豐功懿德不著於世。自武至閔，其廟已在可遷之列矣。春秋成公六年二月，立武宮。昭十五年，有事於武宮。左氏曰：「季文子以鞌之戰立武宮。」公羊曰：「武宮者何？武公也。立者，不宜立也。」蓋武宮立於成公之時，歷襄及昭，積世不毀，故記者得以大之，欲以比周之文、武也。

蕙田案：此魯紊廟制，非禮也。

詩魯頌：閟宮有侐，實實枚枚。傳：閟，閉也。先妣姜嫄之廟，在周常閉而無事。孟仲子曰：是禖宮也。箋：閟，神也。姜嫄神所依，故廟曰神宮。疏：毛以爲將美僖公，先言上述遠祖。周人立姜嫄之廟，常閉而無事。欲説姜嫄，又先述其廟。言其在周，則謂魯無其廟，以周立是非常，故魯不得有也。箋以詩人之作，睹事興辭，若魯無姜嫄之廟，不當先述閟宮。又卒章云「新廟奕奕，奚斯所作」，發首言閟宮，於末言新廟，則所新之廟，新此閟宮，首尾相承，於理爲順。奚斯作之，自然在魯，不宜獨在周也。

且立廟而祭，不宜以閟爲名。釋詁云：「毖、神，慎也。」俱訓爲慎，是閟神爲神。閟與毖，字異音仝，故閟爲神也。以其姜嫄，神之所依，故廟曰神宫。凡廟皆是神宫，以姜嫄之事説之於下，故先言神宫以顯之。徂來之松，新甫之柏，是斷是度，是尋是尺。松桷有舄，路寢孔碩。新廟奕奕，奚斯所作。孔曼且碩，萬民是若。傳：新廟，閔公廟也。有大夫公子奚斯者，作是廟也。

荀子宥坐：子貢觀於魯廟之北堂，出而問於孔子曰：「鄉者賜觀於太廟之北堂，未既輟，還復瞻九蓋，被皆繼邪，彼有説邪，匠過絶邪？」注：北堂，神主所在也。輟，止也。「九」當爲「北」，「被」當爲「彼」，傳寫誤耳。蓋音盍，扇户也。皆繼，謂其材木斷絶，相接繼也。子貢問：北盍皆繼續，彼有説邪，匠過誤而遂絶之也？家語作「還瞻北蓋皆斷焉，彼有説邪，匠過之也」。王肅注云：「觀北面之蓋，皆斷絶也。」孔子曰：「太廟之堂，亦嘗有説。注：言舊曾説，今則無也。官致良工，因麗節文，注：致，極也。官致良工，謂初造太廟之時，官極其良工，良工則因隨其木之美麗節文而裁制之，所以斷絶。家語作「官致良工之匠，匠致良材，盡其工巧，蓋貴文也〔一〕」。楊氏曰：家語作「蓋貴久矣，尚有説也」，與此注少異。非無良材，蓋曰貴文也。」非無良材大木，不斷絶者，蓋所以貴文飾也。

〔一〕「文」，原作「之」，據光緒本、荀子集解卷二〇改。下同。

附辨孔氏魯有九廟：

王制孔疏：魯非但得立文王之廟，又立姜嫄之廟及魯公、武公之廟，併周公及親廟，除文王廟外，猶八廟也。

蕙田案：魯禘祭文王以周公配，即在周公廟中，亦猶周禘帝嚳於后稷之廟，並未另立文王之廟。謂魯有姜嫄廟，蓋據閟宮頌「赫赫姜嫄」言之。然詩乃追述魯所由封，而推本后稷之生以上及於姜嫄，閟宮非祀姜嫄之詩，魯亦何緣有姜嫄之廟？孔説非也。武宮、煬宮，旋廢旋立，不在廟數，魯實有七廟耳。

右魯廟

諸侯宗廟正祭

孟子：禮曰：「諸侯耕助，以供齊盛；夫人蠶繅，以爲衣服。」

禮記曲禮：國君下齊牛，式宗廟。疏〔一〕：按齊右職云：「凡有牲事，則前馬。」注云「王見牲，

〔一〕「疏」，原作「注」，據光緒本、禮記正義卷三改。

則拱而式」。又引曲禮云：「國君下宗廟，式齊牛。」鄭注周官與此文異。熊氏曰，「下齊牛，式宗廟」文誤，當以周禮齊右注爲正，宜云「下宗廟，式齊牛」。

祭統：先期旬有一日，宫宰宿夫人，夫人亦散齊七日，致齊三日。君致齊於外，夫人致齊於内，然後會於太廟。君純冕立於阼，夫人副褘立於東房。君執圭瓚祼尸，大宗執璋瓚亞祼。及迎牲，君執紖，卿大夫從，士執芻。宗婦執盎從，夫人薦涗水；君執鸞刀，羞嚌；夫人薦豆。此之謂夫婦親之。君卷冕立於阼，夫人副褘立於東房。夫人薦豆執校，執醴授之，執鐙。尸酢夫人執柄，夫人受尸執足〔一〕。夫婦相授受，不相襲處，酢必易爵，明夫婦之别也。

禮器：天道至教，聖人至德。廟堂之上，罍尊在阼，犧尊在西；廟堂之下，縣鼓在西，應鼓在東。君在阼，夫人在房。大明生於東，月生於西。此陰陽之分，夫婦之位也。君西酌犧象，夫人東酌罍尊，禮交動乎上，樂交應乎下，和之至也。太廟之内敬矣！君親牽牲，大夫贊幣而從。君親制祭，夫人薦盎。君親割牲，夫人薦酒。卿大夫

〔一〕「受」，諸本作「授」，據禮記正義卷四九改。

從君，命婦從夫人。洞洞乎其敬也，屬屬乎其忠也，勿勿乎其欲其饗之也！納牲詔於庭，血、毛詔於室，羹定詔於堂：三詔皆不同位，蓋道求而未之得也。設祭於堂，爲祊乎外，故曰：於彼乎？於此乎？

祭統：既内自盡，又外求助，昏禮是也。故國君取夫人之辭曰：「請君之玉女，與寡人共有敝邑，事宗廟社稷。」此求助之本也。大祭也者，必夫婦親之，所以備外内之官也，官備則具備。水草之菹，陸産之醢，小物備矣。三牲之俎，八簋之實，美物備矣。昆蟲之異，草木之實，陰陽之物備矣。凡天之所生，地之所長，苟可薦者，莫不咸在，示盡物也。外則盡物，内則盡志，此祭之心也。

祭義：君牽牲，夫人奠盎。君獻尸，夫人薦豆。卿大夫相君，命婦相夫人。齊齊乎其敬也，愉愉乎其忠也，勿勿諸其欲其饗之也！

文王之祭也，事死者如事生，思死者如不欲生。忌日必哀，稱諱如見親，祀之忠也。如見親之所愛，如欲色然，其文王與？詩云：「明發不寐，有懷二人。」文王之詩也。祭之明日，明發不寐，饗而致之，又從而思之。祭之日，樂與哀半，饗之必樂，已至必哀。

詩召南序：采蘩，夫人不失職也。夫人可以奉祭祀，則不失職矣。箋：奉祭祀者，采蘩之事也。不失職者，夙夜在公也。

于以采蘩？于沼于沚。于以用之？公侯之事。傳：公侯夫人執蘩菜以助祭，神饗德與信，不求備焉，沼沚谿澗之草，猶可以薦。王后則荇菜也。之事，祭事也。

于以采蘩？于澗之中。于以用之？公侯之宮。傳：宮，廟也。被之僮僮，夙夜在公。被之祁祁，薄言還歸。傳：被，首飾也。僮僮，竦敬也。箋：公，事也。早夜在事，謂視濯溉饎爨之事。禮記：「主婦髲髢。」云：言，我也。祭事畢，夫人釋祭服而去髲髢，其威儀祁祁然而安舒，無罷倦之失。我還歸者，自廟反其燕寢。

蕙田案：諸侯祭禮，其祼獻、朝踐、饋食、酳尸之節，皆上同天子，已詳「時享」門。至其等殺之微差，儀文之小異，則經傳無可考見，今取傳記之言諸侯祭禮者著於篇，學禮者通其意可也。至通典所序諸侯祭禮，與大夫、士同，恐未可據，故不録。

右諸侯宗廟正祭

諸侯時享犆祫

禮記王制：春曰礿，夏曰禘，秋曰嘗，冬曰烝。諸侯礿則不禘，禘則不嘗，嘗則不烝，烝則不礿。諸侯礿犆，禘一犆一祫，嘗祫，烝祫。

蕙田案：詳見「禘祫」門。

右諸侯時享犆祫

諸侯宗廟告朔

周禮春官太史：正歲年以序事，頒之於官府及都鄙，頒告朔於邦國。注：天子頒朔於諸侯，諸侯藏之祖廟，至朔，朝於廟，告而受行之。疏：鄭云「天子班朔於諸侯，諸侯藏之於祖廟」者，按禮記玉藻「諸侯皮弁聽朔於太祖」，太祖，即祖廟也。「至朔，朝於廟，告而受行之」者，諸侯約天子，故縣之於中門，匝日斂之，藏之於祖廟，月朔用羊，告而受行之。此經及論語稱告朔，玉藻謂之聽朔，春秋謂之視朔。視朔者〔一〕，人君入廟視之。告者，使有司讀祝以言之。聽者，聽治一月政令。所從言之異耳。

〔一〕「朔」，諸本脱，據周禮注疏卷二六補。

鄭鍔曰：恐其不告也，故不曰頒正朔，而謂之告朔。

春秋：文公六年，閏月不告月，猶朝於廟。注：諸侯每月必告朔聽政，因朝宗廟。文公以閏非常月，故闕不告朔，怠慢政事。雖朝於廟，則如勿朝，故曰「猶」。猶者，可止之辭。疏：周禮太史「頒告朔於邦國」。鄭玄云：「天子頒朔於諸侯，諸侯藏之祖廟，至朔，朝於廟，告而受行之。」論語云：「子貢欲去告朔之餼羊。」是用特羊告於廟，謂之告朔。人君即以此日聽視此朔之政，謂之視朔。十六年「公四不視朔」，僖五年傳曰「公既視朔」是也。視朔者，聽治此月之政，亦謂之聽朔。玉藻云「天子聽朔於南門之外」是也。其日又以禮祭於宗廟，謂之朝廟。周禮謂之「朝享」。司尊彝云「追享、朝享」是也。其歲首爲之，則謂之朝正。襄二十九年正月「公在楚」，傳曰「釋不朝正於廟」是也。告朔、視朔、聽朔，朝廟、朝享、朝正，二禮各有三名，同日而爲之也。天子告朔於明堂，朝享於五廟，諸侯告朔於太廟，朝享自皇考以下三廟耳，皆先告朔，後朝廟。朝廟小於告朔，文公廢其大而行其小，故云「猶朝於廟」。公羊傳曰：「猶者，可止之辭也。」天子玄冕以視朔，皮弁以日視朝。諸侯皮弁以聽朔，朝服以日視朝。其閏月，則聽朔於明堂，闔門左扉，立於其中，聽政於路寢門終月，故於文「王在門爲閏」。

蕙田案：周禮司尊彝「四時之間祀，追享、朝享」。先鄭云：「謂禘祫也。在四時之間，故曰間祀。」其解已的。而後鄭易之謂：「追享，追祭遷廟之主，以事有所請禱。朝享，謂受朝政於廟。」春秋傳曰：「閏月不告朔，猶朝於廟。」此以祭法之「壇墠有禱」釋追享，以五廟、月祭釋朝享，而又以告朔、朝廟附會月祭之說，故玉藻疏、春秋疏、穀梁疏、公羊疏、論語注疏並從後鄭，不知祠、禴、烝、嘗、追享、朝享，所謂六享也。宗廟六享，乃去禘祫不數，而以請禱告朔足之，已自不倫，況月祭乃薦新之祭，與告朔、朝廟何與？與朝享、祫祭又何與乎？聽朔在明堂，月祭則在五廟，朝廟行於每月，朝享間於四時，各有攸當，何可混三者而一之耶？

左氏傳：閏月不告朔，非禮也。閏以正時，時以作事，事以厚生。注：經稱「告月」，傳稱「告朔」，明告月必以朔。生民之道，於是乎在矣。不告閏朔，棄時政也，何以爲民？

穀梁傳：不告月者，不告朔也。不告朔，則何爲不言朔也？閏月者，附月之餘日也，積分而成於月者也。天子不以告朔，而喪事不數也。注：閏是叢殘之數，非月之正，故吉凶大事皆不用也。猶之爲言可以已也。公羊傳：曷爲不告朔？天無是月也，閏月矣。何以謂之天無是月？非常月也。猶者何？通可以已也。

啖氏助曰：公、穀言「不告月」爲是，非也。按經文言「不告月」，明當告也。

朱子曰：閏者，所以定四時成歲，天子以爲月而頒之。爲諸侯而不奉以告，是輕正朔而慢時令也。公、穀以爲「附月之餘日」，又曰「天子不以告朔」，此說已非。

而猶字之義，諸傳皆以爲可已之辭，大率皆譏其舍大政而謹小禮，獨胡傳以爲幸其不已之辭，以「我愛其禮」證之，則此義精矣。

文公十六年，夏五月，公四不視朔。注：諸侯每月必告朔聽政，因朝於廟。今公以疾闕，不得視二月、三月、四月、五月朔也。春秋十二公以疾不視朔，非一也，義無所取，故特舉此以表行事。因明公之實有疾。左氏傳：疾也。穀梁傳：天子告朔於諸侯，諸侯受乎禰廟，禮也。注：每月，天子以朔政班於諸侯，諸侯受而納之禰廟，告廟以羊。今公自二月不視朔，至於五月，是後視朔之禮遂廢，故子貢欲去其羊。公四不視朔，公不臣也，以公爲厭政以甚矣。公羊傳：公曷爲四不視朔？公有疾也。何言乎公有疾不視朔？自是公無疾，不視朔也。然則曷爲不言公無疾不視朔？有疾，猶可言也，無疾，不可言也。

春秋襄公二十九年左氏傳：春，王正月，公在楚，釋不朝正於廟也。注：釋，解也。告廟在楚，解公所以不朝正。

論語：子貢欲去告朔之餼羊。子曰：「賜也！爾愛其羊，我愛其禮。」注：鄭曰：「牲生曰餼。禮，人君每月告朔，於廟有祭，謂之朝享。魯自文公始不視朔。子貢見其禮廢，故欲去其羊。」包曰：「羊存猶以識其禮，羊亡禮遂廢。」

馮氏椅曰：是時，諸侯固自紀元，而天子所存者僅正朔，此禮蓋甚重也。

蕙田案：古天子頒正朔於天下，均次每月所行之政，以敬授民時。諸侯受之王朝，藏之祖廟，每月朔則請於祖廟而行政焉，此敬天勤民、尊王親祖之義也。告朔之文，見周禮大史「頒告朔於邦國」，論語「子貢欲去告朔之餼羊」，春秋文六年、十六年，左氏、公羊、穀梁傳並云「告朔」。又曰「告月」，見春秋文六年，「閏月不告月」。又曰「視朔」，見文十六年，「公四不視朔」。又曰「聽朔」，見玉藻「天子聽朔於南門之外，諸侯聽朔於太廟」。其在歲首，謂之「朝正」，襄二十九年春，王正月，公在楚，左氏傳曰「釋不朝正於廟」是也。是五者，稱名不同，其禮則一。但主乎告廟而言，則曰告朔、告月、朝正；主乎聽政而言，則曰視朔、聽朔。言非一端，亦各有當而已。今以經傳所云「告朔」者入此卷，其云「聽朔」者别入嘉禮「朝賀」門。

又案：天子聽朔於明堂，明其受之於天也。諸侯聽朔於祖廟，明其受之於祖也。天子以特牛，諸侯以特羊，告廟之禮，尊卑之次也。春秋譏「閏月不告朔」，蓋一月有一月之政，閏雖無常而政有常，以閏月而不告，則一月之政不舉。故左氏以爲「棄時政」，是也。公羊以爲「天無是月」，穀梁以喪不數閏爲證，並以不當告爲説，其義非矣。告朔必有朝廟之禮，春秋書「猶朝於廟」，是幸其禮之不盡廢。公羊、穀梁均以猶爲可已之辭，豈聖人愛禮之意乎？告朔雖有特牲，朝廟別無祭禮，注疏皆引司尊彝朝享及祭法月祭爲説，豈知朝享乃大祫之祭，且有祼獻、朝踐、饋食之文，其禮煩重，非每月可行之事，月祭又薦新之祭，與告朔、朝廟無與牽合。三禮爲一禮，則鄭、賈、孔之誤也。

右諸侯宗廟告朔

漢至明諸侯廟祭

通典：後漢獻帝封曹操爲魏公，依諸侯禮立五廟於鄴。後進爵爲王，無所改易。

圖書集成：曹操春祠令曰：「議者以爲祠廟上殿當解履，吾受錫命帶劍不解履上殿，今有事於廟而解履，是尊先公而替王命，敬父祖而簡君主，故吾不敢解履上殿也。又臨祭就洗，以手擬水而不盥。夫盥以潔爲敬，未聞擬而不盥之禮。且祭神而神在，故吾親受水而盥也。又降神禮訖，下階就幕而立，須奏樂畢竟，似若不衎烈祖遲祭不速訖也〔一〕，故吾坐俟樂闋送神乃起也。受胙納袖〔二〕，以授侍中，此爲敬恭不終實也。古者親執祭祀，故吾親納於袖，終抱而歸也。仲尼曰：『雖違衆，吾從下。』誠哉斯言也！」

晉書高陽王睦傳：睦，譙王遜之弟也，魏安平亭侯。武帝受禪，封中山王。睦自表乞依六蓼祀皋陶，鄫杞祀相立廟。事下太常議〔三〕，博士祭酒劉憙等議：「禮記王制諸侯五廟，二昭二穆，與太祖而五。是則立始祖之廟，謂嫡統承重，一人得立耳。假令支弟並爲諸侯始封之君，不得立廟也。今睦非爲正統，若立祖廟，中山不得並也。後世中山乃得爲睦立廟，爲後子孫之始祖耳。」詔下禮官博議。

通典：兄弟俱封各得立禰廟議。晉中山王睦上言乞依六蓼之祀皋陶，杞鄫之祀相立廟。按睦，譙王之弟，兄弟俱封，今求各立禰廟，下太常議。博士祭酒劉憙等議：

〔一〕「衎」，諸本作「愆」，據曹操集卷二改。
〔二〕「袖」，諸本作「神」，據曹操集卷二改。下同。
〔三〕「事」，原作「祀」，據光緒本、晉書高陽王睦傳改。

「王制諸侯五廟，是則立始祖〔一〕，謂嫡統承重〔二〕，一人得立祖禰之廟，群弟雖並爲諸侯始封之君，未得立廟也。唯今正統當立祖廟〔三〕，中山不得並也。後代中山乃得爲睦立廟，爲後代子孫之始祖耳〔四〕。」司徒荀顗議以爲，宜各得立廟。時詔從顗議。又詔曰：「禮，諸侯二昭二穆，與太祖之廟而五，太祖即始封君也，其廟不毁。前詔以譙王、中山王父非諸侯，尊同，禮不相厭，故欲令各得祭以申私恩也〔五〕。然考之典制，事不經通。若安平王諸子並封，皆得立廟祭禰，親盡數終，其廟當毁，無故下食支庶之國，猥更隨昭穆而廢，非尊祖敬宗之義也。其如前奏施行。」虞喜曰：「譙與中山王皆始封之君，父非諸侯，尊同體敵，無所爲厭，並立禰廟，恩情兩伸，荀議是也。詔書所論，恐非禮意。今上祭四代〔六〕，自以諸侯位尊，得伸其恩，祭及四代，不論毁且不毁，爲始封

〔一〕「則」，原作「其」，據光緒本、通典卷五一改。
〔二〕「謂」，諸本作「爲」，據通典卷五一改。
〔三〕「今」，諸本作「令」，據通典卷五一改。
〔四〕「祖」，諸本脱，據通典卷五一補。
〔五〕「各得」，諸本誤倒，據通典卷五一乙正。
〔六〕「今」，諸本作「令」，據通典卷五一改。

之君，則譙王雖承父統，禰廟亦在應毁之例，不得長立也。又安平獻王自爲始封，諸子雖别封，而同爲諸侯，諸侯尊同，故不復各立，此則公子爲諸侯不得立禰廟也。而譙王父非諸侯，使與諸侯同列，不得並祭。或難曰：『禮，庶子不祭禰，明其宗也。若俱得祭父，則並統二嫡，非明其宗也。』答曰：『若宗子與庶子位俱爲士，禰已有廟，無爲重設，與公子爲諸侯不立禰廟同也。若尊卑不同，則己恩得施，並祭無嫌也。禮，大夫三廟，太祖百世不遷者也。使大夫之後有庶子爲諸侯者，當上祭四代，四代之前不得復祭。若當奪宗〔一〕，則大夫太祖爲廢其祀。以此推之，明得兼祭。一者恩得伸〔二〕，隨代而毁；一者繼太祖百代不替也。』」徐禪非荀是虞曰：「愚等謂尊祖敬宗，禮之所同。若列國秩同，則祭歸嫡子，所以明宗也；嫡輕庶重，禮有兼享，所以致孝也。今譙王爲長，既享以重禄，中山之祀，無以加焉，二國兩祭，禮無所取，詔書禁之是也。詔稱安平獻王諸子並封，不可各全立廟〔三〕，是荀暢之議美矣。然愚謂中山父

〔一〕「宗」，原作「尊」，據光緒本、通典卷五一改。
〔二〕「者」，原作「得」，據光緒本、通典卷五一改。
〔三〕「全」，諸本作「令」，據通典卷五一改。

非諸侯〔一〕，而祭更闕疑如禮意也。虞徵士答衛將軍虞喜以嫡爲大夫，庶爲諸侯，諸侯禮重，應各立廟，禪謂爲允矣。喜曰尊同體敵，恩情兩伸，諸兄弟俱始爲諸侯，命數無降。今士庶始封之君，尚得上祭四代，不拘於嫡，以貴異之，況已尊同五等，更嫌不得其均用豐禮，並祭四代，所以寵之，理非僭宗。昔周公有王功，魯立文王之廟，鄭有平王東遷之勳，特令祖厲，是爲榮之，非計享之祭在於周室〔二〕，魯鄭豈得過之哉！」宋庾蔚之謂：大夫、士，尊不相絶，故必宗嫡而立宗，承别子之嫡謂之宗子，收族合食糾正一宗者也〔三〕。故特加齊衰三月之服。至四小宗則服無所加〔四〕，唯昆弟之爲人後，姊妹雖出，一降而已。曾子問「宗子爲士，庶子爲大夫，以上牲祭於宗子之家」。鄭云「貴禄重宗也」。小記「庶子不祭禰者，明其宗也」。至諸侯尊絶大夫，不得以太牢祭卿大夫之家，是以經無諸侯爲宗服文，則知諸侯奪宗各自祭，不復就宗祭也。又諸侯

〔一〕「愚」，諸本作「虞」，據通典卷五一改。
〔二〕「計」，諸本作「許」，據通典卷五一改。
〔三〕「糾」，原作「禮」，據光緒本、通典卷五一改。
〔四〕「服」，諸本作「物」，據通典卷五一改。

别子封爲國君，亦得各祭四代。何以知其然？諸侯既不就祭，人子不可終身不得享其祖考，居然别祭四代。或疑神不兩享，舉魯鄭祭文祖厲足以塞矣。徐以弟禄卑於兄，不得兩祭，虞以爲可兩祭，由於父非諸侯，又未善也。

蕙田案：兄弟並封，祭歸嫡子，無兩國並祭之禮。劉憙、虞喜之説〔二〕，同爲正義，至諸侯奪宗，蓋又别自爲義，不得牽混。

宗元按：兄弟並封，祭歸嫡子，固宗法之常，禮之正也。然是乃但有封爵，未嘗建國，則同在京師，自可助祭於宗子之家耳。若遂建國，則必宗廟與社稷並建，方成爲國，豈有有社稷而無宗廟之國耶？此禮不知如何。夫王子出封，則諸侯不得祖天子，固不得立廟。既非王子，則或援宗子去國之禮，而用庶子攝祭之儀，但少減殺其數，仍與宗法不亂，其亦可通歟？且王子始封，竟曠世無宗廟，亦恐非體，或立廟而姑虚其位耶，抑别有法以通之耶？謹識所疑，以俟明禮者正之。

〔二〕「劉憙」，諸本作「劉喜」，據上文改。

通典：晉安昌公荀氏進封大國，祭六代。荀氏祠制云〔一〕：今祭六代，未立廟，暫以廳事爲祭室。須立廟，如制備。張祖高問謝沈曰：「諸侯祭五廟，先諏日，卜吉而行事，爲祭五廟諸畢耶？按儀，視殺、延尸，厥明行事，晏朝乃闋。五廟盡爾，將終日不了；若異日，未見其義。」沈答曰：「五廟同時，助祭者多，晏朝乃闋。季氏逮闇，繼之以燭，雖有强力之容，肅敬之心，皆倦怠也。子路爲宰，與祭，室事交乎户，堂事交乎階，晏朝而退。孔子聞之曰：『誰謂由不知禮？』」賀循祭義云：「祭以首時及臘，注：首時者，四時之初月。歲凡五祭。將祭，前期十日散齋，不御，不樂，不弔。前三日，沐浴改服，居於齋室，不交外事，不食葷辛，靜志虛心，思親之存。及祭，施位。范汪祀禮云〔二〕：凡夫婦者皆同席，貴賤同也。兄弟同席，謂未婚也。牲，大夫少牢，士以特豕。祭前之夕，及腊鼎陳於門外，主人即位，西面。宗人祖，告充。主人視殺於門外，主婦視饎於西堂下。設洗於阼階東南，酒醴甒於房户。牲皆體解。平明，設几筵，東面，爲神位。進食，乃祝。祝乃酌，

〔一〕「祠制」，原作「祠祭」，據光緒本、通典卷四八改。
〔二〕「范汪」，諸本作「范注」，據通典卷四八改。

奠，拜，祝訖，拜退，西面立，少頃，酌酳。禮一獻畢〔一〕，拜受酢，飲畢，拜。婦亞獻，薦棗栗，受酢如主人。其次，長賓三獻，亦以燔從，如主人。次及兄弟獻，始進俎、庶羞。衆賓兄弟行酧，一徧而止。徹神俎羹飯爲賓食，食物如祭。餕畢，酌酳一周止。佐徹神饋，饌於室中西北隅，以爲厭祭。既設，閉牖户。宗人告畢，賓乃退。凡明日將祭，今夕宿賓。祭日，主人、群子孫、宗人、祝、史皆詣廳事西面立，以北爲上。有薦新，在四時仲月。大夫士有田者，既祭而又薦；無田者薦而不祭。禮貴勝財，不尚苟豐，貧而不逮，無疑於降，大夫降視士，士從庶人可也。晉賀循云：古者六卿，天子上大夫也，今之九卿、光禄大夫、諸秩中二千石者當之。古之大夫亞於六卿，今之五營校尉、郡守、諸侯二千石者當之。上士亞於大夫，今之尚書丞郎、御史及秩千石、縣令在官六品者當之。古之中士亞於上士，今之東宮洗馬、舍人、六百石、縣令在官七品者當之。古之下士亞於中士，今之諸縣長、丞、尉在官八品九品者當之。又不及，飯菽飲水皆足致敬，無害於孝。」或問諸侯廟，博士孫毓議曰：「禮，諸侯五廟，二昭二穆及太祖也。今之諸王，實古諸侯也。諸侯不得祖天子，當以始封之君爲太

〔一〕「畢」，諸本脱，據通典卷四八補。

祖，百代不遷，或謂之祧。其非始封，親盡則遷。其沖幼紹位未踰年而薨者，依漢舊制不列於宗廟，四時祭祀於寢而已。」又王氏問謝沈云：「祖父特進、衛將軍海陵亭恭侯應立五廟不？」沈答：「亭侯雖小，然特進位高，似諸侯也。」又問：「曾祖父侍御史，得入特進恭侯廟不？」答：「父爲士，子爲諸侯，尸以士服，祭以諸侯之禮。御史雖爲士，應自入恭侯廟也。」邵戢議桓宣武公立廟云：「禮，父爲士，子爲諸侯，祭以諸侯，則宜立親廟四。封君之子則封君高祖親盡廟毁，封君之孫則封君曾祖親盡廟毁，封君之曾孫則封君之祖親盡廟毁，封君之玄孫則封君之父親盡廟毁，封君玄孫之子則封君親盡廟宜毁，然以太祖不毁，五廟之數於是始備。至封君玄孫之孫則毁封君之子，封君之子玄孫之孫復毁封君之孫。如此隨代迭毁，以至百代。」

蕙田案：孫毓議極是，可爲諸侯宗廟之準繩矣。

咸寧三年，燕國遷廟主當之國。博士孫繁議：按禮，凡告以特牲。又禮，盛主以簞笥，載以齋車，每舍奠焉〔一〕。今王之國迎廟主而行，宜以發日夙興，告廟迎主。今

〔一〕「奠」，原作「殿」，據光緒本、通典卷四八改。

無齋車，當以犢車，二主同車共祠〔二〕，合於古宗祀國遷。掌奉主祏，當侍從主車，在王鹵簿前設導從，每頓止，停主車於中門外，左設脯醢醴酒之奠，而後即安之。

蕙田案：此遷廟議，不悖於古。

宋劉裕初受晉命爲宋王，建宗廟於彭城，從諸侯五廟之禮。

宋書禮志：孝武帝孝建元年七月辛酉，有司奏：「東平沖王年穉無後，惟殤服五月。雖臣不殤君，應有主祭，而國是追贈，又無其臣。未詳毁靈立廟，爲當他祔與不。」記輒下禮官詳議。」太學博士臣徐宏議：「王既無後，追贈無臣，殤服既竟，靈便合毁。記曰：『殤與無後者，從祖祔食。』又曰：『士大夫不得祔於諸侯，祔與祖之爲士大夫者。』按諸侯不得祔於天子。沖王則宜祔諸祖之廟爲王者，應祔長沙景王廟。」詔可。

蕙田案：沖王殤，祔諸祖之廟爲王者，徐議是。

孝武帝大明六年十月丙寅，有司奏：「故晉陵孝王子雲未有嗣，安廟後三日，國臣從權制除釋，朔望周忌，應還臨與不？祭之日，誰爲主？」太常丞庾蔚之議：「既葬三

〔二〕「車」，諸本作「載」，據通典卷四八改。

日，國臣從權制除釋。而靈筵猶存〔一〕，朔望及期忌，諸臣宜還臨哭，變服衣帢，使上卿主祭。王既未有後，又無三年服者，期親服除〔二〕，而國尚存，便宜立廟，爲國之始祖。服除之日，神主暫祔食祖廟。諸王不得祖天子，宜祔從祖國廟，還居新廟之室。未有嗣之前，四時饗薦，常使上卿主之。」左丞徐爰參議，以蔚之議爲允。詔可。

蕙田案：始封無後，暫祔王廟，上卿主祭，俟立後立廟，此議甚允。

通典：大明七年，有司奏：「晉陵國刺〔三〕：孝王廟依廬陵等國例，一歲五祭。二國以王有衡陽王服，今年内不祀〔四〕。尋國未有嗣王，三卿主祭。應同無服者之例與不〔五〕？」左丞徐爰議：「嗣王未立，將來承嗣未知疏近。豈宜空計服屬，以虧祭敬〔六〕。」詔可。

〔一〕「釋而」，諸本誤倒，據宋書禮志四校勘記乙正。
〔二〕「除」下，諸本衍「之」字，據宋書禮志四删。
〔三〕「刺」，原作「立」，據味經窩本、乾隆本、通典卷五二改。
〔四〕「内」，原脱，據光緒本、通典卷五二補。
〔五〕「者」，原脱，據通典卷五二補。
〔六〕「祭」，諸本脱，據通典卷五二補。

宋書禮志：大明八年，有司奏：「故齊敬王子羽將來立後，未詳便應作主立廟？爲須有後之日？未立廟者，爲於何處祭祀？」游擊將軍徐爰議以爲：「國無後，於制除罷。始封之君，宜存繼嗣〔一〕。皇子追贈，則爲始祖。臣不殤君，事著前準，豈容虛闕烝嘗，以俟有後。謂立廟作主，三卿主祭依舊。」通關博議，以爰議爲允。令便立廟。廟成作主，依晉陵王近例，先暫祔廬陵孝獻王廟〔二〕。祭竟，神主即還新廟。未立後之前，常使國上卿主祭。

蕙田案：此與前庾蔚之議同。

北魏書禮志：神龜初，靈太后父司徒胡國珍薨，贈太上秦公。時疑其廟制。太學博士王延業議曰：按王制云：諸侯祭二昭二穆，與太祖之廟而五。又小記云：王者立四廟。鄭玄云：「高祖已下，與始祖而五。」明立廟之正，以親爲限，不過於四。其外有大功者，然後爲祖宗。然則無太祖者，止於四世，有太祖乃得爲五，禮之正文也。文

〔一〕「宜存繼嗣」，諸本作「實存承嗣」，據宋書禮志四校勘記改。
〔二〕「廬陵孝獻王」，諸本作「廬陵考獻王」，據宋書禮志四改。

王世子云：「五廟之孫，祖廟未毁，雖爲庶人，冠、娶妻必告。」鄭玄云：「實四廟而言五廟者，容高祖爲始封君之子。」明始封之君，在四世之外，正位太祖，乃得稱五廟之孫。若未有太祖，已祀五世，則鄭無爲釋高祖爲始封君之子也。此先儒精義，當今顯證也。又喪服傳曰：「若公子之子孫，有封爲國君者，則世世祖是人也，不祖公子。」鄭玄云：「謂後世爲君者，祖此受封之君，不得祀别子也。公子若在高祖已下，則如其親服，後世遷之，乃毁其廟爾。」明始封猶在親限，故祀止高祖。又云如親而遷，尤知高祖之父不立廟矣。此又立廟明法，與今事相當者也。又禮緯云：「夏四廟，至子孫五。殷五廟，至子孫六。周六廟，至子孫七。」注云：「言至子孫，則初時未備也。」此又顯在緯籍，區别若斯者也。又晉初，以宣帝是始封之君，應爲太祖，而以猶在祖位，故唯祀征西已下六世。待世世相推，宣帝出居太祖之位，然後七廟乃備。此又依準前軌，若重規襲矩者也。竊謂太祖者，功高業大，百世不遷，故親廟之外，特更崇立。苟無其功，不可獨居正位，而遽見遷毁。且三世以前，廟及於五；玄孫已後，祀止於四。一與一奪，名位莫定，求之典禮，所未前聞。今太上秦公，疏爵列土，大啓河山，傳祚無窮，永同帶礪，實有始封之功，方成不遷之廟。但親在四世之内，名班昭穆之序，雖應爲太祖，而尚在禰位，不可遠探高祖之父，以合五者之數。太祖之室，當須世世相推，親盡之後，乃出居正位，以備五廟之典。夫循文責實，理貴允當，考創宗祊，得禮爲美。不可苟薦虚名，取榮多數，求之經記，竊謂爲允。又武始侯本無采地，於皇朝制令，名準大夫。案如禮意，諸侯奪宗，武始四時烝嘗，宜於秦公之廟。博士盧觀議：諸侯有祖考之廟，祭五世之禮。五禮正祖爲輕，一朝頓立，而祖考之廟，要待六世之君，六世以前，虚而蔑主。求之聖旨，未爲通論。曾子問曰：「廟無虚主。」虚主惟四，祖考不與焉。明太祖之廟，必不空置。且天子逆加二祧，得併爲七。諸侯預立太祖，何爲不得爲五乎？今始封君子之立禰廟，頗似成王之於二祧〔一〕。孫卿曰：「有天子者事七世，有一國者事五世。」假使八世，天子乃得事七；六世，諸侯方通祭五；推情準理，不其謬乎！雖王侯用禮，文節不同〔二〕，三隅反之，自然昭灼。且文宣公方爲太祖，世居子孫，今立五廟，竊謂爲是。侍中、太傅、清河王懌議：太學博士王延業及盧觀等，各率

〔一〕「二」，原脱，據光緒本、魏書禮志二補。
〔二〕「節」，原作「辭」，據光緒本、魏書禮志二改。

異見。案禮記王制：「天子七廟，三昭三穆，與太祖之廟而七；諸侯五廟，二昭二穆，與太祖之廟而五。」並是後世追論備廟之文，皆非當時據立神位之事也。今相國秦公初構國廟，追立神位，惟當仰祀二昭二穆，上極高曾〔一〕，四世而已。何者？秦公身是始封之君，將爲不遷之祖。若以功業隆重，越居正室，恐以卑臨尊，亂昭穆也。如其權立始祖，以備五廟，恐數滿便毁，非禮意也。昔司馬懿立功於魏，爲晉太祖，及至子晉公昭，乃立五廟，亦祀四世，止於高曾〔二〕。太祖之位，虚俟宣、文，待其後裔〔三〕，數滿乃止。此亦前代之成事，方今之殷鑒也。又禮緯云：「夏四廟，至子孫五；殷五廟，至子孫六；周六廟，至子孫七。」明知當時太祖之神，仍依昭穆之序，要待子孫，世世相推，然後太祖出居正位耳〔四〕。宜依博士王延業議，定立四主，親止高曾，且虚太祖之位，以待子孫而備五廟焉。

〔一〕「極」，諸本作「及」，據魏書禮志二改。
〔二〕「止」，諸本作「至」，據魏書禮志二改。
〔三〕「後」，原作「玄」，據味經窩本、乾隆本、光緒本、魏書禮志二改。
〔四〕「太祖」，原脱，據光緒本、魏書禮志二補。

蕙田案：王延業謂高祖之父不當立廟，義本注疏，其理爲長。盧觀欲以高祖之父權升太祖廟遞遷，而遞毁之義無稽據。懌左盧右王，所見最的。

孝靜帝武定六年二月，將營齊獻武王廟，議定室數、形制。兼度支尚書崔昂等議：「案禮，諸侯五廟，太祖及親廟四。今獻武王始封之君，便是太祖，既通親廟，不容立五室。且帝王親廟，亦不過四。今宜四室二間，兩頭各一夾室，厦頭徘徊鴟尾。又案禮圖，諸侯止開南門，而二王後祔祭儀法，執事立於廟東門之外。既有東門，明非一門。獻武禮數既隆，備物殊等。準據今廟，宜開四門。内院南面開三門，餘面及外院，四面皆一門。其内院墻，四面皆架爲步廊。南出夾門，各置一屋，以置禮器及祭服。内外門墻，並用赭堊。廟東門道南置齋坊；道北置二坊，西爲典祠廨併厨宰，東爲廟長廨併置車輅；其北爲養犧牲之所。」詔從之。

隋書禮儀志：北齊王及五等開國，執事官、散官從三品以上〔二〕，皆祀五世。牲用

〔二〕「散官」，原脱「官」字，據光緒本、隋書禮儀志三補；「三品」，諸本作「二品」，據隋書禮儀志三改。

一太宰〔一〕。

通典：唐制，凡文武官二品以上，祠四廟。三品以上須兼爵，四廟外有始封祖，通祠五廟。

文獻通考：高宗儀鳳三年，於文水縣置太原王武士彠廟。

德宗貞元十三年，敕贈太傅馬燧祔廟，宜令所司供少牢，仍給鹵簿。燧，北平莊武王。

宋史禮志：高宗時，太傅、昭慶節度、平樂郡王韋淵請建家廟〔二〕，賜以祭器。

文獻通考：宋淳熙五年，權户部尚書韓彦古請以臨安前洋街賜第建父世忠家廟，就賜舍宇房緡，以給歲時祭祀之用。輔臣論世忠廟器，中書舍人陳騤以禮難行駁之。上問：「本朝群臣廟制如何？賜器如何？」時趙雄等奏：「仁宗雖因赦論建廟，未暇行也。唯文彦博曾酌唐制爲之，未嘗賜器。政和始命禮制局範銅以賜宰臣蔡京等。紹興又用京例賜秦檜。其張俊、楊存中、吴璘輩皆援檜以請。」上曰：「漢、唐而下，既未

〔一〕「一」，諸本脱，據隋書禮儀志三補。

〔二〕「太傅」，原作「少府」；「節度」下，原衍「儀同三司」四字，據光緒本、宋史禮志十二改、删。

有賜祭器者〔一〕，唯器與名不可以假人。」命禮官考歷代及本朝之制。八年十月乙卯，中書舍人崔敦詩謂：「中興廟器，斷自宸衷，改用竹木，省去雕文。然一啓其端，援者必衆。謂宜詳講，必傅古義乃協。今宜禮賜圭瓚，然後爲鬯。蓋諸侯嗣位，不敢專祭，待命於天子，必賜以圭瓚者。祭祀交神，唯灌爲重。舉其重以賜之，而餘得自用，初不盡賜之也。臣謂銅爲祭器，可以傳遠。今以竹木爲之，壞而不易則墜上之賜，易而自製則棄君之命。宜略倣古制，命有司鑄爵、勺各一賜之，餘俾禮官定當用之式〔二〕，繢圖以畀〔三〕，俾自製以竹木。」從之。

寧宗嘉泰元年，太傅、永興節度、平原郡王韓侂胄奏：「曾祖琦效忠先朝，奕世侑食，而臣居止粗備，家廟猶闕。請下禮官考其制，俾自建之，頒祭器之式，以竹木製毋紊。」有司詔下禮官討論。每位以籩豆皆十有二，簠簋皆四，壺尊、壺罍、鉶、豆、俎、

〔一〕「祭器」，原誤倒，據光緒本、文獻通考卷一〇四乙正。
〔二〕「禮」，原作「祀」，據光緒本、文獻通考卷一〇四改。
〔三〕「繢」，原作「續」，據光緒本、文獻通考卷一〇四改。

登、洗皆二，爵坫、燭臺皆三〔一〕，坫一。及巾杓篚以幂匣，載以腰輿，束以紫絛，請下文思院製。幂匣、腰輿皆十，紫紬帶二十。十月己卯，詔特鑄賜之。二年，通判嚴州張宗愈奏：「大父循忠烈王俊書勛盟府，請以賜第舊址建家廟，乞討論其制。」命文思院鑄誌祭器以賜，詔令遵韓世忠廟器之制。

開禧三年，忠州刺史劉伯震奏：「祖鄜武僖王光世復辟功，請以賜第舊址立家廟。」從之。

王圻續通考：孔氏家廟，在衢州府西。宣聖四十八代孫，襲封衍聖公。端友從宋高宗南渡，賜居衢州。紹興六年，詔權以衢州學爲家廟，賜田奉祀。

明太祖洪武二年，立滁陽王廟以祀郭子興。至是，又立廟墓次祀之，以其鄰家宥氏世爲奉祀，守王墳。十六年冬十一月，立揚王祠於墓次，命有司歲春秋祀之揚王淳皇后父陳某。先是，立祠太廟東，歲遣大臣祀。已而中都守臣上言：「公葬地在下縣盱眙，宜崇華表，兼建廟祠。」太祖曰：「朕固聞之，命中書省建廟盱眙，墓次樹神道碑，

〔一〕「三」，原作「二」，據光緒本、文獻通考卷一〇四改。

令儒臣宋濂撰文，仍設祠祭署及灑掃户五家。」癸亥冬，敕立滁陽王廟碑於墓所。先是廟成，上親稿王事，實召太常司丞張來儀撰碑文，稱王勇悍善戰，唯不屈人下。初，元亂，上避兵入濠。王識上非常人，遂以孝慈皇后妻之。且屬以兵事，多密謀。以故上起兵定天下，王之力也。後王卒，歸葬滁州。王夫人張氏，生三子，長戰没，次爲人所陷，幼與群小陰謀伏罪。次夫人張氏，生一女，入爲上妃，生蜀王、豫王、如意王。洪武元年，上正大位追思，實帝業所始，乃封爲滁陽王，建廟墓所，命有司歲時率滁人祭之。至是，敕賜樹碑。是年，立徐王廟於宿州。王姓馬，孝慈皇后父也。王缺嗣息，至是追封爲王妻鄭氏爲徐王夫人，祠廟立於太廟東以祭。既而稽古無文，乃即王所生里立廟，命有司春秋祭之。禮部陶凱撰文立石，仍設祠祭署，以王鄰家武氏世爲奉祠，守王墳，灑掃户九十家。

蕙田案：自漢而後，封建不復常行，王朝卿士雖位極班聯，而無分茅胙土之實，此古今一大殊制也。朱子答汪尚書曰：「古者天子之三公八命，及其出封，然後得用諸侯之禮。蓋仕於王朝者，其禮反有所厭而不得伸，則今之公卿，宜亦未得全用諸侯之禮也。」此論似爲得宜。通典諸侯、士大夫祭禮，合爲一門。通考雖分爲二，然以未封爵之卿士俱入諸侯門，似爲未協。今竊取朱子之意，以晉爵爲王者列於諸侯，餘五等則歸一品二品，班大夫士廟祭焉。

右漢至明諸侯廟祭

五禮通考卷一百九

吉禮一百九

大夫士廟祭

大夫士廟制

禮記王制：大夫三廟，一昭一穆，與太祖之廟而三。注：太祖，别子始爵者。大傳曰「别子爲祖」，謂此雖非别子，始爵者亦然。疏：此據諸侯之子始爲卿大夫，謂之别子者也。是嫡夫人之次子，或衆妾之子，别異於正君，繼父言之，故云别子。引大傳，證此太祖是别子也。非諸侯之子孫，異姓爲大夫者，及它國之臣初來仕爲大夫者，亦得爲太祖，故云「雖非别子，始爵者亦然」。如鄭志答趙商：「此王制所論皆殷制，故云雖非别子，亦得立太祖之廟。若其周制，别子始爵，其後得立别子爲太祖。若非别子之後，雖爲大夫，但立父、祖、曾祖三廟而已，隨時而遷，不得立始爵者爲太祖。」故鄭答趙商問：「祭法云『大夫立三廟，曰考廟，曰王考廟，曰皇考廟』，注『非別子，故知祖考無廟』。商按：王制『大夫三廟，一昭一穆，與太祖之廟而三』，注云『太祖，別子始爵者』，『雖非別子，始爵者亦然』，二者不知所定？」鄭答云：「祭法，周禮。王制所云，或以夏、殷雜，不合周制。」是鄭以爲殷、周之別也。鄭必知周制別子之後得立別子爲太祖，以大傳云：「別子爲祖，繫之以姓而弗別，綴之以食而不殊。雖百世而昏姻不通者，周道然也。」故知別子百世不遷爲太祖也。周既如此，明殷不繫姓，不綴食。大傳又云：「其庶姓別於上而戚單於下，五世而昏姻可以通。」明五世之後，不復繼於別子，但始爵者，則得爲太祖也。此大夫三廟者，天子諸侯之大夫皆同。卿即大夫總號，故春秋經皆總號大夫，其三公即與諸侯同。若附庸之君亦五廟，故莊三年公羊傳云「紀季以酅入於齊」，傳曰「請後五廟以存姑姊妹」。

陳氏禮書：鄭志答趙商謂王制商制，故雖非諸侯之別子，亦得立太祖之廟。周制，別子爲太祖，若非別子之後，雖爲大夫，但立父、祖、曾祖三廟，隨時而遷，不得立始爵者爲太祖也。然左氏曰：「大夫有貳宗。」荀卿曰：「大夫、士有常宗。」則大夫有百世不遷之大宗，有五世則遷之小宗。是太祖之廟，常不遷也。特祭法曰：「大夫三廟。」考與王考、皇考有廟，顯考、祖考無廟。而鄭氏遂以爲周大夫之制，誤也。孔穎達曰：「大夫三廟，天子諸侯之大夫同。卿即大夫也。故春秋殺卿皆曰大夫，其三公之廟與諸侯同。」於理或然。

朱子曰：大夫三廟，一昭一穆，與太祖之廟而三。大夫亦有始封之君，如魯季氏，則公子友；仲孫氏，則公子慶父；叔孫氏，則公子牙是也。

士一廟。注：謂諸侯之中士、下士，名曰官師者。上士二廟。疏：按祭法云「適士二廟」，今此云「士一廟」，故知是諸侯之中士、下士。祭法云「官師一廟」，故云「名曰官師者」。鄭既云諸侯之中士、下士一廟，則天子之中士、下士皆二廟也。

朱子或問：「大夫士之制奈何？」曰：「大夫三廟，則視諸侯而殺其二，然其太祖昭穆之位猶諸侯也。適士二廟，則視大夫而殺其一。官師一廟，則視大夫而殺其二，然其門堂室寢之備猶大夫也。」曰：「廟之爲數，降殺以兩，而其制不降，何也？」曰：「降也，天子之山節藻棁、複廟重檐，諸侯固有所不得爲者矣。諸侯之黝堊、斲礱，大夫有不得爲者矣。大夫之倉楹、斲桷，士又不得爲矣。曷爲而不降哉？獨門堂室寢之合，然後可名於宮，則其制有不得而殺耳。蓋由命士以上，父子皆異宮，生也異宮，而死不得異廟，則有不得盡其事生事存之心者，是以不得而降也。」

祭法：大夫立三廟二壇，曰考廟，曰王考廟，曰皇考廟，享嘗乃止。顯考、祖考無廟，有禱焉，爲壇祭之。去壇爲鬼。適士二廟一壇，曰考廟，曰王考廟，享嘗乃止。顯考無廟，有禱焉，爲壇祭之。去壇爲鬼。官師一廟，曰考廟，王考無廟而祭之，去王考爲鬼。庶士、庶人無廟，死曰鬼。注：惟天子、諸侯有主禘祫，大夫有祖考者，亦鬼其百世，不禘祫無主爾。其無祖考者，庶士以下鬼其考、王考，官師鬼其皇考，大夫、適士鬼其顯考而已。大夫祖考，謂別子也。凡鬼者，薦而不祭。王制曰：「大夫、士有田則祭，無田則薦。」適士，上士也。官師，中士、下士。庶士〔一〕，府史之屬。此適士云「顯考無廟」，非也。當爲「皇考」，字之誤。

蕙田案：注謂大夫、士無主，非也。詳見後「立主」條。

朱子語録：問：「官師一廟。若只是一廟，只祭得父母，更不及祖矣，毋乃不盡人情〔二〕？」曰：「位卑則流澤淺〔三〕，其理自當如此。」曰：「今雖士庶人家亦祭三代，如此，却是違禮。」曰：「雖祭三代，却無廟，亦不可謂之僭。古之所謂廟者，其體甚大，皆有門、堂、寢、室，如所居之宫，非如今人但以一室爲之。」有問程子曰：「今人不祭高祖，如何？」曰：「高祖自有服，不祭甚非。某家却祭高祖。」又曰：「自天

〔一〕「士」，原作「人」，據光緒本、禮記正義卷四六改。
〔二〕「盡」，原作「近」，據光緒本、朱子語類卷九〇改。
〔三〕「流」，諸本脱，據朱子語類卷九〇補。

子至於庶人，五服未嘗異，皆至高祖。服既如是，祭祀亦須如是，其疏數之節，未有可考，但其理必如此。七廟、五廟亦只是祭及高祖，大夫、士，雖或三廟、二廟、一廟，或祭寢廟，則雖異亦不害祭及高祖。若止祭禰，是爲知母而不知父，禽獸道也。祭禰不及祖，非人道也。」又曰：「考諸程子之言，則以爲高祖有服，不可不祭。雖七廟、五廟，亦止於高祖，雖三廟、一廟，以至祭寢，亦必及於高祖，但有疏數之不同耳。疑此最爲得祭祀之本意。禮家言大夫有事，省於其君，干祫及其高祖，此則可爲立三廟而祭及高祖之驗。」

楊氏復曰：前一條謂澤有淺深，則制有隆殺，其分異也。後二條謂七廟、五廟亦止於高祖，雖三廟、一廟以至祭寢，亦必及高祖，其理同也。

文獻通考：馬氏曰：自天子以至於士，五服之制則同，而祭祀止及其立廟之親，則大夫不祭其高、曾，士不祭其祖，非人情也。程子以爲有服者皆不可不祭，其説當矣。愚又嘗考之禮經，參以諸儒注疏之説，然後知古今異宜，禮緣人情，固當隨時爲之損益，不可膠於一説也。人徒見適士二廟，官師一廟，以爲所及者狹，不足以伸孝子慈孫追遠之心也。然古人之制，則雖諸侯、大夫固有拘於禮，而不得祀其祖考者矣，何也？鄭氏注「諸侯五廟」云：「太祖，始封之君，王者之後不爲始封之君廟。」疏曰：「凡始封之君，謂王之子弟封爲諸侯，爲後世之太祖，當此君之身，不得立出王之廟，則全無廟也。」注「大夫三廟」云：「大夫，太祖别子始爵者。」然則諸侯始封之太祖，如鄭桓公友是也。鄭桓公以周厲王少子而始封於鄭，既爲諸侯，可以立五廟矣。然其考則厲王，祖則夷王，曾祖則懿王，高祖則共王，五世祖則穆王，自穆至厲，皆天子也。諸侯不敢祖天子，則此五王之廟不當立於鄭，所謂此君之身全無廟也。必俟桓公之子，然後可立一廟，以祀桓公爲太祖，桓公之孫，然後可立二廟以祀其祖若禰，必俟五世之後，而鄭國之五廟始備也。大夫始爵之太祖，則魯季友是也。季友爲魯桓公之别子，既爲大夫，可以立三廟矣。然其考則桓公，其祖則惠公，其曾祖則孝公，自孝至桓皆諸侯也。大夫不敢祖諸侯，則此三公之廟，不當立於季氏之家，所謂别子亦全無廟也。必俟季友之子，然後可立一廟，以祀季友爲太祖，季友之孫然後可立二廟以祀其祖若禰，必俟三世之後，而季氏之三廟始備也。蓋諸侯、大夫雖有五廟、三廟之制，然方其始爲諸侯、大夫也，苟非傳襲數世，則亦不能備此五廟、三廟之禮。至於士、庶人，則古者因生賜姓，受姓之後，甫及一傳，即有嫡有庶。嫡，宗子也。庶，支子也。禮云：「支子不祭，祭必告於宗子。」又云：「庶子不祭，明其宗也。」蓋謂非大宗則不得祭别子之爲祖者，非小宗則各不得祭其四小宗所出之祖禰也。先王因族以立宗，敬宗以尊祖，尊卑有分而不亂，親疏有别而不貳，其法甚備而猶嚴於廟祀之際。故諸侯雖曰五廟，而五世之内有爲天子者，則不可立。大夫雖曰三廟，而三世之内有爲諸侯者，則不可立。適士二廟，官師一廟，庶人祭於寢。然苟非宗子，則亦不可祭於其家，必獻牲於宗子之家，然後舉私祭。凡爲是者，蓋懼上僭而不敢祭，非薄其親而不祭也。然諸侯不敢祖天子，而天子之爲祖者，自有天子祭之；大夫不敢祖諸侯，而諸侯之爲祖者，自有諸侯祭之；支子不敢祭大宗，而大宗之爲祖禰者，自有宗子祭之。蓋己雖拘於禮而不得祭，而祖考之祭則元未嘗廢。適士、官師雖止於二廟、一廟，而祖禰以上，則自有司其祭者，此古人之制也。後世大宗、小宗之法既亡，别子繼别之序已紊，未嘗專有宗子以主祀事。其入仕者，又多崛起單寒，非時王之支庶，不得以不敢祖天子、諸侯之説爲諉也。乃執大夫三廟、適士二廟之制，而所祭不及祖禰之上，是不以學士、大夫自處，而孝敬之心薄矣，烏得爲禮乎？故曰：古今異宜，禮緣人情，當隨時爲之損益，不可膠於一説也。或曰：此爲國中公族之世禄者言也。若庶姓之來自它國而爲諸侯、大夫者，則如之何？愚曰：古未有無宗者，庶姓有庶姓之宗，它國有它國之宗，而宗子之制則一也。曾子問曰：「宗子爲士，庶子爲大夫，其祭之也如之何？」孔子曰：「以上牲祭於宗子之家。」又問曰：「宗子去在它國，庶子無爵而居，可以祭乎？」孔子曰：「祭哉！」「望墓而爲壇，以時祭〔一〕。」此二條正爲起自匹庶與來自它國者言，若太公，東海人，而仕周爲諸侯；孔子，宋人，而事魯爲大夫之類是也。注疏謂異姓始封爲諸侯者，及非别子而始爵爲大夫者，如他國之臣，初來爲大夫。本身即得立五廟、三廟，蓋以其非天子、諸侯之子孫，上無所拘礙，故當代即可依禮制立廟。然以曾子問「宗子爲士」一條，及參以内則中所謂「不敢以富貴加於宗子」之説，則知崛起爲諸侯、大夫者，若身是支庶，亦合尊其宗子，不敢盡如禮制也。

蕙田案：封君别子，有不可立廟者，而祖考之祭，元未嘗廢。適士、官師雖止二廟、一廟，而祖禰以上，自有司其祭者。馬氏闡發至此，可謂精矣！其謂後世

〔一〕「時」，諸本脱，據文獻通考卷一〇五校勘記補。

宗法既亡，不得執二廟、一廟之制，而所祭不及祖禰，古今異宜，當隨時爲之損益，意亦甚善。然此仍泥乎一廟祭禰二廟祭祖之説，而不知二廟一廟者之或祭及高祖，或不及高祖，皆當以宗法而定也。蓋廟數以兩而降，係乎貴賤而不定；宗法以五爲斷，不係貴賤而有定，兩者並行不悖。以無定之廟合有定之宗，不以廟多而有加乎宗，亦不以廟少而有損乎宗。此古今之通義，又何異宜損益之足云。

萬氏斯大曰：大夫、士皆得祭高、曾、祖、禰，歷稽經傳以明之。一徵之於祀典。大傳云：「大夫、士有大事，省於其君，干祫及其高祖。」大夫、士不得常祫，祫而及於高祖，則其平時奉祀者，必自高祖而下，但犆祭而不祫耳。彼天子、諸侯之祫，皆其常祭之祖。苟士、大夫不得祭高祖，祫祭又何以得及之乎？再徵之於祔禮。小記曰：「大夫、士之妾，祔於妾祖姑，亡，則中一以上而祔，祔必以其昭穆。」夫與己同昭穆者，祖也；與祖同昭穆者，高祖也；中一以上，則高祖姑矣。祔於高祖姑，則高祖有廟矣。無廟不得祀，宜也，有廟而何以不得祀之乎？更徵之於服制。喪服爲曾祖齊衰三月，注爲高祖服同。蓋於族祖父母有緦麻之服，推而得之其言是也。又父爲長子三年，爲適孫期，所以然者，以其傳重也。然則設不幸而子孫亡，適曾、玄孫承重於高、曾，亦應爲之服斬矣。以齊斬之親死，即遷之而不祀，是豈禮之所安乎？復徵之於廟制。王制曰：「大夫三廟，一昭一穆，與太祖之廟而三。」夫太祖之廟以義立，而百世不遷，則高祖之廟自當以恩立，而親盡乃毁。苟上祭始祖，下祭祖禰，而不及高、曾，是爲隆於義而薄於恩，且將與知母而不知父者同類，而並譏之矣，本程子。豈聖人之所許乎？即還證之於宗法。大傳曰：「宗其繼高祖者，五世則遷者也。」夫惟適玄孫之得祭高祖，而族人之不得祭者，悉宗之而祭，故有繼高祖之宗。苟祭止及於祖禰，則惟有繼禰、繼祖之宗，而無繼曾祖〔一〕、繼高祖之宗矣，然則經何以言「宗其繼高祖者」哉？且所謂「遷者」，謂遷廟而不祀也，遷廟而始不祀，則未遷而猶祀也，又何疑乎？先儒泥小記「庶子不祭禰、不祭祖」之文，謂大夫、士祭不及高、曾，唯程子謂天子至士庶，五服上至於高祖，其廟祭也，亦必上及於高祖。斯言深合禮意，惜未能明指禮文而見其然耳。然則大夫之祭，與諸侯無别乎？蓋

〔一〕「繼曾祖」三字，原脱，據光緒本、學禮質疑卷二補。

諸侯廟有五，而大夫廟止於三，則四親有專廟、合廟之分。士之二廟者，其昭穆如大夫，而無太祖。官師一廟者，就中自爲昭穆，而追其四親。此所謂別同異也。大夫之祫，何以不及太祖乎？蓋祫於太祖，則已類乎君，故止及於高祖，而太祖唯行犆祭。此所謂別嫌疑也。

蕙田案：大夫、士宗法立廟之禮，繼禰小宗，宜立一禰廟；繼祖小宗，宜立祖、禰二廟；繼曾祖小宗，宜立曾祖廟，爲三廟；繼高祖小宗，又宜立高祖廟，爲四親廟；繼別大宗，宜立始祖廟，統凡五廟。然惟諸侯具五廟，大夫則三廟，士則二廟，官師一廟而已。説者謂一廟無祖廟，二廟無曾祖廟，三廟有太祖廟而無曾、高二祖廟，則王制之廟數，不與宗法相剌謬乎？曰：非然也。程子云：「三廟二廟一廟雖不同，皆不害祭及高祖。若止祭禰而不及祖，非人道也。」此爲至論，萬氏詳考而證明之，爲不易矣。蓋廟之體制相同，而貴賤之多少有等，惟天子、諸侯每世一廟，每廟一主，若大夫、士，不必皆一廟一主也。王制：「大夫三廟，一昭一穆，與太祖之廟而三。」此專指繼別之大宗而爲大夫者言之，以發凡起例耳。以義揆之，繼別大宗而爲大夫者，得立三廟，太祖廟一，則一主，親廟二，則一昭一穆，每廟二主，父、曾一廟，祖、高一廟也。若非繼别大宗，不得立太祖廟；繼禰小宗，止得立一廟；繼祖小宗，止得立祖、禰二廟，猶皆每廟一主；至繼曾祖小宗，則又以父祔於第一廟；繼高祖小宗，則以父祔於第二廟，而每廟二主矣。祭法云：「適士二廟。」以王制推之，太祖廟一，親廟一，此惟大宗爲然。若小宗，不立太祖廟，止得立一親廟，則繼禰小宗，廟惟一主；繼祖小宗，一廟二主；繼曾祖小宗，一廟三主；繼高祖小宗，一廟四主，而廟有二主三主四主矣。祭法又云：「官師一廟。」蓋無太祖，如有之，則一廟而五主矣。其主在廟中，則或以高祖居奥，而昭穆南北向，倣古制也；或同堂異室，而自西而東，鬼神尚右也。别見朱子家禮。如此，則王制與宗法相符。鄭氏不知此，於不祭祖，則曰「宗子、庶子，俱爲適士」；於不祭禰，則曰「宗子、庶子，俱爲下士」，牽制格礙，理難通矣。

辨郝氏敬大夫難立三廟：

郝氏敬曰：大夫必立三廟，則大家父子世官，兄弟同朝，廟不多於民居乎？若皆設於宗子家，則宗子家無地可容。且父爲大夫，子爲士，則倏興倏毁，祖考席不暇煖。

任氏啓運曰：大夫之廟，必立於宗子之家。宗子爲大夫，則主其祭。宗子不爲大夫，而庶子爲大夫，則宗子攝其祭禮，所謂「以上牲祭於宗子之家」也。大夫身爲父之適，則立禰廟於家，而祖之祭猶宗子主之；爲祖之適，則立祖、禰二廟於家，而曾祖之祭猶宗子主之，禮所謂「齊而宗敬」、「終事而私祭」也。烏有父子兄弟各立三廟及皆立廟於宗子家者乎？宗子去國，而庶子無大夫，則以廟行，庶子居者爲壇，望墓以祭。宗子去國，而庶子爲大夫，則大夫攝其祭。宗子、庶子皆非大夫，而曾祖爲大夫，則其廟未毁，但薦而不祭耳。烏有倏興倏毁者乎？郝氏訾禮類多妄談，不可不辨。

右大夫士廟制

大夫士廟主

禮記坊記：子云：「祭祀之有尸也，宗廟之有主也，示民有事也。修宗廟，敬祀事，教民追孝也。以此坊民，民猶忘其親。」注：有事，有所事也。疏：祭祀有尸，宗廟有主，下示於民，有所尊事也。

郊特牲：直祭祝于主。注：謂薦熟時也，如特牲、少牢饋食之爲也。疏：言薦熟正祭之時，祝官以祝辭告於主。

春秋哀公十六年左氏傳：衛孔悝出奔宋，使貳車反祏於西圃。注：使副車還取廟主。西圃，孔氏廟所在。祏，藏主石函。

陳氏禮書：重，主道也，大夫、士有重。尸，神像也，大夫、士有尸。孔悝，大夫也，去國載祏，孰謂大夫、士無主乎？

辨注疏諸家大夫、士廟無主：

文獻通考：後漢許慎五經異義：「或曰：『卿大夫士有主不？』答曰：『按公羊説卿大夫非有土之君，不得祫享、昭穆，故無主。大夫束帛依神，士結茆爲菆。』」許慎據春秋左氏傳曰：「衛孔悝反祏於西圃。祏，石主也，言大夫以石爲主。」鄭駁云：「少牢饋食，大夫祭禮也，束帛依神。特牲饋食，士祭禮也，結茅爲菆。」鄭志：「張逸問：『許氏異義駁衛孔悝之反祏有主者，何謂也？』答：『禮，大夫無主，而孔獨有者，或時末代之君賜之，使祀其所出之君也。諸侯不祀天，而魯郊；諸侯不祖天子，而鄭祖厲王，皆時君之賜也。』」春秋哀十六年左傳：「衛孔悝出奔宋，使貳車反祏於西圃。」孔疏：「少牢饋食，大夫之祭禮，其祭無主。鄭玄祭法注云：『惟天子諸侯有主禘祫，大夫不禘祫，無主耳。』今孔悝得有主者，當時僭爲之，非禮也。鄭玄駁異義云：『大夫無主，孔悝之反祏，所出公之主耳。』按：孔氏，姞姓。春秋時，國唯南燕爲姞姓耳。孔氏仕於衛朝，已歷多世，不知本出何國，安得有所出公之主也？知是僭爲之主耳。」

徐邈云：左傳稱「孔悝反祏」，又公羊「大夫聞君之喪，攝主而往」，注：「義以爲斂，攝神主而已，不暇待祭也。」皆大夫有主之文。大夫以下，不云尺寸，雖有主，無以知其形制。然推義謂，亦應有按喪之銘旌，題別亡者，設重於庭，亦有所憑。祭必有尸，想像乎存此，皆自天子及士並有其禮，但制度降殺爲殊，何至於主唯侯王而已？禮言：「重，主道也，埋重則立主。」今大夫士有重，亦宜有主以紀別，座位有尸無主，何以爲別？將表稱號，題祖考，何可無主？今按經傳未見大夫士無主之義，有者爲長。

北魏書禮志：清河王懌議曰：「延業、盧觀前經詳議，並據許慎、鄭玄之解，謂天子、諸侯作主，大夫及士則無。意謂此議雖出前儒之事，實未允情理。何以言之？原夫作主之禮，本以依神，孝子之心，非主莫依。今銘旌紀柩，設重憑神，祭必有尸，神必有廟，皆所以展事孝敬，想象生存。上自天子，下逮於士，如此四事，並同其禮。何至於主，謂惟王侯。禮云：『重，主道也。』此爲埋重則立主矣。故王肅曰：『重，未立主之禮也。』士喪禮亦設重，則士有主明矣。孔悝反祏，載之左史；

饋食設主，著于逸禮。大夫及士，既得有廟題紀祖考〔一〕，何可無主。公羊傳：『君有事於廟，聞大夫之喪，去樂卒事；大夫聞君之喪，攝主而往。』今以爲攝主者，攝神斂主而已，不暇待徹祭也。何休云：『宗人攝行主事而往也。』意謂不然。君聞臣喪，尚爲之不懌〔二〕，況臣聞君喪，豈得安然待主終祭也？又相國立廟，設主依神，主無貴賤，紀座而已。若位擬諸侯者，則有主，位爲大夫者，則無主。便是三神有主，一位獨闕，求諸情禮，實所未安。宜通爲主，以銘神位。」詔依懌議。

汪氏琬大夫士廟當有主説：大夫、士之廟祀也，一以爲有主，一以爲無主。謂之無主者，鄭玄、許慎也；謂之有主者，徐邈、清河王懌也。或問：宜何從？予告之曰：廟，所以棲主也。大夫三廟，士一廟。使其無主，則祭於寢足矣，廟何爲者？祔之言附也，以主升附也。士虞禮「以其班祔」，喪服小記「祔必以昭穆，亡則中一以上」，使其無主，又何所憑以班昭穆乎？許氏知其説之不可通也，曲爲之解曰「大夫

〔一〕「題紀祖考」，原作「題祖題考」，據光緒本、魏書禮志二改。
〔二〕「懌」，諸本作「繹」，據魏書禮志二改。

束帛依神，士結茆爲蕝」。此不根之辭，以臆創之者也。或問：禮經無有主之文，奈何？予又曰：經不明言有主，亦不言無主也。檀弓「重，主道也，商主綴重焉，周主重徹焉」，並非指天子、諸侯爲説也，則大夫、士宜有主者一。孔子曰：「祭祀之有尸也，宗廟之有主也，示民有事也。」「以此坊民，民猶忘其親。」亦非專指天子、諸侯也，則大夫、士宜有主者二。徐邈所引左氏春秋，其義甚長，而許氏顧駁孔悝反祏之舉，以爲出於時君所賜，吾不知其何據也。陳祥道曰：「重，主道，大夫、士有重。尸，神象，大夫、士有尸。大夫去國載祏，孰謂大夫、士無主乎？」斯可以闢鄭、許之妄矣。然則廟主之制，宜何如？按重，鑿木爲形如札，士三尺，卿大夫五尺，諸侯七尺。謂未葬未有主，故以重當之。是則主制雖無考，其修短宜略與重仿可知也。又有謂天子主長尺二寸，諸侯一尺，大夫、士而下，當以次殺云。

蕙田案：坊記祭祀有尸，宗廟有主。夫尸，暫也，祭則有之；主，常也，廟必有主。尸與主，皆所以依神，祭既有尸，廟必有主明矣。此天子、諸侯、大夫、士之所同，不可謂非確據也。張子曰：「有廟即當有主。」蓋廟者，主之廟也，主者，廟之主也，言廟則主見矣。乃鄭康成、許慎忽爲大夫、士無廟主之説，徐邈、清河王懌及近世汪氏辨之特詳。鄭氏云然，以儀禮特牲、少牢未明言之故耳。今考鄭注郊特牲「直祭祝于主」云：「謂薦熟時，如特牲、少牢之爲也。」則鄭固已據儀禮而釋之矣。少牢禮：「祝酌奠。主人再拜稽首。祝在左，卒祝，主人再拜稽首。」是時鼎俎既陳，設黍稷，薦鉶毛，謂之陰厭，尸尚未入室也。西面者，向奥也。宗廟之主設於奥，故主人向而拜之。若無主，則主人何所憑而西面？又何所憑而拜？祝又何所憑而祝乎？且尸以主分，廟以主別。無主，則一廟二廟三廟祖考何以別耶？左傳云：「祔而作主。」記：「妾祔於妾祖姑，亡則中一以上而祔。」中一以上，則祔於高祖之廟矣。妾祔有主，祖反無主耶？況神之憑依也，自設重而已然，故曰「重，主道也」。公羊曰：「虞主用桑，練主用栗。」穀梁曰：「喪主於虞，吉主於練。」蓋神不可一日無依，故始死依重，既虞則重埋而桑主作，練則桑主埋而栗主作。栗主，吉主也，祔廟故稱吉，若不祔，何吉之云？重與主，皆神之所依，豈有依在喪而不依在廟乎？此皆理之所必無者。夫儀禮之言尸不言主者，尸，動象也，主，靜者也，動則迎之安之，坐於堂，入于室，有獻，有酢，有飽，有酳，不得不詳。若主本在廟室之奥，藏之祏，設之几筵，拜之而已，祝之而已，何必明言以舉之耶？況主尊，尊則宜諱。通典曰：「主在尸之南。」是主也、尸也，皆神也，一言尸而主在矣，又何必言？

觀承案：禮，有無廟，無無主。廟之有主，本無可疑，況以尺寸長短差次其間，則公、卿大夫、士，亦不至略無等殺，固可見之施行而無嫌也。

右大夫士廟主

宗法祭禮

詩召南采蘋：于以奠之，宗室牖下。

朱子集傳：宗室，大宗之廟也。大夫、士祭于宗室。牖下，室西南隅，所謂奧也。

劉氏瑾曰：諸侯之庶子爲別子，別子之嫡子爲大宗，即大夫之始祖也，故祭於其廟。

禮記曾子問：孔子曰：「宗子雖七十，無無主婦。非宗子，雖無主婦可也。」注：族人之婦，不可無統。

程子曰：「宗子雖七十，無無主婦」，此謂承祭祀也。

方氏慤曰：爲庶子之宗者，謂之宗子；爲庶婦之主者，謂之主婦。宗子主祭於外，主婦則助之於內者也，故宗子雖七十，不可以無主婦。

內則：適子、庶子，祗事宗子、宗婦。若富，則具二牲，獻其賢者於宗子，夫婦皆齋而宗敬焉，終事而後敢私祭。注：夫婦皆齋，當助祭於宗子之家也。私祭，祭其祖禰。疏：大宗子將祭之時，小宗夫婦皆齋戒以助祭於大宗，以加敬焉。大宗終竟祭事，而后敢私祭祖禰。此文雖主事大宗子，其大宗之外，事小宗子亦然。

張子曰：禮者祭畢，然後敢私祭焉。謂如父有二子，幼子欲祭父，來兄家祭之，此是私祭；祖有諸孫，適長孫已祭，諸孫來祭者祭於長孫之家，此是公祭。祭祖則爲公祭，對祖而言則祭父爲私祭，其他推此皆然。

陳氏澔曰：賢猶善也。齊而宗敬，謂齊戒而往助祭事，以致宗廟之敬也。私祭祖禰，則用二牲之下者。

曾子問：曾子問曰：「祭必有尸乎？若厭祭，亦可乎？」孔子曰：「祭成喪者必有尸，尸必以孫。孫幼，則使人抱之。無孫，則取於同姓可也。祭殤必厭，蓋弗成也。祭成喪而無尸，是殤之也。」孔子曰：「有陰厭，有陽厭。」曾子問曰：「殤不祔祭，何謂陽厭、陰厭？」孔子曰：「宗子爲殤而死，庶子弗爲後也。其吉祭特牲，祭殤不舉肺，無肵俎，無玄酒，不告利成，是爲陰厭。凡殤與無後者，祭於宗子之家，當室之白，尊於東房，是謂陽厭。」

馬氏晞孟曰：厭，不成禮之祭也。厭於陰者，宗子之殤。而無後者，厭於陽者。凡殤與無後者，其異何也？宗子，尊矣，則以特牲即於陰者，幽陰之義，反諸幽，求神之道也。凡殤，卑矣，其祭也則就宗子之家。當室之白，則所謂堂事略矣。

陳氏禮書：夫尸，所以象神也。厭，所以飫神也。殤之有厭，爲其無尸故也。正祭有厭，爲其尸不存故也。上大夫而上正祭，無陽厭，不敢遽飫之也。適殤有陰厭，則其禮詳。庶殤有陽厭，則其禮略。觀陰厭，尊有玄酒，陽厭納一尊而已；陰厭備鼎俎，陽厭俎釋三介而已，則陽厭之略可知也。

蕙田案：以上宗子常祭之法。宗子，兼大宗、小宗。言大宗百世不遷，小宗五世則遷。大宗，主別子之祭；小宗，主高祖之祭。小宗宗大宗，則助祭於大宗之廟；宗小宗者，則助祭於小宗之廟也。陽厭、陰厭，皆宗子之祭。詳見「諸侯宗廟」條。

禮記王制：自天子達于庶人，喪從死者，祭從生者，支子不祭。注：從生者，謂祭奠之牲器。疏：或云在喪中祭，尚從死者爵，至吉祭，乃用生者禄耳。鄭云：奠者，自吉祭之奠耳。

喪服小記：庶子不祭祖者，明其宗也。注：明其尊宗〔一〕，以爲本也，禰則不祭矣。言不祭祖者，凡正體在乎上者，謂下正猶爲庶也。疏：庶、適俱是人子，而適子烝嘗，庶子獨不祭者，正是推本崇適，明有所宗也。此言父庶，則不得祭父，何假言祖？故鄭云「禰則不祭」也。正體謂祖之適也，下正謂禰之適也。雖正爲禰適，而于祖猶爲庶，故禰適謂之爲庶也。五宗悉然。

庶子不祭禰者，明其宗也。注：謂宗子、庶子俱爲下士，得立禰廟也，雖庶人亦然。

應氏鏞曰：注適士、下士之説，立言初意，恐不在是。

蕙田案：廟制、宗法，雖並行不悖，却是兩事。支子不祭，明宗法也，與廟制無涉。注疏多牽涉以釋祭禮，總不知廟數有定，而宗法自有常耳，應氏説是。

大傳：庶子不祭，明其宗也。

陳氏禮書：喪服小記云：「庶子不祭祖，所以明大宗；不祭禰，所以明小宗。」此又止言不祭，兼大宗、小宗而明之也。

〔一〕「尊」，原作「爲」，據光緒本、禮記正義卷三二改。

朱子曰：依大傳文，直謂非大宗則不得祭别子之爲祖者，非小宗則各不得祭其四小宗所生之祖禰也。其小記則云：「庶子不祭禰，明其宗。」又云：「庶子不祭祖，明其宗。」文意重複，似是衍字，而鄭氏曲爲之説，恐不如大傳，語雖簡而事反該悉也。小記鄭注謂不祭禰者，父之庶子，不祭祖者，其父爲庶子，説得繁碎。大傳只説庶子不祭，則祖禰皆在其中矣。

蕙田案：以上支子不祭之正法。爲小宗者，不得祭别子之大宗；爲小宗之庶者，不得祭小宗之祖禰也。

曲禮：支子不祭，祭必告於宗子。注：不敢自專，謂宗子有故，支子當攝而祭者也，五宗皆然。

程子曰：古所謂「支子不祭」者，唯使宗子立廟主之而已。支子雖不祭，至於齊戒致其誠意，則與主祭者不異。可與，則以身執事；不可與，則以物助，但不别立廟爲位行事而已。後世如欲立宗子，當從此義。雖不祭，情亦可安。若不立宗子，徒欲廢祭，適足長惰慢之志，不若使之祭猶愈于已也。

朱子曰：支子之祭，先儒雖有是言，然畢竟未安。向見范氏兄弟所定，支子當祭，旋設牓於位，祭訖焚之。不得已，此或可采用。然禮文品物，亦當少損于長子，但或一獻無祝可也。

曾子問：曾子問曰：「宗子爲士，庶子爲大夫，其祭也如之何？」孔子曰：「以上牲祭於宗子之家。祝曰：『孝子某，爲介子某薦其常事。』注：上牲，大夫少牢。貴禄重宗也。介，副也。不言庶，使若可以祭然。疏：此一節論宗子祭用大夫牲之事。宗子是士，合用特牲。今庶子身爲大夫，若祭祖禰，當用少牢之牲，就宗子之家而祭。用大夫之牲，是貴禄也。宗廟在宗子之家，是重宗也。

方氏慤曰：宗子爲之正，庶子爲助，故庶子謂之介子。内則謂衆婦爲介婦亦此義。大夫之牲，以少牢爲上，故曰上牲。四時之祭，禮之常也，故曰常事。

蕙田案：士一廟二廟，大夫當立三廟。今庶子爲大夫，不得立廟，重宗法也。祭於宗子之家，則宗子之廟不止祖禰矣。此士廟得祭曾祖之明證也。而注疏乃云「寄曾祖廟於宗子之家」，因拘泥而生穿鑿，何其舛也？明文衡有云寄廟之説，經無明文，是崔氏臆説當矣。

若宗子有罪，居於他國，庶子爲大夫，其祭也，祝曰：『孝子某，使介子某執其常事。』攝主不厭祭，不旅，不假，不綏祭，不配。注：皆辟正主。厭，厭飫神也。厭有陰有陽，迎尸之前，祝酌奠，奠之且享，是陰厭也。尸謖之後，徹薦俎敦，設于西北隅，是陽厭也。此不厭者，不陽厭也。不旅，不旅酬也。假讀爲嘏。不嘏主人也。綏，周禮作「墮」。不配者，祝辭不言「以某妃配某氏」。疏：此宗子有罪，出在他國，庶子爲攝主，不敢備禮。案少牢特牲禮，祝酌奠于鉶南，復以辭享告神，是室奧陰靜之處，故云陰厭。尸謖之後，佐食徹尸之薦俎，設于西北隅，得户明白之處〔一〕，故曰陽厭。其上大夫當自賓尸，故少牢禮無陽厭。下大夫不賓尸者，有陽厭也。其天子、諸侯，明日乃爲繹祭，亦爲陽厭也。厭是神之厭飫，今攝主謙退，不爲陽厭，似若神未厭飫然也。

布奠于賓，賓奠而不舉。不歸肉。

陳氏澔集注：主人酬賓之時，賓在西廂東面，主人布此奠爵于賓俎之北。賓坐取此爵，而奠于俎之南，不舉之以酬兄弟，此即不旅之事。若宗子主祭，則凡助祭之賓，各歸之以俎肉。今攝主，故不歸俎肉于賓也。

其辭于賓曰：『宗兄、宗弟、宗子在他國，使某辭。』」注：辭猶告也。宿賓之辭，與宗子爲列，則曰「宗兄」若「宗弟」；昭穆異者，曰「宗子」而已。其辭若云：「宗兄某在他國，使某執其常事，使

〔一〕「得」，諸本作「門」，據禮記正義卷一九改。

某告。」

曾子問曰：「宗子去在他國，庶子無爵而居者，可以祭乎？」孔子曰：「祭哉！」「請問其祭如之何？」孔子曰：「望墓而爲壇，以時祭。若宗子死，告於墓，而后祭於家。宗子死，稱名不言孝，身没而已。」子游之徒，有庶子祭者以此，若義也。今之祭者，不首其義，故誣于祭也。注：有子孫存，不可以乏先祖之祀。望墓爲壇，謂不祭于廟，無爵者賤，遠避正主也。宗子死，言祭于家，容無廟也。稱名不言孝者，孝，宗子之稱。不敢與之同，但言「子某薦其常事」。至子可以稱孝，故云身没而已。子游之徒用此禮祭也。以，用也。若，順也。首，本也。誣，猶妄也。疏：此論庶子代宗子祭之事。

陳氏澔集注：宗子無罪而去國，則廟主隨行矣。若有罪去國，廟雖存，庶子卑賤無爵，不得于廟行祭禮。但當祭之時，即望墓爲壇以祭也。

喪服小記：庶子不祭殤與無後者，殤與無後者，從祖祔食。注：不祭殤者，父之庶也。不祭無後者，祖之庶也。此二者，當從祖祔食而已。不祭祖，無所食之也。共其牲物，而宗子主其禮焉。祖庶之殤，則自祭之。凡所祭殤者，唯適子耳。無後者，謂昆弟諸父也。宗子之諸父無後者，爲墠祭之。

蕙田案：以上支子祭宗廟之權法。

又案：宗法祭禮，大宗祭太祖之廟，一也。小宗繼高祖者，得祭高祖之廟；

繼曾祖者，得祭曾祖之廟；繼祖者，得祭祖廟；繼禰者，得祭禰廟，二也。凡支子不爲後者，皆不得立廟主祭，三也。支子助祭于宗子之家，四也。有故而祭，必告於宗子，五也。宗子爲士，支子爲大夫，以上牲祭於宗子之家，六也。宗子去國，支子攝祭不備禮，七也。庶子無爵，則望墓爲壇，八也。宗子有厭祭，支子不祭殤與無後，九也。凡此皆以宗法定祭禮，大夫士皆統之，不關三廟二廟一廟也，無一廟祭禰、二廟祭祖、三廟祭曾祖之異也，論禮者尊經而屈注疏可也。

右宗法祭禮

祭禮等差

禮記大傳：大夫、士有大事，省於其君，干祫及其高祖。

趙氏伯循曰：有省謂有功，往見省記者也。干者，逆上之意，言逆上及高祖也。

方氏慤曰：大夫止于三廟，士止于二廟一廟，則廟祭固不及高祖，必待祫然後及之，故曰干祫及其高祖。祫，人君之祭，非臣之常禮也，特人君非常之賜而已。

葉氏夢得曰：古者諸侯有祫而無禘，大夫有時祭而無祫。禘，天子之事也。祫，諸侯之事也。大夫既不得祫，然有大功見察於天子，則視諸侯上達而祫其毁主。

蕙田案：此祫祭、時祭之等差。

王制：大夫、士宗廟之祭，有田則祭，無田則薦。注：有田者既祭，又薦新。祭以首時，薦以仲月。士薦牲用特豚，大夫以上用羔。庶人無常牲，取與新物相宜而已。疏：儀禮有地之士用特牲，今無地之士宜貶降，不用成牲，故用特豚也。諸侯、大夫有地祭者用少牢，其無地薦者則用羔。鄭言大夫以上，則包天子，皆用羔也。然天子、諸侯不皆用羔，亦用餘牲，故月令以彘嘗麥，以犬嘗麻。

方氏慤曰：薦以時物而已，祭則備庶物，則其禮爲盛，非有田者不足以供之也。大夫、士而有無田者，謂諸侯之大夫、士而已。

蕙田案：此有田無田之等差。

孟子：前以士，後以大夫。前以三鼎，而後以五鼎。注：禮，士祭三鼎，大夫祭五鼎。疏：如子路有列鼎之奉，主父在漢有五鼎之食，是其爵有差也。孟子前以士，後以大夫，是其爵命貴賤之不同耳。

惟士無田，則亦不祭。牲殺、器皿、衣服不備，不敢以祭。注：惟，辭也。言惟絀禄之士無圭田者，不祭。

蕙田案：此先後貴賤之等差。

春秋桓八年公羊傳：春曰祠，夏曰礿，秋曰嘗，冬曰烝。士不及茲四者〔一〕，則冬不裘，夏不葛。注：無牲而祭謂之薦。天子四祭四薦，諸侯三祭三薦，大夫、士再祭再薦。祭於室，求之於幽；祭於堂，求之於明；祭於祊，求之於遠：皆孝子博求之意也。大夫求諸明，士求諸幽，尊卑之差也。殷人先求諸明，周人先求諸幽，質文之義也。禮，天子、諸侯、卿大夫牛羊豕凡三牲，曰太牢；天子元士、諸侯之卿大夫羊豕凡二牲，曰少牢；諸侯之士特豚。天子之牲角握，諸侯角尺，卿大夫索牛。

蕙田案：傳云「士不及茲四者」云云，以士亦有祠、礿、嘗、烝四祭，不幾於僭乎？蓋再祭再薦，亦彷是四者之義，傳因上文而順言之耳。何注大夫、士有祭堂、祭室之異，案儀禮特牲、少牢皆室中饋食之事，無堂上朝踐之事。若指儐尸於堂言，則儐尸止當得繹祭，並非正祭，未免附會。

丘濬大學衍義補：古之仕者有祭田，今世非世家貴族而好禮者，無祭田。苟有禄食及有財産者，皆當隨時致祭，不可拘田之有無。

蕙田案：此據公羊注有四祭、三祭、再祭之等差，然於經無考。

右祭禮等差

〔一〕「茲」，諸本作「前」，據春秋公羊傳注疏卷五改。下蕙田案語同。

祭始祖先祖

曲禮：士祭其先。疏：以士祭先祖，歲有四時，更無餘神故也。

程子曰：冬至，祭始祖，此厥初生民之祖也。冬至，一陽之始，故象其類而祭之。立春，祭先祖，初祖以下高祖以上之祖也。立春，生物之始，故象其類而祭之。

朱子語録：伊川時祭止於高祖，高祖而上，則於立春設二位統祭之，而不用主，此説是也。却又云，祖又豈可厭多？苟其可知者，無遠近多少，須當盡祭之。疑是初時未曾討論，故有此説。余正父謂：祭始祖，天子、諸侯之禮，若士、大夫當祭，則自古無明文。又云：「大夫自無太祖。」先生因舉春秋如單氏、尹氏，王朝之大夫，自上世至後世，皆不變其初來姓號，則必有太祖。又如季氏之徒，世世不改其號，則亦必有太祖。如詩裏説「南仲太祖，太師皇父」，南仲是文王時人，到宣王時爲太祖。不知古者世禄不世官之説如何。

大學衍義補：丘氏濬曰：程子謂「冬至祭始祖，立春祭先祖。」朱子既立爲二祭，載於家禮時祭之後，其門人楊復乃謂，朱子初年亦嘗行之，後覺其似僭，不敢祭。然冬至之祭，不祭可也，而立春之祭，似亦可行。今擬人家同居止四代者，不行亦可。其有合族以居，累世共爨者，生者同居而食，死者異處而祭，恐乖易萃合人心於孝享之義。惟宜行立春一祭。

蕙田案：程子有始祖、先祖之祭，朱子以其似僭而廢之，是也。竊嘗思之古今異宜，其禮當以義起。程子所云「厥初生民之祖」者，理屬茫渺，於經無據。若今人家之始祖，其義與宗法之别子同者，固當祭也，何則？古之所謂始祖者，在諸侯則始封者也；在大夫、士則别子也。别子有三：後世封建不行，則爲有國之始祖者寡矣，然有大功勳，爵至王公者，雖無土地，宜與古諸侯等，則其子孫宜奉爲始祖而祭之矣；又後世天下一家仕宦，遷徙其有子孫繁衍而成族者，則始至之人宜爲始遷之祖，與古别子之公子自他國而來者無異，是亦宜奉爲祖而祭之矣；若崛起而爲公卿者，雖不可同於諸侯，亦宜與古之九命八命七命者等，其子孫奉爲始祖，亦與古人别子之義相合。朱子所云「王朝之大夫，自上世至後世，皆不變其初來姓號」者，非即此類乎？故或建爲宗祠，或合爲家廟。凡屬子姓，群聚萃處，其中有宗法者，大宗奉之，因爲百世不遷之祖。倘宗法未立，或大宗無後，則諸小宗擇其長且貴與賢者，祭則主其獻奠，原與祭别子之義相符，不可以士、大夫不得祭始祖而謂之爲僭也。惟程子謂立春祭始祖，以下之祖則不可行耳，丘氏以累世同爨者通之，則庶幾乎？觀承案：始祖、先祖之祭，誠然似僭難行，丘氏以累世同居者通之，今更以宗法別子之例廣之，洵斟酌盡善矣。愚謂更有可廣者，先世有德行道藝聞於時，雖爵位不顯，是亦古之所謂「鄉先生歿而可祭於社」者，而子孫豈不可以俎豆終古也耶？

右祭始祖先祖

夫祭妻

禮記喪服小記：士、大夫祔於諸祖父之爲士、大夫者，其妻祔於諸祖姑。疏：諸祖姑，是夫之諸祖父兄弟爲士大夫者之妻也。

婦祔於祖姑，祖姑有三人，則祔於親者。注：舅之母死，而又有繼母二人也。親者，謂舅所生。

張子曰：祔葬、祔祭，極至理而論，只合祔一人。夫婦之道，當其初婚，未嘗約再配，是夫只合一娶婦，婦只合一嫁。今婦人夫死而不可再嫁，乃天地之大義，夫豈得再娶？然以重者計之，養親承家，祭祀繼續不可無也〔一〕，故有再娶之理。然其葬其祔，雖爲同穴同几筵，然譬之人情，一室中豈容二妻？以義斷之，祔以首妻，繼室别爲一所可也。

配。朱子曰：程氏祭儀謂凡配止用正妻一人，或奉祀之人是再娶所生，即以所生配。謂凡配止用正妻一人，是也。若再娶者無子，或祔祭别位，亦可也。若奉祀者是再娶之子，乃許用所生配，而正妻無子，遂不得配祭，可乎？程先生此説恐誤。唐會要中有論：「凡是嫡母，無先後，皆當並祔合祭，與古諸侯之禮不同。」又曰：夫婦之義，如乾大坤至，自有差等，故方其生存，夫得有妻有妾，而妻之所天不容有二，況於死而配祔，又非生存之比。横渠之説似亦推之有太過也，只合從唐人所議爲允。況又有前妻無子，後妻有子之礙，其勢將有所杌隉而不安者。唯葬，則今人夫婦未必皆合葬，繼室别營兆域，宜亦可矣。

蕙田案：天地之道，陽奇陰偶，故易稱「貫魚」，書「嬪二女」，「古者諸侯一娶九女」，詩之樛木、螽斯明后妃不妬忌之德，禮稱「宗子雖七十，無無主婦」。蓋娶

〔一〕「祭祀」，諸本脱，據張子全書卷八補。

妻之道，奉祭祀，一也；重嗣續，二也；成家室，三也，豈止一配偶之義云爾哉？況記明言「婦祔於祖姑，祖姑有三人，則祔於親者」，則再娶之祔廟審矣。朱子以唐人之議爲允，豈非千古之定論哉？

婦之喪，虞、卒哭，其夫若子主之。陳氏澔曰：虞、卒哭，在寢，祭婦也。

雜記：婦祔於其夫之所附之妃，無妃，則亦從其昭穆之妃。注：夫所附之妃，於婦則祖姑。陳氏澔曰：昭穆之妃，亦謂間一代而祔高祖之妃也。

曲禮：餕餘不祭，父不祭子，夫不祭妻。注：餕而不祭，惟此類也。食尊者之餘則祭，盛之。疏：凡食餘悉祭。惟父得子餘，夫得妻餘，則不祭，言其卑故也。非此二條悉祭。

朱子語録：「父不祭子，夫不祭妻」，此承上面「餕餘不祭」説。蓋謂餕餘之物，雖父不可將去祭子，夫不可將去祭妻。且如孔子「君賜食，必正席先嘗之。君賜腥，必熟而薦之」。君賜腥，則非餕餘矣，雖熟之以薦祖考可也。賜食，則或爲餕餘，但可正席先嘗而已；固是不可祭先祖，雖妻子至卑，亦不可祭也。夫祭妻，亦當拜。

學齋呫嗶：禮記云：「餕餘不祭，父不祭子，夫不祭妻。」本當三句合爲一義，而本注乃於「餕餘不祭」下作一義，注云「食人之餘曰餕」，「禮輕故不敢祭」；於「父不祭子，夫不祭妻」之下别作一義，注云「祭先也」，「從卑處家故不祭，則是以夫與父不得祭其妻子也」。此何義也？故朱文公先生釐正之，以爲「父不祭子，夫不祭妻」，非此祭也，但明其不可以餕餘而祭耳。在禮，生則婦可餕夫之餘，子可餕父之餘；既死矣，則以鬼禮享之，當用其嚴敬，弗可以餕餘而祭之，爲褻且慢也。此説明甚。而世儒薄夫乃有泥古注而不祭妻子，是可哀也，是可鄙也，故發明朱子之説而厚俗云。

日知録：父不祭子，夫不祭妻，不但名分有所不當，而以尊臨卑，則死者之神，亦必不安，故其當祭則有代之者矣。

蕙田案：父之於子，夫之於妻，分雖有尊卑，然喪服父爲長子三年，夫於妻齊衰期。父之斬，傳重也；夫之期，齊體也，服猶如是，而況祭乎？小記曰：「婦之喪，虞、卒哭，其夫若子主之。」注：「在寢祭婦也。」的是確證。寧人之説非矣，當以朱子爲正。

右夫祭妻

妾母祔祭

禮記喪服小記：妾祔於妾祖姑，亡則中一以上而祔，祔必以其昭穆。疏：「妾祔於妾祖姑」者，祔夫祖之妾也。亡，無也。中，間也。若夫祖無妾，則又間曾祖而祔於高祖之妾也。凡祔必昭穆同，曾祖非夫同列也。

方氏慤曰：凡祔以廟爲正，故言祔廟則不言廟。

欽定義疏：又案：此言「妾祔於妾祖姑」，下又言「庶母不世祭」，夫祔以爲祭也。將從其昭穆之次，故先祔之，妾母不世祭，則妾祖姑已不祭矣，祔之何爲？雜記云：「主妾之喪，得自祔，至練、祥，使其子主之。」則不可謂妾母無祔食之禮也。穀梁傳云：「禮，庶子爲君，爲其母築宮，使公子主其祭。於子祭，於孫止。」韋公肅云：「隱公母聲子不入魯惠公廟，妾也。」胡氏安國云：「孟子已入惠公廟，仲子祭享無所，故别立一宫祀之。」隱公不爲己母聲子立廟，明己特攝耳，非君也。桓公未立，而爲其母仲子立廟，明將爲君也，是諸侯得爲其生母立廟矣。春秋書「初獻六羽」，是妾母雖立廟，其祭視適母降一等。其言「不世祭」者，非必子立之而孫遂毁之，或薦而不祭，至親盡乃遷乎？若大夫、士，則斷無立妾廟之理。蓋祔有二：有初以班祔，至新主入廟，而所祔之主已遷上一廟者，如三昭三穆之遞遷也；有祔之而即隨之食者，如殤與無後之從祖祔食也。妾子非君，安得爲妾母立廟？則此祔妾祖姑者，有廟即於其廟祔食，無廟則爲壇祔之，而祭於次寢祔食與？

蕙田案：拘廟制者，謂大夫不得祭高祖，觀此，則高祖有廟祭明矣。泥「於子祭於孫止」者，謂妾母不世祭，觀此，則高祖之妾，曾孫猶得祔祭也。祔，謂祔於廟。欽定義疏謂有廟即於其廟祔，得經旨矣。

妾無妾祖姑者，易牲而祔於女君可也。注：女君，嫡祖姑也。易牲而祔，凡妾下女君一等。

陳氏澔曰：妾當祔於妾祖姑，上章言「亡則中一以上而祔」，是祔高祖之妾。今又無高祖妾，則當易妾之牲而祔於嫡祖姑。女君，謂嫡祖姑也。

方氏慤曰：妾祔適，嫌於隆，故易牲而祭，示其殺焉。

欽定義疏：喪服「女君」俱指適妻言。祖姑及高祖姑俱無妾可祔，則遂於適妻祔之。生既相依，死亦相祔，禮之變也。鄭以適祖姑言之，誤矣。妾牲當下女君一等，今祔於女君，故易女君牲，猶士祔於大夫而易大夫牲也。方謂易牲示殺，其説未明。

蕙田案：祔於女君，則不惟祔於妾，而且祔於嫡矣，嫡豈亦爲壇以祭乎？易牲説，義疏精矣。

宗元案：易牲説，義疏之解精矣。女君之説，亦比鄭氏爲當。然或女君尚在，而妾當祔食，則嫡祖姑亦可以女君統之，似兼此而義益備。

雜記：主妾之喪，則自祔。注：祔自爲之者，以其祭於祖廟。疏：妾卑賤，得主之者，崔氏云：「謂女君死，攝女君也。」以其祔祭於祖姑，尊祖，故自祔也。妾合祔於妾祖姑，若無妾祖姑，則祔於女君可也。

方氏慤曰：妾之喪，祔於妾祖姑之廟，故其夫自主而祔之，非尊妾也，尊祖而已。

妾祔於妾祖姑，無妾祖姑，則亦從其昭穆之妾。

喪服小記：慈母與妾母，不世祭也。注：以其非正。春秋傳曰：「於子祭，於孫止。」疏：祭慈母即所謂承庶母、祖庶母後者也，妾母謂庶子自爲其母也。既非其正，故惟子祭之，而孫則否。

應氏鏞曰：慈母一時之恩，易世可以無祭，若妾母爲所生，則子孫皆其所自出，而不世祭之，可乎？以上文爲庶母、爲祖庶母之後觀之，或者妾母若此之類，然此更當隨宜精審，未易以一概言也。

彭氏汝礪曰：案春秋隱五年，穀梁傳曰：「禮，庶子爲君，爲其母築宮，使公子主其祭也。於子祭，於孫止。」此謂庶子爲君者，爲己母如此。蓋謂己既爲君，後當奉宗廟，不得自主己私祭也，然亦未嘗不使公子主之。若己於慈母庶母，既爲之後，或爲所生，子則非特，子當祭，孫亦當祭。以意逆之，或是己於庶母慈己者有恩，及庶兄庶弟之母是父之妾有子者，皆當祔祭之，易世之後，則不世祭與？質之儀禮喪服傳，有君子，子於庶母慈己者，義服小功；衆子爲庶母有子者，義服緦麻。此二母於己祭之，不世祭可。

蕙田案：妾母與慈母並言，皆非己身之母。疏以妾母爲庶子自爲其母，非也。儀禮「公子爲其母，練冠，麻衣縓緣」，孟子「王子有其母死者」，二經皆稱所生母曰「其母」，而不曰「妾母」。妾母之祔，蓋從嫡子言之，而非庶子所得自稱其生母也。穀梁傳「於子祭，於孫止」，亦指嫡子、嫡孫言，若身所自出之母，至孫便不祭，則經亦不當有「祔妾祖姑」、「祔女君」之文矣。應氏、彭氏説極有見。

春秋隱公五年穀梁傳：禮，庶子爲君，爲其母築宮，使公子主其祭也。於子祭，於孫止。注：公當奉宗廟，故不得自主也。公子者，長子之弟及妾之子。疏：公羊、左氏妾子爲君，其母得同夫人之禮。今穀梁知不然者，喪服記云：「公子爲其母，練冠，麻衣縓緣，既葬，除之。」傳曰：「何以不在五服之中也？君之所不服，子亦不敢服也。」鄭玄云：「公子，君之庶子。」是貴賤之序，嫡庶全別。安得庶子爲君，即同嫡夫人乎？故穀梁子以爲「於子祭，於孫止」。

朱氏董祥曰：經言「妾母不世祭」者，謂祀妾之禮當殺，不得同於女君。傳注「子祭而孫不祭」，遂令賢者不祀其祖妾，不肖者反致僭祭並於祖嫡，安得謂之禮哉？小記本文曰：「妾祔於妾祖姑，亡則中一以上而祔，祔必以其昭穆。」又曰：「妾無妾祖姑者，易牲而祔於女君。」其言祔於妾祖姑，則祖妾爲之祔食矣。無則中一以上而祔，則高、曾之妾皆祔食焉，胡爲子與孫有異乎？曰：然則稱不世祭，何邪？曰：不世祭者，非唯孫不爲祭，其子亦不得祭之也。禮，有牲曰祭，無牲曰薦。妾易牲則不得用牲矣，不用牲則謂之薦，不謂之祭，豈絶之而不祀耶？

蕙田案：「於子祭，於孫止」，即喪服小記「不世祭」之義。此蓋嫡子指父妾之無子者言，非指有子而又爲君者言，穀梁氏誤引耳。朱氏引小記本文，以破子祭孫止之說則是，而以薦而不祭解「不世祭」則未確。易牲，易女君之牲耳，況祭與薦雖有有牲、無牲、有尸、無尸之別，統言之，俱可謂之祭也。

朱子語録：妣者，媲也。祭所生母，只當稱母，則略有別。

文集答竇文卿：問：「子之所生母死，不知題主當何稱？祭於何所？祔於何所？」曰：「今法五服年月篇中『母』字下注云：謂生已者，則但謂之『母』矣，若避嫡母，則止稱『亡母』，而不稱妣，以别之可也。」伊川先生云：祭於私室。又問：「禮記曰：『妾母不世祭。於子祭，於孫止。』又曰：『妾祔於妾祖姑。』既不世祭，至後日，子孫有妾母，又安有妾祖姑之可祔耶？不知合祭幾世而止？」曰：「此條未詳，舊讀禮，亦每疑之，俟更詢考也。」又問：「妾母若世祭，其孫異日祭妾祖母，宜何稱？自稱云何？」曰：「世祭與否未可知，若祭則稱之爲祖母，而自稱孫無疑矣。」

蕙田案：妾母之祔廟，經有明文。語録載竇文卿之問題主稱母，則既答之矣。而祭於何所，祔於何所，則引程子之言，注於其下者，朱子蓋無以處此而姑引此以當之，則亦未能信其必然也。竊謂室有東西廂曰廟，東西廂亦廟也，既曰祔廟，則不在私室明矣，其或在東西廂與？又問「合祭幾世而止」，曰「此條未詳，疑而俟考」，疑者將考其世數，則其有世祭明矣。竊謂「妾祔於妾祖姑，亡則中一以上而祔」，則高祖之妾猶祭也，高祖以上祧主也，增一世，則高祖亦祧矣，然則從食者其亦從祧乎？又云孫祭妾祖母自稱孫，無疑明孫當祭也。妾母之祭，久無定論，今考之於古，則有經文，是禮之當然也；質之儒者，則有朱子之説，是情之自然也。欽定義疏謂祔廟而食，親盡乃遷，得情理之中，議禮者當有所折衷矣。

語類：問「妾母」之稱。曰：「恐也只得稱母，他無可稱。在經只得云『妾母』，不然，無以別於他母也。」又問：「弔人妾母之死，合稱云何？」曰：「恐也只得隨其子平日所稱而稱之。」或曰：「五峰稱妾母爲『少母』，南軒亦然。據爾雅，亦有『少姑』之文。五峰想是本此。」先生又曰：「爲人後者爲其父母報。本朝濮王之議，欲加『皇考』字，引此爲證。當時雖是衆人爭得住，然至今士大夫猶以爲未然。蓋不知禮經中若不稱作爲父母，别無箇稱呼，只得如此説也。」

徐氏乾學曰：妾母無廟，於子祭，於孫止，安所得祖妾之廟而祔之？祖妾且無廟，安所得高祖之妾乎？凡若此者寄主之説，固不可通，就廟以祭，亦有難行。唯是即寢立尸，設當祔者之主，與新死者共祭之，猶夫始祖所自出之帝〔二〕，本自無主，因祭則設之也。孔氏疏云：妾無廟，今乃云祔及高祖者，爲壇祔之耳。斯壇也，不在寢，安在乎？祖妾可爲壇，餘親視此矣。

蕙田案：徐氏説「妾母無廟」，非也。妾母祔廟而食，非謂有廟也。又謂爲壇

〔二〕「出」，諸本脱，據讀禮通考卷四九補。

於寢祭之，亦非也。爲壇而祭，亦當在廟，寢安可有壇也。既不本於經文，又不徵之先儒之論，毋乃武斷耶？

右妾母祔祭

殤與無後者祔祭

禮記喪服小記：庶子不祭殤與無後者，殤與無後者從祖祔食。

陳氏澔曰：長、中、下殤〔一〕，蓋未成人而死者也。無後者，謂成人未昏或已娶而無子而死者也。庶子所以不得祭此二者，以己是父之庶子，不得立父廟，故不得自祭其殤子也。若己是祖之庶孫，不得立祖廟，故無後之兄弟，己亦不得祭之也。祖廟在宗子之家，此殤與此無後者當祭祖之時，亦與祭於祖廟也。故曰從祖祔食。

蕙田案：注疏見前「宗法祭禮」條。

曾子問：凡殤與無後者，祭於宗子之家，當室之白，尊於東房，是謂陽厭。

〔一〕「長」，諸本作「上」，據禮記集説卷六改。

蕙田案：注疏見前「太子廟祭」。

陳氏澔曰：凡殤，非宗子之殤也。無後者，庶子之無子孫者也。此二者若是宗子大功内親，則於宗子家祖廟祭之，必當室中西北隅，得户之明白處，其尊則設於東房，是謂陽厭也。

朱子語録：黄義剛問無後祔食之位。曰：古人祭於東西廂。今人家無東西廂，只位於堂之兩邊。祭食則一。但正位三獻畢，然後使人分獻一酌而已。

欽定義疏：士、大夫常祭之外，當有殤與無後之祭。喪服小記云：「殤與無後者從祖祔食。」若不祭曾祖，則諸父之無後者於何祔之？此亦可見士雖一廟或二廟，而所祭不止於祖、禰，大夫三廟，而所祭必及於高、曾也。鄭注云：「共其牲物，而宗子主其禮焉。」然則殤與無後之祭，其别日與？曾子問謂宗子殤，其吉祭特牲，「不舉肺，無所俎，無玄酒，不告利成，是謂陰厭」，注云：「是宗子殤祭之於奥之禮。」脱於祭祖禰。時祔之，則奥既爲祖禰之所棲，不得又爲殤之所棲，且同有牲俎，難於陳設也。若謂祭畢，更行厭祭，則自質明以至晏朝，亦云勞矣，尚堪再舉乎？以此推之，則宜於祭後之次日，舉殤與無後之祭。而所謂祔者，第於其昭穆相當之廟祭之，即謂之祔耳，非必同時也。曾子問又云：「凡殤與無後者，祭於宗子之家，當室之白，尊於東房，是謂陽厭。」意其宗子殤與凡殤並有者並祭之，一設於奥爲陰，一設於屋漏爲陽。如日間之頃乃徹之〔一〕，與攝主不厭祭，則無此矣。無玄酒者爲陰厭，又見特牲、少牢之初有玄酒者之非陰厭也。尊於東房者爲陽厭，又見特牲與大夫不賓尸之末，納一尊於室中者之非陽厭也。

蕙田案：陽厭、陰厭見曾子問，是專指祭宗子殤及凡殤而言。至特牲、少牢之末迎尸而設饌享神，及佐食徹俎，改設於西北隅以享神，注疏亦謂之陰厭、陽厭。先儒多從之，今於儀禮本篇，亦未便輒易其説。細思之，曾子問但言厭祭無尸，非謂尸不在而即謂之厭祭也，厭祭專屬於祭殤與無後無疑。欽定義疏洵足以破前人之窠臼矣。

右殤與無後者祔祭

〔一〕「日」，諸本作「食」，據欽定儀禮義疏卷四〇改。

五禮通考卷一百十

吉禮一百十

大夫士廟祭

儀禮特牲饋食禮

儀禮特牲饋食禮。鄭目録云：謂諸侯之士祭祖禰，於五禮屬吉禮。　疏：曲禮云：「大夫以索牛，士以羊豕。」彼天子大夫、士，此儀禮特牲、少牢，故知是諸侯大夫、士也。祭法云：「適士二廟，官師一廟。」官師謂中下之士，祖禰共廟，亦兼祭祖，故祖禰俱言也。無問一廟二廟，皆先祭祖，後祭禰。若祭無問尊卑，廟數多少，皆同日而祭畢，以此及少牢，唯筮一日，明不分日祭也。

敖氏繼公曰：此篇言士祭其祖之禮。

特牲饋食之禮：不諏日。注：祭祀自孰始，曰饋食。饋食者，食道也。諏，謀也。士賤職褻，時至事暇可以祭，則筮其日矣。不如少牢大夫先與有司於廟門諏丁己之日。疏：孝子於親，雖死事之若生，故用生人食道饋之也。天子諸侯饋孰以前，仍有灌鬯、朝踐、饋獻之事。

敖氏繼公曰：特牲謂豕也，士祭用三鼎，乃以特牲名之者，主於牲也，少牢放此。

張氏爾岐曰：不諏日者，不預諏前月下旬之丁己，以筮來月上旬之丁己，但可以筮則筮而已。自此以下，筮日、筮尸、宿尸、宿賓、視濯與牲，凡五節，皆祭前戒備之事。

蕙田案：周禮司尊彝云：「其饋獻用兩壺尊。」鄭云：「饋獻，謂薦熟時。」是饋獻即饋熟之事。賈氏乃云「天子諸侯饋熟已前，仍有灌鬯、朝踐、饋獻之事」，誤也。

及筮日，主人冠端玄，即位於門外，西面。注：冠端玄，玄冠、玄端。門謂廟門。疏：不玄端則朝服。然則玄端一冠，冠兩服也。

敖氏繼公曰：士筮當朝服，今乃玄端者，不可踰其祭服也。

陳氏禮書：郊特牲言「作龜於禰宫」，則天子諸侯不在廟門。

子姓、兄弟如主人之服，立於主人之南，西面，北上。注：所祭者之子孫，言子姓者，子之所生。小宗祭，而兄弟皆來與焉。宗子祭，則族人皆侍。

敖氏繼公曰：是時子姓而下之服亦玄端，統於主人也。

盛氏世佐曰：先子姓而後兄弟者，子姓據所祭者而言，兄弟據主祭者而言。凡同姓者曰兄弟，不必與主人同昭穆。

欽定義疏：子姓，依主人之嗣子立文也，尊祖故敬宗，敬宗故重適。觀下文嗣舉奠，而兄弟不得與焉。祭畢，有餕，嗣爲上，而兄弟不敢躐焉。此所以退兄弟於子姓之後也歟？

有司群執事如兄弟服，東面，北上。注：士之屬吏也。疏：左傳云「士有隸子弟」，謂此言爲屬吏。

蔡氏德晉曰：東面，賓位也。此時未有賓，故有司群執事皆如賓位。

席於門中，闑西，閾外。注：爲筮人設之也。疏：士冠禮云：「筮與席，所卦者，具饌於西塾。」乃言「布席於門中」，此省文。筮人取筮於西塾，執之，東面受命於主人。注：筮人，官名。筮，謂蓍也。宰自主人之左贊命，命曰：「孝孫某，筮來日某，諏此某事，適其皇祖某子。尚饗！」注：宰，群吏之長。自，由也。贊，佐也，達也。贊命由左者爲神求變也。士祭曰歲事，此言某事，又不言妃者，容大祥之後，禫月之吉祭。皇，君也。言君祖者，尊之也。某子者，祖字也，伯子、仲子也。尚，庶幾也。

敖氏繼公曰：來日某，亦謂丁若己也。不言以某妃配，變于大夫之筮辭也。若其祝辭，則亦當言之。

筮者許諾，還，即席，西面坐，卦者在左。卒筮，寫卦。筮者執以示主人。注：士之筮者坐，蓍短由便。卦者主畫地識爻，爻備，以方寫之。主人受視，反之。筮者還，東面，長占。卒，告於主人：「占曰吉。」注：長占，以其年之長幼旅占之。若不吉，則筮遠日，如初儀。注：遠日，旬之外日。

宗人告事畢。

蕙田案：以上筮日。

前期三日之朝，筮尸，如求日之儀。命筮曰：「孝孫某，諏此某事，適其皇祖某子，筮某之某爲尸。尚饗！」注：三日者，容宿賓視濯也。某之某者，字尸父而名尸，連言其親，庶幾其憑依之也。大夫、士以孫之倫爲尸。

欽定義疏：宗廟之尸，必以同姓，取其精氣合也；必以孫之倫，昭穆同也；必以適，不敢以賤者依吾親也；必以無父者，兩無所妨其尊也。此數者，喪祭、吉祭同者也。其有不同者，喪祭不筮尸，尚質也，吉祭則筮尸矣。練與大祥亦筮尸，漸而之吉也。吉祭無女尸，而喪祭有女尸，何也？以婦人喪，不可以男子爲尸也。吉祭而後同几，有胖合之道焉。陽統陰，陰從陽，斯不用女尸矣。喪祭雖用尸，而尸偶不備，則無尸者有之。若吉祭則不可無尸，無尸是殤之也，子孫而殤其祖考焉可乎？

蕙田案：以上筮尸。

乃宿尸。注：宿讀爲肅。肅，進也。進之者，使知祭日當來。凡宿，或作「速」，記作「肅」，周禮亦作「宿」。

蔡氏德晉曰：宿，越宿，預戒也。蓋在祭前二日。

主人立於尸外門外，子姓、兄弟立於主人之後，北面，東上。注：不東面者，來不爲賓客。子姓立於主人之後，上當其後。疏：子姓、兄弟東頭爲上者，不得過主人，故爲上者當主人之後。

尸如主人服，出門左，西面。注：不敢南面當尊。

郝氏敬曰：北面，事神之禮。出門左，迎賓之禮。

主人辟，皆東面，北上。注：順尸。

主人再拜，尸答拜。注：主人先拜，尊尸。疏：下文宿賓，賓先拜，主人乃答拜，今此「尊尸」，是以主人先拜也。按少牢宿尸，祝先釋辭訖，尸乃拜。此尸答拜後，宗人乃擯辭者，士尸卑。大夫之尸尊。

宗人擯辭如初，卒曰：「筮子爲某尸，占曰吉，敢宿。」注：宗人擯者，釋主人之辭。如初者，如宰贊命筮尸之辭。卒曰者，著其辭所易。祝許諾，致命。注：受宗人辭，許之，傳命於尸。始宗人祝北面，至於傳命，皆西面受命，東面釋之。尸許諾，主人再拜稽首。注：其許，亦宗人受於祝，而告主人。尸入，主人退。注：相揖而去，尸不拜送，尸尊。

蕙田案：以上宿尸。

宿賓。賓如主人服，出門左，西面再拜。主人東面答再拜。宗人擯曰：「某薦歲事，吾子將莅之，敢宿。」注：薦，進也。莅，臨也。言吾子將臨之，知賓在有司中，今特肅之，尊賓耳。疏：此宿屬吏内一人爲備三獻賓之事也。賓曰：「某敢不敬從。」主人再拜，賓答拜。主人退，賓拜送。

高氏愈曰：古人祭祀必立賓者，欲其代主人而娱尸。賓之來也，亦若爲助祭執事之意，故主人獻尸，而賓長以肝從。主人致爵主婦而後獻於賓，以其皆以養尸爲主，而意不重於賓故也。

盛氏世佐曰：案以上二事，皆祭前二日爲之，即筮尸之明日也。敖云筮尸、宿尸、宿賓皆同日，非。

蕙田案：宿賓與宿尸同日，而宿尸不與筮尸同日，盛氏之説是也。少牢無宿賓，故筮尸、宿尸得同一日，有宿、戒尸在前期三日，故筮尸在前二日，反後特牲之一日。

蕙田案：以上宿賓。

厥明夕，陳鼎於門外，北面，北上，有鼏。注：宿賓之明日夕。門外北面，當門也。古文「鼏」爲「密」。　疏：少牢陳鼎在門東，此當門，士卑，避大夫也。　棜在其南，南順，實獸於其上，東首。注：順猶從也。棜之制，如今大木轝矣。上有四周，下無足。獸，腊也。　牲在其西，北首，東足。注：其西，棜西也。東足者，尚右也。牲不用棜，以其生。　疏：豕不可牽之，縛其足，陳於門外，首北，出棜東，其足寢其左。以其周人尚右，將祭故也。　設洗於阼階東南，壺禁在東序，豆、籩、鉶在東房，南上。几、席、兩敦在西堂。注：東房，房中之東，當夾北。西堂，西夾室之前近南耳。

敖氏繼公曰：豆、籩、鉶，蓋在東房之東墉下，士家亦有左右房，於此見之矣。

欽定義疏：東房，對西房而言，謂此所陳在東房之東，可也。以房中之東爲東房，不可也。東房在正室之東，夾室又在東房之東，若夾室之北，則北堂下之東矣。鄭氏以夾室之北一架通爲東房，非也。

主人及子姓、兄弟即位於門東，如初。注：初，筮位也。　賓及衆賓即位於門西，東面，北上。注：不蒙如初者，以賓在而宗人、祝不在。宗人、祝立於賓西北，東面，南上。注：事彌至，位彌異。宗人、祝，於祭宜近廟。主人再拜，賓答再拜，三拜衆賓，衆賓答再拜。注：衆賓再拜者，士賤，旅之得備禮也。主人揖入，兄弟從，賓及衆賓從，即位於堂下，如外位。注：爲視濯也。宗人升自西階，視壺濯及豆籩，反降，東北面告濯具。注：濯，溉也。不言敦鉶者，省文也。東北面告，緣賓意欲聞也。言濯具不言絜，以有几席。賓出，主人出，皆復外位。注：爲視牲也。宗人視牲，告充。雍正作豕。注：充猶肥也。雍正，官名也。北面以策動作豕，視聲氣。宗人舉獸尾，告備，舉鼎鼏，告絜。注：備，具。請期，曰「羹飪」。注：肉謂之羹。飪，熟也。謂明日質明時，而曰肉熟，重豫勞賓。宗人既得期，西北面告賓有司。告事畢，賓出，主人拜送。

欽定義疏：助祭者，統言之皆曰執事，經云「執事之俎，陳於階間」是也。自子姓、兄弟而外，統言之皆曰賓，下經「獻酬諸禮，長賓、長兄弟以下，各分兩行」是也。其公有司、私臣亦在賓内，而另分二列於下，則又以貴賤殊之。公有司在西，繼賓黨也；私臣在東，則以其私也。而主道統之，所以主人及子姓、兄弟如初，而賓以下不如初也。

蕙田案：以上陳鼎，拜賓，視濯，視牲，告期。

夙興，主人服如初，立於門外東方，南面，視側殺。注：夙，早也。興，起也。主人服如初，則其餘有不玄端者。側殺，殺一牲也。主婦視饎爨於西堂下。注：炊黍稷曰饎，宗婦爲之。爨，竈也。西堂下者，堂之西下也，近西壁，南齊於坫。古文「饎」作「糦」，周禮作「𩞄」。疏：主婦視饎爨，明主婦自爲也，猶主人視殺牲。亨於門外東方，西面，北上。注：亨，煮也。煮豕、魚、腊以鑊，各一爨。詩云：「誰能亨魚，溉之釜鬵。」羹飪，實鼎，陳於門外，如初。注：初，視濯也。尊於户東，玄酒在西。注：户東，室户東。玄酒在西，尚之。凡尊，酌者在左。

實豆、籩、鉶，陳於房中，如初。注：如初者，取而實之，既而反之。執事之俎，陳於階間，二列，北上。注：執事，謂有司及兄弟。二列者，因其位在東西，祝主人、主婦之俎亦存焉。不升鼎者，異於神。盛兩敦，陳於西堂，藉用萑，几席陳於西堂，如初。注：盛黍稷者，宗婦也。萑，細葦。古文「用」爲「于」。尸盥匜水，實於槃中，簞巾，在門内之右。注：設盥水及巾，尸尊，不就洗，又不揮。門内之右，象洗在東，統於門東，西上。凡鄉内，以入爲左右。鄉外，以出爲左右。

郝氏敬曰：簞，竹器，以盛巾，在廟門内右，内以西爲右，尸入於此盥手。

蕙田案：門内之右，注疏以爲門東，郝氏以爲門西。盛世佐云：「案下經云『尸入門左，北面盥』，則槃匜之屬在門内之西明矣。門西曰右者，從堂上視之也。必在門西者，取其便於尸盥，且與洗位相變也。郝説得之，注疏非。」

祝筵几於室中，東面。注：爲神敷席也，至此使祝接神。主婦纚笄宵衣，立於房中，南面。注：主婦，主人之妻。雖姑存，猶使之主祭祀。纚笄，首服。宵，綺屬也，此衣染之以黑，其繒本名曰宵。詩有「素衣朱宵」，記有「玄宵衣」，凡婦人助祭者同服也。内則曰：「舅没則姑老，冢婦所祭祀賓客，每事必請於姑。」

敖氏繼公曰：大夫妻祭服褖衣侈袂，則此宵衣乃次於褖衣者耳。纚笄，士妻首飾之常。言之者，見其無異飾也。凡婦人助祭者，與主婦同服。

蕙田案：内司服天子諸侯王后以下，助祭不同者，尊則有降，卑則無降也。

主人及賓、兄弟、群執事，即位於門外，如初。宗人告有司具。注：具猶辦也。主人拜賓如初，揖入，即位，如初。注：初，視濯也。佐食北面，立於中庭。疏：下記云：「佐食當事，則户外南面，無事，則中庭北面。」此謂無事時。

蕙田案：以上祭日主人、主婦陳設，拜賓，即位。

主人及祝升，祝先入，主人從，西面於户内。注：祝先入，接神宜在前也。少牢饋食禮曰：「祝盥於洗，升自西階，主人盥，升自阼階，祝先入，南面。」

蕙田案：祝先入，謂入於室。

主婦盥於房中，薦兩豆，葵菹、蝸醢，醢在北。注：主婦盥，盥於内洗。昏禮婦洗在北堂，直室東隅。宗人遣佐食及執事盥，出。注：命之盥出，當助主人及賓舉鼎。主人降，及賓盥，出。主人在右，及佐食舉牲鼎。賓長在右，及執事舉魚、腊鼎，除鼏。注：及，與也。主人在右，統於東。主人與佐食者，賓尊不載。少牢饋食禮：魚用鮒，腊用麋，士腊用兔。疏：東爲右人，西爲左人。右人尊，入時在鼎前；左人卑，入時在鼎後。又盡載牲體於俎，又設俎於神坐前。賓主當相對爲左右，以賓尊不載牲體，故使佐食對主人，使賓爲右人，而使執事在左而載也。

宗人執畢，先入，當阼階，南面。注：畢狀如叉，蓋爲其似畢星取名焉。主人親舉，宗人則執畢導之。既錯，又以畢臨匕載，備失脱也。雜記曰：「枇用桑，長三尺。畢用桑，長三尺，刊其本與末。」枇、畢同材明矣。今此枇用棘心，則畢亦用棘心。

鼎西面錯，右人抽扃，委於鼎北。注：右人，謂主人及二賓。既錯，皆西面俟也。贊者錯俎，加匕。注：贊者執俎及匕從鼎入者，其錯俎東縮，加匕，東柄，既則退，而左人北面也。乃枇。注：右人也，尊者於事，指使可也。左人載之。佐食升肵俎，鼏之，設於阼階西。

注：肵，謂心舌之俎也。郊特牲曰：「肵之爲言敬也。」言主人之所以敬尸之俎。古文「鼏」皆作「密」。卒載，加匕於鼎。注：卒，已也。已載，畢亦加焉。主人升，入復位。俎入設於豆東。魚次，腊特於俎北。注：入設俎，載者。腊特，饌要方也。凡饌必方者，明食味人之性所以正。

蕙田案：俎入，謂自阼階入陳室中。無並曰特。

主婦設兩敦黍稷於俎南，西上，及兩鉶，芼設於豆南，南陳。注：宗婦不贊敦鉶者，以其少，可親之。芼，菜也。

祝洗，酌奠，奠於鉶南，遂命佐食啓會。佐食啓會，卻於敦南，出立於户西，南面。注：酌奠，奠其爵觶。少牢饋食禮啓會，乃奠之。主人再拜稽首。祝在左，注：稽首，服之甚者。祝在左，當爲主人釋辭於神也。祝祝曰：「孝孫某，敢用剛鬣、嘉薦、普淖，用薦某事於皇祖某子，尚饗。」卒祝，主人再拜稽首。

陳氏禮書：此未迎尸之前陰厭也。陰厭，西南奥，奥，室之闇，故曰陰。席東面。

蕙田案：以上主人、主婦及祝佐食，陳設，陰厭。

祝迎尸於門外。注：尸自外來，代主人接之。就其次而請，不拜，不敢與尊者爲禮。

主人降，立於阼階東。注：主人不迎尸，成尸尊。尸，所祭者之孫也。祖之尸，則主人乃宗子。

禰之尸，則主人乃父道。事神之禮，廟中而已，出迎則爲厭。

蕙田案：注「厭」字，是君厭臣、尊厭卑之義，敖氏欲改爲「屈」，其義反狹。

尸入門左，北面盥，宗人授巾。 注：侍盥者執其器就之，執簞者不授巾，賤也。宗人授巾，庭長尊。少牢饋食禮曰：「祝先入門右，尸入門左。」**尸至於階，祝延尸。尸升，入，祝先，主人從。** 注：延，進，在後詔侑曰延。禮器所謂「詔侑武方」者也。少牢饋食禮曰：「尸升自西階，入，祝從。主人升自阼階，祝先入，主人從。」疏：案士虞禮「祝前鄉尸」，彼祝居尸前道之，此則在尸後詔之，故云延。

蕙田案：尸升入者，升，升堂；入，入室。

蕙田案：以上尸入。

尸即席坐，主人拜妥尸。 注：妥，安坐也。**尸答拜，執奠，祝饗，主人拜如初。** 注：饗，勸彊之也。其辭取於士虞記，則宜云：「孝孫某圭爲孝薦之饗。」舊説云：「明薦之。」疏：引舊説者，證圭爲潔明之義也。

孔氏穎達曰：祝先奠爵于鉶用，尸入即席而舉之。

祝命挼祭。尸左執觶，右取菹，擩於醢，祭於豆間。 注：命，詔尸也。挼祭，祭神食也。士虞禮古文曰：「祝命佐食墮祭。」周禮曰：「既祭，則藏其墮。」墮與挼讀同耳。擩醢者，染於醢。

陳氏禮書：尸墮祭，猶生者之飲食必祭也。

欽定義疏：墮祭之祭黍稷也，肺也。其授之，則佐食也；命之授，則祝也。祝命佐食，非命尸也，大約尸先祭豆，而祝即命佐食取黍稷、肺授祭，士虞立文甚明。此經「祝命佐食墮祭」，尸於是先祭豆，正欲與授祭之節相接耳。鄭注命爲命尸，非命佐食，似與前説相悖。

蕙田案：「挼」或作「墮」，或作「綏」，皆通用。敖氏以爲「授」字之誤，則非。授祭事在下文。

佐食取黍稷肺祭授尸。尸祭之，祭酒，啐酒，告旨。主人拜，尸奠觶答拜。注：肺祭，刌肺也。旨，美也。祭酒，穀味之芬芳者。齊敬共之，唯恐不美。告之以美，達其心，明神享之。祭鉶，嘗之，告旨。主人拜，尸答拜。注：鉶，肉味之有菜和者。曲禮曰：「客絮羹，主人辭不能亨。」祝命爾敦。佐食爾黍稷於席上。注：爾，近也。近之，便尸之食也。設大羹湆於醢北。注：大羹湆，煮肉汁也。不和，貴其質，設之所以敬尸也。不祭，不嚌，大羹不爲神，非盛者也。士虞禮曰：「大羹湆自門入。」今文「湆」皆爲「汁」。舉肺、脊以授尸。尸受，振祭，嚌之，左執之。注：肺，氣之主也。脊，正體之貴者。先食啗之，所以導食通氣。乃食，食舉。注：舉言食者，明凡解體皆連肉。

盛氏世佐曰：乃食，食黍也。舉，即肺脊。

主人羞肵俎於腊北。注：肵俎主於尸，主人親羞，敬也。神俎不親設者，貴得賓客以神事其先。尸三飯，告飽。祝侑，主人拜。注：三飯，告飽，禮一成也。侑，勸也。或曰又，勸之使又食。少牢饋食禮侑辭曰：「皇尸未實，侑。」

佐食舉幹，尸受，振祭，嚌之。佐食受，加於肵俎。舉獸幹、魚一，亦如之。注：幹，長脅也。獸，腊，其體數與牲同。

尸實舉於菹豆。注：爲將食庶羞，舉謂肺脊。佐食羞庶羞四豆，設於左，南上，有醢。注：庶，衆也。衆羞以豕肉，所以爲異味。四豆者，膮、炙、胾、醢。南上者，以膮炙爲上，以有醢不得綧也。

尸又三飯，告飽。祝侑之如初。注：禮再成也。

舉骼及獸、魚如初。尸又三飯，告飽。祝侑之如初。注：禮三成。獸魚如初者，獸骼，魚一也。

舉肩及獸、魚如初。注：不復飯者，三三者，士之禮大成也。舉，先正脊，後肩，自上而卻下，綧而前，終始之次也。疏：先舉正脊自上也，次舉脅即卻也，後舉骼即下綧，終舉肩即前也。前者，牲體之始；後者，牲體之終。

盛氏世佐曰：注云「自上而卻下」者，謂由脊而及脅也。云「絣而前」者，謂由骼而及肩也。卻猶退也，絣猶屈也，疏分句似未審。

佐食盛肵俎，俎釋三个。注：佐食取牲魚腊之餘，盛於肵俎，將以歸尸。俎釋三个，爲改饌於西北隅遺之。所釋者，牲腊則正脊一骨，長脅一骨及臑也，魚則三頭而已。个猶枚也，今俗言物數有若干个者，此讀然。

楊氏復曰：今被前已舉四體外，今宜盛臂肫、横脊、短脅，故知所釋者惟此耳。

舉肺、脊加於肵俎，反黍稷於其所。注：尸授佐食，佐食受而加之，反之也。肺脊初在菹豆。

敖氏繼公曰：此蒙佐食之文。

蕙田案：以上尸食九飯。

主人洗角，升，酌，酳尸。注：酳猶衍也，是獻尸也。云酳者，尸既卒食，又欲頤衍養樂之〔一〕。不用爵者，下大夫也。因父子之道質而用角，角加人事略者。今文「酳」皆爲「酌」。尸拜受，主人拜送。尸祭酒，啐酒，賓長以肝從。注：肝，肝炙也。疏：直言「肝從」，亦當如少牢：「賓長羞牢肝，用俎，縮執俎，肝亦縮，進末，鹽在右。」此不言，文不具也。

〔一〕「欲」，原作「却」，據味經窩本、儀禮注疏卷四五改。

孔氏穎達曰：夏官量人云：「凡祭祀，制其從獻脯燔之數量。」是從獻之文也。骨體陳於俎，既獻酒，即以燔炙從之，非尸賓常俎，故爲從獻。

尸左執角，右取肝，擩於鹽，振祭，嚌之，加於菹豆，卒角。祝受尸角，曰：「送爵，皇尸卒爵。」主人拜，尸答拜。注：曰送爵者，節主人拜。

蕙田案：以上主人酳尸。

祝酌，授尸，尸以醋主人。注：醋，報也。祝酌不洗，尸不親酌，尊尸也。古文「醋」作「酢」。

主人拜受角，尸拜送。主人退，佐食授挼祭。注：退者，進受爵反位。尸將嘏主人，佐食授之，挼祭亦使祭尸食也。其授祭，亦取黍稷肺祭。

欽定義疏：宗廟之中，尸最尊，主人次之，主婦又次之。其墮祭得如尸禮，自祝而下，則僅有離肺，而無祭肺，蓋犧牲粢盛，惟主祭者得與所祭者共之者也。故其挼祭也，同祭而攝，則不敢行此禮，所以重宗尊適而别乎正主也。

蕙田案：敖氏謂此「挼」字，因與「授」字相類而衍。然案少牢饋食尸醋主人時，上佐食以挼祭，皆祭尸食。此以「授」字代「以」字耳，「挼」字非衍。

主人坐，左執角，受祭，祭之，祭酒，啐酒，進，聽嘏。注：聽猶待也。受福曰嘏。嘏，長也，大也，待尸授之以長大之福也。佐食摶黍授祝，祝授尸。尸受以菹豆，執以親嘏主人。

注：獨用黍者，食之主，其辭則少牢饋食禮有焉。

主人左執角，再拜稽首受，復位，詩懷之，實於左袂，挂於季指，卒角，拜。尸答拜。注：詩猶承也。謂奉納之懷中。季，小也。實於左袂，挂袪以小指者，便卒角也，少牢饋食曰：「興受黍，坐振祭，嚌之。」

敖氏繼公曰：「詩」字未詳，或曰敬慎之意，內則曰「詩負之」是也。

主人出，寫嗇於房，祝以籩受。注：變黍言嗇，因事託戒欲其重稼嗇。嗇者，農力之成功。

蕙田案：少牢言嗇黍，此單言嗇，語有詳略耳，無異義。

蕙田案：以上尸酢主人嘏。

筵祝，南面。注：主人自房還時。

主人酌，獻祝，祝拜受角。主人拜送。設菹醢、俎。注：行神惠也。先獻祝，以接神，尊之。菹醢皆主婦設之，佐食設俎。

祝左執角，祭豆，興，取肺，坐祭，嚌之，興，加於俎，坐祭酒，啐酒，以肝從。祝左執角，右取肝，㨎於鹽，振祭，嚌之，加於俎，卒角，拜。主人答拜，受角，酌，獻佐食。

佐食北面拜受角，主人拜送。佐食坐祭，卒角，拜。主人答拜，受角，降，反於篚。升，入復位。疏：按上獻祝有俎，此獻佐食不言俎者，上經云「執事之俎陳於階間，二列，北上」，鄭注云：「執事，謂有司。」以佐食亦在有司內者，下記云「佐食俎，觳折，脊，脅」也。又下經賓長獻節，鄭注云：「凡獻佐食皆無從。其薦俎，獻兄弟以齒設之。」若少牢獻佐食俎，即設於兩階之間，西上。大夫將賓尸，故即設佐食俎，至於賓尸時，佐食無俎也。

蕙田案：以上主人獻祝佐食。

主婦洗爵於房，酌，亞獻尸。注：亞，次也。次猶貳。主婦貳獻不夾拜者，士妻儀簡耳。尸拜受。主婦北面拜送。注：北面拜者，辟內子也。大夫之妻拜於主人北，西面。宗婦執兩籩，户外坐。主婦受，設於敦南。注：兩籩棗栗，棗在西。祝贊籩祭。尸受，祭之，祭酒，啐酒。注：籩祭，棗栗之祭。其祭之，亦於豆祭。兄弟長以燔從。尸受，振祭，嚌之，反之。注：燔，炙肉也。疏：云「反之」者，謂反燔於長兄弟。羞燔者受，加於肵，出。注：出者，俟後事也。疏：謂俟主婦獻祝之時，更當羞燔於祝。

尸卒爵，祝受爵，命送如初。注：送者，送卒爵。酢，如主人儀。注：尸酢主婦，如主人儀者，自祝酌至尸拜送，如酢主人也。不易爵，辟內子。

盛氏世佐曰：男女不相襲爵。此不言易爵，文省也，注云「辟内子」似泥。

主婦適房，南面。佐食挼祭。主婦左執爵，右撫祭，祭酒，啐酒，入，卒爵，如主人儀。注：撫挼祭，示親祭，佐食不授而祭於地，亦儀簡也。入室卒爵，於尊者前成禮，明受惠也。

蕙田案：以上主婦亞獻尸，尸酢。

獻祝，籩、燔從，如初儀。及佐食，如初。卒，以爵入於房。注：及佐食如初，如其獻佐食，則拜主人之北，西面也。

蔡氏德晉曰：以燔從者，兄弟之衆。

蕙田案：以上主婦獻祝及佐食。

賓三獻如初，燔從如初，爵止。注：初，亞獻也。尸止爵者，三獻禮成，欲神惠之均於室中，是以奠而待之。疏：自此盡「卒復位」，論賓長獻尸，及佐食并主人、主婦致爵之事。此一科之内，乃有十一爵：賓獻尸，一也；主婦致爵於主人，二也；主人酢主婦，三也；主人致爵於主婦，四也；主婦酢主人，五也；尸舉奠爵酢賓長，六也；賓長獻祝，七也；又獻佐食，八也；賓又致爵於主人，九也；又致爵於主婦，十也；賓受主人酢，十一也。

敖氏繼公曰：如初，謂尸拜受，主人拜送也。尸於舉酌之末，亦欲主人而下皆受舉爵之禮，故止爵以見其意，於是主人、主婦交相致爵。既而，遂獻賓以至於私人，而終尸意焉。

蕙田案：以上賓長獻尸爵止。

席於户内。注：爲主人鋪之，西面，席自房來。主婦洗爵，酌，致爵於主人。主人拜受爵，主婦拜送爵。注：主婦拜，拜於北面也。今文曰主婦洗酌爵。

宗婦贊豆如初。主婦受，設兩豆、兩籩。注：初，贊亞獻也。主婦薦兩豆籩，東面也。

俎入設。注：佐食設之。疏：有司下大夫不賓尸者，主婦致爵於主人時，佐食設俎。

主人左執爵，祭薦，宗人贊祭。奠爵，興，取肺，坐絶祭，嚌之，興，加於俎，坐挩手，祭酒，啐酒。注：絶肺祭之者，以離肺長也。少儀曰：「牛羊之肺，離而不提心。」豕亦然。挩，拭也。挩手者，爲絶肺染汙也。刌肺不挩手。疏：提猶絶也。肝從。左執爵，取肝，擩於鹽，坐振祭，嚌之。宗人受，加於俎。燔亦如之。興，席末坐，卒爵，拜。注：於席末坐卒爵，敬也。一酌而備，再從而次之，亦均。疏：上主人獻尸，賓長以肝從主婦獻尸，兄弟以燔從。今一酌而肝燔從，則與尸等，故云亦均〔一〕。主婦答拜，受爵，酌，醋，左執爵拜，主人答拜。坐祭，立飲，卒爵，拜，主人答拜。主婦出，反於房。

〔一〕「云亦」，原誤倒，據光緒本、儀禮注疏卷四五乙正。

敖氏繼公曰：酢不易爵者，禮，婦人承男子後多不易爵，則其自酢又可知矣。

蕙田案：以上主婦致爵於主人自酢。

主人降，洗，酌，致爵於主婦。席於房中，南面。主婦拜受爵，主人西面答拜。宗婦薦豆、俎，從獻皆如主人。主人更爵，酌，醋，卒爵，降，實爵於篚，入，復位。注：主人更爵自酢，男子不承婦人爵也。祭統曰：「夫婦相授受，不相襲處。酢必易爵，明夫婦之別。」疏：篚實二爵，一尸奠之，未舉，一致於主婦。此受者，房内之爵也。

敖氏繼公曰：主人於主婦亦謂之致爵者，夫妻一體也。主婦席南面，變於大夫不賓尸之禮也，亦拜受於席。豆亦兩豆、兩籩。俎，牲俎也。從獻，肝燔也。皆如主人，謂其受爵以前之禮也，所異者，其不用贊與？

蕙田案：以上主人致爵於主婦自酢。

三獻作止爵。注：賓也，謂三獻者，以事命之。作，起也。舊説云：賓入户，北面，曰皇尸請舉爵。尸卒爵，酢。酌獻祝及佐食。洗爵，酌，致於主人、主婦，燔從皆如初。更爵，酢於主人，卒，復位。注：洗乃致爵，爲異事新之。燔從皆如初者，如亞獻及主人、主婦致爵也。凡獻佐食皆無從，其薦俎，獻兄弟以齒設之。賓更爵自酢，亦不承婦人爵。

楊氏復曰：案上文賓三獻尸，止爵不舉，故未得獻祝與佐食。待主人、主婦致爵，又醋神惠已均，賓乃止爵，尸卒爵，酢賓，賓遂獻祝與佐食，事之序也。又案上文主婦獻，皆至祝、佐食而止，今賓獻祝、佐食畢，又致爵於主人、主婦，故洗爵酌致爲異事新之也〔一〕。

欽定義疏：少牢賓尸，賓酌致主人，而不致主婦。不賓尸，則賓致爵於主婦。此則主人、主婦交致爵，而賓又致主人，致主婦，皆禮之互變也。善事親者，能得人之歡心，以事其先。主人不先獻賓，而賓先致主人，何也？以祭言之，則賓在三獻之列，而諸在庭中者，不敢並焉。以分言之，則卑者也。且立賓，所以事尸，尸方欲行室中之惠，則賓之致爵，亦所以善承尸意也。夫而後室中之禮成，而庭中之禮起矣。

蕙田案：以上賓作止爵，尸酢賓，賓獻祝、佐食，致於主人、主婦，自酢。

主人降阼階，西面拜賓如初，洗。注：拜賓而洗爵，爲將獻之。如初，視濯時，主人再拜，賓答拜，三拜衆賓，衆賓答再拜者。

蕙田案：敖氏謂初謂三拜衆賓，衆賓皆答一拜。此與注「答再拜」之文不同。

〔一〕「酌」，諸本脱；「異」，諸本作「畢」，據儀禮圖卷一五補改。

案鄭據本篇「陳鼎拜賓時」文，敖據有司徹文，彼大夫禮與士有異，仍當依鄭。

賓辭洗。卒洗，揖讓升，酌，西階上獻賓。賓北面拜受爵。主人在右，答拜。注：就賓拜者，此禮不主於尊也。賓卑則不專階，主人在右，統於其位。

薦脯醢，設折俎。注：凡節解者皆曰折俎，不言其體。略云折俎，非貴體也。上賓骼，衆賓儀，公有司設之。賓左執爵，祭豆，奠爵，興，取肺，坐絶祭，嚌之，興，加於俎，坐捝手，祭酒，卒爵，拜。主人答拜，受爵，酌，酢，奠爵，拜。賓答拜。注：主人酌自酢者，賓不敢敵主人，主人達其意。

主人坐祭，卒爵，拜。賓答拜，揖，執祭以降，西面奠於其位，位如初，薦俎從設。注：位如初，復其位東面。少牢饋食禮：「宰夫執薦以從，設於祭東。司士執俎以從，設於薦東。」是則皆公有司爲之與？

蕙田案：以上主人獻賓長自酢。

衆賓升，拜受爵，坐祭，立飲。薦俎設於其位，辯。主人備答拜焉，降，實爵於篚。注：衆賓立飲，賤不備禮。鄉飲酒記曰：「立卒爵者不拜既爵。」備，盡，盡人之答拜。

敖氏繼公曰：辯謂皆有薦俎也，其薦俎亦於每獻一人則設之。備答拜，謂悉答之也，其拜亦在每人受爵之後。

蕙田案：以上主人獻衆賓。

尊兩壺於阼階東，加勺，南枋，西方亦如之。注：爲酬賓及兄弟，行神惠，不酌上尊，卑異之，就其位尊之。兩壺皆酒，優之，先尊東方，示惠由近。禮運曰：「澄酒在下。」疏：上文獻賓及兄弟皆酌上尊者，獻是嚴正，故得與神靈共尊。至此旅酬禮褻，故不敢酌上尊。

欽定義疏：加勺，亦南柄北面酌也，與堂上之尊同。庭中凡四尊，尊必朋設，東西階下分。賓，主人黨也。宗廟之禮，尊者主於敬，親者主於愛。以敬爲主，故酳尸而不敢酬，況於旅乎？少牢不賓尸，亦獻而止矣；少牢賓尸，而後尸舉，旅行酬，則殺乎正祭矣。以愛爲主，故尸加爵而爵止，亦欲與於祭者之無不醉也，況主祭者乎？一舉觶爲旅酬始，再舉觶爲無算爵始，而凡鄉飲、射、燕合情同愛之禮，皆視乎此矣。

主人洗觶，酌於西方之尊，西階前北面酬賓，賓在左。注：先酌西方者，尊賓之義。

主人奠觶拜，賓答拜。主人坐祭，卒觶，拜，賓答拜。主人洗觶，賓辭，主人對。卒洗，酌，西面。賓北面拜。注：西面者，鄉賓位，立於西階之前，賓所答拜之東北。

蕙田案：酬賓，卒觶，主人酌而自飲，以導賓飲也。下賓取觶，奠之，爲旅酬時，取以酬長兄弟。

主人奠觶於薦北。注：奠酬於薦左，非爲其不舉。行神惠，不可同於飲酒。

賓坐取觶，還，東面，拜，主人荅拜。賓奠觶於薦南，揖，復位。注：還東面，就其位薦西，奠觶薦南，明將舉。

敖氏繼公曰：復位，主人復阼階下西面位也。

張氏爾岐曰：設尊酬賓，以啓旅酬。

蕙田案：復位，敖説爲是。疏云「揖復位，則初奠時，少南於位可知」，未是。

欽定義疏：獻、酢、酬三者具而禮成，故獻之禮成於酬賓主之正禮然也。此主人酬賓，所以成獻賓之禮。少牢下篇亦酬尸以賓，尸在堂，則以賓禮事之也。特牲但酬賓而已，尸則不敢酬之，以其在室，神之也。

蕙田案：以上主人酬賓長，賓奠觶。

主人洗爵，獻長兄弟於阼階上，如賓儀。注：酬賓乃獻長兄弟者，獻之禮成於酬，先成賓禮，此主人之義。亦有薦脀設於位，私人爲之與？

敖氏繼公曰：如賓儀，兼酢言。

洗，獻衆兄弟，如衆賓儀。注：獻卑而必爲之洗者，顯神惠。此言如衆賓儀，則知獻衆賓洗明矣〔一〕。

敖氏繼公曰：以承己自酢之後，故須洗之。

蕙田案：記長兄弟及宗人折其餘如佐食俎。衆兄弟若有公有司、私臣，皆殽脀，膚一，離肺一。賓與長兄弟之薦自東房，其餘在東堂。私臣門東北面，西上，獻次兄弟。詳見上文「獻賓」條，此不重出。

蕙田案：以上主人獻長兄弟，自酢，洗，獻衆兄弟。

洗，獻内兄弟於房中，如獻衆兄弟之儀。注：内兄弟，内賓宗婦也。如衆兄弟，如其拜受，坐祭立飲，設薦俎於其位而立。内賓，位在房中之尊北。不殊其長，略婦人也。有司徹曰：「主人洗，獻内賓於房中，南面拜受爵。」疏：云「内賓宗婦也」者，此總云「内兄弟」，下記云「内賓宗婦」，案彼注云：「内賓，姑姊妹。宗婦，族人之婦。」若然，兄弟者服名，故號婦人爲兄弟也。主人西面答拜，更爵酢，卒爵，降。實爵於篚，入復位。注：爵辨乃自酢，以初不殊其長也。内賓之長亦南面答拜。

〔一〕「獻」，諸本脱，據儀禮注疏卷四五補。

蕙田案：以上主人獻内兄弟，自酢。

長兄弟洗觚爲加爵，如初儀，不及佐食。洗致如初，無從。注：大夫士三獻而禮成，多之爲加也。不及佐食，無從，殺也。致，致于主人、主婦。疏：「如初儀」者，如賓長三獻之儀。但賓長獻十一爵，此兄弟之長加獻則降〔一〕，唯有六爵。以其闕主人、主婦致爵，并酢四爵，及獻佐食五。唯有六在者，洗觚爲加獻，一也；尸酢長兄弟，二也；獻祝，三也；致爵于主人，四也；致爵于主婦，五也；受主人酢，六也。

敖氏繼公曰：無從，謂所獻所致者皆無燔也。無從，則不啐酒，而卒爵亦其異者。

欽定義疏：加爵之義有二：一比於侑食勸飽之意，一使長兄弟、衆賓長得以伸其敬也。及祝而不及佐食者，佐食與旅，而祝不與旅，非但禮殺而已。加爵而後致爵，亦所以伸敬於主祭者也。加爵用觚，所以別於正獻也。致爵於主婦，既乃更一觚以自酢，故篚實二觚焉。酢訖，降奠於篚。

蕙田案：以上長兄弟爲加爵。

衆賓長爲加爵，如初，爵止。注：尸爵止者，欲神惠之均于在庭。疏：庭賓及兄弟雖得一

〔一〕「則降」，諸本脱，據儀禮注疏卷四五補。

獻，未得旅酬，其已得三獻〔一〕。又别受加爵，故停之，使庭行旅酬。

陳氏禮書：士與下大夫無賓尸，故有加爵。上大夫有賓尸，故無加爵。士加爵三，而下大夫加爵二者，厭降也。

欽定義疏：大夫賓尸，尸作三獻之爵，遂繼之以旅酬，是尸自行其惠於廟中也。士不賓尸，則尸不出堂而行旅酬之禮矣。故於加爵而爵止，所以示致惠之意，而使上下同其愛，内外致其忱，至於既醉而止也。蓋三獻以申敬，故爵止而上下内外無不獻焉，斯以廣敬也；加爵以盡歡，故爵止而上下内外無不酬焉，斯以合歡也。

蕙田案：以上衆賓長爲加爵，爵止。

嗣舉奠，盥，入，北面再拜稽首。注：嗣，主人將爲後者。舉，猶飲也。使嗣子飲奠者，將傳重累之者。大夫之嗣子不舉奠，辟諸侯。疏：奠者，即上文「祝酌奠〔二〕，奠于鉶南」是也。

欽定義疏：大夫辟君，士卑不嫌，此通例也。但天子諸侯所以有上嗣受爵之禮者，以天子諸侯繼世爲君，而卿大夫不世爵，故其嗣子不遽行舉奠者，不敢以卿大

〔一〕「已」，原作「尸」，據光緒本、儀禮注疏卷四五改。
〔二〕「酌」，原脱，據光緒本、儀禮注疏卷四六補。

夫自居也。士之子爲士者，家有之，故其嗣子得行舉奠禮，亦即乎人心之安焉耳。

尸執奠，進受，復位，祭酒，啐酒。尸舉肝。舉奠，左執觶，再拜稽首，進受肝，復位，坐食肝，卒觶，拜。尸備答拜焉。注：食肝，受尊者賜，不敢餘也。備，猶盡也。每拜答之，以尊者與卑者爲禮，略其文耳。古文「備」爲「復」。疏：食若不盡，直云嚌之而已。

郝氏敬曰：尸備答拜者，重繼體，每拜皆答。

舉奠洗酌入，尸拜受，舉奠答拜。尸祭酒，啐酒，奠之。舉奠出，復位。注：啐之者，答其欲酢己也。奠之者，復神之奠觶。嗣齒于子姓，凡非主人，升降自西階。

敖氏繼公曰：舉奠酌以進尸，反尸之奠觶耳。尸祭，啐，奠之如初，禮新之。

欽定義疏：以傳宗廟之重，言之曰受重；以承祖宗之貺，言之曰舉奠。祭祀之陳饌以奠而成，嗣舉奠，則雖在子弟之列，而已付以他日祭祀之事矣。其舉奠必在加爵，爵止之後，何也？加爵，則室中之禮將畢矣，若待旅酬而後舉，又無以行吾敬也。惟於爵止而舉奠，可以明前人之保佑其子孫焉；於其舉奠而洗酌，又可以明祚胤之致孝其宗祖焉。其序在長兄弟加爵之後，而又在兄弟弟子舉觶之先，情深而文美也。

後生也。

蕙田案：以上嗣舉奠。

兄弟弟子洗酌於東方之尊，阼階前北面舉觶於長兄弟，如主人酬賓儀。注：弟子，

張氏爾岐曰：此下言旅酬。前主人酬賓已舉西階一觶，此弟子復舉東階一觶，皆爲旅酬啓端。因於此時告祭設羞，先旅西階一觶，加爵者即作止爵，次旅東階一觶，又次並旅東西二觶，而神惠均於在庭矣。

蕙田案：以上弟子舉觶於長兄弟。

宗人告祭脀。注：脀，俎也。所告者，衆賓、衆兄弟〔一〕、内賓也。獻時設薦俎于其位，至此禮又殺，告之祭，使成禮也。其祭皆離肺，不言祭豆可知。

欽定義疏：注謂「衆賓、衆兄弟、内賓」，則佐食亦在其中矣。祭脀使之成禮，又因以爲羞，庶羞之節也。燕禮之祭薦者，大夫而已。既脱屨升席，故先羞而後祭，所以安之也。此則凡在庭中者，皆祭焉。又不獨薦而有俎，故必先祭乃羞也。告必宗人，何？庭長也。

〔一〕「衆」，原脱，據光緒本、儀禮注疏卷四六補。

乃羞。注：羞，庶羞也。下尸，胾醢豆而已。此所羞者，自祝主人至於内賓，無内羞。

蔡氏德晉曰：禮，庶羞不踰牲，則此羞即當以豕肉爲之。

欽定義疏：天子諸侯正祭，百物備，故賓長受酢後，薦尸以羞豆、羞籩，至繹祭，而後及於主祭與助祭者。楚茨之詩曰：「爲豆孔庶，爲賓爲客。」毛傳以爲「繹而賓尸及賓客」是也。大夫正祭，羞於尸，庶羞四豆。至賓尸，則尸侑主人、主婦，内羞、庶羞兼有之。賓兄弟、内賓及私人，亦有庶羞。不賓尸，羞於尸，亦庶羞四豆。致爵後，尸祝主人、主婦，内羞、庶羞兼有之。賓兄弟以下則無。士羞於尸，亦庶羞四豆。祭胥之後，祝主人以下，有庶羞，而皆無内羞，所以明隆殺之等也。祝主人以下，必有庶羞，何也？禮，無酬而不羞者，雖鄉飲射一獻之禮亦有之，是皆爲飲酒設也。

蕙田案：以上祭胥，乃羞。

賓坐取觶，阼階前北面酬長兄弟，長兄弟在右。注：薦南奠觶。疏：自此盡「實觶於篚」，論行旅酬之間作止爵之事。但此特牲之禮，堂下行旅酬並無算爵，在室中者，不與旅酬之事。賓主相酬，主人常在東，其同在賓中，則受酬者在左。賓奠觶拜，長兄弟答拜。賓立卒觶，酌於其尊，東面立。長兄弟拜受觶。賓北面答拜，揖，復位。注：其尊，長兄弟尊也。此受酬者拜，亦北面。　疏：以其旅酬無算爵以飲者，酌己尊，酬人之時，酌彼尊，是各自其酒，故無算爵賓弟子及兄弟。弟子舉觶，于其長各酌于其尊也。　長兄弟西階前北面，衆賓長自左受旅，如初。注：旅，行也。受行酬也。初，賓酬長兄弟。　長兄弟卒觶，酌於其尊，西面立。受旅者拜受。長兄弟北面答拜，揖，復位。衆賓及衆兄弟交錯以辨，皆如初儀。注：交錯，猶言東西。

敖氏繼公曰：交錯，謂二黨互酬也。

蕙田案：此賓與兄弟旅酬。張爾岐以爲「旅西階一觶」是也。

蕙田案：以上賓與兄弟旅酬。

爲加爵者作止爵，如長兄弟之儀。注：于旅酬之間，言作止爵，明禮殺，並作。

郝氏敬曰：初，衆賓長繼長兄弟加爵，尸飲長兄弟爵，不飲衆賓長爵，以己受加爵，而衆賓與兄弟酬未及。今既旅及衆賓與兄弟，尸可飲矣，故加爵之賓長，作起其初止之爵，請尸飲也。

蕙田案：此尸飲衆賓長之加爵。

蕙田案：以上衆賓長作止爵。

長兄弟酬賓，如賓酬兄弟之儀，以辨。卒受者實觶於篚。注：長兄弟酬賓，亦坐取其奠觶，此不言交錯以辨，賓之酬不言卒受者實觶於篚，明其相報，禮終於此，其文省。　疏：奠觶者，即上弟子舉觶於其長是也。賓舉奠觶，於長兄弟行旅酬，盡皆徧，長兄弟舉觶於賓，行旅酬亦皆徧。交錯，省文。

蕙田案：此衆兄弟酬賓，賓酬衆兄弟，衆兄弟與賓互相酬以徧。張爾岐以爲「旅酢階一觶」是也。以上爲旅酬正數，以下爲無算爵。

蕙田案：以上兄弟與賓旅酬。

賓弟子及兄弟弟子洗，各酌於其尊，中庭北面西上，舉觶於其長，奠觶拜，長皆答拜。舉觶者祭，卒觶，拜，長皆答拜。舉觶者洗，各酌於其尊，復初位，長皆拜。舉觶者皆奠觶於薦右。注：奠觶，進奠之于薦右，非神惠也。今文曰「奠于薦右」。疏：自此盡「爵無算」，論二觶並行無算爵之事。止爵，行旅酬，得爲神惠，至此別爲無算爵〔一〕，在下自相勸，故爲非神惠，故「奠于薦右」，同于生人飲酒，舉者奠于薦右也。

敖氏繼公曰：奠觶薦右，此爲無算爵始。

長皆執以興，舉觶者皆復位，答拜。長皆奠觶於其所，皆揖其弟子，弟子皆復其位。注：復其位者，東西面位。弟子舉觶于其長，所以序長幼，教孝弟。凡堂下拜，亦皆北面。疏：上

〔一〕「此」，諸本脱，據儀禮注疏卷四六補。

文復位，復在庭初舉北面位，此重言復位，當復東西面位可知。**爵皆無算。**注：算，數也。賓取觶酬兄弟之黨，長兄弟取觶酬賓之黨，唯己所欲，亦交錯以辨，無次第之數。因今接會，使之交恩定好，優勸之。

敖氏繼公曰：其儀之與旅酬異者，惟不拜耳。

張氏爾岐曰：二觶並舉，爲無算爵。

蕙田案：以上弟子各舉觶，遂無算爵。

利洗散，獻於尸，酢，及祝，如初儀。降，實散於篚。注：利，佐食也。言利，以今進酒也。更言獻者，以利待尸禮將終，宜一進酒，嫌于加酒亦當三也。不致爵，禮又殺也。疏：利與佐食乃有二名者，以上文設俎啓會爾敦之時，以黍稷爲食，故名佐食。今進以酒，酒所以供養，故名利，利即養也，故鄭云「以今進酒也」。

郝氏敬曰：禮將終，告利成，故利終獻以成禮。

蕙田案：以上佐食獻尸、祝。

主人出，立於户外，西面。注：事尸禮畢。

祝東面告利成。注：利，猶養也。供養之禮成。疏：少牢云：「主人出，立于阼階上南面〔一〕。

〔一〕「南」，原作「西」，據光緒本、儀禮注疏卷四六改。

祝出，立于西階上東面。祝告曰：利成。」此户外告利成，彼階上告利成，以尊者稍遠于尸。若天子諸侯禮畢，于堂下告利成。故詩楚茨云：「孝孫徂位，工祝致告。」鄭注：「以祭禮畢，孝孫往位堂下西面位也。祝于是致孝孫之意，告尸以利成也。」尸謖，祝前，主人降。注：謖，起也。前，猶導也。少牢饋食禮曰：「祝入，尸謖，主人降，立于阼階東，西面。祝先，尸從，遂出于廟門。」前尸之儀，士虞禮備矣。祝反，及主人入，復位。命佐食徹尸俎，俎出於廟門。注：俎，所以載所俎〔一〕，少牢饋食禮曰：「有司受歸之。」

蕙田案：以上祝告利成，尸出。

徹庶羞，設於西序下。注：爲將餕，去之。庶羞主爲尸，非神饌也。尚書傳曰：「宗室有事，族人皆侍終日。大宗已侍於賓奠，然後燕私。燕私者何也？已而與族人飲也。」此徹庶羞置西序下者，爲將以燕飲與？然則自尸祝至于兄弟之庶羞，宗子以與族人燕飲于堂，内賓宗婦之庶羞，主婦以燕飲于房。筵對席，佐食分簋、鉶。注：爲將餕分之也。分敦黍于會，爲有對也。敦，有虞氏之器也。周制，士用之。變敦言簋，容同姓之士得從周制耳。祭統曰：「餕者，祭之末也，不可不知也。是故古之人有言曰：『善終者如始，餕其是已。』是故古之君子曰：『尸亦餕鬼神之餘也，惠術也，可以觀政矣。』」疏：大

〔一〕「所以載」，原作「所載于」，據光緒本、儀禮注疏卷四六改。

夫異姓既用異代之器，故少牢、特牲皆用敦，則同姓之士當同周制用簠。

敖氏繼公曰：此簠即敦之異名。分簠、鉶者，以簠分簠實，以鉶分鉶羹也。

宗人遣舉奠及長兄弟盥，立於西階下，東面北上。祝命嘗食，養者舉奠許諾，升，入，東面。長兄弟對之，皆坐。佐食授舉，各一膚。注：命，告也。士使嗣子及兄弟養，其惠不過族親。古文「養」皆作「餕」。疏：此決下篇少牢二佐食及二賓長餕，明惠大及異姓，不止族親而已。主人西面再拜，祝曰：「養有以也。」兩養奠舉於俎，許諾，皆答拜。注：以，讀如「何其久也，必有以也」之「以」。祝告養，釋辭以戒之，言女養此，當有所以也。以先祖有德而享于此祭，其坐養其餘，亦當以之也。少牢饋食禮不戒者，非親昵也。舊説云：主人拜下養席南。

若是者三。注：丁寧戒之。皆取舉祭食，祭舉，乃食，祭鉶，食舉。注：食乃祭鉶，禮殺。

疏：正祭時，尸祭鉶，乃爾黍。卒食，主人降洗爵，宰贊一爵。主人升，酌，酳上養，上養拜受爵，主人答拜。酳下養亦如之。注：少牢饋食禮曰：「贊者洗三爵。」主人受于户内，以授次養。」舊説云：主人北面，授下養爵。主人拜，祝曰：「酳有與也。」如初儀。注：主人復拜，爲戒也。與，讀如「諸侯以禮相與」之「與」。言女酳此，當有所與也。與者，與兄弟也。既知似先祖之德，亦當與女兄弟，謂教化之。疏：「諸侯以禮相與之與」，見禮記禮運。言此者，戒嗣子與長兄弟及衆兄弟相教化，相與以尊先祖之德也。

兩籑執爵拜，注：答主人也。祭酒，卒爵，拜。主人答拜。兩籑皆降，實爵於篚。上籑洗爵，升酌，酢主人，主人拜受爵。注：下籑復兄弟位，不復升也。上籑即位坐，答拜。注：既授爵户内，乃就坐。主人坐祭，卒爵，拜。上籑答拜，受爵，降，實於篚。主人出，立於户外，西面。注：事餕者禮畢。

陳氏禮書：天子諸侯之籑，自君以至百官，而煇、胞、翟、閽之吏皆與焉，以明惠周于境内也。大夫之籑，二佐食、二賓長而已，以明惠及于臣也。士之籑，舉奠與長兄弟而已，以明惠止于具親也。羞籑筵于室中，就神位也。用尸之簋鉶，施神惠也。其禮，則降與俟命，而後升，祭舉，祭鉶，然後食，拜，酳，祭酒，而後飲。其位，則上籑東面。下籑不酢而先降，上籑酢而後出，籑之大略也。然士籑于其舉也，戒之曰籑有以也；于其酳也，戒之曰籑有與也。而大夫之籑不戒。士籑受爵皆拜，而大夫之籑受爵不拜。大夫之上籑不親酢而親嘏，士之上籑親酢而不嘏，何也？大夫之籑不戒，以其非舉奠也；受爵不拜，以其非貴者也；上籑不親酢，以其親嘏也。士之上籑不嘏，此其降于大夫與？

蕙田案：以上籑。

祝命徹阼俎、豆、籩，設於東序下。注：命，命佐食。阼俎，主人之俎。宗婦不徹豆籩，徹禮略，各有爲而已。設于東序下，亦將燕也。祝執其俎以出，東面於户西。注：俟告利成。少牢下篇曰：「祝告利成，乃執俎以出。」宗婦徹祝豆、籩入於房，徹主婦薦、俎。注：宗婦既並徹，徹其卑者。士虞禮曰：「祝薦席徹入于房。」

蕙田案：以上徹俎。

佐食徹尸薦、俎、敦，設於西北隅，几在南，厞用筵，納一尊。佐食闔牖户，降。注：「厞，隱也。不知神之所在，或諸遠人乎？尸謖而改饌爲幽闇，庶其饗之，所以爲厭飫。少牢饋食禮曰：『南面如饋之設。』此所謂當室之白，陽厭也。則尸未入之前爲陰厭矣。曾子問曰：『殤不備祭，何謂陰厭陽厭也？』」疏：引少牢者，見彼大夫禮陽厭，南面，此士禮東面，雖面位不同，當室之白則同。案曾子問注云：「當室之白，謂西北隅得户之明者也。」凡言「厭」者，謂無尸直厭飫神。「尸未入之前爲陰厭」，謂祭于奥中，不得户明，故名陰厭。

楊氏復曰：案釋宫云：「西南隅謂之奥，西北隅謂之屋漏。」注：「奥者，隱奥。屋漏者，當室之白，日光所漏入。」

陳氏禮書：尸謖之後，陽厭西北漏。漏，室之白，故曰陽。席南面。

蕙田案：陰厭、陽厭之文，見曾子問。是孝子求神非一處之意。敖氏以改設未即徹去，重其爲神之餘食，蓋不主陽厭之説。

蕙田案：以上陽厭。

祝告利成，降，出。主人降，即位。宗人告事畢。賓出，主人送於門外，再拜。注：

拜送賓也。凡去者不答拜。　疏：云「凡」，總解諸文主人拜送，賓皆不答拜。鄭注鄉飲酒云「禮有終」是也。若賓更答拜，是更崇新敬禮，故不答也。**佐食徹尸俎，堂下俎畢出。**注：記俎出節。兄弟及衆賓自徹而出，唯賓俎有司徹歸之，尊賓也。　疏：有司徹歸尸侑之俎，不儐尸歸尸俎，皆不見歸賓俎，鄭所以知歸賓俎者，正見「賓出〔一〕，主人送于門外，再拜」，明賓不自徹俎，主人使歸之。若助君祭，必自徹其俎。鄭注曲禮大夫以下或使人歸之，是以魯郊不致膰俎于大夫，孔子不脱冕而行。士大夫家尊賓，則使歸之，自餘亦自徹而去也。

蕙田案：以上禮畢賓出。

記：特牲饋食，其服皆朝服，玄冠，緇帶，緇韠。注：於祭服此也。皆者，謂賓及兄弟，筮日、筮尸、視濯亦玄端，至祭而朝服。朝服者，諸侯之臣與其君日視朝之服，大夫以祭。今賓兄弟緣孝子欲得嘉賓尊客以事其祖禰，故服之。緇韠者，下大夫之臣。夙興，主人服如初，則固玄端。　疏：士冠禮云：「主人玄冠朝服，緇帶素韠。」韠與裳同色，大夫臣朝服素韠，此緇韠，故云下大夫之臣。

敖氏繼公曰：緇韠者，其別于大夫助祭之賓與？朝服，用玄冠之衣冠，皮弁之裳，故次于皮弁而尊于玄端。

〔一〕「正見」，諸本作「上文」，據儀禮注疏卷四六改。

唯尸、祝、佐食玄端，玄裳、黄裳、襍裳可也，皆爵韠。注：與主人同服。周禮士之齊服，有玄端、素端。然則玄裳，上士也，黄裳中士，襍裳下士。疏：士之齊服，玄端一而裳有三也。

蕙田案：以上記祭服。

設洗，南北以堂深，東西當東榮。注：榮，屋翼也。水在洗東。注：祖天地之左海。篚在洗西，南順，實二爵、二觚、四觶、一角、一散。注：順，從也。言南從，統于堂也。二爵者，爲賓獻爵止，主婦當致也。二觚，長兄弟酬衆賓長〔一〕，爲加爵，二人班同，迎接並也。四觶，一酌奠；其三，長兄弟酬賓，卒受者與賓弟子、兄弟弟子舉觶於其長，禮殺，事相接。禮器曰：「貴者獻以爵，賤者獻以散，尊者舉觶，卑者舉角。」舊説云：爵一升，觚二升，觶三升，角四升，散五升。

李氏寶之曰：賓獻尸之時爵止，主人當致爵于主婦，故爵二。

敖氏繼公曰：二觚者，長兄弟以觚爲加爵，因以致于主人、主婦，既則更之，以酢于主人也。四觶者，其一奠于神席前，其一乃主人以奠酬于賓，其一乃衆賓長加爵于尸，其一乃爵止而未舉之時，兄弟弟子舉觶于其長者也。

壺、棜禁，饌於東序，南順，覆兩壺焉，蓋在南。明日卒奠，冪用綌，即位而徹之，

〔一〕「酬」，諸本作「及」，據儀禮注疏卷四六改。

加勺。注：覆壺者，盝瀝水，且爲其不宜塵。冪用綌，以其堅潔。禁言棜者，祭尚厭飫，得與大夫同器，不爲神戒也。疏：棜之與禁，因物立名，大夫尊，以厭飫爲名，士卑，以禁戒爲稱，復以有足無足立名，故禮記注云：「無足有似于棜。」士曰禁由有足，以士虞禮云：「尊于室中，兩甒醴酒，無禁。」禁由足生名。禮記云大夫用棜，士用禁。及鄉飲酒〔一〕、鄉射皆非祭禮，是以雖大夫去足，猶存禁名，至祭則去足名爲棜禁，不爲神戒也。

楊氏志仁曰：奠，酌奠，奠于鉶南時。即位，尸即席坐。

蕙田案：棜禁，所以承尊，不止承壺。敖氏謂「壺棜禁，庪壺之棜禁也」，非是。

籩，巾以綌也，纁裏。棗烝，栗擇。注：籩有巾者，果實之物多皮核，優尊者，可烝裹之也。烝擇互文。舊說：纁裏者皆玄被。鉶芼，用苦，若薇，皆有滑，夏葵、冬荁。注：苦，苦荼也。荁，堇屬，乾之，冬滑于葵。棘心匕刻。注：刻，若龍頭。

敖氏繼公曰：喪祭匕用桑，吉祭匕用棘者，喪、桑音同，吉、棘聲近故也。

牲爨在廟門外東南，魚腊爨在其南，皆西面。饎爨在西壁。注：饎，炊也。西壁，堂之

〔一〕「酒」，諸本脱，據儀禮注疏卷四六補。

西墉下。舊説云：南北直屋梠，稷在南。疏：「舊説」者，按爾雅釋宫曰：「檐謂之樀。」孫氏云：謂室梠〔二〕。周人謂之梠，齊人謂之檐，謂承檐行材。**肵俎，心、舌皆去本末，午割之，實於牲鼎，載，心立，舌縮俎。**注：午割，縱横割之，亦勿没。立，縮順其性，心舌知食味者，欲尸之饗此祭，是以進之。疏：云「載，心立，舌縮俎」者，少牢云：「舌皆切本末，亦午割勿没，其載于肵，横之。」此言縮俎者，彼言横，據俎上爲横，此言縮，據鄉人爲縮，是以少牢云「皆進下」是也。

敖氏繼公曰：既實牲體于鼎，乃制此而實之于其上。載，謂載于肵俎。

賓與長兄弟之薦自東房，其餘在東堂。注：東堂，東夾之前，近南。疏：「其餘」，謂衆賓兄弟之薦也。

蕙田案：以上記器物、陳設。

沃尸盥者一人。奉槃者東面，執匜者西面淳沃，執巾者在匜北。注：匜北，執匜之北，亦西面。每事各一人，淳沃，稍注之。今文「淳」作「激」。

郝氏敬曰：流灌曰沃，細濯曰淳。

宗人東面取巾，振之三，南面授尸，卒，執巾者受。注：宗人代授巾，庭長尊。**尸入，主**

〔二〕「室」，諸本作「屋」，據儀禮注疏卷四六改。

人及賓皆辟位，出亦如之。注：辟位，逡遁。

嗣舉奠，佐食設豆、鹽。注：肝宜鹽也。佐食，當事則户外南面，無事則中庭北面。

蕙田案：以上記尸入盥。

注：當事，將有事而未至。凡祝呼，佐食許諾。注：呼猶命也。

蕙田案：以上記執事者之節。

宗人，獻與旅齒於衆賓。注：尊庭長，齒從其長幼之次。佐食，於旅齒於兄弟。

敖氏繼公曰：佐食已酬于室中，故獻兄弟時不與，而但與其旅酬也。

蕙田案：以上記宗人、佐食獻旅之次。

尊兩壺於房中西墉下，南上。注：爲婦人旅也，其尊之節亞西方。内賓立於其北，東面南上，宗婦北堂東面北上。注：二者所謂内兄弟。内賓，姑姊妹也。宗婦，族人之婦，其夫屬于所祭爲子孫。或南上，或北上，宗婦宜統于主婦，主婦南面。北堂，中房而北。疏：云「或南上，或北上」者，内賓、姑姊妹〔一〕、賓客之類南上，自取曲禮云：「東鄉、西鄉，以南方爲上。」宗婦雖東鄉，取統于主婦，

〔一〕「姑姊妹」，原作「如娣妹」，據光緒本、儀禮注疏卷四六改。

故北上，主婦南面故也。云「北堂，中房而北」者，謂房中半已北爲北堂也。**主婦及内賓、宗婦亦旅，西面。**注：西面者，異于獻也。男子獻于堂上，旅于堂下。婦人獻于南面，旅于西面。内賓象衆賓，宗婦象兄弟，其節與其儀依男子也。主婦酬内賓之長，酌奠于薦左。内賓之長坐取奠于右。宗婦之娣婦，舉觶于其姒婦，亦如之。内賓之長坐取奠觶，酬宗婦之姒，交錯以辯。宗婦之姒亦取奠觶，酬内賓之長，交錯以辯。内賓之少者，宗婦之娣婦，各舉奠于其長，並行交錯，無算。其拜及飲者，皆西面，主婦之東南。疏：旅酬之法，飲皆西面，知在主婦之東南者，以其不背主婦，得邪角相向也。

敖氏繼公曰：此旅酬之儀，雖與在庭者略同，然亦不能無少異。蓋主人既酬内兄弟，主婦則酬内賓之長，酌奠于薦左，内賓之長取之，奠于右。及兄弟舉旅之時，内賓之長亦取奠觶以酬主婦，主婦以酬次内賓，次内賓以酬宗婦之長，亦交錯以辯。内賓之少者、宗婦之少者，又各舉觶于其長，以爲無算爵。始内賓長之觶，惟以旅主婦而已。宗婦長之觶，則以旅次内賓，亦交錯以辯。皆不拜，略如鄉射無算爵之儀也。

宗婦贊薦者，執以坐於户外，授主婦。

蕙田案：記内賓、宗婦皆殽脀，膚一，離肺一，詳見上文「獻衆賓」條，不重出。

宗婦贊薦者云云，其儀已見於經而記復著之，敖氏謂蓋備載其所聞耳。

蕙田案：以上記房中及宗婦贊薦之事。

尸卒食，而祭饎爨、雍爨。注：雍，孰肉。以尸享祭，竈有功也。舊説云：宗婦祭饎爨，亨者祭雍爨，用黍肉而已，無籩豆俎。禮器曰：「燔燎于爨。夫爨者，老婦之祭，盛于盆，尊于瓶。」疏：云「亨」者，則周禮亨人之官，其職主實鑊水爨亨之事，以供外内饔，故使之祭饔爨也。云「用黍肉而已，無籩豆俎」者，亦約禮器云「盆瓶」知之。

郝氏敬曰：饎爨以炊黍稷，雍爨以烹牲魚腊。

蕙田案：以上記祭爨。

賓從尸，俎出廟門，乃反位。注：賓從尸，送尸也。士之助祭，終其事也。俎，尸俎也，賓既送尸，復入反位者，宜與主人爲禮，乃去之。疏：送尸爲終其事，則更無儐尸之禮。若上大夫有儐尸者，尸出，賓不送，以其事終于儐尸故也。

蕙田案：以上記賓送尸之節。

尸俎：右肩、臂、臑、肫、胳，正脊二骨，横脊，長脅二骨，短脅。注：尸俎，神俎也。士之正祭禮九體，貶于大夫，有併骨二，亦得十一之名。合少牢之體數，此所謂放而不致者。凡俎實之數奇，脊無中，脅無前，貶于尊者，不貶正脊，不奪正也。正脊二骨，長脅二骨者，將舉于尸，尸食未飽，不欲空神俎。疏：少牢正體之數十一，若牢並骨并數則十七。「放而不致」，致，至也。禮器注云：「謂若諸侯自山龍以下，皆有放象。」諸侯山龍以下，至日月星辰，卿大夫又不山龍，此士併骨二數，乃得十一，除此唯九而已，亦是放而不至也。「凡俎實之數奇」〔一〕，有九，有七，有五，是奇數。以其鼎俎奇，故實數亦奇而相稱也。少牢大夫禮三脊脅俱有，此但有二體，貶于大夫也。等〔二〕，貶牲體不貶正脊者，不奪其正。長脅亦不貶者，義與正脊同。「尸食未飽，不欲空神俎」，此脊與脅二骨，本爲饌厭飫所設也。**膚三。**注：爲養用二，厭飫一也。

郝氏敬曰：肉無骨曰膚。

離肺一，注：離猶掔也。小而長，午割之，亦不提心，謂之舉肺。**刌肺三，**注：爲尸、主人、主婦祭。今文「刌」爲「切」。**魚十有五，**注：魚，水物，以頭枚數，陰中之物，取數于月十有五日而盈。少牢饋食禮亦云：「十有五而俎。」尊卑同。此所謂經而等也。疏：云「魚，水物，以頭枚數」者，對三牲與腊以體數也。「經而等」，禮器注云「謂若天子以下至士庶人爲父母三年」是也。引之者，謂魚數亦尊卑同也〔三〕。**腊如牲骨。**注：不但言體，以有一骨二骨者。

郝氏敬曰：腊俎如牲骨，無膚與肺也。

祝俎：髀，脡脊二骨，脅二骨，注：凡接于神及尸者，俎不過牲三體，以特牲約，加其可併者

〔一〕「奇」，原脱，據味經窩本、乾隆本、光緒本、儀禮注疏卷四六補。
〔二〕「等」上，儀禮注疏卷四六有「大夫即尊者也」六字。
〔三〕「謂」，諸本作「諸」，據儀禮注疏卷四六改。

二，亦得奇名。少牢饋食禮羊豕各三體。　疏：云「祝俎」，直云「脅二骨」，謂代脅也。以尸俎無脡脊，祝則有之，尸俎無代脅，祝俎有代脅可知。云「凡接于神及尸者」，祝、佐食、賓長、長兄弟、宗人之等是也。知皆三體者，下「佐食俎觳折脊脅」也，「賓骼，長兄弟及宗人折，其餘如佐食俎」，故知皆三體也。以特牲約，加其可併者二骨者，是尊祝也，佐食已下卑無加，故下注云「三體，卑者從正」是也。云「少牢饋食禮羊豕各三體」者，二牲各三體，共六體，不奇者，通腊脾爲七，則亦奇數也。以其腊既兩髀屬于尻，不殊，故爲一體。膚一，離肺一。

阼俎：臂，正脊二骨，横脊，長脅二骨，短脅，注：主人尊，欲其體得祝之加數。五體，又于加其可併者二，亦得奇名。臂，左體臂也。膚一，離肺一。

主婦俎：觳折，注：觳，後足。折，分後右足以爲佐食俎，不分左臑折，辟大夫妻。　疏：不用後左足者，左足太卑。其餘如阼俎。注：餘，謂脊、脅、膚、肺。

敖氏繼公曰：觳，非正體，折骼之下而取之，故云觳折。凡牲，固皆折也。然經文之例，其先言體乃言折，或單言折者，必非正體若全體者也。蓋與折俎之説不同。

佐食俎：觳折，脊，脅，注：三體，卑者從正。　疏：直云「脊脅」，不定體名，欲見得便用之。少牢佐食，「俎設于兩階之間，其俎折一膚」，鄭注云：「折者，擇取牢正體，餘骨折分用之，有脅而無薦，亦遠下尸。」是無定體也。膚一，離肺一。

賓，骼。長兄弟及宗人，折。其餘如佐食俎。注：骼，左骼也。賓俎全體，尊賓。不用尊體，爲其已甚，卑而全之，其宜可也。長兄弟及宗人折，不言所分，略之。

敖氏繼公曰：凡骼與觳連，乃爲全體。上記兩見觳折，則此骼亦非全體矣。不言骼折者，以其可知，不必言也。

衆賓及衆兄弟、内賓、宗婦，若有公有司、私臣，皆殽脀，注：又略。此所折骨，直破折餘體可殽者升之俎，一而已。不備三者，賤。祭禮，接神者貴。凡骨有肉曰殽。祭統曰：「凡爲俎者，以骨爲主。」貴者取貴骨，賤者取賤骨。貴者不重，賤者不虚，示均也。俎者，所以明惠之必均也。善爲政者如此，故曰見政事之均焉。公有司亦士之屬，命于君者也。私臣，自己所辟除者。疏：接神，謂長兄弟及宗人已上俎皆三，皆有嚌肺。自衆賓已下，折體而已，不接神及尸，賤無獻故也。宗人雖不獻，執巾以授尸，亦名接尸也〔一〕。膚一，離肺一。

蕙田案：以上記俎實。

公有司門西，北面東上，獻次衆賓。私臣門東，北面西上，獻次兄弟。升受，降飲。注：獻在後者，賤也。祭祀有上事者貴之，非執事者，亦皆與旅。疏：衆賓，擇取公有司可執事

〔一〕「尸」，諸本脱，據儀禮注疏卷四六補。

者，門外在有司群執事中，入門列在東面，爲衆賓，餘者在門西位。不執事者賤于執事者，故曰有上事者貴之。宗人獻與旅齒于衆賓，則公有司爲之佐食，于旅齒于兄弟，則私臣之中擇爲賓使爲佐食者也。但賓俎，公有司設之。兄弟脀，私人爲之。然則公有司、私臣薦俎，皆使徒隸爲之與？按祭統云：「凡賜爵，昭爲一，穆爲一。昭與昭齒，穆與穆齒。凡群有司皆以齒。此之謂長幼有序。」此不見昭穆位者，主人衆兄弟非昭穆乎？故彼注昭穆，猶特牲、少牢饋食之禮主人之衆兄弟也。群有司猶衆賓，下及執事者，君賜之爵，謂若酬之是也。若其有爵者，則以爵序之，何故然也？案文王世子其在外朝則以官，其在宗廟之中，則如外朝之位。宗人授事，以爵以官，是不以姓。其獻之亦以官，故祭統云「尸飲五，君洗玉爵獻卿；尸飲七，以瑶爵獻大夫；尸飲九，以散爵獻士及群有司。皆以齒，明尊卑之等」是也。以此差之，知無爵者從昭穆，有爵者則以官矣。

蕙田案：以上記公有司、私臣位及受獻之次。

右儀禮特牲饋食禮

五禮通考卷一百十一

吉禮一百十一

大夫士廟祭

儀禮少牢饋食禮

儀禮少牢饋食禮。鄭目録云：諸侯之卿大夫祭其祖禰于廟之禮。于五禮屬吉禮。疏：鄭知「諸侯之卿大夫」者，曲禮下云：「大夫以索牛。」用太牢是天子卿大夫，明此用少牢，爲諸侯之卿大夫可知。賓尸是卿，不賓尸爲下大夫，爲異也。

敖氏繼公曰：此篇言大夫祭其祖之禮。

欽定義疏：特牲、少牢皆無言及廟主之文，漢儒因謂大夫士無主，然左氏傳哀十六年「衛孔悝出奔宋，使貳車反祏于西圃」，杜注云：「祏，藏主石函。」則大夫有主矣。大夫有主，則士亦未必無之。若無主，則廟中以何者依神？而祖禰何以別乎？此經不言主者，亦以犆祭無迎主之事故也。

少牢饋食之禮。注：禮，將祭祀，必先擇牲，繫于牢而芻之。羊豕曰少牢，諸侯之卿大夫祭宗廟之牲。疏：羊豕曰少牢，三牲具爲太牢。但非一牲即得牢稱，若一牲即不得牢名，故郊特牲與士特牲皆不言牢也。日用丁、己。注：内事用柔日，必丁、己者，取其令名，自丁寧，自變改，皆爲謹敬。必先諏此日，明日乃筮。疏：舉事尚朝旦，不可今日謀日即筮，是以此文云「日用丁、己」，乃云「筮旬有一日」，是別于後日乃筮也。

蕙田案：日用丁、己，用丁若己之日。己，十干戊己之己，非十二支辰巳之巳。

筮旬有一日。注：旬，十日也。以先月下旬之己，筮來月上旬之己。疏：若丁己之外，辛乙之等皆然。鄭必言來月上旬，不用中旬、下旬者，吉事先近日故也。筮於廟門之外。主人朝服，西面於門東。史朝服，左執筮，右抽上韇，兼與筮執之，東面受命于主人。注：史，家臣，主筮事者。疏：主人朝服者，爲祭而筮，還服祭服。是以上篇特牲筮亦服祭服，玄端。以此而言，天子諸侯爲祭，卜筮亦服祭服。若爲他事卜筮，則異于此。

敖氏繼公曰：特牲言筮人，此言史，蓋互文也。以丁、己之日而筮丁、己，乃云「旬有一日」，則是并筮日之日而數之也。古者數日之法於此可見。

主人曰：「孝孫某，來日丁亥，用薦歲事於皇祖伯某，以某妃配某氏，尚饗。」注：丁，未必亥也，直舉一日以言之耳。禘于太廟禮曰：日用丁亥，不得丁亥，則己亥、辛亥亦用之，無則苟有亥焉可也。薦，進也，進歲時之祭事也。皇，君也。伯某，且字也〔一〕。大夫或因字爲謚。春秋傳曰「魯無駭卒，請謚與族，公命以字爲展氏」是也。某仲、叔、季〔二〕，亦曰仲某、叔某、季某也。某妃，某妻也。合食曰配。某氏，若言姜氏、子氏也。　疏：春秋宣八年「辛巳，有事于太廟」，文二年「八月丁卯，大事于太廟」，昭十五年「二月癸酉，有事于武宫」，桓十四年「乙亥嘗」〔三〕，此等皆不獨用丁、己之日也。

楊氏復曰：上文「日用丁、己」，謂十干丁日、己日也，如丁亥、己亥之類是也。下文「來日丁亥」，亦舉一端以明之耳。注家乃云不得丁亥，則己亥、辛亥，無則苟有亥焉可也。此則不論十干之丁、己，而專取十二支之亥以爲解，其失經文之意遠矣。

敖氏繼公曰：此惟云丁亥，特見其一耳。必言丁亥者，以其爲六丁之末者，故設言之也。末者且

〔一〕「且」，原作「祖」，據光緒本、儀禮注疏卷四七改。
〔二〕「某」，諸本作「若」，據儀禮注疏卷四七改。
〔三〕「乙亥」，諸本作「己亥」，據儀禮注疏卷四七改。

用，則其上者可知矣，己日亦宜如之。

欽定義疏：疏引春秋諸祭日，見凡柔日皆可用，不但丁、己也。上云丁、己，亦舉之以見例耳。歲事，四時之祭事，春露秋霜之義，亦不疏不數之期也，則歲以四舉明矣。稱祖之字，諱名不諱字，如子思作中庸稱仲尼是也。注謂大夫「因字爲謚」，蓋生時名字兩稱，卒哭乃諱，則諱其名而專稱字，字有謚之義，非以此直爲謚法之謚也。以某妃配某氏，所謂同几精氣合也。陰統于陽，故但祭其祖，而妣已兼之矣。若祖殁，而妣尚存者，不用此辭可知也。以某妃配，若言伯某之妃也，又舉某氏以實之。

史曰：「諾。」西面於門西，抽下韇，左執筮，右兼執韇以擊筮。注：將問吉凶焉，故擊之以動其神。易曰：「蓍之德圓而神。」遂述命曰：「假爾大筮有常。孝孫某，來日丁亥，用薦歲事於皇祖伯某，以某妃配某氏，尚饗。」注：述，循也。重以主人辭告筮也。假，借也。言因蓍之靈以問之。常，吉凶之占繇。

敖氏繼公曰：大者，尊之之辭。有常，謂其常常如此也。「孝孫某」以下之辭，則所謂述命也。

蕙田案：有常，乃吉凶不差忒之義。敖氏訓「常常如此」，未的。「假爾大筮」

以下，即述命之辭。疏云「述命訖，乃連言」，離而爲二，非也。乃釋韇，立筮。注：卿大夫之蓍長五尺，立筮由便。卦者在左坐，卦以木。卒筮，乃書卦于木，示主人，乃退占。注：卦者，史之屬也。卦以木者，每一爻，畫地以識之。六爻備，書于板。史受以示主人，退占，東面旅占之。

敖氏繼公曰：退，退于其位也。此占者，亦當三人。

吉，則史韇筮，史兼執筮與卦以告於主人：「占曰從。」注：從者，求吉得吉之言。疏：筮而得吉，是從主人本心，故曰「從」。乃官戒，宗人命滌，宰命爲酒，乃退。注：官戒，戒諸官也。當共祭祀事者，使之具其物，且齊也。滌，溉濯祭器，埽除宗廟。

若不吉，則及遠日，又筮日如初。注：及，至也。遠日，後丁若後己。

蕙田案：以上前十日筮日。

宿。注：宿讀爲肅。肅，進也。大夫尊，儀益多，筮日既戒諸官以齋戒矣。至前祭一日，又戒以進之，使知祭日當來。古文「宿」皆作「羞」。前宿一日，宿戒尸。注：前肅諸官之日，又先肅尸者，重所用爲尸者，又爲將筮。疏：肅諸官之日，前又先肅尸，當祭前二日也。肅諸官惟一肅，尸有再肅，是重所用爲尸者故也。宿與戒前後名不同，今合言之者，以前有十日之戒，後有一日之宿。若單言戒，嫌同十日。若單言宿，嫌同一日。故宿戒並言，明其别也。

敖氏繼公曰：宿戒尸者，凡可爲尸者皆宿戒之，爲將筮也。

蕙田案：前宿一日，祭前三日也。疏云「當祭前二日」，盛世佐云「祭前四日」，俱非。

明日，朝服筮尸，如筮日之儀〔一〕。命曰：「孝孫某，來日丁亥，用薦歲事於皇祖伯某，以某妃配某氏，以某之某爲尸。尚饗。」筮、卦、占如初。注：某之某者，字尸父而名尸也。字尸父，尊鬼神也。不前期三日筮尸者，大夫下人君，祭之朝乃視濯，與士異。疏：曲禮「父在不爲尸」，注云「尸卜筮無父者」。若然，凡爲人尸者，父皆死矣。死者當諱其名，故上「某」是尸之父字，下「某」爲尸名。以不稱名，是尊鬼神也。

蕙田案：此祭前二日也。盛世佐謂戒尸之明日，即宿諸官之日，而以特牲禮前期三日之朝筮尸爲與此同，其説非是。

吉，則乃遂宿尸，祝擯。注：筮吉又遂肅尸，重尸也。既肅尸，乃肅諸官及執事者。祝爲擯者。尸，神象。疏：案特牲使宗人擯，主人辭，又有祝共傳命者，士卑，不嫌兩有，與人君同。此大夫尊，下

〔一〕「儀」，味經窩本作「禮」，批注改爲「儀」，儀禮注疏卷四七作「禮」。

人君，故闕之。

蕙田案：云「乃遂」，則即筮尸之日。盛氏世佐以爲此前祭一日事，與筮尸隔越兩日，亦非是。下云「若不吉，則遂改筮尸」，文在宿尸之後，則筮尸、宿尸同爲一日益明。

主人再拜稽首。祝告曰：「孝孫某，來日丁亥，用薦歲事於皇祖伯某，以某妃配某氏。敢宿！」注：告尸以主人爲此事來。尸拜，許諾，主人又再拜稽首。主人退，尸送，揖，不拜。注：尸不拜者，尸尊。若不吉，則遂改筮尸。注：即改筮之，不及遠日。疏：此決上文筮日不吉筮遠日者，以日爲祭祀本，須取丁、己之類，故須取遠日後旬丁，此筮尸不吉，不須退至後旬，故筮不待遠日也。

蕙田案：以上筮尸、宿尸及宿諸官。

既宿尸，反，爲期于廟門之外。注：爲期，肅諸官而皆至，定祭早晏之期，爲期亦夕時也。言既肅尸反爲期，明大夫尊，肅尸而已。其爲賓及執事者，使人肅之。疏：宿尸，及宿諸官與爲期，皆于祭前之日。主人門東南面。宗人朝服北面，曰：「請祭期。」主人曰：「比于子。」注：比次早晏，在于子也。主人不西面者，大夫尊，于諸官有君道也。爲期，亦唯尸不來也。

郝氏敬曰：比猶隨也。

宗人曰：「旦明行事。」主人曰：「諾。」乃退。注：旦明，旦日質明。

蕙田案：特牲祭前三日筮尸，前二日宿尸、宿賓，前一日陳鼎、告期；少牢前三日宿戒尸，前二日筮尸、宿尸，前一日請期，皆可準經以推，而諸說多淆雜。如特牲筮尸，經明言前期三日之朝矣，下云「乃宿尸，宿賓」，則未知其爲即日、爲明日。今據宿賓下云「厥明夕」，有陳鼎、拜賓、視牲、告期等事，又云「夙興」，則祭日視殺、陳設等事矣，則宿尸、宿賓之爲前二日，于此可推。若依敖君善筮尸、宿尸、宿賓同在祭前三日，則下云「厥明夕」，云「夙興」，文不相接轃，其誤可知。少牢云「前宿一日，宿戒尸」，此祭前三日，注疏以爲前二日，盛世佐以爲前四日，皆非是。云「明日，朝筮尸」，此祭前二日，注疏以爲前一日，盛氏以爲前三日，同於特牲筮尸之期，亦皆非是。云「吉，則乃遂，宿尸」，言「乃遂」，明同日爲之，盛氏以爲前祭一日，亦非是。至宗人請期曰「旦明行事」，則祭前一日之事，諸家並同，無誤。二禮所以不同者，少牢有宿戒尸，而特牲無之，大夫尊尸益重，儀益詳也。特牲筮尸前三日，而少牢前二日，士無宿戒，然當三日致齊之時，未可缺然。

無事，故筮尸較移前一日，且第二日宿尸，又多一宿賓之事，難以一日併行也。特牲宿賓，而少牢不宿賓者，大夫於賓有君臣之分，無煩親肅，不宿賓而止宿尸，可與筮尸同日行之也。諸家以意推測，與經不符，而郝京山則云「禮文多錯舉，一日至三日皆可筮」，則尤爲鶻突矣。

蕙田案：以上宗人請祭期。

楊氏復曰：少牢禮與特牲禮，輕重詳略不同。少牢禮「日用丁、己」者，注云取其令名，丁自丁寧，己自變改，皆爲敬謹之意。特牲「不諏日」者，士卑，時至事暇可以祭，則筮其日矣，不必諏丁、己之日如大夫禮。玄冠，一冠冠兩服，其一玄端，其一朝服，朝服重於玄端。特牲士禮，故筮則玄端，至祭而後朝服。少牢大夫禮，筮與祭皆朝服也。特牲筮人筮，筮人者，官名，周禮春官有簭人是也。少牢禮史筮，史者，家臣，主筮事者，所謂府史是也。特牲坐筮，少牢立筮。不同者，注云士蓍短，故坐筮，卿大夫蓍長五尺，故立筮，各由其便也。特牲、少牢皆筮尸，但特牲無宿戒尸之文，少牢宿戒尸而後筮者，重所用爲尸者，亦大夫尊，儀益多也。特牲有宿賓之禮，少牢不宿賓者，大夫尊，肅尸而已，其爲賓執事者使人肅之。特牲無爲期，少牢爲期者，重其事也。爲期之日，主人門東南面，不西面者〔一〕，大夫尊，于諸官

〔一〕「面」，原作「南」，據光緒本、儀禮圖卷一六改。

有君道也。

陳氏禮書：士前祭立于廟門者五：筮日，一也；筮尸，二也；前祭之夕，將視濯具，揖入，三也；既視，復外位而請期，四也；祭之日，視殺，揖入，五也。大夫前祭立于廟門者四：筮日，一也；筮尸，二也；既宿尸而請期，三也；祭之日，視殺入，四也。

明日，主人朝服即位于廟門之外，東方南面。宰、宗人西面北上。牲北首東上。司馬刲羊，司士擊豕。宗人告備，乃退。注：刲、擊，皆謂殺之。此實既省，告備乃殺之，文互者，省文也。尚書傳：羊屬火，豕屬水。疏：案特牲視牲與視殺別日，今少牢不言視牲，直言刲、擊告備，乃退者，省文也。祭義云：「君牽牲，穆荅君，卿大夫序從。既入門，麗于碑，卿大夫袒，而毛牛尚耳。」諸侯禮殺于門内，此大夫與特牲士皆殺于門外者，辟人君也。

楊氏復曰：雜記曰：「大夫冕而祭于公，弁而祭于己。士弁而祭于公，冠而祭于己。」大夫爵弁自祭家廟，惟孤耳。其餘皆玄冠，與士同。

陳氏禮書：大夫、士無祼禮，故殺牲而後迎牲，迎牲而後迎尸。天子、諸侯有祼禮，故迎尸而後迎牲。

欽定義疏：東上，羊在東，豕在西也。

蕙田案：以上視殺。

雍人概鼎、匕、俎于雍爨，雍爨在門東南，北上。注：雍人，掌割亨之事者。爨，竈也。在門東南，統于主人，北上。羊、豕、魚、腊皆有竈，竈西有鑊。凡概者，皆陳之而後告潔。

敖氏繼公曰：概猶拭也。既筮日而宗人命滌，皆已濯之故，此但概之，爲去塵也。

廩人概甑、甗、匕與敦于廩爨，廩爨在雍爨之北。注：廩人，掌米入之藏者。甗如甑，一孔。匕，所以匕黍稷者也。古文「甑」爲「烝」。疏：案冬官陶人職云：「甗實二鬴，厚半寸，脣寸，甑實二鬴，厚半寸，脣寸，七穿。」鄭司農云：「甗無底。」甑以其無底，故以一孔解之。上雍人匕肉，此廩人匕黍稷。

敖氏繼公曰：甑則炊之，匕則出之。

司宫概豆、籩、勺、爵、觚、觶、几、洗、篚于東堂下，勺、爵、觚、觶，實于篚。卒概，饌豆、籩與篚于房中，放于西方。設洗于阼階東南，當東榮。注：放猶依也。大夫攝官，司宫兼掌祭器也。

郝氏敬曰：豆至篚，共九器，而篚即盛勺、爵、觚、觶者。卒概，拭畢也。房中之篚，盛主婦獻酬之易爵也。放，置也。

陳氏禮書：士遠君而伸，故視濯具與視殺異日。大夫近君而屈，故視濯具與視殺同日。

蕙田案：以上概器。

牲。

羹定，雍人陳鼎五，三鼎在羊鑊之西，二鼎在豕鑊之西。注：魚、腊從羊，膚從豕，統于牲。疏：上文概鼎時，鄭云「羊、豕、魚、腊皆有竈」，今陳鼎宜各當其鑊，此三鼎在羊鑊之西，二鼎在豕鑊之西，故云「魚、腊從羊，膚從豕」，其實羊、豕、魚、腊各有鑊也。士虞禮：「側亨于廟門外之右，東面。」魚、腊爨在其南，士之魚、腊皆有爨，則大夫魚、腊皆有鑊、有竈也。

郝氏敬曰：陳鼎五，羊、豕、魚、腊、膚也。鑊，大釜，以煮肉。陳鼎就鑊，以便升也。

司馬升羊右胖，髀不升，肩、臂、臑、膞、胳，正脊一、脡脊一、横脊一、短脅一、正脅一、代脅一，皆二骨以並，腸三、胃三、舉肺一、祭肺三，實于一鼎。注：升猶上也。上右胖，周所貴也。髀不升，近竅，賤也。肩、臂、臑，肱骨。膞、胳，股骨。脊從前爲正，脅旁中爲正。脊先前，脅先後，屈而反，猶器之緈也。並，併也。脊脅骨多，六體各取二骨併之，以多爲貴。舉肺一，尸食所先舉也。祭肺三，爲尸、主人、主婦。疏：上十一體言一者，見其體也。下言「皆二骨以並」，見一體皆有二骨也。凡牲體四支爲貴，故先序肩、臂、臑、膞、胳于上，是尊；然後序脊、脅于下，是卑。二骨以並，據脊脅可知也。司士升豕右胖，髀不升，肩、臂、臑、膞、骼，正脊一、脡脊一、横脊一、短脅一、正脅一、代脅一，皆二骨以並，舉肺一、祭肺三，實於一鼎。注：豕無腸胃，君子不食溷腴。

雍人倫膚九，實於一鼎。注：倫，擇也。膚，脅革肉，擇之，取美者。疏：下文云「膚九而俎，亦横載，革順」，故知膚是脅革肉也。司士又升魚、腊，魚十有五而鼎，腊一純而鼎，腊用麋。注：

司士又升，副倅者。合升左右胖曰純。純猶全也。疏：下經云「司士三人」，明是副倅者，非升豕者可知。倅，亦副之别名。**卒脀，皆設扃鼏，乃舉，陳鼎于廟門之外東方，北面北上。**注：北面北上，鄉内相隨。

郝氏敬曰：脀、烝同，升也。卒脀，升鼎畢也。

蕙田案：牲體説，詳見前「宗廟制度」門。

司宫尊兩甒于房户之間，同棜，皆有冪，甒有玄酒。注：房户之間，房西室户東也。棜無足，禁者，酒戒也。大夫去足改名，優尊者，若不爲之戒然。疏：特牲用棜仍云禁，此改名棜，是優尊者，若不爲神戒。然鄉飲酒雖是大夫禮，猶名斯禁者，尋常飲酒，異於祭祀也。

敖氏繼公曰：棜，即所謂棜禁也。惟言棜，文省耳。設尊即加冪者，甑其無蓋與？

司宫設罍水于洗東，有枓。設篚于洗西，南肆。注：枓，剩水器也。凡設水用罍，沃盥用枓，禮在此也。疏：「設水用罍，沃盥用枓」，言凡，總儀禮内凡用水者，皆須罍盛之，沃盥水者，皆用枓爲之。士冠禮直言「水在洗東」，士昏、鄉飲酒、特牲記亦云，然皆不言罍器，亦不云有枓，其燕禮、大射雖云罍水，又不言有枓。故注總云凡此等設水用罍，沃盥用枓，其禮具在此，故餘文不具。**改饌豆、籩于房中，南面，如饋之設，實豆、籩之實。**注：改，更也。爲實之更之，威儀多也。如饋之設，如其陳之左右也。饋設東面。

敖氏繼公曰：案注云「饋設東面」，以見其異者此耳。

小祝設槃、匜與簞巾於西階東。注：爲尸將盥。

蕙田案：以上實鼎、陳設器饌。

敖氏繼公曰〔一〕：禮文多互見。如特牲言腊、髀不升，則豕髀可知〔二〕。獨尸俎云不用髀，則是他牲俎猶用也〔三〕，故祝俎有豕髀。少牢神俎，言羊、豕髀不升，則特牲神俎可知。少牢腊用麋，特牲用兔可知。少牢尊兩甒，玄酒棜禁冪，不言覆兩甒，明日卒奠，皆互見也，他可類推。

主人朝服即位於阼階東，西面。注：爲將祭也。　疏：自此盡「革順」，論祭時將至，布設舉鼎匕載之事。　司宮筵於奧，祝設几於筵上，右之。注：布陳神坐也。室中西南隅謂之奧，席東面近南爲右。　疏：案特牲云「祝筵几」，此司宮設席，祝設几。大夫官多，故使兩官。共事，亦是接神，故祝設几也。

蕙田案：以上即位、設筵几。

〔一〕「敖氏繼公」，儀禮集編卷三七作「郝氏」。
〔二〕「豕」，諸本作「函」，據儀禮集編卷三七改。
〔三〕「他」，諸本作「獨」，據儀禮集編卷三七改。

主人出迎鼎，除鼏。士盥，舉鼎，主人先入。注：道之也。主人不盥不舉。疏：特牲主人降及賓盥，士禮自舉鼎，大夫尊，不舉，故不盥。司宫取二勺於篚，洗之，兼執以升，乃啓二尊之蓋冪，奠於棜上，加二勺於二尊，覆之，南柄。注：二尊，兩甒也。疏：二勺兩尊用之，玄酒雖有不酌，重古，如酌者然也。鼎序入，饔正執一匕以從，饔府執四匕以從，司士合執二俎以從。司士贊者二人，皆合執二俎以相，從入。注：相，助。

敖氏繼公曰：饔正，饔人之長。府，其佐也。匕先俎後，變于君禮也。

陳鼎於東方，當序，南於洗西，皆西面北上，膚爲下。匕皆加於鼎，東枋。注：膚爲下，以其加也。南于洗西，陳于洗西南。疏：「膚爲下」，門外陳鼎時不言，至此言之者，以膚者豕之實，前陳鼎在門外時，未有俎，據鼎所陳則膚在魚上。今將載于俎，設之最在後，故須分別之也。羊無別俎，而豕有膚俎，故謂之加。

郝氏敬曰：陳鼎，以羊、豕、魚、腊、膚爲序。

俎皆設於鼎西，西肆。肵俎在羊俎之北，亦西肆。注：肵俎在北，將先載也。異其設文，不當鼎。宗人遣賓就主人，皆盥于洗，長朼。注：長朼者，長賓先，次賓後也。主人不朼，言就主人者，明親臨之。古文「朼」作「匕」。

欽定義疏：下文明言佐食二人升羊、豕，司士三人升魚、腊、膚。升之者，即朼之者也。據公食禮大夫長匕，舉鼎之左人載，士虞禮佐食及執事舉鼎入，長在左，左人匕，佐食及右人載，皆一匕一載對言。若一人匕，又一人升，則無位置之法矣。注以賓爲長賓、次賓，于下經不合。又案易稱「震驚百里，不喪匕鬯」，百里者，諸侯之象，是諸侯于廟祭，匕牲、薦鬯必親之也。周官大僕贊王牲事，注謂殺牲匕載之屬，是天子亦視之也。少牢大夫不親匕，下人君也；特牲士親匕，卑不嫌也。

佐食上利升牢心、舌載於肵俎。心皆安下切上，午割勿没。其載於肵俎，末在上。舌皆切本末，亦午割勿没，其載於肵，横之。皆如初爲之於爨也。注：牢，羊、豕也。安，平也。平割其下，於載便也。凡割本末，食必正也。午割，使可絶。勿没，爲其分散。肵之爲言敬也，所以敬尸也。周禮祭尚肺，事尸尚心舌，心舌知滋味。今文「切」皆爲「刌」。

郝氏敬曰：佐食二人，長爲上利，利食也，佐食之號。午割，一縱一横割。勿没，不斷也。

佐食遷肵俎於阼階西，西縮，乃反。佐食二人。上利升羊，載右胖，髀不升，肩、臂、臑、膊、骼；正脊一、脡脊一、横脊一、短脅一、正脅一、代脅一，皆二骨以並；腸三、胃三，長皆及俎拒；舉肺一，長終肺；祭肺三，皆切。肩、臂、臑、膊、骼，在兩端，脊、脅、肺、肩，在上。注：升之以尊卑，載之以體次，各有宜也。拒讀爲介距之距。俎距，脛中當横節也。

凡牲體之數及載，備于此。　疏：云肩、臂、臑、膊、骼在兩端，脊、脅、肺、肩在上者，此是在俎之次。俎有上下，猶牲體有前後，故肩、臑在上端，膊、骼在下端，脊、脅、肺在中。其載之次序，肩、臂、臑、正脊、脡脊、横脊、代脅、長脅、短脅、肺、腸、胃、膊、骼也。在雞足爲距，在俎則俎足中央横者也。此經即折前體肩、臂、臑兩相爲六，後體膊、骼兩相爲四，短脅、正脅、代脅兩相爲六，脊有三，總爲十九體。唯不數觳二，通之爲二十一體。二觳，正祭不薦于神尸，故不言。是牲體之數備於此。上經云「升于鼎」，此經云「載于俎」，是載備于此也。

蕙田案：凡牲體有豚解，有體解。豚解者，解牲爲七體：一脊，兩脅，兩肱，兩股也。脅者，肋骨，亦謂之胉。肱者，前脛骨，謂之肩。股者，後脛骨，謂之髀。胉及肩、髀，皆以左右分，通一脊而爲七體。體解者，即豚解之七體而折解之爲二十一體。折脊骨爲三：前爲正脊，中爲脡脊，後爲横脊。脅骨三：前爲代脅；中爲長脅，亦名正脅，亦名幹；後爲短脅，合左右兩脅爲六。肱骨三：上爲肩，中爲臂，下爲臑，合左右兩肱爲六。股骨三：上爲髀；中爲肫，亦名膊；下爲骼，合左右兩股爲六也。至正脊之前，肩之上當頸處，謂之脰，亦謂之膉。胳之下，後足之末近蹄者，謂之觳。膉一而觳兩，皆不在正體之數。少牢饋食所陳凡十一體，而鄭氏以爲牲體之數備於此者，蓋肩、臂、臑合兩胖爲六，膊、骼合兩胖爲四，短脅、正脅、代脅合兩胖亦六，脊有三，總爲十九體。兩髀雖以近竅之故賤之而不升，然究屬正體，通數之得二十一體，則牲體之數備矣。特牲尸俎用九體，肩、臂、臑、膞、骼、正脊、横脊、長脅、短脅，而無脡脅、代脅。

又案：肺上，不言腸、胃，省文耳。敖氏以爲文脱，張爾岐以「肩」爲「胃」字之誤，皆非。

下利升豕，其載如羊，無腸、胃。體其載于俎，皆進下。注：進下，變于食生也。所以交于神明，不敢以食道，敬之至也。鄉飲酒禮進腠，羊次其體，豕言進下，互相見。

張氏爾岐曰：食生人之法，進腠〔一〕。腠，骨之本。下，骨之末。進下者，以骨之末向神也。

敖氏繼公曰：進下，謂以每體之下鄉神位。

盛氏世佐曰：無腸、胃，著其異于羊者。

司士三人，升魚、腊、膚。魚用鮒，十有五而俎，縮載，右首，進腴。注：右首進腴，亦變于食生也。有司載魚横之。少儀曰：「羞濡魚者進尾。」

敖氏繼公曰：魚之進腴，猶牲之進下也。魚以腴爲下，鬐爲上。右首而進腴，則亦寢右矣。士喪

〔一〕「腠」，諸本作「輳」，據儀禮鄭注句讀卷一六改。

奠用食生之禮，其魚則左首進鬐，與此異。

蔡氏德晉曰：鮒，鯽魚也，其性相附，故曰鮒。

腊一純而俎，亦進下，肩在上。注：如羊豕。凡腊之體，載禮在此。疏：諸經唯有腊文，無升載之事，唯此有之。

蕙田案：獸肉之乾者謂之腊。腊亦先豚解，次體解，與解牲之制同。一純而俎謂全，載于俎如牲也。

膚九而俎，亦橫載，革順。注：列載于俎，令其皮相順。亦者，亦其骨體。疏：此膚言橫，則上羊豕骨體亦橫載可知。

郝氏敬曰：革，皮也。以肉皮向上，相順比也。

蕙田案：以上舉鼎、匕載。

卒脀，祝盥於洗，升自西階。主人盥，升自阼階。祝先入，南面。主人從，户内西面。注：將納祭也。疏：自此盡「主人又再拜稽首」，論先設置爲陰厭之事也。主婦被錫衣侈袂，薦自東房，韭菹、醓醢，坐奠於筵前。主婦贊者一人，亦被錫衣侈袂，執葵菹、蠃醢以授主婦。主婦不興，遂受，陪設於東，韭菹在南，葵菹在北。主婦興，入於房。注：被錫，讀爲髲鬄。古者剔賤者刑者之髮，以被婦人之紒爲飾，因名髲鬄焉。此周禮所謂次也。不纚笄者，大夫妻尊，亦衣綃衣，而侈其袂耳，侈者，蓋半士妻之袂以益之，衣三尺三寸，袪尺八寸。韭菹醓醢，朝事之豆也，而饋食用之，豐大夫禮。葵菹在北綼。今文「錫」爲「緆」，「蠃」爲「蝸」。疏：云贊一人亦被錫，則其餘當與士妻同，纚笄綃衣。士妻與婦人助祭皆綃衣，服窮則同也。

欽定義疏：召南詩「被之僮僮」，毛傳云：「被，首飾也。」鄭箋云：「此即周官所謂次也。」孔疏云：「被即次也。」追師「掌爲副、編、次」，注云：「次，次第，長短髮爲之。」據此，則被乃婦人首飾之名。周官追師掌王后首服，副、編、次，注疏謂：三翟衣首服副，副，所以覆首；鞠衣展衣首服編，編，編列髮爲之；褖衣首服次，次，次第髮長短爲之，所謂髲髢。禮記「夫人副褘立于東房」，詩衛風「副笄六珈」，此副也。詩召南「被之僮僮」，「被之祁祁」，此主婦被，則次也。

敖氏繼公曰：「錫」、「緆」通，皆當作「緣」，字之誤也。緣、褖通。內司服職曰「緣衣素沙」是也。內子祭服緣衣，而又侈其袂焉，所以甚別於士妻之祭服也。卿大夫之妻展衣爲上，緣衣次之，此自祭于家，故服其次者，辟助祭于公也。

郝氏敬曰：錫，光澤也，如「錫衰」之「錫」。漢人云：「曳阿錫侈。」袂，大袖也。

欽定義疏：周官內司服掌王后之六服，褘衣，揄翟，闕翟，鞠衣，展衣，緣衣。鄭注、賈疏：三翟衣皆祭服。王后褘衣，二王後之夫人亦褘衣，侯伯夫人揄翟，子男夫人闕翟。内命婦之服鞠衣，九嬪也；展衣，世婦也；緣衣，女御也。外命婦，其夫孤，則服鞠衣，卿大夫則服展衣，士則服緣衣也。此六服之序。上文主婦之被既爲次，則錫衣當是緣衣，「緣」字與「緆」相似，一訛而爲「緆」，再訛而爲「錫」，有由然也。又案玉藻「士褖衣」，亦謂其妻也。追師注「衣鞠衣、展衣者服編，衣緣衣者服次」，次亦名髲鬄，采蘩詩又謂之被，則「被」字自可以「髲鬄」釋之，不必改讀「被錫」二字爲髲鬄也。古者男女吉凶之衣，衣身二尺二寸，袂亦二尺二寸，袪則一尺二寸，其下圜殺之。侈袂者，蓋不圜殺其下，而袂亦二尺二寸耳。婦服雖連衣裳，而衣裳固各自爲度也。若三尺三寸，則衣太長，裳太短，不稱其體矣，況男子之殊衣裳者乎？說見喪服記。又案特牲士妻主婦綃衣，疏云：綃衣，六服外之下者，以士妻緣衣外更無衣。故特牲自祭，辟助祭於公，則服六服外之綃衣，若大夫妻助祭於公，服展衣。少牢自祭，則有士妻之褖衣可服，又何必服六服外之綃衣耶？鄭注大夫妻尊，亦衣綃衣，未確。

蕙田案：莊子「秃而施髲」，即此「被」字。錫，漢樂府云「曳阿錫」，注云：細布，言布滑易如錫也。以細布爲衣，而侈其袂，即襐衣也。襐衣與綃衣，俱以布爲之。服襐衣者，首服次，次即被也。

佐食上利執羊俎，下利執豕俎，司士三人執魚、腊、膚俎，序升自西階，相從入。設俎，羊在豆東，豕亞其北，魚在羊東，腊在豕東，特膚當俎北端。注：相，助也。

蕙田案：此設五俎于戶席，執俎之人以序而升，相從而入。相，如字，不必讀作去聲。

主婦自東房執一金敦黍，有蓋，坐設於羊俎之南。婦贊者執敦稷以授主婦，主婦興受，坐設於魚俎南；又興受贊者敦黍，坐設於稷南；又興受贊者敦稷，坐設於黍南。敦皆南首。主婦興，入於房。注：敦有首者，尊者器飾也，飾蓋象龜。周之禮，飾器各以其類，龜有上下甲。

敖氏繼公曰：金敦，以金飾之也。四敦皆然，特見其一耳。

欽定義疏：凡敦皆有首足。士喪禮用瓦敦，而曰「面足」，有足則有首，可知是首非飾也，啓會而猶云面足，則首足之象亦不專在於蓋矣。此以金爲飾，則瓦敦其不飾者與？特牲禮先云兩敦，後云佐食分簋鉶，二者互言之，則一器而二名明矣。

至其形制，前人訖無定説，闕之可也。

蕙田案：此主婦親設四敦，敦形似獸，而首向南耳。注何所據而必象龜形耶？

祝酌奠，遂命佐食啓會。佐食啓會蓋，二以重，設於敦南。注：酌奠，酌酒爲神奠之，後酌者，酒尊，要成也。特牲饋食禮曰：「祝洗，酌奠，奠于鉶南。」重累之。 疏：迎尸之前，將爲陰厭，爲神不爲尸，故云爲神奠之。

高氏愈曰：諸侯有鬱鬯，以灌地降神。大夫無之，止酌酒奠神，而神若來享之，故祝遂出迎尸也。

主人西面，祝在左。主人再拜稽首。祝祝曰：「孝孫某，敢用柔毛、剛鬣、嘉薦、普淖，用薦歲事於皇祖伯某，以某妃配某氏，尚饗。」主人又再拜稽首。注：羊曰柔毛，豕曰剛鬣。嘉薦，菹醢也。普淖，黍稷也。普，大也。淖，和也。德能大和，乃有黍稷。春秋傳曰：奉盛以告曰「絜粢豐盛」，謂其三時不害，而民和年豐也。

張氏爾岐曰：牲物異號，以殊人用也。

蕙田案：以上迎尸之前設饌祝神，曰陰厭。

祝出，迎尸於廟門之外。主人降立於阼階東，西面。祝先，入門右，尸入門左。注：主人不出迎尸，伸尊也。特牲饋食禮曰：「尸入，主人及賓皆辟位，出亦如之。」祝入門右者，辟尸盥也，既則後尸。 疏：自此盡「牢肺正脊加于肵」，論尸入正祭之事。宗人奉槃，東面于庭南。一宗人奉匜水，西面于槃東。一宗人奉簞巾，南面于槃北。乃沃尸，盥于槃上。卒盥，坐奠簞，取巾，興，振之三，以授尸，坐取簞，興，以受尸巾。注：庭南，没霤。疏：庭南者，于庭近南，是没盡門屋霤，近門而盥也。是以特牲亦云「尸入門北面盥」，繼門而言，即亦此没霤者也。

蕙田案：舊監本脱「以授尸坐取簞興」七字，今依敖氏本及新刊本添入。

祝延尸，尸升自西階，入，祝從。注：由後詔相之曰延。延，進也。周禮曰大祝相尸禮。祝從，從尸升自西階。主人升自阼階。祝先入，主人從。注：祝接神，先入宜也。

蕙田案：以上尸入。

尸升筵，祝、主人西面立于户内，祝在左。注：主人由祝後而居右，尊也。祝從尸，尸即席，乃卻居主人左。祝、主人皆拜妥尸，尸不言。尸答拜，遂坐。注：拜妥尸，拜之使安坐也。尸自此答拜，遂坐而卒食，其間有不啐奠，不嘗鉶，不告旨，大夫之禮，尸彌尊也。不告旨者，爲初亦不饗，所謂曲而殺。

盛氏世佐曰：不祝饗，與士禮異者，以有儐尸于堂之禮，故略之與？

祝反南面。注：未有事也。墮祭，爾敦，官各肅其職，不命。

敖氏繼公曰：妥尸，事畢也。南面云反，以見從尸入時位在此。

蕙田案：以上妥尸。

尸取韭菹，辨擩於三豆，祭於豆間。上佐食取黍稷于四敦，下佐食取牢一切肺於俎，以授上佐食。上佐食兼與黍以授尸。尸受，同祭於豆祭。注：牢，羊豕也。同，合也。合祭於俎豆之祭也。黍稷之祭爲墮祭，將食神餘，尊之而祭之。今文「辨」爲「徧」。疏：陰厭是神食，後尸來即席食，尸餕鬼神之餘，故尸亦尊神而祭之。

楊氏復曰：切肺，祭肺也，三取其一也。「俎豆」當作「菹豆」。

上佐食舉尸牢肺、正脊以授尸，上佐食爾上敦黍於筵上，右之。注：爾，近也，或曰移也。右之，便尸食也。重言上佐食，明更起，不相因。

楊氏復曰：案賈疏「授尸」下有「尸受祭肺」四字。

主人羞肵俎，升自阼階，置於膚北。注：羞，進也。肵，敬也。親進之，主人敬尸之加。疏：爲尸特加，故云「加」。

蕙田案：此主人親設肵俎。

上佐食羞兩鉶，取一羊鉶於房中，坐設於韭菹之南。下佐食又取一豕鉶於房中以從，上佐食受，坐設於羊鉶之南，皆芼，皆有柶。尸扱以柶，祭羊鉶，遂以祭豕鉶，嘗羊鉶。注：芼，菜也。羊用苦，豕用薇，皆有滑。疏：芼菜者，菜是地之芼。知「羊用苦，豕用薇，皆有滑」者，按公食大夫記云「鉶芼，牛藿，羊苦，豕薇，皆有滑」是也。

蕙田案：此二佐食羞羊鉶、豕鉶。

食舉，注：舉，牢肺正脊也。先食啗之，以爲道也。疏：特牲：「舉肺脊以授尸。」注「肺，氣之主也。脊，體之貴也，先食啗之，所以道食通氣」是也。三飯。注：食以黍。上佐食舉尸牢幹，尸受，振祭，嚌之。佐食受，加於肵。注：幹，正脅也。古文「幹」爲「肝」。疏：上文食舉是正脊，故知此食幹亦先取正脅也。上佐食羞胾兩瓦豆，有醢，亦用瓦豆，設於薦豆之北。注：設于薦豆之北，以其加也。四豆亦綒。羊胾在南，豕胾在北，無臐膮者，尚牲不尚味。尸又食，食胾。上佐食舉尸一魚，尸受，振祭，嚌之。佐食受，加於肵，橫之。注：又，復也。或言食，或言飯。食，大名。小數曰飯。魚橫之者，異于肉。疏：少牢、特牲言三飯、五飯、九飯之等，據一口謂之一飯，五口謂之五飯，故云小數曰飯。又食，上佐食舉尸腊肩，尸受，振祭，嚌之，上佐食受，加于肵。注：腊魚皆一舉者，少牢二牲，略之。腊必舉肩，以肩爲終也。別舉魚腊，崇威儀。疏：特牲獸魚常一時同舉，而此獸魚別舉，故云崇威儀。又食，上佐食舉尸牢骼，如初。注：如舉幹也。又食，注：不舉者，卿大夫之禮，不過五舉，須侑尸。疏：云「五舉」者，舉牢肺脊一也，牢幹二也，一魚三也，腊肩四也，牢骼五也。尸告飽。祝西面於主人之南，獨侑，不拜。侑曰：「皇尸未實，侑。」

注：侑，勸也。祝獨勸者，更則尸飽。實猶飽也。祝既侑，復反南面。疏：此與特牲皆有尸飯法，天子諸侯亦當有之。故大祝九拜之下，云「以享侑祭祀」，注云：「侑，勸尸食而拜。」若然，士三飯即告飽而侑，大夫七飯告飽而侑，諸侯九飯告飽而侑，天子十一飯而侑也。

陳氏禮書：飯必告飽，而告飽必侑。侑禮有拜，以致其敬；有辭，以道其勤；有樂，以樂其心。特牲尸告飽，祝侑，主人拜；少牢尸告飽，主人拜侑。此拜，以致其敬也。少牢祝侑曰：「皇尸未實，侑。」此辭，以道其勤也。大祝逆尸，令鐘鼓，侑亦如之。此樂，以樂其心也。然特牲三飯告飽而侑，少牢七飯告飽而侑，則九飯三侑，飯寡而侑多，十一飯再侑，飯多而侑寡者，蓋禮殺者儀蹙，故告飽速而侑多；禮隆者儀紓，故告飽遲而侑少。此侑禮所以不同也。

尸又食，上佐食舉尸牢肩，尸受，振祭，嚌之。佐食受，加於肵。注：四舉牢體，始于正脊，終于肩，尊于始終。疏：正脊及肩，皆體之貴者，故先舉正脊爲食之始，後舉肩爲食之終。**尸不飯，告飽。祝西面於主人之南。**注：祝當贊主人辭。疏：以其西面是祝之有事之位，故從南向西面位也。**主人不言，拜侑。**注：祝言而不拜，主人不言而拜，親疏之宜。**尸又三飯。**注：爲祝一飯，爲主人三飯，尊卑之差。凡十一飯，下人君也。**上佐食受尸牢肺、正脊，加於肵。**注：言受者，尸授之也。尸授牢幹而實舉于菹豆，食畢，操以授佐食焉。疏：上文初食舉，不言置舉之所。至此尸十一飯後，乃言「上佐食受尸牢肺、正脊，加于肵」者，約特牲舉肺脊，其時尸實舉于菹豆。今尸食畢，尸乃于菹豆上取而授上佐食。

蕙田案：以上正祭尸食。

主人降，洗爵，升，北面酌酒，乃酳尸。尸拜受，主人拜送。注：酳猶羨也。既食之而又飲之，所以樂之。古文「酳」作「酌」。疏：自此盡「折一膚」，論主人酳尸之事。酳，取饒羨之義，故以爲樂之也。尸祭酒，啐酒。賓長羞牢肝，用俎，縮執俎，肝亦縮，進末，鹽在右。注：羞，進也。縮，從也。鹽在肝右，便尸擩之。古文「縮」爲「蹙」。疏：在尸之左。尸左執爵，右兼取肝，擩於俎鹽，振祭，嚌之，加于菹豆，卒爵。主人拜，祝受尸爵，尸答拜。注：兼，兼羊、豕。

蕙田案：以上主人酳尸。

祝酌受尸，尸醋主人，主人拜受爵，尸答拜，主人西面奠爵，又拜。注：主人受酢酒，俠爵拜，彌尊尸。疏：使祝代酌，已是尊尸。主人拜受訖，又拜爲俠拜，是彌尊尸也。

蕙田案：「祝酌受尸」，「受」當作「授」，敖本及新刊本並同。

上佐食取四敦黍稷，下佐食取牢一切肺，以授上佐食。上佐食以綏祭。注：綏，或作「挼」。挼，讀爲「墮」。將受嘏，亦尊尸餘而祭之。疏：周禮守祧：「既葬，則藏其墮。」取墮減之義也。主人受嘏之時，先墮祭，是以佐食授黍稷，與主人爲墮禮。

主人左執爵，右受佐食，坐祭之，又祭酒，不興，遂啐酒。 注：右受佐食，右手受墮于佐食也。至此言坐祭之者，明尸與主人爲禮也。尸恒坐，有事則起。主人恒立，有事則坐。疏：禮器云：「周坐尸。」曲禮：「立如齊。」鄭云：「齊，謂祭祀時。」

祝與二佐食皆出，盥於洗，入，二佐食各取黍於一敦，上佐食兼受，摶之，以授尸。尸執以命祝。 注：命祝以嘏辭。疏：謂命祝使出嘏辭，以嘏于主人，下文是也。

敖氏繼公曰：三人皆爲將執所嘏之物而盥，敬其事也。

卒命祝，祝受以東，北面于户西，以嘏于主人曰：「皇尸命工祝，承致多福無疆于女孝孫。來女孝孫，使女受禄于天，宜稼于田，眉壽萬年，勿替引之。」 注：嘏，大也。予主人以大福。工，官也。承猶傳也。來讀曰釐，釐，賜也。耕種曰稼。勿猶無也。替，廢也。引，長也。言無廢止時，長如是也。疏：案特牲尸親嘏主人，此使祝嘏者，大夫尸尊，故不親嘏〔二〕，特牲無嘏，文不具也。

蕙田案：敖氏讀「來」如「來禹」之「來」，爲是。

主人坐奠爵，興，再拜稽首，興，受黍，坐振祭，嚌之，詩懷之，實于左袂，挂于季

〔二〕「嘏」，諸本脱，據儀禮注疏卷四八補。

指，執爵以興，坐卒爵，執爵以興，坐奠爵，拜。尸答拜。執爵以興，出。宰夫以籩受嗇黍。主人嘗之，納諸内。注：詩猶承也。實于左袂，便右手也。季猶小也。出，出户也。宰夫，掌飲食之事者。收斂曰嗇，明豐年乃有黍稷也。復嘗之者，重之至也。納猶入也。

蕙田案：以上尸醋主人，命祝嘏。

主人獻祝，設席南面。祝拜於席上，坐受。注：室中迫狹。疏：大夫士廟室，皆兩下五架，正中曰棟，棟南兩架，北亦兩架。棟南一架名曰楣，前承簷，以前名曰庪。棟北一架爲室，南壁而開户，即是一架之開，廣爲室，故云「迫狹」也。

蕙田案：室在堂北，室於堂居四之一，天子至大夫士並同，不獨大夫士爲迫狹，亦不因四注而下分廣狹也。郝仲輿謂「室爲事神、行禮、陳設之所，非狹也，禮豈因地狹遂簡」，是也。

主人西面答拜。注：不言拜送，下尸。薦兩豆菹、醢。注：葵菹、蠃醢。疏：葵菹、蠃醢，是饋食之豆，當饋食之節，今祝用之，亦其常事。

蕙田案：薦者，敖氏以爲宰夫，姜上均以爲主婦，盛世佐泛云有司，當以盛説爲是。敖氏又以朝事之豆易饋食之豆，亦不可從。

佐食設俎，牢髀，横脊一、短脅一、腸一、胃一、膚三、魚一，横之，腊兩髀屬於尻。注：皆升下體，祝賤也。魚横者，四物共俎，殊之也。腊兩髀屬于尻，尤賤，不殊。疏：髀與短脅、横脊皆羊、豕之下體，屬于尻，又腊之下體，爲祝賤故也。魚猶在俎〔一〕，縮載，今横者，爲四物共俎，横而殊之也。縮有七物而云四物者，據羊、豕、魚、腊也。羊、豕體不屬于尻，以腊用左、右胖，故有兩髀。尻在中，髀與尻相連屬，不殊，是尤賤也。

蕙田案：祝俎一而雜用五俎之物，是祝賤之。敖氏以爲見其尊，未的。

祝取菹擩于醢，祭於豆間。祝祭俎，注：大夫祝俎無肺，祭用膚，遠下尸。不嚌之，膚不盛。疏：特牲尸俎有祭肺、離肺，祝俎有離肺，無祭肺，是下尸。今大夫祝，離肺、祭肺俱無，是遠下尸也。離肺祭訖，嚌之，加于俎。今以膚替肺，是不盛，故不嚌。祭酒，啐酒。肝牢從。祝取肝擩于鹽，振祭，嚌之，不興，加于俎，卒爵，興。注：亦如佐食授爵乃興，不拜既爵，大夫祝，賤也。疏：特牲祝卒爵則拜。士卑，故祝不賤。

蕙田案：肝牢，當從敖氏作「牢肝」。

主人酌獻上佐食。上佐食户内牖東北面拜，坐受爵。主人西面答拜。佐食祭

〔一〕「猶」，諸本作「獨」，據儀禮注疏卷四八改。

酒，卒爵，拜，坐授爵。興。注：不啐而卒爵者，大夫之佐食賤，禮略。疏：特牲佐食亦啐。天子諸侯禮雖亡，或對天子諸侯佐食啐，乃卒爵，貴故也。

敖氏繼公曰：凡室中北面拜者，皆在户牖間。「卒爵拜」之「拜」，蓋衍文。

俎設於兩階之間，其俎：折，一膚。注：佐食不得成禮于室中。折者，擇取牢正體餘骨，折分用之。

郝氏敬曰：折，一膚，豕肉一片。折，分也。

主人又獻下佐食，亦如之。其脅亦設於階間，西上，亦折，一膚。注：上佐食既獻則出，就其俎。特牲記曰佐食「無事則中庭北面」，謂此時。

蕙田案：以上主人獻祝、佐食。

蕙田案：自主人降洗爵至此，初獻禮竟。

有司贊者取爵于篚以升，授主婦贊者于房户。注：男女不相因。婦贊者受，以授主婦。主婦洗於房中，出酌，入户，西面拜，獻尸。注：入户西面拜，由便也。不北面者，辟人君夫人也。拜而後獻者，當俠拜也。昏禮曰：「婦洗在北堂，直室東隅。」

郝氏敬曰：出酌，出房酌酒于房户間之甒。

尸拜受。主婦主人之北，西面，拜送爵。注：拜于主人之北，西面，婦人位在内，此拜于北，則上拜于南，由便也。

郝氏敬曰：主婦又拜送，所謂俠拜也。

不同爵。

尸祭酒，卒爵。主婦拜，祝受尸爵，尸答拜。易爵，洗，酌，授尸。注：祝出易爵，男女

高氏愈曰：士禮，亞獻之時，主婦有設兩籩及兄弟長以燔從之禮。此不設者，以後有儐尸之禮

故也。

主婦拜受爵，尸答拜。上佐食綏祭。主婦西面于主人之北受祭，祭之。其綏祭

如主人之禮，不嘏，卒爵，拜。尸答拜。注：不嘏，夫婦一體。

敖氏繼公曰：士妻撫祭，內子受祭，又有于房于室之異，皆相變也。

蕙田案：以上主婦獻尸，尸酢。

主婦以爵出，贊者受，易爵于篚，以授主婦于房中。注：贊者，有司贊者也。易爵，亦以

授婦贊者，婦贊者受房户外，入授主婦。主婦洗，酌，獻祝。祝拜，坐受爵。主婦答拜于主人

之北。卒爵，不興，坐授主婦。注：不俠拜〔一〕，下尸也。主婦受，酌，獻上佐食于户內。佐

〔一〕「俠」，原作「狹」，據光緒本、儀禮注疏卷四八改。

食北面拜，坐受爵。主婦西面答拜。祭酒，卒爵，坐授主婦。主婦獻下佐食亦如之。主婦受爵以入于房。注：不言拜于主人之北，可知也。爵奠于内篚。

蕙田案：以上主婦獻祝、佐食。

蕙田案：亞獻禮至此竟。

賓長洗爵獻于尸，尸拜受爵，賓户西北面拜送爵。尸祭酒，卒爵。賓拜。祝受尸爵，尸答拜。祝酌，授尸。賓拜受爵。尸拜送爵。賓坐奠爵，遂拜，執爵以興，坐祭，遂飲，卒爵，執爵以興，坐奠爵，拜，尸答拜。

蕙田案：以上賓長獻尸，尸酢。

賓酌，獻祝。祝拜，坐受爵，賓北面答拜。祝祭酒，啐酒，奠爵于其筵前。注：啐酒而不卒爵，祭事畢，示醉也。不獻佐食，將儐尸，禮殺。

楊氏復曰：案「啐爵」當作「卒爵」。

蕙田案：以上賓長獻祝。

蕙田案：終獻禮至此竟。

主人出，立於阼階上，西面。祝出，立於西階上，東面。祝告曰：「利成。」注：利猶養也。成，畢也。孝子之養禮畢。疏：自此盡「廟門」，論祭祀畢尸出廟之事。

祝入。尸謖。主人降立於阼階東，西面。注：謖，起也。「謖」或作「休」。祝先，尸從，遂出於廟門。注：事尸之禮，訖於廟門外。疏：上祝迎尸于廟門，今禮畢又送尸于廟門。按祭統「尸在廟門外，則疑于臣」，是以據廟門爲斷。

敖氏繼公曰：階上，亦皆序内也。

蕙田案：以上祭畢，尸出廟。

祝反，復位于室中。主人亦入於室，復位。祝命佐食徹肵俎，降設於堂下阼階南。注：徹肵俎不出門，將儐尸也。不云尸俎，未歸尸。司宫設對席，乃四人餕。注：大夫禮，四人餕，明惠大也。疏：祭統云：「凡餕之道，而興施惠之象也〔一〕。」特牲二人餕，惠之小者。大夫四人餕，明惠之大者也。上佐食盥，升，下佐食對之，賓長二人備。注：備四人餕也。三餕亦盥升。疏：對者，不謂東西相當，直取上佐食東面〔二〕，下佐食西面爲對〔三〕。下佐食西面近北也。賓長二

〔一〕「而」，諸本作「布」，據儀禮注疏卷四八改。
〔二〕「上佐食」三字，諸本脱，據儀禮注疏卷四八補。
〔三〕「下佐食」三字，諸本脱，據儀禮注疏卷四八補。

人，亦不相當，故云備，不言對也。**司士進一敦黍於上佐食，又進一敦黍于下佐食，皆右之于席上。**注：右之者，東面在南，西面在北。疏：東面在南，據上佐食，西面在北，據下佐食。右之者，飯用手右之便故也。**資黍于羊俎兩端，兩下是餕。**注：資猶減也。減置于羊俎兩端，則一賓長在上佐食之北，一賓長在下佐食之南。疏：兩下者，據二賓長地道尊右，故二佐食皆在右。上佐食居尸坐處，明知位次如此。**司士乃辨舉，養者皆祭黍、祭舉。**注：舉，舉膚。今文「辨」爲「徧」。疏：以尸舉肺，餕者下尸，當舉膚。**主人西面，三拜養者。養者奠舉於俎，皆答拜，皆反，取舉。**注：三拜，旅之，示徧也。言反者，拜時或去其席[一]，在東面席者，東面拜，在西面席者，皆南面拜。疏：在西面席者，以主人在南，西面，不得與主人同面而拜，明迴身南面向主人而拜也。**司士進一鉶於上養，又進一鉶於次養，又進二豆湆於兩下。乃皆食，食舉。**注：湆，肉汁也。疏：神坐之上，止有羊、豕二鉶，一進與上佐食，一進與下佐食，故更羞二豆湆于兩下，湆從門外鑊中來，以兩下無鉶，故進湆也。

敖氏繼公曰：二豆湆，亦羊、豕各一。

卒食，主人洗一爵，升，酌，以授上養。贊者洗三爵，酌。主人受於户内，以授次

〔一〕「去」，原作「反」，據味經窩本、乾隆本、光緒本、儀禮注疏卷四八改。

餕，若是以辨。皆不拜，受爵。主人西面三拜餕者。餕者奠爵，皆答拜，皆祭酒，卒爵，奠爵，皆拜。主人答一拜。注：不拜受爵者，大夫餕者賤也。答一拜，略也。古文「一」爲「壹」也。

欽定義疏：特牲餕者拜受爵，少牢餕者不拜受爵，亦禮之相變也，非關餕者之貴賤而然。凡餕之道，每變以衆。君、卿、大夫皆餕焉，豈有主祭者尊而餕反賤乎？

餕者三人興，出。注：出，降，反賓位。上餕止。主人受上餕爵，酌以醋于户内，西面坐奠爵，拜。上餕答拜，坐祭酒，啐酒。注：主人自酢者，上餕獨止，當尸位，尊不酌也。上餕親嘏，曰：「主人受祭之福，胡壽保建家室。」注：親嘏，不使祝授之，亦以黍。

敖氏繼公曰：胡，如「胡福」之「胡」。

欽定義疏：特牲禮有祝辭，無嘏辭。祝曰：「餕有以也。」見興惠逮下之意。以士之餕者，嗣子及長兄弟，親者也。親主於愛。少牢禮有嘏辭，無祝辭。嘏曰：「主人受祭之福，胡壽保建家室。」則歸福于主人之意。以大夫之餕者，佐食及賓，疏者也。疏主于敬故也。士冠禮注云：「胡猶遐也，遠也。」

蕙田案：注云「以黍」，敖云「不用黍，惟以辭别于尸」。據經無「以黍」之文，當從敖氏。

主人興，坐奠爵，拜，執爵以興，坐卒爵，拜。上餋答拜，上餋興，出。主人送，乃退。注：送佐食不拜，賤。疏：賓主之禮，賓出主人皆拜送，此佐食送之而不拜，故云賤也。

欽定義疏：大夫不以嗣舉奠，辟諸侯世子之禮也。既不舉奠，故亦不與于餕。下篇佐食不與于賓尸之禮，蓋自餕而後，佐食無事矣。長賓在上佐食之左，東面；衆賓長在下佐食之左，西面。

蕙田案：以上餕。

蕙田案：少牢，大夫禮，較特牲士禮加隆，乃此經自主婦獻尸以至尸謖，其儀節視特牲大簡，以特牲不儐尸，而少牢有儐尸禮，此聖人制禮損益之節也。

右儀禮少牢饋食禮

五禮通考卷一百十二

吉禮一百十二

大夫士廟祭

儀禮有司徹

儀禮有司徹。鄭目録云：少牢之下篇也。大夫既祭儐尸于堂之禮。天子、諸侯之祭，明日而繹。

郝氏敬曰：承上餈事畢，有司徹室中饌，儐尸于堂。儐尸即繹，凡大祭，明日繹。少牢之儐，即祭日也。　鄭謂有司儐尸爲上大夫，不儐尸爲下大夫。儐與不儐，事故適然，或祭有大小，禮有損益，未可據此分大夫之上下也。

欽定義疏：上篇正祭以神道，事尸于室，故用祝與佐食，皆室事也。此篇儐尸以賓禮，接尸于堂，故不用祝與佐食，而另立侑以輔尸，皆堂事也。即于祭日攝酒駿俎而行之，與天子、諸侯明日繹祭者不同。祭統云：「天子之祭也，與天下樂之；諸侯之祭也，與竟内樂之。」然則大夫之儐尸也，亦率其賓客、宗族、家臣以樂尸而已。

少牢下篇以儐尸爲正禮，不儐尸乃禮之殺者，故另起。言若不儐尸，如士冠禮。言若不醴，則醮用酒。若殺，則特豚。士昬記云「若不親迎，則婦入三月，然後壻見」一例，敖氏以爲古今文質異宜，或亦五方風俗異尚是也。又時祭有四，或三時儐尸而一時不儐尸，或秋冬儐尸而春夏不儐尸，亦惟人酌而行之耳。

蕙田案：注疏分儐尸爲上大夫，不儐尸爲下大夫。而郝仲輿則云「儐與不儐，事故適然，或祭有大小，禮有損益，未可據」，與注疏異。據春秋書「猶繹」，説者以爲繹祭禮輕，宜廢而不廢，故譏。是諸侯有廢繹之時，則上大夫容有不儐尸之事。考家語，公父文伯祭其祖悼子，康子與焉。進俎而不授，徹俎而不與燕。宗老不與則不繹，繹不盡飫則退。繹，即上大夫儐尸也。曰繹，儐也。宗老不與則不繹，即所謂若不儐尸也，可爲確證。注疏未妥。

有司徹。注：徹室中之饋及祝、佐食之俎。

敖氏繼公曰：徹室中之饌及養者之豆爵與祝之薦俎也。祝不自執以出，是未歸也。其二佐食乃衆賓爲之，室中事畢，亦反于賓位。然則祝與佐食，皆當與儐尸之禮矣。

張氏爾岐曰：有司，謂司馬、司士、宰夫之屬。不儐尸者，尸出之後，設饌于西北隅，以厭飫神，謂之陽厭。此既儐尸，有祭象，故不設饌西北隅爲陽厭也。

埽堂。注：爲儐尸新之。少儀曰：「汎埽曰埽，埽席前曰拚。」司宫攝酒，注：更洗，益整頓之。春秋傳曰：「若可燖也，亦可寒也。」

乃爇尸俎。注：爇，温也。温尸俎于爨，肵亦温焉。古文「爇」皆作「尋」，記或作「燖」。

敖氏繼公曰：謂皆示新之，祝、佐食亦與儐尸之禮，其俎不温者，以無上位略之，但因其故俎而已。

欽定義疏：自「有司徹」以下，祝與佐食皆不見于經，故注以爲祝與佐食不與儐尸之禮。然經不見祝與佐食出與歸俎之文，則是猶在列也，且事神、事尸，祝、佐食有上事爲最貴，而儐尸之禮不與可乎？以其儐尸不與尸相接，而在堂下衆賓、衆兄弟之班，故經文不見之也。祝、佐食之俎不爇者，以他人可用尸之餘，不可令尸用他人之餘也，是以因其故俎而設于堂下焉。正祭，主人、主婦不設俎，亦以儐尸不便于餕俎故耳。上篇宗人遣賓杝而二佐食在焉，故敖氏以佐食爲衆賓也，其祝若同姓則在兄弟之列，異姓則在衆賓之列。

蕙田案：祝、佐食，以神事尸者也。侑，以賓事尸者也。幽明理殊，尸賓事異，自不宜相襲。

卒餕，乃升羊、豕、魚三鼎，無腊與膚。乃設扃鼏，陳鼎于門外，如初。注：腊爲庶羞，膚從豕，去其鼎者，儐尸之禮殺于初。如初者，如廟門之外東方，北面北上。

蕙田案：少牢五鼎，有腊與膚，儐尸禮殺，膚附豕俎，無專鼎也。

蕙田案：以上餕尸俎新儐禮。

乃議侑于賓，以異姓。注：議猶擇也。擇賓之賢者，可以侑尸。必用異姓，廣敬也。是時，主人及賓有司已復内位。

敖氏繼公曰：與賓長謀議可與爲侑者，此與鄉飲酒「就先生而謀賓介」之意相類。侑之言佑也，所以輔助尸者也。儐尸而立侑，亦示敬尸之意，且貴多儀也。

欽定義疏：主人、賓、有司皆未出廟門，則猶在内位也，何復之有？上篇「養者三人興，出」，注云「出，降，反賓位」是也，三人中佐食在焉，抑可見佐食之與于儐尸禮矣。

宗人戒侑。注：戒猶告也。南面告于其位。戒曰：「請子爲侑。」疏：知南面告于其位者，以賓位在門東北面，請以爲侑，明面向其位可知。侑出，俟于廟門之外。注：俟，待也。待于外，當與尸更入。主人興禮事尸，極敬心也。

蕙田案：以上立侑。

司宫筵於户西，南面。注：爲尸席也。又筵于西序，東面。注：爲侑席也。尸與侑北面于廟門之外，西上。注：言「與」，殊尊卑。北面者，儐尸而尸益卑。西上，統于賓客。

欽定義疏：尸者，神之所憑，憑之則神，離之則人也。儐尸者，處乎神與人之間，始猶疑乎神之，終則全乎人之者也。士之尸未出廟，則疑乎神未離之，故尸不與于旅酬，尸尊也。大夫儐尸，尸出廟而復入，則疑乎神既離之，故尸亦與乎旅酬，尸卑也。又案燕禮之賓出東面，賓之也；大射儀之賓出北面，臣之也。此尸與侑皆北面，故注以爲尸益卑，而敖氏以爲尊大夫也。疏謂尸執臣道，夫同姓之親，天子諸侯盡臣之，大夫則或臣或不臣矣，豈可概乎？其臣者，如東郭偃臣崔武子是也。爲尸者，則不必其皆臣也。

主人出迎尸，宗人擯。注：賓客尸而迎之，主人益尊。擯，贊。疏：少牢宿尸祝擯〔一〕，此宗人擯。正祭，主人不迎尸，以申尸之尊。至此賓客尸而迎之。主人拜，尸答拜。主人又拜侑，侑答拜。主人揖，先入門右。注：道尸。

敖氏繼公曰：凡主人與客揖而先入，皆入門右也，經獨于此見之。

尸入門左，侑從，亦左。揖，乃讓。注：没霤相揖，至階又讓。疏：鄉飲酒禮之等，入門三揖，至階又讓。

敖氏繼公曰：亦三揖，至于階乃三讓也，惟云「揖，乃讓」，文省。

主人先升自阼階，尸、侑升自西階，西楹西，北面，東上。注：東上，統于其席。疏：賓席以東爲上故也。主人東楹東，北面拜至，尸答拜。主人又拜侑，侑答拜。注：拜至，喜之。

郝氏敬曰：自「主人出迎」及「拜至」，皆用賓禮。

蕙田案：以上迎尸及侑。

乃舉。注：舉，舉鼎也。舉者不盥，殺也。司馬舉羊鼎，司士舉豕鼎、舉魚鼎以入，陳鼎

〔一〕「少牢」，諸本脱，據儀禮注疏卷四九補。

如初。注：如初，如阼階下西面北上。疏：如初，如上經正祭時陳鼎之事也。雍正執一匕以從，雍府執二匕以從，司士合執二俎以從，司士贊者亦合執二俎以從。匕皆加于鼎，東枋。二俎設于羊鼎西，西縮。二俎皆設于二鼎西，亦西縮。注：凡三匕，鼎一匕。四俎爲尸、侑、主人、主婦。其二俎，設于豕鼎、魚鼎之西，陳之宜具也。

姜氏兆錫曰：縮之言直，猶順也。凡全經言南陳、南肆及南順之屬，皆異名而同實。肆，亦陳也，謂其陳之皆直而順也。

雍人合執二俎，陳于羊俎西，並，皆西縮。覆二疏匕於其上，皆縮俎，西枋。注：並，併也。其南俎，司馬以羞羊匕湆羊肉湆。其北俎，司士以羞豕匕湆豕肉湆〔一〕。豕脅，湆魚。疏匕，匕柄有刻飾者。疏：匕湆謂無肉，直汁以其在匕湆也〔二〕。肉湆，直是肉從湆中來，實無汁。案下文次賓羞羊匕湆，司馬羞羊肉湆。此注并云「司馬」，不云「次賓」，其實羞羊匕湆者是次賓也。又案下文次賓羞豕匕湆，司士羞豕脅，羞湆魚，此并云「司士」者，亦據上經正文「司士擊豕」而言，實次賓羞豕匕湆也〔三〕。

〔一〕「肉湆」，原作「肉汁」，據光緒本、儀禮注疏卷四九改。
〔二〕「湆」，原脱，據光緒本、儀禮注疏卷四九補。
〔三〕「豕」，原脱，據光緒本、儀禮注疏卷四九補。

欽定義疏：羞俎者，注不見「次賓」，疏以經正之，是也。其二俎之設，注謂南者羞羊，北者羞豕魚，似屬倒置，然即謂北俎羞羊，南俎羞豕魚，猶未盡合也。蓋兩俎必相間用之，羊匕湆俎以羞于尸，則羊肉湆俎亦當已載而俟，則二者不可同用一俎明矣。豕匕湆與豕脀亦然，故二俎祇可以匕與肉分，而不可以羊與豕異也。

蕙田案：以上舉鼎、設俎。

主人降，受宰几。尸、侑降。主人辭，尸對。注：几，所以坐安體。周禮大宰掌「贊玉几、玉爵」。宰授几，主人受，二手橫執几，揖尸。注：獨揖尸，几禮主于尸。主人升，尸、侑升，復位。注：位，阼階、賓階上位。

張氏爾岐曰：即上文東楹東、西楹西之位。

主人西面，左手執几，縮之，以右袂推拂几三，二手橫執几，進授尸于筵前。注：衣袖謂之袂，推拂去塵，示新。

敖氏繼公曰：推者，推手也。

尸進，二手受于手間。注：受從手間，謙也。

盛氏世佐曰：手間，主人二手之間。

主人退。尸還几，縮之，右手執外廉〔一〕，北面奠于筵上，左之，南縮，不坐。注：左之者，異于鬼神。生人陽，長左。鬼神陰，長右。不坐奠之者，几輕。疏：尸横受之，將欲縱設于席，故還之使縮。

敖氏繼公曰：几稍高，故設之不坐。少儀曰：取俎，設俎，不坐。其意類此。

主人東楹東，北面拜。注：拜送几也。尸復位，尸與侑皆北面答拜。注：侑拜者，從于尸。疏：授几，止爲尸。今侑亦拜，以其立侑以輔尸，故侑從尸拜也。

蕙田案：以上授尸几。

主人降，洗，尸、侑降。尸辭洗，主人對。卒洗，揖。主人升，尸、侑升。尸西楹西，北面拜洗。主人東楹東，北面奠爵，答拜。降盥，尸、侑降。主人辭，尸對。卒盥，主人揖，升，尸、侑升。主人坐取爵，酌，獻尸。尸北面拜受爵，主人東楹東，北面拜送爵。注：降盥者，爲土污手，不可酌。

蕙田案：以上主人獻尸。

〔一〕「廉」，諸本作「簾」，據儀禮注疏卷四九改。

主婦自東房薦韭菹、醓，坐奠于筵前，菹在西方。婦贊者執昌菹、醓以授主婦，主婦不興，受，陪設于南，昌在東方。興，取籩於房，麷、蕡坐設于豆西，當外列，麷在東方。婦贊者執白、黑以授主婦。主婦不興，受，設于初籩之南，白在西方。興，退。注：昌，昌本也，韭菹、醓醢、昌本、麋臡。麷，熬麥也。蕡，熬枲實也。白，熬稻。黑，熬黍。此皆朝事之豆籩。大夫無朝事，而用之儐尸，亦豐大夫之禮。主婦取籩興者，以饌異，親之。當外列，辟鉶也。退，退入房也。疏：正祭，先薦後獻。繹祭，先獻後薦。此儐尸禮與天子諸侯繹祭同，故亦先獻後薦也。

蕙田案：以上主婦薦豆籩。

乃升。注：升牲體于俎也。疏：自「乃升」盡「于其上」，論司馬載俎，因歷説十一俎之事。司馬朼羊，亦司馬載。載右體，肩、臂、肫、骼、臑，正脊一、脡脊一、横脊一、短脅一、正脅一、代脅一、腸一、胃一、祭肺一，載于一俎。注：言燅尸俎，復序體者，明所舉肩骼存焉。亦著脊脅皆一骨也。臑在下者，折分之以爲肉湇，俎也。一俎，謂司士所設羊鼎西第一俎。羊肉湇，臑折、正脊一、正脅一、腸一、胃一、嚌肺一，載于南俎。注：肉湇，肉在汁中者，以增俎寔爲尸加也。必云臑折，明爲上所折分者。嚌肺，離肺也。南俎，雍人所設在南者。此以下十一俎，俟時而載，于此歷說之爾。今文「湆」爲「汁」。　疏：凡牲體皆出汁，不言湆。此特得湆名者，正祭升牲體皆無匕湆。此匕湆亦升焉，故下注云「嚌湆」是也。若然，豕亦有匕湆，而名豕脀者，互見爲文。言湆魚，明魚在湆耳。十一俎者，即尸之羊肉湆一也，豕脀俎二也，侑之羊俎三也，豕俎四也，主人羊俎五也，羊肉湆俎六也，豕脀七也，主婦羊俎八也，尸侑主人三者，皆有魚俎，是其十一。通尸羊正俎爲十二俎。其四俎，尸侑主人、主婦，載羊體俎，皆爲正俎。其餘八俎，雍人所執二俎，益送往還，故有八，其寔止二俎也。司士朼豕，亦司士載，亦右體，肩、臂、肫、骼、臑，正脊一、脡脊一、横脊一、短脅一、正脅一、代脅一、膚五、嚌肺一，載于一俎。注：臑在下者，順羊也。侑俎，羊左肩、左肫、正脊一、脅一、腸一、胃一、切肺一，載于一俎。侑俎，豕左肩折，正脊一、脅一、膚三、切肺一，載于一俎。注：侑俎用左體，侑賤。其羊俎過三體，有肫，尊之，加也。豕左肩折，折分爲長兄弟俎也。切肺亦祭肺，互言之爾。無羊肉湆，下尸也。豕俎與尸同。　疏：鼎俎數奇，今體數四，故云加。

欽定義疏：上經司馬匕羊，載于一俎，注云「司士所設羊鼎西第一俎」〔一〕，尸俎第一，則侑俎第二，第一者在北，則第二者在南無疑也。此注乃云「北俎」，殊不可

〔一〕「司士」，諸本作「司馬」，據欽定儀禮義疏卷三九改。

曉，疑「北」字乃「次」字之譌，若然，則注文本明，而傳録者輾轉迷誤，遂致賈氏亦眩之耳。侑之豕脀俎亦益送者，則雍人所設于南者，注謂「豕俎與尸同」是也。祭肺貴于嚌肺，豈其有祭肺而轉謂不備禮乎？

蕙田案：「膚三」，楊氏本作「膚一」，盛世佐以爲以下注考之，當屬衍文，未詳孰是。

阼俎，羊肺一、祭肺一，載于一俎。羊肉湆，臂一、脊一、脅一、腸一、胃一、嚌肺一，載于一俎。豕脀，臂一、脊一、脅一、膚三、嚌肺一，載于一俎。注：阼俎，主人俎。無體，遠下尸也。以肺代之，肺尊也。加羊肉湆而有體，崇尸惠亦尊主人。臂，左臂也。侑用肩，主人用臂，下之也。不言左臂者，大夫尊，空其文也。阼俎，司士所設豕鼎西俎也。其湆俎與尸俎同，豕俎又與尸豕俎同。

主婦俎，羊左臑、脊一、脅一、腸一、胃一、膚一、嚌羊肺一，載于一俎。注：無豕體而有膚，以主人無羊體，不敢備也。無祭肺有嚌肺，亦下侑也，祭肺尊。言「嚌羊肺」者，文承「膚」下，嫌也。「膚」在「羊肺」上，則羊、豕之體名同相亞也。其俎，司士所設在魚鼎西者。

張氏爾岐曰：主婦有正俎，無加俎。

司士枇魚，亦司士載，尸俎五魚，橫載之；侑、主人皆一魚，亦橫載之，皆加膴祭于其上。注：横載之者，異于牲體。膴，讀如「殷冔」之「冔」。刳魚時，割其腹以爲大臠也，可用祭也。其俎又與尸豕俎同。

楊氏復曰：横載，則進尾也。祭膴魚，此所謂魚湆。

姜氏兆錫曰：膴只是大臠，注疏讀如「殷冔」之「冔」，曲甚矣。

欽定義疏：主人之與尸也，俎並同。後此設俎羞俎之人，並同。主人尊，與尸爲偶也。侑，輔尸者，殺于尸，則無羊匕湆俎、羊肉湆俎、豕匕湆俎矣。主婦，匹主人者，殺于主人，又殺于侑，則并無豕脀俎、豕燔俎、湆魚俎矣。且侑與主婦之俎，祇令司馬設之，而不以煩賓長也。凡此，皆尊卑降殺之差也。主人與尸俎雖同，而俎實大不同，則亦所謂有所屈有所伸者。

蕙田案：以上載俎之法。

卒升。注：卒，已也。已載尸羊俎。疏：此獻尸有五節：從主人獻酒于尸，并主婦設籩豆，一也；賓長設羊俎，二也；次賓羞羊匕湆，三也；司馬羞肉湆，四也；次賓羞羊燔，尸乃卒爵，五也。賓長設羊俎于豆南。賓降。尸升筵自西方，坐，左執爵，右取韭菹，換于三豆，祭于豆間。

尸取觶、蕡，宰夫贊者取白、黑以授尸。尸受，兼祭于豆祭〔一〕。注：賓長，上賓。雍人授次賓疏匕與俎，受于鼎西，左手執俎左廉，縮之，卻右手執匕枋，縮于俎上，以東面受于羊鼎之西。司馬在羊鼎之東，二手執桃匕枋以挹湆，注于疏匕，若是者三。注：桃謂之歃，讀如「或舂或抌」之抌。字或作「桃」者，秦人語也。此二匕者，皆有淺升，狀如飯橾。桃長枋，可以抒物于器中者。注猶瀉也。今文「桃」作「抌」，「挹」皆爲「扱」。疏：淺升，對尋常勺升深，此淺耳。

郝氏敬曰：若是者三，三挹三注。

尸興，左執爵，右取肺，坐祭之，祭酒，興，左執爵。注：肺，羊祭肺。疏：上載尸羊正俎而云「祭肺一」是也。其羊肉湆，雖有嚌肺一，此時未升。次賓縮執匕俎以升，若是以授尸。尸卻手受匕枋，坐祭，嚌之，興，覆手以授賓。賓亦覆手以受，縮匕于俎上，以降。注：嚌湆者，明湆肉加耳。嘗之以其汁，尚味。疏：匕湆似大羹。特牲大羹不祭不嚌，以不爲神，非盛。此嚌者，明湆肉加，先進其汁而嘗之，尚味故也。以湆肉加在鼎有汁，在俎無汁，故以匕進汁。

敖氏繼公曰：若是者，謂執匕俎之儀無變也。祭湆如祭酒，然亦注于地。他時湆不祭，此祭者，重其在俎也。

〔一〕「祭」，原作「間」，據味經窩本、乾隆本、光緒本、儀禮注疏卷四九改。

蕙田案：「尸卻手受匕枋」，「賓亦覆手以受」，兩「受」字石經、監本俱誤作「授」，今依敖本改正。

尸席末坐，啐酒，興，坐奠爵，拜，告旨，執爵以興。主人北面于東楹東答拜。注：旨，美也。拜告酒美，答主人意。

司馬羞羊肉湆，縮執俎。尸坐奠爵，興，取肺，坐絶祭，嚌之，興，反加于俎。司馬縮奠俎于羊湆俎南，乃載于羊俎，卒載，縮執俎以降。注：絶祭，絶肺末以祭。周禮曰絶祭。湆使次賓，肉使司馬，大夫禮多，崇敬也。疏：周禮大祝職辨九祭，「七曰絶祭」，注云：「絶末以祭。」引之證絶祭與此同也。

楊氏復曰：案正俎皆横執横奠，加俎皆縮執縮奠。羊湆俎，「湆」字衍。

觀承案：「卒載俎」句，「俎」字疑衍，張氏本無之，可從。

尸坐執爵以興。次賓羞羊燔，縮執俎，縮一燔于俎上，鹽在右。尸左執爵，受燔，抨于鹽，坐，振祭，嚌之，興，加于羊俎。賓縮執俎以降。注：燔，炙。

盛氏世佐曰：此羞燔之俎，不在上所陳六俎内，其先所陳處未聞。士虞禮云：「羞燔俎在内西塾上，南順。」

尸降筵，北面于西楹西，坐卒爵，執爵以興，坐奠爵，拜，執爵以興。主人北面于東楹東答拜。主人受爵。尸升筵，立于筵末。楊氏復曰：案主人獻尸羞羊俎，及主婦獻尸始羞豕脅，及賓作三獻之爵始羞湆魚俎，今並述于主人獻尸之時者，以載俎事同一類，故以類相從，庶使易見也。不惟此也，主人獻侑羞羊俎，主婦獻侑羞豕脅，又尸酢主人羞羊俎，主婦致爵于主人始羞豕脅，又主婦羊俎亦尸酢主婦始用之，今並述于主人獻尸之下者，亦欲以類相從也。鄭注云「此以下十一俎，俟時而載，于此歷説之爾」，蓋謂此也。

蕙田案：以上主人獻尸。

主人酌，獻侑。侑西楹西，北面拜受爵。主人在其右，北面答拜。注：不洗者，俱獻間無事也。主人就右者，賤不專階。疏：自此盡「主人答拜」，論主人獻侑并薦俎從獻之事。此節内從獻有三事：主人獻時，主婦薦籩豆，一也；司馬羞羊俎，二也；次賓羞羊燔，三也。侑降于尸二等，無羊匕湆又無肉湆。凡爵，行爵，從尊者來向卑者，獻間無事則不洗爵；從卑者來向尊者，雖獻間無事亦洗。主婦薦韭菹醢，坐奠于筵前，醢在南方。婦贊者執二籩麷、蕡以授主婦，主婦不興，受之，奠麷于醢南，蕡在麷東。主婦入于房。注：醢在南方者，立侑爲尸，使正饌統焉。侑升筵自北方，司馬橫執羊俎以升，設于豆東。侑坐，左執爵，右取菹㨎于醢，祭于豆間，又取麷、蕡同祭于豆祭，興，左執爵，右取肺，坐祭之，祭酒，興，左執爵。次賓羞羊燔，如尸禮。侑降筵自北方，北面于西楹西，坐卒爵，執爵以興，坐奠爵，拜。主人答拜。注：

答拜，拜于侑之右。

蕙田案：以上主人獻侑。

尸受侑爵，降，洗。侑降立于西階西，東面。主人降自阼階，辭洗。尸坐奠爵于篚，興，對。卒洗，主人升，尸升自西階。主人拜洗。尸北面于西楹西，坐奠爵，答拜。降盥，主人降，尸辭，主人對。卒盥，主人升。尸升，坐取爵，酌。注：酌者，將酢主人。

疏：自此盡「就筵」，論主人受尸酢〔一〕，并薦籩豆及俎之事。就此事中亦有五節：行事尊主人，故與尸同也，尸酢主人時，主婦亦設籩豆，一也；賓長設羊俎，二也；次賓羞羊匕湆，三也；司馬羞肉湆，四也；次賓羞羊燔，主人乃卒爵，五也。特牲、少牢主人獻尸，尸即酢主人，主人乃獻祝及佐食，此尸待主人獻侑乃酢主人，不同者，此尸卑，達主人之意，欲得先進酒于侑，迺自飲。是以下文賓長獻尸，致爵主人，尸迺酢之，遂賓意，亦此類也。

敖氏繼公曰：侑不升，辟酢禮也。與尸同升，則嫌若同酢主人然。

司宫設席于東序，西面。主人東楹東，北面拜受爵。尸西楹西，北面答拜。主婦薦韭菹、醓，坐奠于筵前，菹在北方。婦贊者執二籩麷、蕡，主婦不興，受，設麷于菹西

〔一〕「酢」，儀禮注疏卷四九作「酌」。

北，萯在醴西。主人升筵自北方，主婦入于房。注：設籩于葅西北，亦辟鉶。疏：凡執籩豆之法，皆兩雙執之。此侑與主人皆二豆二籩，故主婦與婦贊者，各執其二，于事便，故主婦不興受設之。長賓設羊俎于豆西。主人坐，左執爵，祭豆籩，如侑之祭。興，左執爵，右取肺，坐祭之，祭酒，興。次賓羞匕湆，如尸禮。席末坐啐酒，執爵以興。司馬羞羊肉湆，縮執俎。主人坐奠爵于左，興，受肺，坐絶祭，嚌之，興，反加于湆俎。司馬縮奠湆俎于羊俎西，乃載之，卒載，縮執虚俎以降。注：奠爵于左者，神惠變于常也。

蕙田案：郝仲輿謂「反加于湆俎」之「湆」衍，盛世佐以爲非衍。今以獻尸節例之，郝説恐是。

主人坐取爵以興，次賓羞燔，主人受，如尸禮。主人降筵自北方，北面于阼階上，坐卒爵，執爵以興，坐奠爵，拜，執爵以興。尸西楹西答拜。主人坐奠爵于東序南。注：不降奠爵于篚，急崇酒。疏：燔即羊燔，以主人與尸、侑皆用羊體，主婦獻尸以後，悉用豕體，賓長獻尸後，悉用魚從。

盛氏世佐曰：不奠于篚者，蓋爲從獻衆賓用之。

侑升。尸、侑皆北面于西楹西。注：見主人不反位，知將與己爲禮。

蔡氏德晉曰：侑升者，尸酢已終，主人將拜崇酒，侑乃升，陪尸答拜也。

主人北面于東楹東，再拜崇酒。注：崇，充也。拜謝尸、侑以酒薄充滿。尸、侑皆答再拜。主人及尸、侑皆升就筵。

蕙田案：以上尸酢主人。

司宮取爵于篚，以授婦贊者于房東，以授主婦。注：房東，房户外之東。疏：自此盡「主婦答拜」，論主婦亞獻尸并見從獻之事。上文主人獻節，凡有三爵：有主人獻尸，獻侑并受酢。此主婦獻內，凡有四爵：主婦獻尸，一也；獻侑，二也；致爵于主人，三也；受尸酢，四也。獻尸一節之内，從獻有五：主婦設兩鉶，一也；主婦又設糗與脩，二也；次賓羞豕匕湆，三也；司士羞豕脀，四也；次賓羞豕燔尸，乃卒爵，五也。

主婦洗爵于房中，出，實爵，尊南西面拜獻尸。注：尊南西面，拜由便也。疏：筵上受者，以婦人所獻，不得各就其階。尸拜于筵上，受。

高氏愈曰：是時，尸南面，主婦乃西面拜獻，且尸止拜受于筵上，而不降楹西者，以男與女不得正行賓主之禮故也。

主婦西面于主人之席北拜送爵。入于房，取一羊鉶，坐奠于韭菹西。主婦贊者執豕鉶以從，主婦不興，受，設于羊鉶之西，興，入于房，取糗與腶脩，執以出，坐設之，糗在蕡西，脩在白西；興，立于主人席北，西面。注：飲酒而有鉶者，祭之餘鉶，無黍稷，殺也。糗，糗餌也。腶脩，擣肉之脯。

盛氏世佐曰：無黍稷，儐尸主于飲也。

欽定義疏：主婦不可拜獻尸于阼階上，故爲尊南之拜以獻之，至拜送，則就主人之席北，東序之内，亦主位，婦人與男子爲禮，當依其夫也。少牢主婦獻尸于主人之北，西面拜送爵，其所謂北，在室中者也。此云「主婦西面于主人之席北拜送爵」，則在堂上者也。

尸坐，左執爵，祭糗、脩，同祭于豆祭，以羊鉶之柶挹羊鉶，遂以挹豕鉶，祭于豆祭，祭酒。次賓羞豕匕湆，如羊匕湆之禮。尸坐啐酒，左執爵，嘗上鉶，執爵以興，坐奠爵，拜。主婦答拜。執爵以興。司士羞豕脀。尸坐奠爵，興，受，如羊肉湆之禮，坐取爵，興。次賓羞豕燔。尸左執爵，受燔，如羊燔之禮，坐卒爵，拜。主婦答拜，受爵。

蕙田案：以上主婦獻尸。

酌，獻侑。侑拜受爵。主婦，主人之北、西面答拜。注：酌獻者，主婦。疏：其同于尸，有三等：主婦酌獻侑，主婦羞糗脩，一也；司士羞豕脀，二也；次賓羞燔侑，乃卒爵，三也。降于尸二等，無鉶羹與豕匕湆也。

主婦羞糗、脩，坐奠糗于醴南，脩在蕡南。侑坐，左執爵，取糗、脩，兼祭于豆祭。司士縮執豕脀以升。侑興，取肺，坐祭之。司士縮奠豕脀于羊俎之東，載于羊俎，卒，乃縮執俎以降。侑興。注：豕脀無湆，于侑禮殺。

敖氏繼公曰：初獻無羊湆，故此雖有豕脀，亦不用湆。

次賓羞豕燔，侑受如尸禮，坐卒爵，拜。主婦答拜，受爵。注：降于尸二等，無鉶羹與豕匕湆。

蕙田案：以上主婦獻侑。

酌以致于主人。主人筵上拜受爵，主婦北面于阼階上答拜。注：主婦易位，拜于阼階上，辟併敬。疏：此主婦致爵于主人時，從獻亦有五節：主婦設二鉶，一也；又設糗脩，二也；豕匕湆，三也；豕脀，四也；豕燔，主人卒爵，五也。

敖氏繼公曰：筵上受，因尸禮也。與主人行禮，故亦得獨拜于阼階上。

主婦設二鉶與糗、脩，如尸禮。主人共祭糗、脩，祭鉶，祭酒，受豕匕湆，拜啐酒，皆如尸禮。嘗鉶不拜。注：主人如尸禮，尊也。其異者，不告旨。疏：前獻尸，啐酒不拜。拜在嘗鉶下，或此「拜」字衍。

欽定義疏：啐酒告旨則拜，此經主人初獻尸有之，其獻侑及主婦獻尸，侑俱啐酒而不拜，爲不告旨也。嘗鉶告旨則拜，特牲始祭有之，其少牢始祭尸嘗鉶不拜，亦爲不告旨也。惟主婦獻尸，尸啐酒，嘗鉶不告旨亦拜，此因主人獻尸，尸啐酒拜告旨，而爲之告旨，雖殺于主人，以主婦與主人體敵，故猶拜也。主婦獻尸之嘗鉶，與主人獻尸之啐酒，其節同，故一以爲啐酒拜，一以爲嘗鉶拜耳〔一〕。至致爵于主人，承上獻侑之儀〔二〕，嫌嘗鉶有拜，故經言嘗鉶不拜以明之，啐酒之不拜，不待言矣。疏謂「啐酒」之上無「拜」字者是也。又遷就其辭，以爲嘗鉶之拜仍爲啐酒者，非也。

蕙田案：「啐酒」之上，不當有「拜」，疏以爲衍，是也。敖氏本無「拜」字。「共祭」或作「其」，盛氏世佐云：「猶言兼祭也，坊本作『其』，誤。」

其受豕脀，受豕膷，亦如尸禮。坐卒爵，拜。主婦北面答拜，受爵。

〔一〕「一以」，原作「所」，據光緒本、欽定儀禮義疏卷三九改。
〔二〕「儀」，諸本作「義」，據欽定儀禮義疏卷三九改。

盛氏世佐曰：如尸禮者，如其司士羞豕脀以下至受燔如羊燔之禮也。

蕙田案：以上主婦致爵于主人。

尸降筵，受主婦爵以降。注：將酢主婦。疏：此節内從酢有三：主婦受酢時，婦贊者設豆籩，一也；司馬設羊俎，二也；次賓羞羊燔，主婦卒爵，三也。以其婦受從與侑同三，主人受從與尸同五，尊卑差也。主人降，侑降。主婦入于房。主人立于洗東北，西面。侑東面于西階西南。注：俟尸洗。

敖氏繼公曰：凡婦人于丈夫之爲己而降洗者，無從降之禮，于此篇及士昏禮見之矣。

尸易爵于篚，盥，洗爵。注：易爵者，男女不相襲爵。主人揖尸、侑。注：將升。主人升。尸升自西階，侑從。主人北面立于東楹東，侑西楹西、北面立。注：俟尸酌。尸酌。主婦出于房，西面拜，受爵。尸北面于侑東答拜。主婦入于房。司宮設席于房中，南面。主婦立于席西。注：設席者，主婦尊。今文曰：南面立于席西。疏：賓長以下，皆無設席之文。

敖氏繼公曰：立于席西者，亦西爲下。

蕙田案：「主婦」下應從今文有「南面」二字。

婦贊者薦韭菹、醢，坐奠于筵前，菹在西方。婦人贊者執麷、蕡以授婦贊者，婦贊者不興，受，設爨于菹西，蕢在爨南。注：婦人贊者，宗婦之少者。疏：大夫贊非一人，贊主婦及長婦，故云宗婦少者。

蔡氏德晉曰：婦贊者及婦人贊者，皆宗婦助祭者。婦贊者，蓋長婦；婦人贊者，其少婦也。

主婦升筵。司馬設羊俎于豆南。主婦坐，左執爵，右取菹抨于醢，祭于豆間；又取爨、蕢，兼祭于豆祭。主婦奠爵，興，取肺，坐絶祭，嚌之，興，加于俎，坐挩手，祭酒，啐酒。注：挩手者于帨，帨，佩巾。内則曰：婦人亦左佩紛帨。

敖氏繼公曰：凡祭離肺者，必帨手，經不盡見之也。

次賓羞羊燔。主婦興，受燔，如主人之禮。主婦執爵以出于房，西面于主人席北，立卒爵，執爵拜。尸西楹西、北面答拜。主婦入，立于房。尸、主人及侑皆就筵。注：出房立卒爵，宜鄉尊。不坐者，變于主人也。執爵拜，變于男子也。疏：凡男子拜卒爵，皆奠爵乃拜。

敖氏繼公曰：出房卒爵，宜成禮于所酢者之前也。

郝氏敬曰：執爵拜，婦人立拜也。

欽定義疏：特牲主人、主婦交致爵，皆酢，賓又致爵于主人、主婦，皆自酢。此直有主婦致爵于主人，又不酢，何也？凡獻酢之節，有主有從，主獻者酢，而從獻者不酢。此主婦獻尸，而因以致爵于主人，則主人固在從獻之列，無由而酢主婦矣。特牲主人、主婦交致交酢，在三獻爵止之後，自成對偶。此在主婦獻尸爵内，以主婦爲之始終，則主人又不得而致爵于主婦矣。主人既不致爵于主婦，則賓亦不得而致爵于主婦矣。故主婦惟受尸酢，而其餘則否。

蕙田案：以上尸酢主婦。

上賓洗爵以升，酌，獻尸。尸拜受爵。賓西楹西北面拜送爵。尸奠爵于薦左。賓降。注：上賓，賓長也。謂之上賓，以將獻異之，或謂之長賓。奠爵，爵止也。疏：尸不舉者，以三獻訖，正禮終，欲使神惠均，于庭徧得獻，乃舉之。故下文主人獻，及衆賓以下訖乃作止爵。案特牲尸在室内，始行三獻，未行致爵，尸奠爵，欲得神惠均于室。此儐尸之禮，三獻訖，夫婦又已行致爵訖，儐尸又在堂，故爵止者，欲得神惠均于庭，與正祭者異。

蕙田案：以上上賓獻尸，尸爵止。

主人降，洗爵。尸、侑降。主人奠爵于篚，辭，尸對。卒洗，揖。尸升，侑不升。注：侑不升，尸禮益殺，不從。

蕙田案：尸、侑皆降，而對與升惟尸，以主人獨酬尸，不及侑故也。注「禮益殺」，對上主人獻尸之時侑從升而言。

主人實爵，酬尸，東楹東，北面坐奠爵，拜。尸西楹西，北面答拜。坐祭，遂飲，卒爵，拜。尸答拜。降洗，尸降，辭。主人奠爵于篚，對。卒洗，主人升，尸升。主人實爵，尸拜受爵。主人反位，答拜。尸北面坐奠爵于薦左。注：降洗者主人。

郝氏敬曰：體尸止爵之意，將飲賓，而先自尸始。然不曰獻曰酬者，獻終于三，酬繼之。特牲尸無酬。此酬者，尸既爲賓矣。

尸、侑、主人皆升筵。

敖氏繼公曰：侑升堂之節，其在尸奠爵之時乎？

蕙田案：以上主人酬尸，尸奠酬。

蕙田案：前上賓獻尸而尸不舉，此主人復爲酬爵勸飲而尸終不舉，皆欲惠均于下之意。

乃羞。宰夫羞房中之羞于尸、侑、主人、主婦，皆右之。司士羞庶羞于尸、侑、主人、主婦，皆左之。注：二羞所以盡歡心，房中之羞，其籩則糗餌粉餈，其豆則酏食糝食。庶羞，羊臐豕膮，皆有胾醢。房中之羞，内羞也。内羞在右，陰也。庶羞在左，陽也。

郝氏敬曰：房中之羞，婦工所修餅餌之類。庶羞，雍人所修胾醢之類。

蕙田案：以上羞于尸、侑、主人、主婦。

主人降，南面拜衆賓于門東，三拜。衆賓門東，北面，皆答壹拜。注：拜于門東，明少南就之也。古文「壹」爲「一」〔一〕。

郝氏敬曰：主人拜，將獻也。門東，主位。賓門東，北面，臣禮，不敢居賓也。主三拜，旅拜也。賓答一拜，賓衆且不敢均禮也。

張氏爾岐曰：自此至主人就筵，皆主人酌獻。外庭内庭之事，所謂均神惠也，凡七節：獻長賓，一也；獻衆賓，二也；主人自酢于長賓，三也；酬長賓，四也；獻兄弟，五也；獻内賓，六也；獻私人，七也。

主人洗爵，長賓辭。主人奠爵于篚，興，對。卒洗，升，酌，獻賓于西階上。長賓升，拜受爵。主人在其右，北面答拜。宰夫自東房薦脯、醢，醢在西。司士設俎于豆北，羊骼一、腸一、胃一、切肺一、膚一。注：羊骼，羊左骼，上賓一體，賤也。薦與設俎者，既則俟于西序端。

〔一〕「古」，諸本作「今」，據儀禮注疏卷五〇改。

郝氏敬曰：脯爲籩，醢爲豆，醢在西，則脯在東，一豆一籩。羊骼以下五物爲一俎，前叙尸、侑、主人、主婦俎，不及賓，于此詳之。

賓坐，左執爵，右取肺抰于醢，祭之，執爵興，取肺，坐祭之，祭酒，遂飲，卒爵，執以興，坐奠爵，拜，執爵以興。主人答拜，受爵。賓坐取祭以降，西面坐委于西階西南。宰夫執爵以從〔一〕，設于祭東。司士執俎以從，設于薦東。注：成祭于上，尊賓也。取祭以降，反下位也。反下位而在西階西南，已獻，尊之。祭，脯肺。

敖氏繼公曰：取祭以降，以己所有事者也，宜親執之。宰夫、司士，大夫之私人也。

郝氏敬曰：取祭以降，不敢以賓禮終，且避衆賓獻位也。

蕙田案：「右取肺」之「肺」，據注疏及楊氏、敖氏本並作「脯」，是也。「卒爵，執以興」，敖氏以爲「執」下脱「爵」字。案此或是省文耳。「宰夫執爵以從」，「爵」，楊氏、敖氏本並作「薦」，爲是。

蕙田案：以上主人獻長賓。

衆賓長升，拜受爵，主人答拜。坐祭，立飲，卒爵，不拜既爵。注：既，盡也。長賓升

〔一〕「爵」，儀禮注疏卷五〇作「薦」。

者，以次第升受獻。言衆賓長拜，則其餘不拜。

蕙田案：以下三節，主人獻衆賓，衆賓亦以長少爲序，長者先行禮，然後徧及少者。

宰夫贊主人酌，若是以辨。注：主人每獻一人，奠空爵于棜，宰夫酌授于尊南。今文「若」爲「如」，「辨」皆爲「徧」。

敖氏繼公曰：主人以虚爵授宰夫，宰夫爲酌之。

辨受爵。其薦脯、醢與脀，設于其位。其位繼上賓而南，皆東面。其脀體，儀也。注：徧獻乃薦，略之，亦宰夫薦，司士脀。儀者，尊體盡，儀度餘骨，可用而用之。尊者用尊體，卑者用卑體而已。亦有切肺膚。今文「儀」皆爲「𦢊」，或爲「議」。

敖氏繼公曰：此薦脀，亦于每獻設之。

姜氏兆錫曰：儀者，言其微末足以備儀而已。

蕙田案：經云「其薦脯、醢與脀，設于其位」，明在徧受爵時，非徧獻乃薦之謂也，當以敖氏「每獻設之」之義爲是。「儀」訓度、訓宜，皆未的，當以姜氏「備儀」之説爲是。

蕙田案：以上主人辨獻衆賓。

乃升長賓。主人酌，酢于長賓，西階上北面，賓在左。注：言升長賓，則有贊者爲之。主人酌自酢，序賓意，賓卑不敢酢。疏：特牲獻長賓訖即酢，此主人益尊，先自達其意。

蔡氏德晉曰：升長賓，蓋宗人升云。

欽定義疏：特牲與此篇，主人于賓皆自酢，然則非以賓卑故也。特牲承室事，故獻賓長即自酢，乃獻衆賓。此皆堂事，故辨獻乃酢，與主人獻尸、侑，而後尸酢主人一也。

蕙田案：此下二節，主人爲賓自酢。敖氏以後「長賓」二字疑衍，謂此乃主人自酢，非酢于長賓。而盛氏世佐則云：「嫌統爲衆賓，故復言長賓以别之，非衍也。」盛説是。

主人坐奠爵，拜，執爵以興。賓答拜。坐祭，遂飲，卒爵，執爵以興，坐奠爵，拜。賓答拜。賓降。注：降反位。

高氏愈曰：儐尸之禮，主於娛尸，故于獻賓之禮皆殺。凡燕飲之禮，專以賓爲主，則主人之尊賓也。如尸至于祭祀之禮，則上賓之在廟中，若自同于百執事而已。傳所謂享養上賓、祭養尸者，此也。

蕙田案：以上主人自酢。

宰夫洗觶以升。主人受，酌，降酬長賓于西階南，北面。賓在左。主人坐奠爵，拜，賓答拜。坐祭，遂飲，卒爵，拜。賓答拜。注：宰夫授主人觶，則受其虚爵奠于篚。疏：上主人受賓之酢爵，今宰夫既授觶訖，因受取酢之，虚爵降，奠于篚也。

郝氏敬曰：觶在堂下，酒在堂上，賓位堂下，故宰夫洗觶升堂，授主人，主人受，酌酒以降，酬長賓于其位，主人先自飲導之。

主人洗，賓辭。主人坐奠爵于篚，對。卒洗，升酌，降復位。賓拜受爵，主人拜送爵。賓西面坐奠爵于薦左。注：賓奠薦左，後舉之，以爲無算爵也。

蕙田案：以上主人酬賓，賓奠薦左。

主人洗，升，酌，獻兄弟于阼階上。兄弟之長升，拜受爵。主人在其右答拜。坐祭，立飲，不拜既爵。皆若是以辨。注：兄弟長幼立飲，賤不別。大夫之賓尊于兄弟，宰夫不贊酌者，兄弟以親昵來，不以官待之。疏：特牲士卑，長兄弟爲貴，故云如賓儀，長賓坐飲也。至于大夫貴，兄弟賤，兄弟長幼皆立飲，不得如賓儀。兄弟是親昵，雖賤于賓，不得使人贊酌而親之。

郝氏敬曰：兄弟至親同爲主，故獻于東階上，而主人在東階東。

欽定義疏：特牲獻賓、獻兄弟各殊其長者，賓在西，兄弟在東，其班異，故兩殊之也。此則賓在門東，兄弟在洗東，其班略同，故第殊賓之長而已。凡行禮之節，始嚴而漸和，始勞而漸安，獻衆賓已贊酌矣，則獻衆兄弟從同，可知主人洗升酌，特爲長兄弟一人耳。兄弟雖親昵，宰夫，私臣也，贊酌何嫌焉？

辨受爵。其位在洗東，西面北上。升受爵，其薦脀設于其位。注：亦辨獻乃薦，既云辨矣，復言升受爵者，爲衆兄弟言也。衆兄弟升不拜受爵，先著其位于上，乃後云薦脀設于其位，明位初在是也。位不繼主人，而云洗東，卑不統于尊。此薦脀皆使私人〔一〕。疏：先著其位于上，乃云升受爵者，謂發此位升堂受爵。又云「薦脀設于其位」者，謂受爵時設薦脀于洗東，西面位也。

蔡氏德晉曰：每人升受爵之時，而薦脀設于其位，蓋當下而飲也。

欽定義疏：上云「皆若是以辨」，皆，皆衆兄弟也；若是，謂酌獻拜受，坐祭，立飲，不拜既爵也。則衆兄弟受爵，亦拜可知矣。言受爵辨，即當云「薦脀設于其位」矣，乃著其位者，特牲統于主人，此不統于主人，故須著之，明位在洗東，而受爵則由此位而升也。

其先生之脀，折，脅一，膚一。其衆，儀也。注：先生，長兄弟。折，豕左肩之折。

〔一〕「使」，諸本脱，據儀禮注疏卷五〇補。

盛氏世佐曰：折脅者，折分脅骨以爲俎實也。舊説以折與脅爲二，非。上賓之俎已止一體，長兄弟安得有二體乎？

蕙田案：以上主人獻兄弟于阼階。

主人洗，獻内賓于房中。南面拜受爵，主人南面于其右答拜。注：内賓，姑姊妹及宗婦，獻于主婦之席東，主人不西面，尊，不與爲賓主禮也。南面于其右，主人之位恒左人。疏：左人，謂人在主人左，若鄉飲酒、鄉射之等，于西階上北面，主人在東，賓在西。此南面，則主在西，賓在東，故云恒左人也。

敖氏繼公曰：獻之，蓋東北面。

坐祭，立飲，不拜既爵。若是以辨，亦有薦脀。注：亦設薦脀于其位。特牲饋食禮記曰：内賓立于房中西墉下，東面南上，宗婦北堂，東面北上。疏：引特牲記者，欲見内賓設薦之位處。

蕙田案：以上主人獻内賓于房中。

主人降洗，升，獻私人于阼階上。拜于下，升受，主人答其長拜。乃降，坐祭，立飲，不拜既爵。若是以辨。宰夫贊主人酌。主人于其群私人不答拜。其位繼兄弟之南，亦北上，亦有薦脀。注：私人，家臣，已所自謁除也。大夫言私人，明不純臣也。士言私臣，明有君之道。北上，不敢專其位。亦有薦脀，初亦北面在衆賓之後爾。言繼者，以爵既獻爲文。凡獻，位定。

疏：大夫尊，近于君，故屈名私人。士卑，不嫌也。未獻時，在衆賓後，特牲記云私臣位在「門東北面」是也。云「凡獻位定」，則是未獻以前，非定位也。

敖氏繼公曰：獻亦西，南面，而拜于其右。

郝氏敬曰：特牲有公有司，此惟私人，卿大夫私人亦在公者。

欽定義疏：國卿之尊于私人之長，乃降洗以獻之而答其拜，所謂治家者不敢忽于臣妾也[一]。故平時能得人之懽心以事其親，而臨難則死其長，先王以祀禮教敬，則民不苟，當于此類求之。

又案：私人與私臣一也，但別于公家之臣耳。委贄而爲臣，大夫之君亦君也，胡云不純乎？此注言士有君道，可見他注謂士無臣者繆矣。

主人就筵。注：古文曰：升就筵。

高氏愈曰：主人自酬尸之後，先獻長賓，次獻衆賓，次酬長賓，次獻兄弟，次獻内賓，次獻私人，而其爲禮也備矣，故此就筵而息也。

蕙田案：以上主人獻私人于阼階上。

〔一〕「家」上，諸本衍「國」字，據欽定儀禮義疏卷四〇删。

尸作三獻之爵。注：上賓所獻爵，不言三獻作之者，賓尸而尸益卑，可以自舉。疏：三獻是上賓，不言上賓而言三獻，是以事名官者也。作其爵者，以神惠均于庭訖，欲使尸飲此酒。此一節之内有四爵：尸作三獻之爵，一也；獻侑，二也；致爵于主人，三也；受尸酢，四也。

高氏愈曰：此時尸席前有兩奠爵，一爲上賓所獻爵，一爲主人所酬爵。向奠不舉，故今舉之。特作三獻爵者，降于賓也。

欽定義疏：上文尸奠三獻之爵者，欲在庭遍得獻也。自主人獻長賓、衆賓及兄弟、内賓，至私人而獻遍矣，故尸于此遂自舉三獻之爵，是禮節遥相接者。

司士羞湆魚，縮執俎以升。尸取膴祭祭之，祭酒，卒爵。注：不羞魚匕湆，略小味也。

羊有正俎，羞匕湆，肉湆。豕無正俎，魚無匕湆，隆汙之殺〔一〕。

郝氏敬曰：湆魚，即前匕尸俎五魚横載者也。大臠曰膴，即前所加膴祭于其上者也。

司士縮奠俎于羊俎南，横載于羊俎，卒，乃縮執俎以降。尸奠爵，拜，三獻北面答拜，受爵。

敖氏繼公曰：尸既卒爵，乃執虚爵以待，執俎者降而後奠爵拜，行禮之序如此。

〔一〕「隆汙之殺」，原作「隆殺之辨」，據光緒本、儀禮注疏卷五〇改。

蕙田案：以上尸舉三獻之爵，敖氏以爲「即尸作止爵」是也。凡三獻，皆指上賓，下同。

又案：以上尸作止爵。

酌，獻侑。侑拜受，三獻北面答拜。司馬羞湇魚一，如尸禮。卒爵，拜。三獻答拜，受爵。注：司馬羞湇魚，變于尸。疏：上文尸使司士羞魚，此侑使司馬羞魚，故云「變于尸」也。

郝氏敬曰：前司士杋魚，侑、主人皆一魚，即此。

蕙田案：此上賓獻侑。敖氏以爲「司馬」當作「司士」，上下皆司士爲之，此不宜使司馬，司馬惟主羊俎，羞魚湇非其事，此説當是。注疏「變于尸」之説恐未然。經明言羞魚湇如尸禮，並無相變之義。

酌，致主人。主人拜受爵，三獻東楹東，北面答拜。司士羞一湇魚，如尸禮。卒爵，拜。三獻答拜，受爵。注：賓拜于東楹東，以主人拜受于席，就之。疏：賓于禮當在西階上，今在東楹之東，以主人席在于阼階，就之也。

敖氏繼公曰：此與侑如尸禮，皆兼祭酒而言。不致爵于主婦，變于不儐尸之禮。

欽定義疏：賓三獻而尸爵止，尸意欲均神惠也。尸爵既止，則賓不得遽行獻侑致主人之禮，主人緣尸之意而達之，于是獻賓、獻兄弟、獻内賓、獻私人既辨，尸顧之樂可知也。乃自作止爵，與賓三獻遥接，而後賓乃終獻侑及致主人之禮焉。于三獻爵止之後，尸作止爵之前，間此許多事于其中，實則猶是賓長獻尸之一節也。

蕙田案：以上上賓獻侑致于主人。

尸降筵，受三獻爵，酌以酢之。注：既致主人，尸乃酢之，遂賓意。疏：賓意欲得與主人抗獻酢之禮，今遂達之。

蕙田案：此及下節尸酢上賓。楊氏、敖氏本「三獻」下並有「爵」字，當從。

三獻西楹西，北面拜，受爵，尸在其右以授之。尸升筵，南面答拜。坐祭，遂飲，卒爵，拜。尸答拜。執爵以降，實于篚。

敖氏繼公曰：尸在其右，並授也。並授而不同面拜，遠辟主人獻賓之禮也。

欽定義疏：尸升筵，南面答拜，因受爵之禮也。受爵時，亦于筵上南面拜。尸酢主人，主人拜于東楹東，尸拜于西楹西。尸酢主婦，主婦拜于主人席北，尸亦拜于西楹西。此酢賓異者，賓與尸爲禮則皆不可以東，賓受爵于西楹西，則尸又不得拜于其右，若拜于其右，則嫌同于主人也，故惟有筵上南面答拜而已。

蕙田案：以上尸酢上賓。

二人洗觶，升，實爵，西楹西，北面東上，坐奠爵，拜，執爵以興，尸、侑答拜。坐祭，遂飲，卒爵，執爵以興，坐奠爵，拜。尸、侑答拜。皆降。注：三獻而禮小成，使二人舉爵，序殷勤于尸、侑。疏：案鄉飲酒及鄉射、特牲等皆一人舉觶爲旅酬始，二人舉觶爲無筭爵始。今儐尸乃以二人爲旅酬始者，以其初時主人酬尸，尸奠之，侑未得酬，故使二人舉觶，侑乃得奠，而不舉。侑既奠一爵，尸一爵遂酬于下，是以須二人舉觶。

蔡氏德晉曰：二人，一酬尸，一酬侑也。

欽定義疏：二人蓋皆賓之弟子，以舉觶于尸、侑，故不用兄弟之弟子。而堂上位在西楹西也。尸、侑皆降，因主人酬尸之禮，但不辭洗耳。于賤者舉觶，亦不安于上位，敬也。

洗，升，酌，反位。尸、侑皆拜受爵，舉觶者皆拜送。侑奠觶于右。注：奠于右者，不舉也。神惠右不舉，變于飲酒。

郝氏敬曰：奠于右，俟尸行酬而後舉以酬長賓。

欽定義疏：神惠右不舉，鄭即據此耳。然上經主人酬尸，尸則奠于薦左，彼亦不舉，何以一左一右乎？又特牲主人酬賓，賓取奠于薦右，兄弟弟子舉觶于其長，如主人酬賓儀，此皆舉者也而奠于右，然則「神惠右不舉」之云，不可據也。

蕙田案：以上二人舉觶于尸、侑，爲旅酬之始。

尸遂執觶以興，北面于阼階上酬主人，主人在右。注：尸拜于阼階上，酬禮殺。疏：上文尸酢主人，主人東楹東，北面拜受爵，尸西楹西，北面答拜，是各于其階。今尸酢主人，同于阼階，故云禮殺也。坐奠爵，拜，主人答拜。不祭，立飲，卒爵，不拜既爵。酌，就于阼階上酬主人。注：言就者，主人立待之。主人拜受爵，尸拜送。注：酬不奠者，急酬侑也。

蕙田案：以上尸酬主人，而先自導飲，遂酌以酬主人。

尸就筵，主人以酬侑于西楹西，侑在左。坐奠爵，拜。執爵興，侑答拜。不祭，立飲，卒爵，不拜既爵。酌，復位。侑拜受，主人拜送。注：言酌復位，明受于西階上〔一〕。

蔡氏德晉曰：以酬侑者，以尸酬己之爵而酬侑也。

蕙田案：此主人酬侑，而先自導飲，遂酌以酬侑。

主人復筵，乃升長賓。侑酬之，如主人之禮。注：遂旅也。言升長賓，則有贊呼之。

〔一〕「受」，諸本作「授」，據儀禮注疏卷五〇改。

郝氏敬曰：長賓在西階下，侑酬長賓，舉所奠薦右之觶酬之。

蕙田案：此侑酬長賓。盛氏世佐謂酬長賓之觶，即其受之于主人者。郝氏奠薦右之觶。非是，存參。

至于衆賓，遂及兄弟，亦如之，皆飲于上。注：上，西階上。

蕙田案：此賓及兄弟相酬。姜氏云：「皆飲于上，通承上文。尸酬主人，主人酬侑，侑酬賓，賓酬兄弟，皆飲于上。自此，兄弟酬私人，飲于下。而主婦酬内賓，遂及宗婦，皆飲于房中矣。」案尸酬主人，飲于阼階上，主人酬侑以下，飲于西階上，雖是通承，實有分别。

遂及私人，拜受者升受，下飲。注：私人之長拜于下，升受兄弟之爵，下飲之。疏：私人位在兄弟之南，今言下飲之，則私人之長一人在西階下飲之，其餘私人皆飲于其位。

蔡氏德晉曰：謂先拜堂下，然後升堂而受爵，復下堂而飲也。

卒爵，升酌，以之其位。相酬辨。注：其位，兄弟南位，亦拜受，拜送，升酌由西階。

蔡氏德晉曰：以之其位，就所酬者之位也。

卒飲者實爵于篚。注：末受酬者，雖無所旅，猶飲。疏：凡旅酬之法，皆執觶酒以酬前人，前人領受其意，乃始自飲。此私人末受酬者，後雖無人可旅，猶自飲之，訖，乃實爵于篚。以其酒是前人所酬，不可不飲故也。

乃羞庶羞于賓、兄弟、內賓及私人。注：無房中之羞，賤也。此羞同時羞，則酌房中亦旅。其始，主婦舉觶于內賓，遂及宗婦。疏：此經論無算爵時，羞庶羞于賓及兄弟之等事。內賓羞在私人之上，私人得旅酬，則房中內賓亦旅可知。

敖氏繼公曰：無房中之羞，則于主婦以上也，此節亦當祭薦脅，文不具耳。

欽定義疏：內外之事，悉主人統之，而在內之事，必以主婦分主之，故獻內賓、宗婦之禮雖自主人，而旅酬于房中則以主婦，亦相配相助之義也。

又案：特牲記云「主婦及內賓、宗婦亦旅」，則大夫儐尸房中亦旅明矣。但主婦酌觶以酬內賓之長，奠之，及兄弟相酬時，內賓乃舉奠觶以酬主婦，以遂之于下耳，不可云主婦舉觶于內賓，以舉觶乃賤者職也。

蕙田案：以上旅酬。

兄弟之後生者舉觶于其長。注：後生，年少也。古文「觶」皆爲「爵」。延景中，詔校書，定作「觶」。疏：尸不與無算爵，故舉堂下觶，爲無算爵。其爲旅酬，皆從上發，尸爲首，賓不舉旅酬，酬皆從尸舉。

郝氏敬曰：旅酬畢，主人慇懃未已，兄弟之幼者爲主人達其意。

蕙田案：此爲無算爵之始。注「延景」，漢諸帝年號無此稱，釋文作「延熹」，係漢桓帝年號。盛氏世佐以爲二者皆誤，據後漢書靈帝紀詔諸儒正五經文字，刻石立于太學門外，事在熹平中，儒林傳蔡邕同，當作「熹平」爲是。

洗，升酌，降，北面立于阼階南，長在左。坐奠爵，拜，執爵以興，長答拜。注：長在左，辟主人。疏：凡獻酬之法〔一〕，主人常在左，若北面，則主人在東。今長兄弟北面，云「長在左」，則在西，故辟主人也。

敖氏繼公曰：此後生者舉觶，與主人酬賓之儀略同，似有爲主人酬長兄弟之意，故位如主人，而長在左。

欽定義疏：上經「主人獻內賓」，注云「主人之位恒左人」，疏謂人在主人左也。此長在左，而舉觶者在其右，正與主人之左人者無異，何云辟之乎？疏語尤不楚，其云「常在左」，蓋「常左人」之訛。

坐祭，遂飲，卒爵，執爵以興，坐奠爵，拜，執爵以興，長答拜。洗，升，酌，降，長拜

〔一〕「法」，諸本作「位」，據儀禮注疏卷五〇改。

受于其位，舉爵者東面答拜。爵止。注：拜受、答拜不北面者，儐尸禮殺。長賓言奠，兄弟言止，互相發明，相待也。　疏：上文主人酬賓，賓奠爵于薦左，與此爵止相待俱時舉行，下文云「交錯其酬，爵無算」是也。依次第，不交錯，爲旅酬。

郝氏敬曰：爵止者，奠于薦右，待賓爵行而後交錯也。

蕙田案：以上兄弟後生舉觶于其長。

賓長獻于尸，如初，無湆，爵不止。注：賓長者，賓之長次上賓，非即上賓也。如初者，如其獻侑酌致主人受尸酢也。無湆，爵不止，别不如初者，不使兄弟，不稱加爵，大夫尊也。不用觚，大夫尊者也。　疏：此論衆賓長爲加爵數，多與上賓異。何者？上賓獻侑致爵于主人時，皆有湆魚從，今無湆魚從。上賓獻尸時，亦止爵〔一〕，待獻堂下畢，乃舉觶。今尸不止爵即飲。特牲長兄弟爲加爵，又衆賓長爲加爵。不言獻，此言獻者，尊大夫。若三獻之外，更容有獻。特牲「長兄弟洗觚爲加爵」，此用爵，爵尊于觚，故云大夫尊者也。

敖氏繼公曰：此獻當用觚，不言者，文省耳。上篇實觚于其篚，其爲此用與？

姜氏兆錫曰：觚爵，對文則異，散文則通。經洗觚亦稱加爵，則爲通稱，可見非爲大夫尊故用爵

〔一〕「止」，原作「奠」，據光緒本、儀禮注疏卷五〇改。

也，不儐尸通放此。

欽定義疏：長兄弟不爲加爵者，大夫之助祭者。賓兄弟初皆在東方獻，不殊其長，故于尸亦爲加爵也。此獻亦加爵，不稱加爵者，大夫禮文，故辭異也。此用觚無疑，勺爵觚觶實于篚，于此不用觚，惡乎用觚乎？

蕙田案：此衆賓長獻尸、侑，致爵于主人，尸酢之。

蕙田案：以上次賓獻致。

賓一人舉爵于尸，如初，亦遂之于下。注：一人，次賓長者。如初，如二人洗觶之爲也。遂之于下者，遂及賓兄弟，下至于私人。故言亦遂之于下也，上言無湆爵不止，互相發明。疏：此論次賓舉觶于尸，更爲旅酬如上旅酬之事。但前二人舉觶于尸、侑，尸舉旅酬從上至下皆徧飲。今亦從上至下，故云「亦遂之于下」。

張氏爾岐曰：之，適也，往也，謂行此爵于堂下，爲旅酬也。

盛氏世佐曰：無算爵之異于旅酬者三：旅酬依尊卑之次，自尸而主而侑而賓以至于兄弟、私人，秩然不紊，無算爵則賓黨與主黨交錯，其酬不俟賓黨酬畢而後及于主黨，一也；無算爵惟行于堂下，在堂上者皆不與，二也；旅酬平行一觶，無算爵二觶並行，三也。此皆禮之以漸而殺者。又案特牲旅酬之時，堂上亦不與，而賓與兄弟即得交錯，其酬與大夫禮異。至其旅者再，乃行無算爵，則大夫、士祭禮之所同也。

蕙田案：以上賓一人舉爵于尸，更爲旅酬。

賓及兄弟交錯其酬，皆遂及私人，爵無算。注：算，數也。長賓取觶酬兄弟之黨，長兄弟取觶酬賓之黨，惟己所欲，無有次第之數也。疏：長賓取觶者，是主人酬賓觶。長兄弟取觶者，是後生者舉于其長之觶。

盛氏世佐曰：爵自堂下始，故可以逮私人，而不可以瀆堂上。

欽定義疏：旅酬後，兄弟之後生舉觶于其長者以下，行無算爵，時賓長有主人酬賓之奠觶可行，長兄弟無奠觶可行故也。尸既與于堂上之旅酬，而賓長復加獻賓一人又舉爵于尸者，以尸得與于堂上之旅酬，不得與于堂下之無算爵，故于未行無算爵以前，爲尸倍致其殷勤也。旅酬時，尸酬主人，主人酬侑，侑酬長賓，遂酬衆賓、兄弟，至于私人，酬無不辨。然堂上堂下，東西各自爲酬，不交不錯，是爲正酬。乃直行至爵行無算，乃有交酬，有錯酬。交酬者，長賓與長兄弟，次賓與次兄弟，衆賓與衆兄弟，東西往來，所謂交也。至錯酬，則隨其量之能飲與情之夙好而相酬，如注云「惟己所欲」，更無次第之數者，殆于不醉無歸矣，故云交錯。

蕙田案：以上堂下相酬，無算爵。

尸出，侑從。主人送于廟門之外，拜，尸不顧。注：拜送之。疏：儐尸之禮，尸侑賓也，故孔子亦云「賓不顧矣」。拜侑與長賓，亦如之。衆賓從。注：從者，不拜送也。司士歸尸、侑之俎。注：尸侑尊，送其家。

敖氏繼公曰：賓長而下則自徹，而授其人以歸。

主人退，注：反于寢也。有司徹。注：徹堂上、下之薦俎也。外賓尸，雖堂上，婦人不徹。

蕙田案：以上禮畢，尸、侑出。

欽定義疏：儐尸之禮分三節：主人獻尸，主人獻侑，尸酢主人，一節也；主婦獻尸，主婦獻侑，尸酢主婦，二節也；賓長三獻尸，爵止，尸作止爵，賓長致爵于主人，尸酢賓，三節也。三節爲之經，而正俎遞設，又以益送之俎及燔俎絡繹轉運往來升降爲之緯，以此觀之，則諸俎之多少隆殺與設俎之人之長次，皆秩然而有序矣。

若不儐尸，注：不儐尸，其牲物則同，不得備其禮耳。

郝氏敬曰：凡饋食于室，儐尸于堂。少牢儐尸，故室中之事比特牲爲簡。至儐尸而後禮備，若有故不得儐尸，則室事加詳矣。

欽定義疏：正祭在室，主于嚴敬。儐尸在堂，則有懽欣和樂之情焉，踴躍鼓舞之象焉。若不儐尸，則尸未出室，猶全乎神，仍于室中行事，而主人、主婦與尸、祝、佐食、賓及兄弟、私人獻酬交錯，禮儀卒度于和樂之中，多嚴敬之意，大抵與特牲後半相類，惟無嗣舉奠，以辟國君耳。孝經所謂「治家者不敢失于臣妾」，而況于妻子乎？故得人之懽心以事其親，于此乎可觀矣。

又案：不儐尸之故非一，已詳見本篇之首。蓋上、下大夫皆有儐尸之禮，亦皆有若不儐尸之禮，不以爵等殊也。舊說以此爲攝主殺禮之祭，固爲失之，康成辨之是已，而必屬之于下大夫，不亦泥乎？同一大夫也，舉盛祭則儐尸，稍殺則不儐尸，夫誰曰不可？春祠，夏禴，秋嘗，冬烝，四時之祭殊名，則典禮不必盡同可見矣。

則祝、侑亦如之。注：謂尸七飯時。疏：案上篇尸食七飯告飽，祝西面于主人之南，獨侑不拜，侑曰「皇尸未實，侑」是也。

郝氏敬曰：自迎尸入室以後，至祝侑尸食以前，禮與儐尸同，故曰「亦如之」。尸食以後，其禮稍異。

尸食，注：八飯。

張氏爾岐曰：祝既侑，而尸又飯也。

迺盛俎，臑、臂、肫、脡脊、横脊、短脅、代脅，皆牢。注：盛者，盛于肵俎也。此七體，羊、豕，其脊脅皆取一骨也，與所舉正脊、幹、骼凡十矣。肩未舉，既舉而俎猶有六體焉。疏：特牲尸食訖乃盛，今八飯即盛者〔一〕，大夫禮與士相變也。先言臑，見從下起。不言肩，肩未舉。不言骼〔二〕，骼已舉在俎，有司徹不盛俎者，更無所用，全以歸尸故也。三脊、三脅，皆取一骨盛于肵，各有一骨體在俎，不取以備陽厭〔三〕，故猶有六體。

郝氏敬曰：盛俎，謂佐食取衆俎之實，盛于肵俎，祭畢歸尸。特牲尸九飯畢，則盛俎。少牢儐尸則俎重燅，故不盛。若不儐尸，盛俎如特牲。

魚七。注：盛半也。魚十有五而俎，其一已舉。必盛半者，魚無足翼，于牲，象脊脅而已。疏：牲脊脅，亦盛半。

欽定義疏：魚盛七者，爲俎釋三个。又有祝、主人、主婦之魚俎，實必奇，故盛其半而止也。注以爲如脊、脅之二骨而各取一骨可也，謂無足翼而然則迂矣，腊則

〔一〕「飯」，原作「飲」，據光緒本、儀禮注疏卷五〇改。
〔二〕「骼」，諸本作「正脊長脅」，據儀禮注疏卷五〇改。
〔三〕「不取」，諸本脱，據儀禮注疏卷五〇補。

有足，而亦盛半，何以通乎？

腊辨，無髀。注：亦盛半也。所盛者，右體也，脊屬焉。言無髀者，云一純而俎，嫌有之。古文「髀」作「脾」。　疏：腊，脊不折，左右三脅，并脊爲七。通肩臂等十爲十七體。肩既舉，俎唯有十六在。言盛半，明脊屬。

楊氏復曰：辨者，蓋辨盛右體也。盛半脊屬，則存乎俎者，左脛、五體并三脅未舉耳。

郝氏敬曰：腊俎左右體全，而偏取其半如牢，但無髀，尸俎未無髀也。

卒盛，乃舉牢肩。尸受，振祭，嚌之。佐食受，加于肵。注：卒，已。

郝氏敬曰：體貴肩，故後舉加于肵，居衆體之上，並前牢爲八體，而羊、豕俎各餘三體，以待陽厭。

此上皆盛于肵俎者也。

張氏爾岐曰：右不儐尸時者，八飯後事。

蕙田案：卒盛，謂盛畢，注訓「卒已」是也。楊氏本作「舉匕」，張爾岐作「舉七」，皆非是。今依續經傳通解本作「卒已」。

佐食取一俎于堂下以入，奠于羊俎東。注：不言魚俎東，主于尊。　疏：少牢「魚在羊東」，今擴魚腊宜在魚俎東。

敖氏繼公曰：「羊」當作「魚」，字之誤也。

郝氏敬曰：佐食又取堂下一虚俎入室。

欽定義疏：魚俎在羊俎之東，又東則繼魚俎，而不繼羊俎矣，不必强爲之辭。

乃摭于魚、腊俎，俎釋三个，其餘皆取之，實于一俎以出。注：个猶枚也。魚摭四枚，腊摭五枚。其所釋者，腊則短脅、正脅、代脅，魚三枚而已。　疏：魚摭去四枚，釋三个。腊俎猶有八體，在摭去五枚，釋三个。

楊氏復曰：以上舉者，先已舉在俎盛者，方盛于俎未舉者卒盛乃舉。摭者，取爲祝、主人、主婦之俎；釋者，備陽厭于西北隅。

郝氏敬曰：摭，分取也。出，出室也。

祝、主人之魚腊取于是。注：祝、主人、主婦俎之魚腊取于此者，大夫之禮文，待神餘也。三者各取一魚。其腊，主人臂，主婦臑，祝則骼也與？此皆于鼎側更載焉。不言主婦，未聞。　疏：案特牲，主人、主婦、祝皆無腊。上大夫儐尸，腊爲庶羞，不載于俎。此待神餘。下經祝無文，故云「與」以疑之。云「更載」者，上摭時共在一俎，設時各異俎，故知更載。云「鼎側」，則不復升鼎也。不言主婦，傳寫脱耳。

蔡氏德晉曰：祝俎之腊用髀，與儐尸同。不言主婦者，統于主人。

欽定義疏：特牲士禮祝、主人、主婦之俎皆無魚腊，少牢正祭，祝俎腊兩髀，屬于尻。此不儐尸者，亦當然也。主人、主婦正祭時不設俎，至儐尸，減五鼎爲三鼎，則腊不用，而以魚爲益送之俎。儐尸，無祝而有侑，侑主人、主婦皆有魚俎，爲之益送焉。此不儐尸，則無益送之魚，故于此即分尸俎之魚，以入于主人、主婦之俎，所以見雖不儐尸，而此禮實自儐尸而殺也。既取魚，因亦兼取腊，主人、主婦既有魚腊，則祝俎雖已有腊，亦當益之以魚，以其與儐尸之侑差類也。此則視儐尸之禮爲殺，而比特牲則隆矣。「祝腊骼」臆説，非經例。

尸不飯，告飽。主人拜侑，不言。尸又三飯。注：凡十一飯，士九飯，大夫十一飯，其餘有十三飯，十五飯。疏：士、大夫既不分命數，則五等諸侯同十三飯，天子十五飯可知。

欽定義疏：大夫十一飯，既不分命數，則儐尸不儐尸，不分上下大夫可知。

佐食受牢舉，如儐。注：舉，肺脊。

敖氏繼公曰：儐，並指儐尸之禮。

郝氏敬曰：受牢舉，謂受尸所舉肺脊加于肵俎也。

張氏爾岐曰：不儐尸者，十一飯時事。

蕙田案：以上不儐尸，尸食之禮。其異于儐者二事：盛肵俎，一也；摭魚腊俎，二也。

主人洗，酌，酳尸，賓羞肝，皆如儐禮。卒爵，主人拜，祝受尸爵，尸答拜。祝酌授尸，尸以醋主人，亦如儐。其綏祭，其嘏，亦如儐。注：肝，牢肝也。「綏」皆當作「挼」。「挼」讀爲「藏其隋」之「隋」。疏：此主人獻有五節：主人獻尸，一也；酢主人，二也；獻祝，三也；獻上佐食，四也；獻下佐食，五也。

敖氏繼公曰：此所謂儐，皆前篇室中之事。初非儐禮，乃以儐爲文者，以其已入儐之節内故耳。

蕙田案：以上主人酳尸，尸酢主人。

其獻祝與二佐食，其位、其薦脅皆如儐。

蕙田案：以上主人獻祝、佐食。

主婦其洗獻于尸，亦如儐。注：自尸侑不飯告飽至此，與儐同者在上篇。疏：此一節之内，獻數與主人同。唯不受嘏爲異。

敖氏繼公曰：此如儐，謂拜送爵以上之禮。

主婦反取籩于房中，執棗、糗，坐設之，棗在稷南，糗在棗南。婦贊者執栗、脯，主婦不興，受，設之，栗在糗東，脯在棗東。主婦興，反位。注：棗，饋食之籩。糗，羞籩之實。雜用之，下儐尸也。栗脯，加籩之實也。反位，反主人之北拜送爵位。疏：此設籩實，繼在少牢室内西南隅。上儐尸，主婦直有脯、脩二籩。此有四籩者，彼主人獻尸，主婦設四籩，麷、蕡、白、黑，故至主婦獻時，直設二籩，通六籩。此主人初獻，無籩從，則主婦四籩，猶少兩籩。

尸左執爵，取棗、糗。祝取栗、脯以授尸。尸兼祭于豆祭，祭酒，啐酒。次賓羞牢燔，用俎，鹽在右。尸兼取燔㨎于鹽，振祭，嚌之，祝受，加于肵。卒爵，主婦拜，祝受尸爵，尸答拜。注：自主婦反籩至祝受加于肵，此異于儐。疏：上篇主婦但有獻而已，無籩燔從之事。此篇主婦亞獻尸，乃有籩餌之事，其物又異，唯糗同耳，故云「此異于儐」也。

敖氏繼公曰：籩位自左而右緒之，變于敦位也。

蕙田案：以上主婦獻尸。其異于儐者二事：有籩，一也；燔從，二也。

祝易爵洗，酌，授尸。尸以醋主婦。主婦主人之北拜受爵，尸答拜。主婦反位，又拜。上佐食綏祭，如儐。卒爵拜，尸答拜。注：主婦夾爵拜，爲不儐尸降崇敬。疏：特牲主婦獻尸，不夾爵拜，上篇主婦夾爵拜。此爲不儐尸，降崇敬，故夾爵拜。

敖氏繼公曰：此夾爵拜，內子正禮也，儐則略之。

蕙田案：以上尸酢主婦。其異于儐者，主婦俠拜一事。

主婦獻祝，其酌如儐。拜，坐受爵，主婦主人之北答拜。注：自尸卒爵至此，與儐同者，亦在上篇。

敖氏繼公曰：如儐，其酌以前之禮。

張氏爾岐曰：謂同上篇正祭亞獻之節。

宰夫薦棗、糗，坐設棗于菹西，糗在棗南。祝左執爵，取棗、糗祭于豆祭，祭酒，啐酒。次賓羞燔，如尸禮。卒爵。注：内子不薦籩，祝賤，使官可也。自宰夫薦至賓羞燔，亦異于儐。疏：特牲主婦設籩，少牢無籩燔從。

蕙田案：以上主婦獻祝。其異于儐者二事：有籩，有燔從。

主婦受爵，酌，獻二佐食，亦如儐。主婦受爵，以入于房。

欽定義疏：特牲夫婦交致而又自酢，此惟主婦致而自酢者，主人尊，則主婦稍降也。累而上之，至于天子諸侯，則夫婦之間愈尊嚴矣。至若特牲主婦之俎與少牢不儐尸主婦之俎，所下于主人者，惟俎實不同而已。儐尸，主人益送之俎與尸同，而主婦止羞羊燔者，婦人之禮于堂事則尤殺也。

蕙田案：此主婦獻佐食，無籩燔，故曰「皆如儐」。

又案：以上主婦獻祝、佐食。

賓長洗爵，獻于尸。尸拜受，賓户西北面答拜。爵止。注：尸止爵者，以三獻禮成，欲神惠之均於室中，是以奠而待之。疏：此一節之内，凡有十爵：獻尸，一也；主婦致爵于主人，二也；主人酢主婦，三也；尸作止爵，飲訖酢賓長，四也；賓獻祝，五也；又獻上佐食，六也；又獻下佐食，七也；賓致爵于主人，八也；又致爵于主婦，九也；賓受主人酢，十也。

郝氏敬曰：儐尸，則賓長三獻尸，卒爵，酢賓長，賓長又獻祝，而主人出，尸遂起。不儐尸，則賓長獻尸，受奠而不舉，待主人、主婦交錯致爵而後舉，與特牲同，與少牢儐尸禮異。

蕙田案：此賓長三獻尸，爵止。此與特牲禮同，惟受爵即止異。自此以後，與儐禮異，與特牲禮略同。

又案：以上賓長獻尸，爵止。

主婦洗於房中，酌，致于主人，主人拜受，主婦户西、北面拜送爵。司宫設席。注：拜受乃設席，變于士也。

盛氏世佐曰：此席于室户内西面，與特牲禮同，其設席節亦同，特文有先後耳，注説泥。

主婦薦韭菹、醢，坐設于席前，菹在北方。婦贊者執棗、糗以從，主婦不興，受，設棗於菹北，糗在棗西。佐食設俎，臂、脊、脅、肺皆牢，膚三，魚一，腊臂。注：臂，左臂也。特牲五體，此三者，以牢與腊臂而七，牢腊俱臂，亦所謂腊如牲體。疏：右臂尸所用，故知左臂也。牢謂羊、豕也。羊、豕，臂、脊、脅俱有是六，通腊臂而七，是牲體惟有三也。腊如牲體，特牲記文。

盛氏世佐曰：自臂脊以下，諸物共一俎，與少牢禮祝俎相似。

主人左執爵，右取菹擩於醢，祭于豆間，遂祭籩，奠爵，興，取牢肺，坐絶祭，嚌之，興，加于俎，坐挩手，祭酒，執爵以興，坐卒爵，拜。注：無從者，變于士也。亦所謂順而摭也。

疏：特牲主婦致爵于主人，肝燔並從。

敖氏繼公曰：此籩祭不贊，且無從，與士禮異者，避尊者之禮。

張氏爾岐曰：主婦致爵于主人。

主婦答拜，受爵，酌以醋，户内北面拜。注：自酢不更爵，殺。主人答拜。卒爵，拜。主人答拜。主婦以爵入於房。

敖氏繼公曰：主婦亦坐祭，立飲，而卒爵，此文略也。

楊氏復曰：自主人醋尸以後，其節率與特牲禮同，但主人不致爵于主婦爲異。

張氏爾岐曰：主婦自酢。

蕙田案：以上主婦致爵于主人，自酢。此與特牲禮其異者三事：祭籩不贊，一也；無肝燔從，二也；主人不致爵于主婦，三也。郝氏云：「自此以下之禮，儐尸皆行于堂，不儐尸皆行于室。」

尸作止爵，祭酒，卒爵。賓拜。祝受爵，尸答拜。注：作止爵乃祭酒，亦變于士。自爵止至作止爵，亦異于賓。

張氏爾岐曰：尸作止爵。

蔡氏德晉曰：尸向賓長所獻爵而未舉，至是乃祭而飲之也。

祝酌，授尸。賓拜受爵，尸拜送。坐祭，遂飲，卒爵，拜。尸答拜。

敖氏繼公曰：此賓受酢，不夾爵拜，而卒爵之儀又略，以其間有爵止之事，既變于上，故此儀亦不得同于主人，是與儐少異者也。

蕙田案：以上尸作止爵，酢賓長。此與儐禮異者一事：賓受酢，不夾爵拜也。與特牲禮異者三事：尸自作止爵，一也；作止爵，乃祭酒，二也；無燔從，三也。

獻祝及二佐食。

姜氏兆錫曰：儐尸者不獻佐食，佐食乃餕矣。

蕙田案：此賓長獻祝、佐食。與儐禮異者二事：祝不奠爵，一也；佐食亦得獻，二也。與特牲禮異者二事：獻祝無燔從，一也；多一佐食，二也。

又案：以上賓長獻祝、佐食。

洗，致爵于主人。注：洗致爵者，以承佐食賤，新之。主人席上拜受爵，賓北面答拜。

坐祭，遂飲，卒爵，拜。賓答拜，受爵。

蕙田案：以上賓長致爵于主人。此與特牲禮異者一事：無燔從也。盛氏世佐曰：「儐尸者室事終于賓長獻祝。賓長既獻祝，則三獻禮成，尸出，遂養矣，故自此以下皆無其禮于堂。乃有之，但不洗，羞湆魚，是其異者。」

酌，致爵于主婦。主婦北堂。司宫設席，東面。注：東面者，變于士妻。儐尸不變者，儐尸禮異矣。內子東面，則宗婦南面西上，內賓自若，東面南上。疏：特牲主婦南面，宗婦東面北上。

郝氏敬曰：堂之北，即房戸之外室戸之東也。儐尸于堂，則主婦席在房中南面。今尸在室，則主婦席在北堂東面。

盛氏世佐曰：郝説殊不然。北堂東面，非主婦之正位也，席于此者，辟受尊者之賜也。上經云「司宫設席于房中南面」，此主婦受尸酢之位也。特牲云「席于房中南面」，則受主人致爵之位也，今惟受賓致爵，宜辟之，故席于北堂東面。

欽定義疏：敖氏以宗婦不改特牲東面之位，似未必然。房中之深幾何？既尊兩壺于西墉下，內賓繼而南矣，其北即北堂，宗婦位于此，恐不能容主婦之席矣，況其北又逼設洗之所乎？或席于宗婦之東，爲兩層則可耳。注謂此宗婦南面，理自可通，意房中常位，本與特牲無異，屆賓致爵時，主婦乃與宗婦易處，既則反之，所以然者，其亦辟尊者之禮與？

主婦席北、東面拜受爵，賓西面答拜。注：席北東面者，北爲下。疏：曲禮席東鄉西鄉，以南方爲上，故北爲下。

蕙田案：敖氏泥北上之説，而以爲拜於此者由便，其説非。

婦贊者薦韭菹、醢，菹在南方。婦人贊者執棗、糗授婦贊者，婦贊者不興，受，設棗於菹南，糗在棗東。注：婦人贊者，宗婦之弟婦也。

盛氏世佐曰：菹在南，便其右取之。

佐食設俎于豆東，羊臑，豕折，羊脊、脅，祭肺一，膚一，魚一，腊臑。注：豕折，豕折骨也。不言所折，略之。特牲主婦觳折，豕無脊脅，下主人，羊、豕四體，與腊臑而五。疏：主人牢與腊臂而七，此五，是其略也。

郝氏敬曰：此肺，嚌羊肺也，曰祭者，誤衍耳。

盛氏世佐曰：羊臑以下，亦共一俎。

欽定義疏：上文云「祝、主人之魚腊取于是」，不言主婦，疏以爲傳寫者脱耳。今此云「腊臑」，是主婦之俎，亦取于所撫者無疑矣。又薦俎之設，籩燔之加，尸、祝則于主人初獻、主婦亞獻時，佐食之俎設于主人初獻時，亞獻無加焉，賤故殺也。

主人則于主婦致爵時，主婦則于賓致爵時，皆層遞相接爲之。不于尸酢時者，正祭嚴重，不與儐尸同，故皆于其專獻也。

主婦升筵，坐，左執爵，右取菹抨於醢，祭之，祭籩，奠爵，興取肺，坐絶祭，嚌之，興，加于俎，坐挩手，祭酒，執爵興，筵北東面立卒爵，拜。注：立飲拜既爵者，變于大夫。賓答拜。賓受爵。

蕙田案：以上賓長致爵于主婦。儐尸無此禮，此與特牲禮異者三：席于北堂東面，一也；無燔從，二也；有薦設，三也。「大夫」，李氏紱改作「丈夫」。

易爵于篚，洗，酌，醋於主人，户西北面拜，主人答拜。卒爵，拜，主人答拜。賓以爵降奠於篚。注：自賓獻及二佐食至此，亦異于儐。疏：少牢賓長獻及祝而止。

敖氏繼公曰：自是而後以至于末獻，室中之事無復如儐者，以内外之禮異故耳。

欽定義疏：儐尸，主人獻尸、獻侑，尸醋而侑不醋。主人獻賓及衆賓，主人醋于長賓，而衆賓不醋。蓋醋者，其主受獻者也；不醋者，其以次而連獻之者也。賓致爵于主人、主婦，主人醋而主婦不醋，又俟其併致于主婦，而後主人醋之，正同此例。

蕙田案：此賓長自酢于主人。儐尸亦無此禮，特牲云「更爵，酢于主人，卒復位」，蓋與此同。

又案：以上賓長致于主人、主婦。

乃羞，宰夫羞房中之羞，司士羞庶羞于尸、祝、主人、主婦，内羞在右，庶羞在左。

注：不儐尸，則祝猶侑耳。

姜氏兆錫曰：内羞，即房中之羞。

蕙田案：此羞於尸、祝、主人、主婦。敖氏云：「自賓長洗爵至此，爲賓三獻。」

又案：以上羞於尸、祝、主人、主婦。

主人降，拜衆賓，洗，獻衆賓。其薦脀，其位、其酬醋，皆如儐禮。

敖氏繼公曰：此禮長賓之俎，其異于儐者，無切肺耳。

盛氏世佐曰：如儐禮者，如其南面拜衆賓于門東，至賓西面坐奠爵于薦左之禮也。

蕙田案：以上主人獻賓，自酢，酬長賓。

主人洗，獻兄弟與内賓與私人，皆如儐禮。其位、其薦脀，皆如儐禮。

盛氏世佐曰：如儐禮，亦謂自升酌獻兄弟于阼階上，至亦有薦脀是也。

蕙田案：以上主人獻兄弟、内賓、私人。

卒，乃羞於賓、兄弟、内賓及私人，辨。注：自乃羞至私人之薦脀，此亦與儐同者，在此篇。不儐尸，則祝猶侑耳。卒，已也。乃羞者，羞庶羞。疏：此一經論主人獻堂下衆賓、兄弟下及私人并房中内賓之事。

敖氏繼公曰：卒，謂皆獻畢也。獻畢即羞之，亦其節之異於儐者。

蕙田案：此羞于賓、兄弟、内賓及私人。以上四節皆與儐禮同，而其節則異。

蕙田案：以上羞于堂下及房中。

賓長獻于尸，尸醋，獻祝，致，醋。賓以爵降，實于篚。注：致，謂致爵于主人、主婦。不言如初者，爵不止，又不及佐食。疏：上賓長已獻尸訖，明此是次賓長爲加爵也。

蔡氏德晉曰：獻祝，亦賓長獻也。致，謂致爵于主人、主婦也。酢，酢于主人也。

蕙田案：此衆賓長獻尸，尸酢，獻祝，致爵主人，主婦酢于主人。盛氏世佐云：「此禮與特牲衆賓長爲加爵同，惟爵不止爲異。」又案上經論儐尸于堂之禮，云「賓長獻于尸如初，無醋，爵不止」，與此禮相當，其異者四事：獻尸，尸即酢之，不待其獻致之，異一也；彼無祝，此無侑，二也；致爵兼及主婦，三也；又酢于主人，四也。

蕙田案：以上次賓獻致。

賓、兄弟交錯其酬，無算爵。注：此亦與儐同者，在此篇。 疏：此堂下兄弟及賓行無算爵，似下大夫闕旅酬，直行無算爵而已。

李氏如圭曰：此兄弟舉觶于其長，亦當如儐禮，在羞于私人之後，賓長加獻之，前文不具耳。

欽定義疏：旅酬與無算爵，分言之爲二節，合言之總一旅酬也，此經文義甚明。賓筵詩云「舉酬逸逸」，言旅酬而自該無算爵也。中庸云「旅酬下爲上」，朱子章句義略同。蓋由獻而有酢，由獻酢而有酬，由酬而有旅，由旅之爵有算以至于爵之無算，若不行旅酬，無由驟行無算爵也。賈疏以爲「闕旅酬，直行無算爵」，未必然。

蕙田案：儐尸，旅酬者再而後行無算爵，尸、侑在堂上與于旅酬，而不與無算爵。特牲與不儐尸，尸、祝、主人皆在室中，並旅酬亦不與，又無侑，故無二人舉觶及賓一人舉爵之事。其旅也，特賓與兄弟交相酬而已，然亦有二番旅酬而後及無算爵，特牲先旅西階一觶，次旅阼階一觶是也。此經云「交錯其酬」，亦謂二番旅酬，注疏「無旅酬，直行無算爵」之說非是。

蕙田案：以上旅酬，無算爵。

利洗爵，獻于尸。尸醋。獻祝，祝受，祭酒，啐酒，奠之。注：利獻不及主人，殺也。此亦異于儐。疏：此佐食爲加爵。云殺者，對上文，賓長加爵及主人。異者，少牢無利獻儐尸，佐食又不與也。

盛氏世佐曰：利，謂上佐食也。此與特牲禮異者，祝不卒爵耳。

蕙田案：以上上利獻尸、祝。

主人出，立於阼階上，西面。祝出，立於西階上，東面。祝告於主人曰：「利成。」祝入。主人降，立于阼階東，西面。尸謖，祝前，尸從，遂出于廟門。祝反，復位于室中。祝命佐食徹尸俎。佐食乃出尸俎于廟門外，有司受，歸之。徹阼薦俎。注：自主人出至此，與儐襍者也。先餕徹主人薦俎者，變于士。特牲饋食曰：「徹阼俎豆籩，設于東序下。」疏：與儐雜，謂有同有不同。特牲既餕，祝命佐食徹阼俎豆籩，此餕前徹阼薦俎，故云變于士。

盛氏世佐曰：自主出至復位于室中，與少牢同。自祝命佐食至歸之，與特牲同。

蕙田案：此祝告利成，獻俎，歸俎，徹阼俎。與儐禮異者二事：歸尸俎，一也；徹主人薦俎，二也。與特牲禮異者亦二事：告利成于階上，一也；先餕徹主人薦俎，二也。

蕙田案：以上祝告利成，尸出。

乃養，如儐。注：謂上篇自司宮設對席，至上餕興出也。

蕙田案：以上養。

卒養，有司官徹饋，饌於室中西北隅，南面，如饋之設，右几，厞用席。注：官徹饋者，司馬、司士舉俎，宰夫取敦及豆。此于尸謖改饌，當室之白，孝子不知神之所在，庶其饗之于此，所以爲厭飫。不令婦人改徹饌敦豆，變于始也，尚使官也。佐食不舉羊、豕俎，親餕，尊也。厞，隱也。古文「右」作「侑」，「厞」作「茀」。　疏：宰夫多主主婦之事，敦豆本主婦設之，今官徹，明宰夫爲之，故云變于始。

郝氏敬曰：儐尸，則禮備而神享足，爲無改設。不儐尸，于是有改設之禮。

納一尊于室中。注：陽厭殺，無玄酒。司宮埽祭。注：埽豆閒之祭。舊説云：埋之西階東。　疏：神位在西，故近西階。曾子問：「幣帛皮圭爲主，命埋之階閒。」

蕙田案：以上陽厭。

主人出，立于阼階上，西面。祝執其俎以出，立於西階上，東面。司宮闔牖户。注：閉牖與户，爲鬼神或者欲幽闇。祝告利成，乃執俎以出于廟門外，有司受，歸之。衆賓出，主人拜送於廟門外，乃反。注：拜送賓也者，亦拜送其長。婦人乃徹，注：徹祝之薦及房中薦俎。徹室中之饌。注：有司饌之，婦人徹之，外内相兼，禮殺。

敖氏繼公曰：室中之饌，即改設者也。婦人徹此饌者，謂其當以入于房與？凡徹饌而以入于房者，婦人乃得爲之，不然則否。

欽定義疏：不儐尸之禮，亦分三節：主人獻尸，尸酢主人，主人獻祝、獻佐食，此一節也；主婦獻尸，尸酢主婦〔一〕，主婦獻祝、獻佐食，二節也；賓長獻尸，爵止，尸作止爵，尸酢賓，賓獻祝、獻佐食，致爵于主人，致爵于主婦，酢于主人，三節也。

蕙田案：以上俎出，送賓，徹饌。

右儀禮有司徹

〔一〕「婦」，原作「人」，據光緒本、欽定儀禮義疏卷四〇改。